월	1 월	January (Jan.)	제뉴어리
	2 월	February (Feb.)	페브루어리
	3 월	March (Mar.)	마치
	4 월	April (Apr.)	에이프릴
	5 월	May (May.)	메이
	6 월	June (Jun.)	준
	7 월	July (Jul.)	줄라이
	8월	August (Aug.)	어거스트
	9월	September (Sep.)	셉템버
	10월	October (Oct.)	악토버
	11 월	November (Nov.)	노벰버
	12 월	December (Dec.)	디셈버
요일	일요일	Sunday (Sun.)	썬데이
	월요일	Monday (Mon.)	먼데이
	화요일	Tuesday (Tue.)	튜-즈데이
	수요일	Wednesday (Wed.)	웬즈데이
	목요일	Thursday (Thu.)	써-즈데이
	금요일	Friday (Fri.)	프라이데이
	토요일	Saturday (Sat.)	쎄터데이

기수

1	one 원	16	sixteen 씩스틴-
2	two 투-	17	seventeen 쎄븐틴-
3	three 쓰리	18	eighteen 에이틴-
4	four 포-	19	nineteen 나인틴
5	five 파이브	20	twenty 트웬티
6	six 식스	30	thirty 써-티
7	seven 세븐	40	forty 포-티
8	eight 에잇	50	fifty 피프티
9	nine 나인	60	sixty 식스티
10	ten 텐	70	seventy 세븐티
11	eleven 일레븐	80	eighty 에이티
12	twelve 트웰브	90	ninety 나인티
13	thirteen 써-틴-		
14	fourteen 포-틴-	100	one hundred 원 헌드러드 (1백)
15	fifteen 피프틴-		

우선 1부터 20까지 명칭을 외웁니다.
21~99는 굳이 외우지 않아도 됩니다. 십 단위에 일 단위를 붙이면 되니까요.

24 : twenty-four **56** : fifty-six **88** : eighty-eight **99** : ninety-nine
101 : one hundred (and) one

서수

1st	first	퍼-스트*
2nd	second	세컨드*
3rd	third	써-드*
4th	fourth	포-쓰
5th	fifth	피프쓰*
6th	sixth	식스쓰
7th	seventh	쎄븐쓰
8th	eighth	에잇쓰*
9th	ninth	나인쓰*
10th	tenth	텐쓰
11th	eleventh	일레븐쓰
12th	twelfth	트웰프쓰*
13th	thirteenth	써틴-쓰
14th	fourteenth	포틴-쓰
15th	fifteenth	피프틴-쓰
16th	sixteenth	씩스틴-쓰
17th	seventeenth	쎄븐틴-쓰
18th	eighteenth	에이틴-쓰
19th	nineteenth	나인틴-쓰
20th	twentieth	트웬티쓰*
21st	twenty-first	트웬티퍼스트*

초보자를 위한
컴팩트
영한+한영
단어

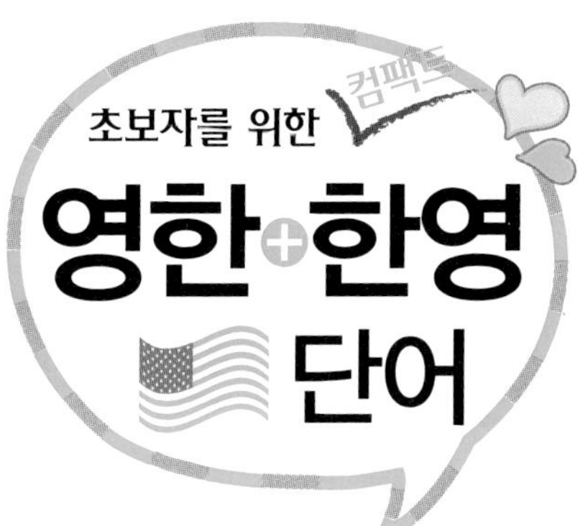

이형석 엮음

머리말

영어를 공부하는 사람이 많지만 영어 자체를 연구하기보다는 의사소통의 수단으로서의 필요성 때문에 영어를 공부하는 경우가 많습니다.

오랫동안 최강국으로 군림했던 영국 그리고 그 뒤에 20세기부터 세계를 지배하다시피하는 미국 때문에 영어의 위상과 필요성은 누구나 아는 바입니다. 현실적으로도 국내에서도 외국인을 만나기가 쉬워진데다가 누구나 해외여행을 떠나는 시대입니다.

그런 필요성 외에도 영어를 공부하면 두뇌 개발이 이루어지면서 뇌의 다른 부분을 활용하여 노화를 늦춰주는 효과도 있습니다.

이 책은 사전과 단어장의 역할을 합니다. 영한 부분은 대략 7600개 정도의 단어를 담고 있으므로 이 정도만 알면 영자 신문을 어렵지 않게 볼 수 있습니다. 뒷부분에는 한영 부분을 실었는데 영작이나 스피킹을 위해 자주 단어를 찾아보고 또 영어 표현을 보기 전에 스스로 생각해 보고 나서 보곤 하면 영어식 단어 구성에 더 빨리 익숙해질 것입니다.

그리고 영 단어마다 한글로 발음 토를 달았는데 발음기호가 어려운 분들에게 길잡이가 될 수도 있고, 또 읽는 법이 여러 가지인 단어가 대단히 많습니다. 발음기호와 한글 토가 차이가 나는 경우는 다양한 발음을 알려드리기 위함이니 참고해 주시기 바랍니다. 그래서 역시 네이티브의 발음을 자주 접하는 것이 바람직합니다. 유튜브로 팝송이나 다양한 자료를 들어보시고 또 영어 자막이 있는 미국 드라마나 영화도 추천 드립니다.

영어를 정복하는 길은 멀고도 힘듭니다. 한없는 인내심을 요구합니다. 인내심을 키운다고 생각하고 꾸준히 공부하다 보면 네이티브의 얘기를 번역 없이 알아듣는 날이 찾아오고 말 것입니다. 영어 공부에 힘들어 하는 학습자 분들께 응원을 보냅니다.

엮은이

목차

영어 + 한국어 단어

한국어 + 영어 단어

부록 | 기본 용어

명사의 복수형

영어는 우리말과 달리 명사를 말할 때 단수인지 복수인지를 구분하는 습성이 있다. 특히나 단수,복수에 따라 동사 모양도 달라지는 경우도 많으니까 늘 의식해야 한다.

[1] 규칙적인 복수형

• 명사 뒤에 s를 붙인다

cats (고양이들) hands (손들)
dogs (개들)

• 명사 뒤에 es를 붙인다. 명사 끝이 -s, -x, -z, -ch, -sh로 끝나는 단어는 es를 붙이게 된다. 이유는 발음상의 편리 때문이다.

buses (버스들) boxes (상자들)
watches (시계들) dishes (접시들)

• -o로 끝나는 단어도 es를 붙인다.

heroes (영웅들) potatoes (감자들)

그런데 여기에 예외 단어가 있다. 즉 es가 아닌 그냥 s만 붙이는 것이다.

pianos (피아노들) studios (작업실들)
kangaroos (캥거루들)

- 자음+y로 끝나는 단어는 y를 i로 바꾸고 -es를 붙인다.

  city (도시) → cities　　　baby (아기) → babies

  모음+y의 경우는 그냥 s만 붙이면 된다.

  boys, keys

- f 또는 fe로 끝나는 명사는 f를 v로 바꾸고 es를 붙이게 된다. 이렇게 번거로운 과정을 거치는 이유는 발음상의 편리를 추구하기 때문이다.

  leaf (잎새) → leaves　　　knife (칼) → knives

  wife (부인) → wives

  그런데 여기에도 말을 안 듣는 예외 명사가 있다.

  roofs (지붕들), cliffs (절벽들), safes (금고들)

[2] 불규칙적인 복수형

불규칙은 정해진 규칙이 없어서 그냥 암기해야 한다. 아래 예로 나온 단어들은 중요하므로 꼭 기억해 두자.

- 모음이 변화하는 경우

  man (남자) - men　　　tooth (치아) - teeth

  mouse (쥐) - mice　　　goose (거위) - geese

- 단어 뒤에 en, ren이 붙는 경우

  ox (황소) - oxen　　　child (어린이) - children

• 단복 동형 – 단수와 복수가 모양이 동일한 경우

sheep (양) - sheep　　fish (물고기) - fish

deer (사슴) - deer

• 외래어 복수 – 외래어가 영어로 편입된 경우

datum (자료) - data　　formula (공식) - formulae

medium (매체) - media

• 복수형으로만 쓰이는 단어

trousers (바지): 바지 하나에 다리가 두 개 들어가므로

scissors (가위): 가위엔 칼날이 두 개 있어서

economics (경제학) : 학문명은 복수 개념은 아니지만 복수형으로 표기함.

기타 physics (물리학), mathematics (수학)도 있음. 물론 복수형이 아닌 학문명도 많음. chemistry (화학), biology (생물학)

8품사에 관하여

영어 문장을 이루는 수많은 단어들은 다음 8가지 중 하나에 소속되어 있다. 따라서 단어를 외울 때 그 품사가 무엇인지 알고서 외운다면 쉽게 느껴질 것이고 마음이 좀더 편할 것이다. 다음을 읽어보면 사전을 찾아 볼 때 도움이 될 것이다. 사전에는 각 단어마다 품사가 표시되어 있는데 아래 사항 중 명사(n.), 동사(v.), 형용사(a.), 부사(ad.)는 약자로도 알아두자.

1. 명사(noun)

세상 만물에는 모두 이름이 있다. 사람뿐 아니라 풀벌레나 잡초에도 그것만의 이름이 있는데 이것이 명사(名詞)다. 눈에 보이지 않는 추상적인 개념의 이름도 포함한다.

- 메뚜기(grasshopper), 민들레(dandelion), 한국(Korea), 성공(success), 인내(perseverance), 법(law), 돈(money), 은행(bank), 의자(chair), 진숙(Jinsuk)

2. 대명사(pronoun)

대명사는 명사를 대신하는 말이다. 친구 춘향이의 뒷소문을 말하는데 춘향이라고만 말하면 불편할 것이다. 대신에 '걔'라는 대명사를 쓰면 편리하다. 어떤 도구를 말할 때도 '그것'이란 대명사를 쓰면 말을 짧게 할 수 있다.

- 나(I), 너(you), 그 남자(he), 그녀(she), 그것(it), 걔네들(they)

3. 동사(verb)

사물(명사, 대명사)의 움직임, 동작을 표현하는 말이다. 공부하다-공부했다-공부하겠다 는 식으로 변화하므로 좀 어렵고 문장에선 아주 중요한 요소이다.

- 잠자다(sleep), 공부하다(study), 존재하다(be), 키스하다(kiss), 건설하다(construct), 때리다(hit), 도와주다(help), 피하다(avoid)

4. 형용사(adjective)

명사의 성질, 모양을 표현하는 말로서 매우 중요하다.

- 아름다운 · 아름답다(beautiful),
  착한, · 착하다(good-natured),
  깨끗한 · 깨끗하다(clean), 마른 · 건조하다(dry),
  단단한 · 단단하다(hard), 축축한 · 축축하다(wet),
  긴 · 길다(long), 어려운 · 어렵다(difficult),
  쉬운 · 쉽다(easy), 둥근 · 둥글다(round),
  더러운 · 더럽다(dirty)

5. 부사(adverb)

언제, 어디서, 어떻게 등의 정보를 알려주는 말로서 형용사와 밀접한 관계가 있다.

- 무척(highly), 매우(very), 어제(yesterday), 오늘(today), 언제나(always), 가끔(occasionally), 곧(instantly), 거기(there), 아마도(perhaps), 심지어(even), 조심스럽게(carefully)

6. 전치사(preposition)

영어다운 표현, 섬세한 표현을 만드는 역할을 한다. 전치사(前置詞)라는 이름처럼 '앞에 두는 말'이다. 어디 앞이냐 하면 바로 명사의 앞이다. 비독립적으로 의존적인 말이지만 영어 문장 구성에는 꼭 필요하며 중요한 역할을 한다. 우리말에는 전치사가 없다.

- ~로(to), ~속에(in), ~위에(on), ~뒤에(behind), ~위쪽에(over), ~밑에(under), ~동안(during), ~를 위해(for)

7. 접속사(conjunction)

말과 말을 연결시키는(접속) 역할을 하는 단어이다. 그 수가 많지 않으므로 크게 신경 쓸 필요는 없다.

- 그러나(but), 그리고(and), 그래서(so), 또는(or), 왜냐하면(because)

8. 감탄사(interjection)

8품사 중에서 별로 중요하지 않은 품목이니 그리 신경 쓰지 않아도 된다. 이것은 놀랄 때, 즐거울 때 발성하는 말로 대개 느낌표를 동반하게 된다.

- 아!(Oh!) 세상에!(Oh, my god!) 맙소사!(Alas!) 만세!(Bravo!) 앗싸!(Yeah!)

| SECTION 01 |

영어 + 한국어 단어

| 영어 필수 단어 |

A

a	[ə;éi, ən;ǽn]	에이, 어	관 하나의, 어떤, 같은
abandon	[əbǽndən]	어벤던	타 버리다, 포기하다
abate	[əbéit]	어베이트	타 줄이다(=decrease) 자 감소하다
abbreviate	[əbríːvièit]	어브리-비에이트	타 생략하다, 단축하다
abdomen	[ǽbdəmən] [æbdóumən]	앱더먼	명 배, 복부
abhor	[æbhɔ́ːr]	앱호-	동 몹시 싫어하다, 멸시하다
abide	[əbáid]	어바이드	타자 참다; 살다, 머무르다(=stay)
ability	[əbíləti]	어빌러티	명 능력, 할 수 있음
able	[éibəl]	에이벌	형 ~할 수 있는, 유능한
	She is able to speak English. 그녀는 영어를 할 수 있다.		
abnormal	[æbnɔ́ːrməl]	앱노-멀	형 비정상의, 예외의, 변태적인
aboard	[əbɔ́ːrd]	어보-드	부 배에, 차내에, ~을 타고
abolish	[əbáliʃ]	어발리쉬	동 (제도 등을) 폐지하다
abominable	[əbámənəbəl]	어바머너벌	형 밉살맞은, 지긋지긋한 (=hateful)
abound	[əbáund]	어바운드	자 많이 있다, 충만하다
about	[əbáut]	어바웃	전 ~에 관하여 부 대략

above	[əbʌ́v]	어버브	전 ~보다 위에 부 위로, ~이상
abridge	[əbrídʒ]	업리쥐	동 요약하다, 단축하다 (=make ~ shorter)
abroad	[əbrɔ́:d]	업로 드	부 국외로, 널리, 해외로
abrupt	[əbrʌ́pt]	업럽트	형 뜻밖의, 급한, 갑작스러운
absence	[ǽbsəns]	앱선스	명 부재, 결석
absent	[ǽbsənt]	앱선트	형 부재의, 결근의 동 결석하다

Why were you absent yesterday?
넌 왜 어제 안 왔니?

absolute	[ǽbsəlù:t]	앱설루-트	형 절대의, 완전무결한, 철저한
absorb	[æbsɔ́:rb] [æbzɔ́:rb]	앱소-브	타 흡수하다, 병합하다
absorption	[æbsɔ́:rpʃən] [æbzɔ́:rpʃən]	앱소-옵션	명 흡수, 병합, 골몰
abstract	[æbstrǽkt]	앱스트랙트	형 추상적인, 실제적이 아닌 명 요약
absurd	[æbsə́:rd] [æbzə́:rd]	업서-드	형 불합리한, 어리석은 (=foolish)
abundance	[əbʌ́ndəns]	어번던스	명 풍부, 다수, 다량 (=plenty)
abundant	[əbʌ́ndənt]	어번던트	형 많은, 풍부한, 풍족한
abuse	[əbjú:z]	어뷰-즈	명 남용, 악용 타 남용하다
abyss	[əbís]	어비스	명 지옥, 나락
academic	[ækədémik]	애커데믹	형 학원의, 대학의, 학문의
academy	[əkǽdəmi]	어캐더미	명 예술원, 전문학교, 학원
accelerate	[æksélərèit] [əksélərèit]	액설러레이트	타 자 속도를 더하다 빨라지다

acceleration	[æksèləréiʃən] [əksèləréiʃən]	액설러레이션	명 가속, 촉진, 가속도
accent	[ǽksent]	액센트	명 악센트 동 악센트를 붙이다
accept	[æksépt]	액셉트	타 수락하다, 받아들이다
acceptable	[ækséptəbl] [əkséptəbl]	액셉터벌	형 만족한, 마음에 드는
access	[ǽkses]	액세스	명 접근, 입구(=way in)
accession	[ækséʃən] [əkséʃən]	액세션	명 도달, 접근, 계승
accessory	[æksésəri] [əksésəri]	액세서리	명 액세서리, 부속물
accident	[ǽksidənt]	액시던트	명 재난, 고장, 사고
	According to the papers, there was an accident. 신문에 따르면 사고가 있었다.		
accidental	[æksədéntl]	액시던틀	형 우연의, 우발적인, 뜻밖의
accommodate	[əkɑ́mədèit]	어카머데이트	타 편의를 봐주다, 숙박시키다
accompany	[əkʌ́mpəni]	어컴퍼니	타 동반하다 ~와 함께 가다
accomplice	[əkɑ́mplis] [əkʌ́mplis]	어캄플리스	명 공범자, 연루자
accomplish	[əkɑ́mpliʃ] [əkʌ́mpliʃ]	어캄플리쉬	타 이루다, 목적을 달성하다
accomplishment	[əkɑ́mpliʃmənt] [əkʌ́mpliʃmənt]	어캄플리쉬먼트	명 성취, 수행, 업적
accord	[əkɔ́:rd]	어코-드	타자 일치하다, 조화하다 명 일치
accordance	[əkɔ́:rdəns]	어코-던스	명 일치, 조화 (=agreement)
according	[əkɔ́:rdiŋ]	어코-딩	부 ~에 따라서, 응해서

accordion	[əkɔ́:rdiən]	어코-디언	명 손풍금, 아코디언
account	[əkáunt]	어카운트	명 계산(서), 설명, 이유 타자 ~라고 생각하다
	She opened a savings account. 그녀는 저축계좌를 열었다.		
accountant	[əkáuntənt]	어카운턴트	명 회계원
accumulate	[əkjú:mjulèit]	어큐-멸레이트	타자 (조금씩) 모으다, 축적하다
accuracy	[ǽkjurəsi]	애켜러시	명 정확, 정밀도
accurate	[ǽkjərət]	애켜럿	형 정확한, 빈틈없는 (=exact)
accursed	[əkə́:rsid] [əkə́:rst]	어커-시드	형 저주받은, 불행한
accuse	[əkjú:z]	어큐-즈	타 고발하다, 나무라다
accustom	[əkʌ́stəm]	어커스텀	타 습관 들이다, 익히다
accustomed	[əkʌ́stəmd]	어커스텀드	형 익숙한, 평소의, 습관의
ache	[eik]	에이크	자 아프다, 쑤시다 명 아픔
achieve	[ətʃí:v]	어취-브	타 성취하다, 완수하다, 이루다
achievement	[ətʃí:vmənt]	어취-브먼트	명 달성, 성취, 업적
acid	[ǽsid]	애시드	형 신, 신맛의, 산성의 명 산(酸)
acknowledge	[æknálidʒ] [əknálidʒ]	액날리쥐	타 인정하다, 통보하다
acorn	[éikɔ:rn]	에이코-온	명 도토리
acquaint	[əkwéint]	어퀘인트	타 알리다, 통고하다
acquaintance	[əkwéintəns]	어퀘인턴스	명 친지, 안면, 아는 사람

acquainted	[əkwéintid]	어퀘인티드	형 안면이 있는, 친한, 정통한
acquire	[əkwáiər]	어콰이어	타 얻다, 획득하다 (=gain)
acquirement	[əkwáiərmənt]	어콰이어먼트	명 취득, 획득
acquit	[əkwít]	어퀴트	타 무죄로 하다, 석방하다
acre	[éikər]	에이커	명 에이커(약 4046.8㎡)
across	[əkrɔ́:s] [əkrás]	어크로-스	부 건너서, 저쪽에 전 ~의 저쪽에
	The bank is across the way. 은행은 길 건너편에 있다.		
act	[ækt]	액트	명 행위, 소행, 짓 자 행동하다
acting	[ǽktiŋ]	액팅	형 대리의, 임시의 명 공연, 연기
action	[ǽkʃən]	액션	명 활동, 작용, 행위
active	[ǽktiv]	액티브	형 활동적인, 활발한
activity	[æktívəti]	액티버티	명 활동, 활기
actor	[ǽktər]	액터	명 남자 배우, 행위자
actress	[ǽktris]	액트리스	명 여배우
actual	[ǽktʃuəl]	액츄얼	형 현실의, 사실상의, 현재의
actually	[ǽktʃuəli]	액츄얼리	부 현실로, 지금, 실제로
adapt	[ədǽpt]	어댑트	타 적응(적합)시키다, 고쳐 쓰다
adaptation	[ædəptéiʃən]	애덥테이션	명 적합, 적응
add	[æd]	애드	타 자 더하다, 추가하다

	Add one spoon of salt. 소금 한 순갈 추가하세요.		
addition	[ədíʃən]	어디션	명 부가, 추가, 덧셈
	in addition to ~에 더하여, ~이외에 또(=besides)		
address	[ədrés] [ǽdres]	어드레스	명 연설, 주소 타 말을 걸다
adequate	[ǽdikwət]	애디퀴트	형 적당한, 충분한, 알맞은
adhere	[ædhíər] [ədhíər]	애드히어	자 달라붙다, 집착하다
adjacent	[ədʒéisnt]	어제이선트	형 이웃의, 인접한, 부근의(=next)
adjective	[ǽdʒiktiv]	애쥑티브	명 (문법) 형용사 형 형용사의
adjoin	[ədʒɔ́in]	어죠인	타 자 (~에) 인접하다, 이웃하다
adjourn	[ədʒə́:rn]	어저-언	타 자 연기하다, 이월하다
adjust	[ədʒʌ́st]	어져스트	타 자 맞추다, 조정하다
administer	[ədmínistər]	어드미니스터	타 경영하다, 관리하다
admirable	[ǽdmərəbl]	애드머러블	형 칭찬할만한, 훌륭한(=very good)
admiral	[ǽdmərəl]	애드머럴	명 해군 대장, 제독
admiration	[ædməréiʃən]	애드머레이션	명 감탄, 경탄
admire	[ædmáiər]	어드마이어	타 감탄(탄복)하다, 찬미하다
admirer	[ædmáiərər]	어드마이어러	명 숭배자, 찬미자, 구혼자
admission	[ædmíʃən]	애드미션	명 입장, 입학, 가입
admit	[ædmít]	어드밋	타 자 허락하다, 인정하다

admonish	[ædmániʃ]	어드마니쉬	타 훈계하다, 충고하다
adopt	[ədápt]	어답트	명 채택하다, 양자로 삼다
adore	[ədɔ́:r]	어도-어	타 숭배하다, 그리워하다
adorn	[ədɔ́:rn]	어도-온	타 꾸미다, 장식하다
adult	[ədʌ́lt] [ǽdʌlt]	어덜트	명 어른, 성인 형 성인의
advance	[ædvǽns]	어드밴스	타자 전진시키다, 나아가다
	You should check in advance. 미리 확인을 해야 한다.		
advanced	[ædvǽnst]	어드밴스트	형 전진한, 앞선, 진보한
advancement	[ædvǽnsmənt]	어드밴스먼트	명 진보, 발달, 진급
advantage	[ædvǽntidʒ]	어드밴티쥐	명 유리, 편의, 이익
advantageous	[ædvəntéidʒəs]	애드번테이져스	형 유리한, 형편 좋은, 이로운
adventure	[ædvéntʃər]	어드벤쳐	명 모험, 모험담
adventurous	[ædvéntʃərəs]	어드벤쳐러스	형 모험을 좋아하는, 모험적인
adverb	[ǽdvə:rb]	애드버-브	명 (문법) 부사
adverse	[ædvə́:rs]	애드버-스	형 거스리는, 반대의
adversity	[ædvə́:rsəti]	애드버-서티	명 역경, 불운, 재난 (=trouble)
advertise	[ǽdvərtàiz]	애드버타이즈	타자 광고하다, 공시하다
advertisement	[ædvərtáizmənt] [ædvə́:rtismənt]	애드버타이즈먼트	명 광고, 선전
advice	[ædváis]	어드바이스	명 충고, 조언, 권고

	Thank you for your good advice. 당신의 좋은 충고에 감사합니다.		
advise	[ædváiz]	어드바이즈	타자 충고하다, 권하다, 조언하다
adviser	[ædváizər]	어드바이저	명 충고자, 고문 (=advisor)
advocate	[ǽdvəkèit]	애드버킷	명 변론자, 주창자, 지지자
affair	[əfέər]	어페어	명 사건, 일, 문제
affect	[əfékt]	어펙트	타 영향을 미치다, 감동시키다
affectation	[æfektéiʃən]	어펙테이션	명 ~인 체하기, 꾸민 태도
affection	[əfékʃən]	어팩션	명 애정, 사랑(=love), 감동
affectionate	[əfékʃənət]	어팩셔니트	형 애정이 깊은, 자애로운, 상냥한
affirm	[əfə́ːrm]	어퍼-엄	타자 증언하다, 긍정하다
affirmative	[əfə́ːrmətiv]	어퍼-머티브	형 단언적인, 긍정적인
afflict	[əflíkt]	어플릭트	타 괴롭히다, 학대하다
affluent	[ǽfluənt]	어플루언트	형 풍요한, 부유한
afford	[əfɔ́ːrd]	어포-드	타 ~할 여유가 있다, 산출하다
afraid	[əfréid]	어프레이드	형 두려워하는, 걱정하는
afresh	[əfréʃ]	어프레쉬	부 다시(=again), 새롭게
Africa	[ǽfrikə]	애프리카	명 아프리카
after	[ǽftər]	앱터	전 ~의 뒤에 부 뒤에 접 ~한 후에
afternoon	[æftərnúːn]	앱터누운	명 오후 형 오후의

A

again	[əgén, əgéin]	어겐	전 다시, 또, 한번 더
against	[əgénst] [əgéinst]	어겐스트	전 ~에 반대하여, 거슬러
	She leaned against the wall. 그녀는 벽에 기댔다.		
age	[eidʒ]	에이쥐	명 나이, 연령, 시대
aged	[éidʒid] [eidʒd]	에이쥐드	형 ~살의, 늙은, 오래된
agency	[éidʒənsi]	에이전시	명 대리점, 기능, 작용
agent	[éidʒənt]	에이전트	명 대리인, 정보원, 약제
aggravate	[ǽgrəvèit]	에그러베이트	타 더욱 악화시키다, 괴롭히다
aggressive	[əgrésiv]	어그레시브	형 침략적인, 공격적인
agitate	[ǽdʒitèit]	애져테이트	타 자 동요시키다, 흔들다
ago	[əgóu]	어고우	부 (지금부터) ~전에
agony	[ǽgəni]	애거니	명 심한 고통, 걱정
agree	[əgríː]	어그리-	자 동의하다, 승낙하다
agreeable	[əgríːəbl]	어그리-어벌	형 유쾌한, 기분 좋은, 맞는
agreement	[əgríːmənt]	어그리-먼트	명 계약, 일치
agriculture	[ǽgrəkʌ̀ltʃər]	애그리컬쳐	명 농업
ah	[aː]	아-	감 아아!(고통, 놀라움)
ahead	[əhéd]	어헤드	부 앞쪽에, 앞서서
aid	[eid]	에이드	타 돕다, 거들다 명 원조(=help)

ail	[eil]	에일	[타][자] 괴롭히다, 고통 주다
ailment	[éilmənt]	에일먼트	[명] 질병, 앓는 것
aim	[eim]	에임	[타][자] 겨누다, 목표삼다 [명] 겨냥
	He aimed at the target. 그는 목표물을 겨냥했다.		
air	[ɛər]	에어	[명] 공기, 공간
airplane	[ɛ́ərplein]	에어플레인	[명] 비행기 [자] 비행기로 가다
airport	[ɛ́ərpɔ:rt]	에어포-트	[명] 공항
airy	[ɛ́əri]	에어리	[형] 공기 같은, 바람이 잘 통하는
aisle	[ail]	아일	[명] (좌석 사이의) 통로, 복도(=passage)
akin	[əkín]	어킨	[형] 혈족의, 유사한
alarm	[əlá:rm]	얼라-암	[명] 비상신호, 경보 [타] 경보를 울리다
alas	[əlǽs, əlá:s]	얼래스	[감] 아아, 슬프다!
album	[ǽlbəm]	앨범	[명] 앨범, 사진첩
alcohol	[ǽlkəhɔ̀:l]	앨커호-올	[명] 알코올, 술
alcoholic	[ælkəhɔ́:lik]	앨커홀릭	[형] 알코올성의, 알코올 중독의
ale	[eil]	에일	[명] 맥주의 일종
alert	[ələ́:rt]	얼러-트	[형] 빈틈없는, 민첩한 [명] 공습경보
algebra	[ǽldʒəbrə]	앨져브러	[명] 대수(학)
alien	[éiljən, -liən]	에일련	[형] 외국의, 성질이 다른 [명] 외국인

alike	[əláik]	얼라익	형 서로 같은, 마찬가지의 부 같게
alive	[əláiv]	얼라이브	형 살아있는, 활발한 (=living)
alkali	[ǽlkəlài]	앨컬라이	명 알카리
all	[ɔːl]	오–울	형 모든, 전부의, 전체의
	All right! 좋다. 알겠다.		
allay	[əléi]	얼레이	타 가라앉히다, 누그러뜨리다
allege	[əlédʒ]	얼레쥐	타 주장하다, (증거 없이) 단언하다
alley	[ǽli]	앨리	명 좁은 길, 샛길
alliance	[əláiəns]	얼라이언스	명 결연, 관계, 동맹
allied	[əláid]	얼라이드	형 동맹한, 연합국의
alligator	[ǽligèitər]	앨리게이터	명 악어, 악어의 일종
allocate	[ǽləkèit]	앨러케이트	타 할당하다, 배치하다
allot	[əlάt]	얼랏	타 할당하다, 주다
allow	[əláu]	얼라우	타 허락하다, 인정하다 (=admit)
alloy	[ǽlɔi, əlɔ́i]	앨로이	명 합금, 순도, 비금속
allowance	[əláuəns]	얼라우언스	명 수당, 급여액
allure	[əlúər]	얼루어	타 유혹하다, 미끼로 꾀다
allusion	[əlúːʒən]	얼루–전	명 암시, 풍자, 언급
ally	[əlái]	얼라이	타 동맹하다, 결연을 맺다(=join)

almighty	[ɔːlmáiti]	올-마이티	형 전능한, 대단한 부 굉장히
almond	[áːmənd]	아먼드	명 아몬드
almost	[ɔ́ːlmoust]	올-모우스트	부 거의, 대부분
aloft	[əlɔ́ːft]	얼로프트	부 높이, 위에, 꼭대기에
alone	[əlóun]	얼로운	형 홀로, 혼자 부 외로이
	Leave me alone. 날 혼자 내버려 둬.		
along	[əlɔ́ːŋ]	얼롱-	전 ~을 따라(끼고) 부 따라서
alongside	[əlɔ́ːŋsaid]	얼롱-사이드	전 ~의 곁에 부 곁에, 나란히
aloud	[əláud]	얼라우드	부 큰 소리로, 소리를 내어
alphabet	[ǽlfəbèt]	앨퍼벳	명 알파벳, 초보, 자모
alpine	[ǽlpain]	앨파인	형 높은 산의, (A~) 알프스 산의
Alps	[ælps]	앨프스	명 알프스 산맥
already	[ɔːlrédi]	올-레디	부 이미, 벌써
also	[ɔ́ːlsou]	올-소우	부 또한, 역시
alter	[ɔ́ːltər]	올-터	타 자 바꾸다, 변경하다, 바뀌다
alternate	[ɔ́ːltərnèit]	올-터네이트	타 자 교대하다, 번갈아 하다
alternative	[ɔːltə́ːrnətiv] [æltə́ːrnətiv]	올-터-너티브	형 어느 한쪽의, 대신의
although	[ɔːlðóu]	올-도우	접 비록 ~일지라도 (=though)
altitude	[ǽltətjùːd]	앨터튜-드	명 높이, 고도, 해발

altogether	[ɔ̀:ltəgéðər]	오울터게더	부 아주, 전혀, 전부
aluminium	[æljumíniəm]	얼루미넘	명 알미늄
always	[ɔ́:lweiz]	올-웨이즈	부 항상, 언제나, 늘, 전부터
	She is always late. 그녀는 언제나 지각한다.		
amateur	[ǽmətʃùər]	애머추어	명 아마추어 형 아마추어의
amaze	[əméiz]	어메이즈	타 깜짝 놀라게 하다
ambassador	[æmbǽsədər]	앰배서더	명 대사, 사절
ambition	[æmbíʃən]	앰비션	명 야심, 대망, 큰 포부
ambitious	[æmbíʃəs]	앰비셔스	형 야심적인, 대망을 품은
ambulance	[ǽmbjuləns]	앰뷸런스	명 구급차
ambush	[ǽmbuʃ]	앰부쉬	명 잠복, 복병
amend	[əménd]	어맨드	타 정정하다, 개심하다
amendment	[əméndmənt]	어맨드먼트	명 개정, 수정(안), 개심
American	[əmérikən]	어메리컨	형 아메리카의 명 미국인
amiable	[éimiəbl]	에이미어벌	형 귀여운, 친절한, 상냥한
amid	[əmíd]	어미드	전 ~의 가운데, ~의 사이에
ammunition	[æmjəníʃən]	애뮤니션	명 탄약, 군수품
among	[əmʌ́ŋ]	어멍	전 ~의 가운데, ~중에
amount	[əmáunt]	어마운트	자 (총계가) ~이 되다, ~에 해당하다

ample	[ǽmpl]	앰플	형 넓은, 충분한, 광대한 (=large)
amuse	[əmjú:z]	어뮤-즈	타 즐겁게 하다, 재미나게 하다
amusement	[əmjú:zmənt]	어뮤-즈먼트	명 즐거움, 오락, 위안
amusing	[əmjú:ziŋ]	어뮤-징	형 재미있는, 우스운
analogy	[ənǽlədʒi]	어낼러쥐	명 유사, 흡사, 닮음
analysis	[ənǽləsis]	어낼러시스	명 분해, 분석
analyze	[ǽnəlàiz]	애널라이즈	타 분해하다, 해석하다
anarchy	[ǽnərki]	애너키	명 무정부상태, 무질서
anatomy	[ənǽtəmi]	어내터미	명 해부학
ancestor	[ǽnsestər]	앤세스터	명 조상, 선조
anchor	[ǽŋkər]	앵커	명 닻, (릴레이의) 최종주자
ancient	[éinʃənt]	에인션트	형 고대의, 옛날의
anecdote	[ǽnikdòut]	애닉도우트	명 일화, 기담
angel	[éindʒəl]	에인절	명 천사, 천사 같은 사람
	She is an angel of a girl. 그녀는 천사 같은 소녀다.		
anger	[ǽŋgər]	앵거	명 노여움, 분노 타 성나게 하다
angle	[ǽŋgl]	앵글	명 각도, 모퉁이 타 자 각을 이루다
angry	[ǽŋgri]	앵그리	형 성난, 노한
animal	[ǽnəməl]	애너멀	명 동물, 짐승 형 동물의

animate	[ǽnəmèit]	애너메이트	타 살리다, 활기를 주다
ankle	[ǽŋkl]	앵클	명 발목, 복사뼈
annex	[ənéks] [ǽneks]	어넥스	타 추가하다, 첨부하다
annihilate	[ənáiəlèit]	어나이얼레이트	타 전멸시키다, 근절시키다(=destroy)
anniversary	[ænəvə́:rsəri]	애너버-서리	명 기념일 형 해마다의, 기념일의
announce	[ənáuns]	어나운스	타 발표하다, 알리다
announcement	[ənáunsmənt]	어나운스먼트	명 발표, 알림, 공고
annoy	[ənɔ́i]	어노이	타 괴롭히다, 귀찮게 굴다
annoyance	[ənɔ́iəns]	어노이언스	명 괴롭힘, 시달림
annual	[ǽnjuəl]	애뉴얼	형 매해의, 일 년에 걸친
another	[ənʌ́ðər]	어너더	형 다른, 또 하나의 대 또 하나
answer	[ǽnsər]	앤서	타 자 (물음에) 대답하다 명 대답
	I'm waiting for her answer. 나는 그녀의 대답을 기다리는 중이다.		
answerable	[ǽnsərəbl]	앤서러블	형 책임이 있는, 대답할 수 있는
ant	[ænt]	앤트	명 개미
antagonist	[æntǽgənist]	앤태거니스트	명 적대자, 경쟁자
antarctic	[æntɑ́:rktik]	앤타-악틱	형 남극(지방)의 명 남극지방
antecedent	[æntəsí:dnt]	앤티시-던트	형 앞서는, 선행의 명 선행자
antenna	[ænténə]	앤테너	명 촉각, 안테나

anticipate	[æntísəpèit]	앤티서페이트	타 예상하다, 미리 짐작하다(=expect)
anticipation	[æntìsəpéiʃən]	앤티서페이션	명 예측, 예상
antidote	[ǽntidòut]	앤티도우트	명 해독제, 교정(矯正) 수단
antique	[æntí:k]	앤티-크	형 고풍의, 시대의 뒤진, 구식의
anxiety	[æŋzáiəti]	엥자이어티	명 근심, 걱정, 불안 (=worry)
anxious	[ǽŋkʃəs]	앵(크)셔스	형 염려하여, 걱정되는
any	[əni]	애니	형대 무엇이나, 누군가, 얼마간

Believe in yourself in any case.
어떤 경우에도 너 자신을 믿어라.

anybody	[énibàdi] [énibʌ́di]	애니바디	형 누군가, 아무도, 누구라도
anyhow	[énihàu]	애니하우	부 어떻게든, 어쨌든
anyone	[éniwʌ́n, -wən]	애니원	대 누구라도, 누구도, 아무도
anything	[éniθìŋ]	애니씽	대 무엇이든, 아무 것도
anytime	[énitàim]	애니타임	부 언제든지, 언제나
anyway	[éniwèi]	애니웨이	부 하여튼, 어쨌든, 적당히
anywhere	[éni*h*wɛər]	애니웨어	부 어디든, 어디엔가, 아무데도
apart	[əpá:rt]	어파-트	부 떨어져서, 뿔뿔이, 따로
apartment	[əpá:rtmənt]	어파-트먼트	명 방, 아파트, 한 세대의 방
ape	[eip]	에잎	명 원숭이 타 흉내내다
apologize	[əpáləd͡ʒàiz]	어팔러자이즈	자 변명하다, 사죄하다

A

apology	[əpάlədʒi]	어팔러쥐	명 사죄, 사과
appalling	[əpɔ́:liŋ]	어폴-링	형 간담을 서늘케 하는, 섬뜩한
apparatus	[æpərǽtəs] [æpəréitəs]	애퍼레이터스	명 기구류, 기계장치
apparel	[əpǽrəl]	어패럴	타 입히다, 차려입다 명 의상
apparent	[əpǽrənt] [əpέər-]	어패런트	형 또렷한, 명백한 (=plain)
apparition	[æpəríʃən]	애퍼리션	명 허깨비, 유령
appeal	[əpí:l]	어피-일	자 항소하다, 호소하다, 마음에 들다
	This bag appeals to me. 이 가방이 마음에 든다.		
appear	[əpíər]	어피어	자 나타나다, 나오다
appearance	[əpíərəns]	어피어런스	명 출현, 외관
appease	[əpí:z]	어피-즈	타 달래다, 진정시키다
appendix	[əpéndiks]	어펜딕스	명 부속물, 부록, 충양돌기
appetite	[ǽpətàit]	애피타이트	명 욕망, 욕구, 식욕
applaud	[əplɔ́:d]	어플로-드	타자 성원하다, 박수갈채 보내다
applause	[əplɔ́:z]	어플로-즈	명 박수갈채, 칭찬 (=praise)
apple	[ǽpl]	애플	명 사과, 능금
appliance	[əpláiəns]	어플라이언스	명 기구, 설비, 장치
applicant	[ǽplikənt]	애플리컨트	명 신청자, 지원자
application	[æpləkéiʃən]	애플리케이션	명 적용, 응용, 지원

apply	[əplái]	어플라이	타 자 적용하다, 쓰다, 적합하다

I will apply for the job.
난 그 일자리에 지원할 거야.

appoint	[əpɔ́int]	어포인트	타 자 임명하다, 지정하다
appointment	[əpɔ́intmənt]	어포인트먼트	명 임명, 지정, 약속
appreciate	[əprí:ʃièit]	어프리-쉬에이트	타 평가하다, 감정하다
appreciation	[əprì:ʃiéiʃən]	어프리-쉬에이션	명 판단, 감상, 존중
apprehend	[æprihénd]	애프리헨드	타 염려하다, 이해하다, 체포하다
apprehension	[æprihénʃən]	애프리헨션	명 염려, 불안(=anxiety)
apprentice	[əpréntis]	어프렌티스	명 도제, 견습 타 견습으로 보내다
approach	[əpróutʃ]	어프로우취	타 자 접근하다, ~에 가까이 가다
appropriate	[əpróupriət]	어프로우프리엇	형 적당한, 특정의 타 착복하다
approval	[əprú:vəl]	어프루-벌	명 시인, 찬성, 허가 (↔disappoval)
approve	[əprú:v]	어프루-브	타 자 시인하다, 찬성하다
approximate	[əprάksəmət]	어프락서메이트	타 자 접근하다, 가깝다 형 비슷한
apron	[éiprən]	에이프런	명 앞치마
apt	[æpt]	앱트	형 하기 쉬운, 적절한, 재주 있는
aptly	[ǽptli]	앱틀리	부 적절히
Arab	[ǽrəb]	애럽	명 아랍사람 형 아라비아의
Arabia	[əréibiə]	어레이비어	명 아라비아

arbitrary	[á:rbətrèri]	아-비추러리	형 임의의, 제멋대로의
arc	[a:rk]	아-크	명 호(弧), 활 모양
arcade	[a:rkéid]	아-케이드	명 아케이드, 상점가
arch	[á:rtʃ]	아-치	명 홍예, 아치문
archer	[á:rtʃər]	아-쳐	명 사수, 궁술가, 궁수자리
architect	[á:rkətèkt]	아-키텍트	명 건축가
architecture	[á:rkıtèktʃər]	아-키텍춰	명 건축술, 건축양식
arctic	[á:rktik]	아-크틱	명 북극 지방
	There is little life in the arctic. 북극에는 생물이 별로 없다.		
ardent	[á:rdnt]	아-던트	형 열심인, 열렬한 (=eager)
area	[ɛ́əriə]	에어리어	명 구역, 지역, 영역
argue	[á:rgju:]	아-규-	타 자 논의하다, 논하다, 주장하다
argument	[á:rgjumənt]	아-규먼트	명 논의, 논증, 논거
arise	[əráiz]	어라이즈	자 나타나다, 일어나다, 생기다
aristocracy	[ærəstákrəsi]	애러스타크러시	명 귀족정치, 귀족사회
aristocrat	[ərístəkræt, ǽrəs-]	어리스터크렛	명 귀족, 귀족주의자
ark	[a:rk]	아-크	명 방주, 피난처
arm	[a:rm]	아-암	명 팔, 무기, 병기
armament	[á:rməmənt]	아-머먼트	명 군비, 병력, 무장

armchair	[á:rmtʃɛər]	아-암췌어	명 팔걸이의자, 안락의자
armistice	[á:rməstis]	아-머스티스	명 휴전, 정전, 휴전조약
armour	[á:rmər]	아-머	명 갑옷, 장갑(裝甲)
army	[á:rmi]	아-미	명 육군, 군대, 큰떼
around	[əráund]	어라운드	부 주변에, 사방에 전 ~을 돌아
	Spring is around the corner. 이제 곧 봄이다.		
arouse	[əráuz]	어라우즈	타 깨우다, 일으키다
arrange	[əréindʒ]	어레인쥐	타 자 정돈하다, 배열하다
arrangement	[əréindʒmənt]	어레인쥐먼트	명 정돈, 배열, 배치
array	[əréi]	어레이	타 차리다, 배열하다 명 정렬
arrest	[ərést]	어레스트	타 막다, 체포하다 명 체포
arrival	[əráivəl]	어라이벌	명 도착, 입항 (↔departure)
arrive	[əráiv]	어라이브	자 도착하다, 닿다
arrogant	[ǽrəgənt]	애러건트	형 거만한, 건방진 (=proud)
arrow	[ǽrou]	애로우	명 화살, 화살표
art	[a:rt]	아-트	명 예술, 미술, 기술
artery	[á:rtəri]	아-터리	명 동맥, 간선도로
artful	[á:rtfəl]	아-트펄	형 기교를 부리는, 능수능란한
article	[á:rtikl]	아-티클	명 물품, 논설, (문법) 관사

artificial	[àːrtəfíʃəl]	아–티피셜	형 인공의, 모조의, 인위적인
artillery	[aːrtíləri]	아–틸러리	명 대포, 포병, 포술
artist	[áːrtist]	아–티스트	명 예술가, 화가
as	[əz, ǽz]	에즈, 어즈	부 ~만큼, 같은 정도로 접 ~이므로
	He is very qualified as a leader. 그는 지도자로서 매우 능력이 있다.		
ascend	[əsénd]	어센드	타 올라가다, 오르다
ascent	[əsént]	어센트	명 상승, 향상, 승진 (=going up)
ascribe	[əskráib]	어스크라이브	타 ~에 돌리다, ~탓으로 하다
ash	[æʃ]	애쉬	명 재, 유골, 폐허
ashamed	[əʃéimd]	어쉐임드	형 수줍어하는, 부끄러운
ashore	[əʃɔ́ːr]	어쇼어	부 물가에, 해변에
Asian	[éiʒən]	에이전	명 아시아인
aside	[əsáid]	어사이드	부 곁에, 옆에, 떨어져서
ask	[æsk]	애스크	타 자 묻다, 물어보다, 질문하다
asleep	[əslíːp]	어슬리–입	부 잠들어(↔awake), 마비되어
aspect	[ǽspekt]	애스펙트	명 국면, 모습, 외관
aspiration	[æspəréiʃən]	애스퍼레이션	명 갈망, 대망, 포부 (=ambition)
aspire	[əspáiər]	어스파이어	자 열망하다, 갈망하다
ass	[æs]	애스	명 당나귀, 바보

assail	[əséil]	어세일	타 습격하다, 공격하다
assassinate	[əsǽsənèit]	어세서네이트	타 암살하다
assault	[əsɔ́:lt]	어솔-트	명 습격, 공격, 폭행
assemble	[əsémbl]	어셈벌	타자 모으다, 소집하다, 조립하다
assembly	[əsémbli]	어셈블리	명 집회, 회의, 의회
assent	[əsént]	어센트	자 동의(찬성)하다 명 동의
assert	[əsə́:rt]	어서-트	타 주장하다, 단언하다 (=declare)
assign	[əsáin]	어사인	타 배당하다, 할당하다 She was assigned to the head office. 그녀는 본사로 배정되었다.
assist	[əsíst]	어시스트	타자 돕다, 거들다, 원조하다
assistance	[əsístəns]	어시스턴스	명 도움, 원조
assume	[əsú:m]	어슈-움	타자 가정하다, 주제넘게 굴다
assurance	[əʃúərəns]	어슈어런스	명 보증, 확신, 장담
assure	[əʃúər]	어슈어	타 보증하다, 안심시키다
astonish	[əstániʃ]	어스타니쉬	타 놀라게 하다, 깜짝 놀래다
astound	[əstáund]	어스타운드	타 깜짝 놀라게 하다
astray	[əstréi]	어스트레이	형부 길을 잃어, 잘못하여
astronomer	[əstránəmər]	어스트라너머	명 천문학자
astronomy	[əstránəmi]	어스트라너미	명 천문학

asunder	[əsʌ́ndər]	어선더	부 산산히 흩어져, 따로 떨어져
ate	[eit]	에이트	동 eat(먹다)의 과거형
athlete	[ǽθliːt]	애쓸리-트	명 운동가, 경기자
Atlantic	[ætlǽntik, ət-]	어틀랜틱	형 대서양의 명 대서양
atlas	[ǽtləs]	애틀러스	명 지도책, 도해서
atmosphere	[ǽtməsfìər]	앳머스피어	명 대기, 공기, 분위기
	I can't talk in this atmosphere. 이런 분위기에선 얘기하지 못하겠어요.		
atom	[ǽtəm]	애텀	명 원자, 미분자, 극소량
atone	[ətóun]	어토운	타 보상하다, 속죄하다, 갚다
atrocity	[ətrɑ́səti]	어트라서티	명 극악, 포악, 잔악 (=cruelty)
attach	[ətǽtʃ]	어태취	타 붙이다, 달다, 첨부하다
attack	[ətǽk]	어택	타 공격하다, 습격하다
attain	[ətéin]	어테인	타 자 목적을 이루다, 달성하다
attempt	[ətémpt]	어템(프)트	타 해보다, 시도하다, 꾀하다
attend	[əténd]	어텐드	타 자 출석하다, 모시다, 수반하다
attendance	[əténdəns]	어텐던스	명 출석, 시중, 참석
attendant	[əténdənt]	어텐던트	형 시중드는 명 수행원
attention	[ətén∫ən]	어텐션	명 주의, 주의력, 주목
attentive	[əténtiv]	어텐티브	형 주의깊은, 정중한, 세심한(=careful)

attest	[ətést]	어테스트	타 자 증명하다, 입증하다
attic	[ǽtik]	애틱	명 다락방
attitude	[ǽtitjù:d]	애티튜-드	명 자세, 태도, 마음가짐
	I felt impressed by her noble attitude. 나는 그녀의 고상한 태도에 감동받았다.		
attorney	[ətə́:rni]	어터-니	명 변호사, 대변인
attract	[ətrǽkt]	어트렉트	타 끌다, 유혹하다, 매혹하다
attraction	[ətrǽkʃən]	어트렉션	명 끄는 힘, 매력
attractive	[ətrǽktiv]	어트렉티브	형 매력있는, 아름다운
attribute	[ətríbju:t]	어트리뷰-트	내 ~의 탓으로 돌리다 명 속성, 특질
auction	[ɔ́:kʃən]	옥-션	명 경매, 공매 타 경매하다
audacity	[ɔ:dǽsəti]	오-대서티	명 대담함, 뻔뻔스러움
audible	[ɔ́:dəbl]	오-더블	형 들리는, 들을 수 있는
audience	[ɔ́:diəns]	오-디언스	명 시청자, 관객, 청중
auditorium	[ɔ̀:ditɔ́:riəm]	오-디토-리엄	명 강당, 청중석
August	[ɔ́:gəst]	오-거스트	명 8월(약어 Aug.)
aunt	[ænt, a:nt]	앤트	명 아주머니(고모, 이모)
aurora	[ɔ:rɔ́:rə]	어로-러	명 극광, 서광, 새벽 빛
auspice	[ɔ́:spis]	오-스피스	명 길조(吉兆), 후원, 찬조
austere	[ɔ:stíər]	오-스티어	형 엄격한, 가혹한, 심한 (=hard)

Australia	[ɔ(:)stréiljə]	오-스트레일려	명 오스트레일리아, 호주
Austria	[ɔ́(:)striə]	오-스트리어	명 오스트리아
authentic	[ɔ:θéntik]	오-쎈틱	형 믿을만한, 진짜의(=real)

This is the authentic Italian food.
이게 진짜 이탈리아 요리입니다.

author	[ɔ́:θər]	오-써	명 저자, 창시자, 저술가
authoritative	[əθɔ́:rətèitiv]	오-쏘러테이티브	형 권위 있는, 믿을만한
authority	[əθɔ́:rəti] [əθárəti]	어쏘-리티	명 권위, 권력, 위신
authorize	[ɔ́:θəràiz]	오-써라이즈	타 권한을 주다, 위임하다
auto	[ɔ́:tou-]	오-토우	명 자동차, 자동
autobiography	[ɔ̀:toubaiágrəfi]	오-토바이아그러피	명 자서전
automatic	[ɔ̀:təmǽtik]	오-터메틱	형 자동식의, 기계적인
automation	[ɔ̀:təméiʃən]	오-터메이션	명 자동화, 자동조작
automobile	[ɔ̀:təməbí:l] [ɔ̀:tə-móubi:l]	오-터머비-일	명 자동차 자 자동차로 가다
autumn	[ɔ́:təm]	오-텀	명 가을
avail	[əvéil]	어베일	타자 소용이 되다, 가치가 있다
available	[əvéiləbl]	어베일러블	형 이용할 수 있는, 유효한
avarice	[ǽvəris]	애버리스	명 탐욕, 허욕(=greed)
avenge	[əvéndʒ]	어벤쥐	타 복수하다, 앙갚음하다
avenue	[ǽvənjù:]	애버뉴-	명 가로수길, 큰 거리

average	[ǽvəridʒ]	애버리쥐	명 평균 형 보통의, 평균의
aviation	[èiviéiʃən]	에이비에이션	명 비행, 항공, 비행술
avoid	[əvɔ́id]	어보이드	타 피하다, 회피하다
await	[əwéit]	어웨이트	타 기다리다, 대기하다 (=wait for)
awake	[əwéik]	어웨이크	타 각성시키다, 깨우다 자 눈뜨다
awaken	[əwéikən]	어웨이컨	타 잠깨다(=awake), 일깨우다
award	[əwɔ́:rd]	어워-드	타 수여하다 명 상금, 상품
aware	[əwɛ́ər]	어웨어	형 알고 있는, 의식하는
away	[əwéi]	어웨이	부 떨어져서, 멀리
awe	[ɔ:]	오-	타 두렵게 하다 명 두려움, 외경
awful	[ɔ́:fəl]	오-펄	형 두려운, 끔찍한 (=terrible)
awhile	[ə*h*wáil]	어와일	부 잠시, 잠깐
awkward	[ɔ́:kwərd]	오-쿼드	형 눈치 없는, 어설픈, 서투른
ax, axe(영)	[æks]	액스	명 도끼 타 도끼로 자르다
axis	[ǽksis]	액시스	명 축, 추축(樞軸)
ay, aye	[ai]	아이	감 예!(=yes) 명 찬성
azalea	[əzéiljə]	어제일려	명 진달래
azure	[ǽʒər]	애줘	명 하늘색, 푸른빛 형 푸른빛의

B

babe	[beib]	베이브	명 천진난만한 사람, 귀여운 소녀
baby	[béibi]	베이비	명 갓난애, 젖먹이
bachelor	[bǽtʃələr]	배철러	명 미혼남자, 학사
back	[bæk]	백	명 등 부 뒤의 타자 후퇴시키다
backbone	[bǽkbòun]	백보운	명 등뼈, 기골, 척추
background	[bækgraund]	백그라운드	명 배경, 바탕색
backward	[bǽkwərd]	백워드	부 후방으로, 역행하여 She went out of the room without a backward look. 그녀는 뒤도 돌아보지 않고 방을 나갔다.
bacon	[béikən]	베이컨	명 베이컨, 고기의 소금 절임
bacteria	[bæktíəriə]	백티어리어	명 박테리아, 세균류
bad	[bæd]	배드	형 나쁜, 불량한, 악질의
badge	[bædʒ]	배쥐	명 기장, 상징, 배지
badly	[bǽdli]	배들리	부 나쁘게, 서투르게
badminton	[bǽdmintn]	배드민턴	명 배드민턴
bag	[bæg]	백	명 자루, 가방, 손가방
baggage	[bǽgidʒ]	배기쥐	명 수하물, 부대

A B C D E F G H I J K L M

bait	[beit]	베이트	명 미끼, 먹이, 유혹 타 유혹하다
bake	[beik]	베이크	타 (빵 따위를) 굽다 명 빵굽기
bakery	[béikəri]	베이커리	명 제빵소, 빵집
balance	[bǽləns]	밸런스	명 저울, 균형, 평균
balcony	[bǽlkəni]	밸커니	명 발코니, (이층의) 노대(露臺)
bald	[bɔːld]	보-올드	형 벗어진, 털 없는, 대머리의
ball	[bɔːl]	보-올	명 공, 야구, 무도회
balloon	[bəlúːn]	벌루-운	명 풍선, 기구 자 부풀다
ballot	[bǽlət]	밸럿	명 (비밀)투표용지 자 투표하다
ballroom	[bɔːlruːm]	볼-룸	명 무도장
balm	[baːm]	버-암	명 향유, 진통제
bamboo	[bæmbúː]	뱀부-	명 대, 죽재, 대나무
ban	[bæn]	밴	명 금지(령) 타 자 금지하다
banana	[bənǽnə]	버내너	명 바나나
band	[bænd]	밴드	명 띠, 끝 타 자 결합하다
bandage	[bǽndidʒ]	밴디쥐	명 붕대, 띠 타 붕대를 감다
bandit	[bǽndit]	밴디트	명 악당, 노상강도
bang	[bæŋ]	뱅	명 탕, 쾅하는 소리 타 자 쾅 치다
banish	[bǽniʃ]	배니쉬	타 추방하다, 쫓아버리다

	The banished king was restored to the throne. 추방되었던 왕이 복위되었다.		
bank	[bæŋk]	뱅크	명 둑, 제방, 은행
banker	[bǽŋkər]	뱅커	명 은행가, (도박의) 물주
bankrupt	[bǽŋkrʌpt, -rəpt]	뱅크럽트	형 파산한, 갚을 능력이 없는
banner	[bǽnər]	배너	명 깃발, 군기, 표지
bar	[ba:r]	바-	명 막대기, 술집, 장애물, 법정
barbarian	[ba:rbέəriən]	바-베어리언	명 야만인, 미개인 형 야만적인
barbecue	[bά:rbikjù:]	바-비큐	명 바비큐, 통구이
barber	[bά:rbər]	바-버	명 이발사 타 이발하다
bare	[bεər]	베어	형 벌거벗은, 부족한 타 벌거벗기다
barely	[bέərli]	베얼리	부 간신히, 겨우, 가까스로
bargain	[bά:rgən]	바-긴	명 매매계약, 흥정, 싸구려 물건
bark	[ba:rk]	바-크	명 나무껍질, 짖는 소리 자 짖다
barley	[bά:rli]	바-알리	명 보리
barn	[ba:rn]	바-안	명 헛간, 광(곡물, 건초)
barometer	[bərάmitər]	버라미터	명 표준, 기압계, 지표
baron	[bǽrən]	배런	명 남작, 거물
barrel	[bǽrəl]	배럴	명 통, (美) 31.5갤런 타 통에 넣다
barren	[bǽrən]	배런	형 불모의, 메마른, 임신 못 하는

단어	발음기호	발음	뜻
barricade	[bǽrəkèid]	배러케이드	명 방책, 차단물
barrier	[bǽriər]	배리어	명 장벽, 울타리 She went through the ticket barrier. 그녀는 개찰구를 통과했다.
barter	[bɑ́ːrtər]	바-터	타 자 물물교환하다, ~을 교환하다
base	[beis]	베이스	명 기초, 토대 형 천한, 비열한
baseball	[béisbɔ̀ːl]	베이스볼-	명 야구(공)
basement	[béismənt]	베이스먼트	명 지하실
basic	[béisik]	베이식	형 기초의, 근본적인
basin	[béisn]	베이선	명 물그릇, 대야, 세면기
basis	[béisis]	베이시스	명 기초, 근거, 기준
basket	[bǽskit]	배스킷	명 바구니, 광주리
basketball	[bǽskitbɔ̀ːl]	배스킷보-올	명 농구(공)
bass	[beis]	베이스	명 저음악기, 저음(가수)
bat	[bæt]	뱃	명 (구기의) 배트, 박쥐
bath	[bæθ]	베쓰	명 목욕, 입욕(入浴)
bathe	[beið]	베이드	타 자 담그다, 씻다, 미역 감다
bathroom	[bǽθrùːm]	배쓰룸	명 목욕실, 화장실
batter	[bǽtər]	배터	명 연타, 난타, 타자 타 자 난타하다
battery	[bǽtəri]	배터리	명 한 벌의 기구, 포대, 건전지

B

battle	[bǽtl]	배틀	명 싸움, 경쟁, 투쟁 (=struggle)
bay	[bei]	베이	명 만(灣), 궁지
bayonet	[béiənit]	베이어니트	명 총검, 무력 타 총검으로 찌르다
bazaar	[bəzɑ́:r]	버자–	명 상점가, 시장, 마켓
be	[bi] [bi:]	비–	자 ~이다, 있다, 존재하다
beach	[bi:tʃ]	비–취	명 바닷가, 호숫가, 해변(=shore)
beacon	[bí:kən]	비–컨	명 봉화, 등대, 표지
bead	[bi:d]	비–드	명 구슬, 염주알, 목걸이
beak	[bi:k]	비–크	명 (새 따위의) 부리, 주둥이
beam	[bi:m]	비–임	명 들보, 광선 타 자 빛을 내다
	The central beam must bear a heavy weight. 중앙 대들보는 무거운 중량을 지탱해야 한다.		
bean	[bi:n]	비–인	명 강낭콩, 대두
bear	[bɛər]	베어	명 곰 타 자 낳다, 운반하다
beard	[biərd]	비어드	명 턱수염, (보리의) 까끄러기
beast	[bi:st]	비–스트	명 짐승, (네발)동물, 아주 싫은 것
beat	[bi:t]	비–트	타 자 계속해서 치다, 때리다
beautiful	[bjú:təfəl]	뷰–티펄	형 아름다운, 훌륭한
beauty	[bjú:ti]	뷰–티	명 미모, 아름다움, 미인
beaver	[bí:vər]	비–버	명 해리, 비버(동물)

because	[bikɔ́:z] [bikʌ́z]	비코-즈	접 왜냐하면, ~이므로
beckon	[békən]	베컨	타자 고개짓하다, 손짓하다
become	[bikʌ́m]	비컴	타자 ~(이, 으로)되다
bed	[bed]	베드	명 침대, 화단
bedroom	[bédrù:m]	베드루-움	명 침실
bedside	[bedsaid]	베드사이드	명 베갯머리 형 머리맡의
bedtime	[bédtàim]	베드타임	명 취침 시간, 잘 시각
bee	[bi:]	비-	명 꿀벌
beef	[bi:f]	비-프	명 쇠고기
been	[bin, bín]	비-인	동 be(~이다)의 과거분사
beer	[biər]	비어	명 맥주
beetle	[bí:tl]	비-틀	명 딱정벌레
before	[bifɔ́:r] [bəfɔ́:r]	비포-	전 ~의 앞에 부 앞쪽에
beforehand	[bifɔ́:rhænd]	비포-핸드	부 전부터, 이전에(의), 미리
	I knew his intention beforehand. 나는 그의 의도를 진작에 알고 있었다.		
beg	[beg]	벡	타자 구걸하다, 빌다, 청하다
beggar	[bégər]	베거	명 거지, 빈털터리
begin	[bigín]	비긴	타자 시작하다, 시작되다
beginner	[bigínər]	비기너	명 초심자, 초보자

A B C D E F G H I J K L M

beginning	[bigíniŋ]	비기닝	명 시작, 초기, 처음
behalf	[bihǽf]	비해프	명 이익, 측, 편
	on behalf of ~을 대표(대리)하여, ~을 위하여		
behave	[bihéiv]	비헤이브	타 자 처신하다, 행동하다(=act)
behavior	[bihéivjər]	비헤이벼	명 행실, 태도, 동작
behind	[biháind, bə-]	비하인드	부 뒤에, 나중에, 그늘에서
behold	[bihóuld]	비호울드	타 보다 감 보라!
being	[bí:iŋ]	비-잉	동 be의 현재분사 명 존재, 생명
belief	[bilí:f]	빌리-프	명 믿음, 신념, 확신(=trust)
believe	[bilí:v, bə-]	빌리-브	타 믿다, 신용하다(말, 이야기 등)
bell	[bel]	벨	명 종, 방울, 초인종
belly	[béli]	벨리	명 배, 복부
belong	[bilɔ́:ŋ] [bilɑ́ŋ]	빌롱	자 ~에 속하다, ~의 것이다
	What religion do you belong to? 어떤 종교를 믿으시나요?		
beloved	[bilʌ́vid, -lʌ́vd]	빌러비드	형 사랑하는, 소중한 명 애인
below	[bilóu]	빌로우	부 ~의 아래에(로) 전 ~의 아래에
belt	[belt]	벨트	명 띠, 혁대, 가죽띠
bench	[bentʃ]	벤취	명 벤취, 긴 의자
bend	[bend]	벤드	타 구부리다, 굴복시키다

beneath	[biníːθ]	비니-쓰	부 아래쪽에 전 ~의 아래에
beneficial	[bènəfíʃəl]	베너피셜	형 유용한, 유리한, 이로운
benefit	[bénəfit]	베너피트	명 이익, 은혜, 자선공연
	for the benefit of : ~을 위하여, ~의 이익을 위하여		
benevolent	[bənévələnt]	비네벌런트	형 친절한, 인자한, 호의적인
berry	[béri]	베리	명 열매, 커피열매
beset	[bisét]	비셑	타 공격하다, 에워싸다
beside	[bisáid]	비사이드	전 ~의 곁에, ~와 비교하여
besides	[bisáidz]	비사이즈	형 그 이외에, 따로 전 ~외에
	Is there any other way to go there besides taxi? 택시 말고 거기 가는 다른 방법이 있습니까?		
best	[best]	베스트	형 가장 좋은 부 가장 잘 명 최선
bestow	[bistóu]	비스토우	타 주다(=give), 부여하다, 이용하다
bet	[bet]	벳	명 내기 타 내기를 하다
betray	[bitréi]	비트레이	타 배반하다, 저버리다
better	[bétər]	베터	형 더욱 좋은 부 더 좋게
between	[bitwíːn] [bətwíːn]	비튀인	전 (둘)의 사이를 부 사이에
beverage	[bévəridʒ]	베버리쥐	명 음료, 마실 것
beware	[biwέər]	비웨어	타 자 주의하다, 경계하다
bewilder	[biwíldər]	비윌더	타 당황케하다

bewitch	[biwítʃ]	비위취	타 매혹하다, 마법을 걸다
beyond	[biάnd] [bijάnd]	비얀드	전 ~의 저쪽에, ~을 건너서
bias	[báiəs]	바이어스	명 편견(=prejudice), 경향
Bible	[báibl]	바이벌	명 성경
bicycle	[báisikl]	바이시컬	명 자전거 자 자전거에 타다
bid	[bid]	비드	타자 명하다, 말하다, 명령하다
big	[big]	빅	형 큰, 성장한, 대규모의
bill	[bil]	빌	명 계산서, 목록, 명세서, 삐라
billiards	[bíljərdz]	빌려즈	명 당구
billion	[bíljən]	빌련	명 (미) 10억, (영) 조(兆)
bin	[bin]	빈	명 큰 상자 타 큰 상자에 넣다
bind	[baind]	바인드	타 묶다, 포박하다 자 굳어지다
binding	[báindiŋ]	바인딩	형 묶는, 구속하는 명 묶는 것
biography	[baiάgrəfi]	바이아그러피	명 전기(傳記)
biology	[baiάlədʒi]	바이알러쥐	명 생물학, 생태학
bird	[bəːrd]	버-드	명 새, 엽조
birth	[bəːrθ]	버-쓰	명 출생, 탄생, 혈통
	Last month she gave birth to a baby. 그녀는 지난달에 아기를 낳았다.		
birthday	[bə́ːrθdèi]	버-쓰데이	명 생일, 창립일

biscuit	[bískit]	비스킷	명 작은 빵, 비스켓
bit	[bit]	비트	명 작은 조각, 소량, 조금, 잠시
bite	[bait]	바이트	타자 물다, 물어뜯다, 모기가 쏘다
bitter	[bítər]	비터	형 쓴, 모진, 격심한 (=biting)
bitterness	[bítərnis]	비터니스	명 쓴맛, 괴로움, 비통, 비꼼
black	[blæk]	블랙	형 검은, 암담한 명 검정
blackboard	[blǽkbɔ̀:rd]	블랙보-드	명 칠판
blacken	[blǽkən]	블랙컨	타자 검게 하다, 헐뜯다
blade	[bleid]	블레이드	명 풀잎, 칼날
blame	[bleim]	블레임	타 비난하다, 책망하다
blank	[blæŋk]	블랭크	형 백지의, 공백의 명 백지, 여백
blanket	[blǽŋkit]	블랭킷	명 담요, 모포
	I folded up the blanket. 나는 담요를 개었다.		
blast	[blæst]	블래스트	명 한바탕 부는 바람, 돌풍
blaze	[bleiz]	블레이즈	명 화염 자 타오르다
bleach	[bli:tʃ]	블리-취	타 표백하다, 희게 하다
bleak	[bli:k]	블리-크	형 황량한, 쌀쌀한, 바람받이의
bleed	[bli:d]	블리-드	자 출혈하다 타 피를 뽑다
blend	[blend]	블렌드	타자 섞이다, 혼합되다

bless	[bles]	블레스	타 은총을 내리다, 축복하다, ~에 주다
blessing	[blésiŋ]	블레싱	명 축복, (신의)은총, 행복
blind	[blaind]	블라인드	형 장님의, 맹목적인
blink	[bliŋk]	블링크	타자 깜박거리다, 힐끔 보다
bliss	[blis]	블리스	명 더 없는 행복, 희열 (=happiness)
blister	[blístər]	블리스터	타자 물집이 생기게 하다 명 물집
block	[blak]	블락	명 덩어리, 큰 토막 타 방해하다
blockade	[blakéid]	블라케이드	명 봉쇄, 폐쇄
blond(e)	[bland]	블란드	형 금발의 명 금발의 사람
blood	[blʌd]	블러드	명 피, 혈액, 혈통
bloody	[blʌ́di]	블러디	형 피의, 피 같은, 피투성이의
bloom	[blu:m]	블루-움	명 꽃이 핌, 개화기 자 꽃 피다(=flower) Cherry trees are in full bloom. 벚꽃이 활짝 피었다.
blossom	[blɑ́səm]	블라섬	명 (과실의) 꽃 자 꽃이 피다
blot	[blat]	블랏	명 얼룩, 결점 타 더럽히다
blouse	[blaus] [blauz]	블라우스	명 블라우스, 셔츠식의 웃옷, 작업복
blow	[blou]	블로우	타자 불다, 허풍 치다 명 강타, 불행
blue	[blu:]	블루-	형 푸른, 우울한, 창백한 명 파랑
bluff	[blʌf]	블러프	타자 속이다, (속임수로) 모면하다

blunt	[blʌnt]	블런트	형 어리석은, 무딘 타 무디게 하다
blur	[bləːr]	블러-	타자 더럽히다, 더러워지다
blush	[blʌʃ]	블러쉬	명 얼굴을 붉힘 자 얼굴을 붉히다
boar	[bɔːr]	보-	명 수퇘지, 멧돼지
board	[bɔːrd]	보-드	명 널빤지, 위원회 동 (배, 차에) 타다

on board :
승선하여, 승차하여

boast	[boust]	보우스트	타자 자랑하다, 뽐내다
boat	[bout]	보우트	명 작은 배, 기선
body	[bádi]	바디	명 몸, 육체, 시체
boil	[bɔil]	보일	타자 끓다, 비등하다
boisterous	[bɔ́istərəs]	보이스터러스	형 떠들썩한, 난폭한, 거센
bold	[bould]	보울드	형 대담한, 불손한 (=daring)

We have to take a bold action.
우리는 대담한 작전을 펼쳐야 한다.

bolt	[boult]	보울트	명 번개, 빗장, 볼트
bomb	[bam]	밤	명 폭탄, 뜻밖의 사건 타 폭격하다
bond	[band]	반드	명 묶는 것, 속박, 동맹
bondage	[bándidʒ]	반디쥐	명 노예의 신분, 속박
bone	[boun]	보운	명 뼈, 골격, 해골, 시체
bonnet	[bánit]	바닛	명 턱끈 있는 모자, 보네트

bonus	[bóunəs]	보우너스	명 보너스, 상여금, 특별 수당
book	[buk]	북	명 책, 서적
bookcase	[búkkeis]	북케이스	명 책장, 책꽂이, 서가
booklet	[búklit]	북릿	명 팜플렛, 소책자
bookstore	[búkstɔːr]	북스토–	명 책방, 서점
boom	[buːm]	부–움	명 크게 울리는 소리, 벼락 경기
boot	[buːt]	부–트	명 장화, 목이 긴 구두, 군화
booth	[buːθ]	부–쓰	명 매점, 노점, 오두막집
border	[bɔ́ːrdər]	보–더	명 가장자리, 경계 타 자 인접하다
bore	[bɔːr]	보–	타 구멍을 뚫다, 도려내다
born	[bɔːrn]	보–운	형 타고난, 태어난; bear의 과거분사
borrow	[bárou]	바로우	타 자 빌리다, 차용하다 (↔lend)
bosom	[búzəm]	부점	명 가슴, 흉부, 유방
boss	[bɔːs] [bas]	보스	명 사장, 두목 타 우두머리가 되다
botany	[bátəni]	바터니	명 식물학
both	[bouθ]	보우쓰	명 양쪽의 대 둘 다 부 다같이
bother	[báðər]	바더	타 자 폐를 끼치다, 성가시게 하다
bottle	[bátl]	바틀	명 병, 술병 타 병에 담다
bottom	[bátəm]	바텀	명 밑, 밑바닥, 최하

	This is the bottom price, ma'am. 사모님, 이건 최저가격입니다.		
bough	[bau]	바우	명 큰 가지
bounce	[bauns]	바운스	타 자 되튀다, 튀다, 펄쩍 뛰다
bound	[baund]	바운드	명 경계, 한계 형 ~행의 타 자 튀다
boundary	[báundəri]	바운더리	명 경계, 한계
boundless	[báundlis]	바운들리스	형 무한한, 한없는 (=limitless)
bouquet	[boukéi]	보우케이	명 꽃다발, 향기
bow	[bau]	바우	명 활, 뱃머리 타 자 절하다
bowel	[báuəl]	바월	명 내장, 창자
bowl	[boul]	보울	명 대접, 사발, 나무공
box	[baks]	박스	명 상자 타 상자에 넣다
boxer	[báksər]	박서	명 복서, 권투선수
boy	[bɔi]	보이	명 소년, 사내아이, 급사
boycott	[bɔ́ikat]	보이캇	명 불매동맹, 공동배척, 배척
boyfriend	[bɔ́ifrend]	보이프렌드	명 애인, 남자친구
boyish	[bɔ́iiʃ]	보이이쉬	형 소년 같은, 어린애 같은
brace	[breis]	브레이스	명 버팀대, 지주, 꺾쇠 타 자 받치다
brag	[bræg]	브랙	명 자랑 타 자 자랑하다(=boast)
	He likes to brag about himself. 그는 자기 자랑하기를 좋아한다.		

braid	[breid]	브레이드	명 꼰 끈, 땋은 끈 타 끈을 꼬다
brain	[brein]	브레인	명 뇌, 두뇌
brake	[breik]	브레이크	명 브레이크, 제동기 타자 브레이크 걸다
branch	[bræntʃ]	브랜취	명 가지, 부문, 분파
brand	[brænd]	브랜드	명 상표, 품질 타 낙인을 찍다
brandy	[brǽndi]	브랜디	명 브랜디, 화주(술)
brass	[bræs]	브래스	명 놋쇠, 금관 악기, 황동
brave	[breiv]	브레이브	형 용감한, 강인한 (=courageous)
bravery	[bréivəri]	브레이버리	명 용기, 용감, 화려
breach	[briːtʃ]	브리-취	명 파괴, 위반 타 깨뜨리다
bread	[bred]	브레드	명 빵, 양식, 생계
breadth	[bredθ] [bretθ]	브레쓰	명 폭, 넓이, 넓은 도량
break	[breik]	브레이크	타자 부수다, 꺾다 명 깨짐, 휴식 Let's have a 10 minute break. 10분 휴식을 하자.
breakfast	[brékfəst]	브렉퍼스트	명 조반 타자 조반을 먹다
breast	[brest]	브레스트	명 가슴, 흉부, 심정
breath	[breθ]	브레쓰	명 숨, 호흡, 한숨
breathe	[briːð]	브리-드	타자 호흡하다, 쉬다, 휴식하다
breathless	[bréθlis]	브레쓸리스	형 숨가쁜, 헐떡이는

breed	[bri:d]	브리-드	타자 기르다, 새끼를 낳다
breeze	[bri:z]	브리-즈	명 산들바람, 미풍, 소문
brew	[bru:]	브루-	타자 양조하다, (음모를)꾸미다 명 양조장
bribe	[braib]	브라이브	명 뇌물 타자 뇌물을 주다
brick	[brik]	브릭	명 벽돌 타 벽돌을 쌓다
bridal	[bráidl]	브라이들	명 결혼식 형 새색시의
bride	[braid]	브라이드	명 새색시, 신부
bridegroom	[bráidgrù:m]	브라이드그룸	명 신랑
bridge	[bridʒ]	브리쥐	명 다리, 교량
brief	[bri:f]	브리-프	형 잠시의, 간결한(=short)
bright	[brait]	브라이트	형 빛나는, 광채나는, 밝은
brighten	[bráitn]	브라이튼	타자 반짝이다, 밝게 하다
brilliant	[bríljənt]	브릴련트	형 빛나는, 찬란한
brim	[brim]	브림	명 가장자리, 언저리
bring	[briŋ]	브링	타 가져오다, 데려오다
brink	[briŋk]	브링크	명 (벼랑의) 가장자리 (=verge), 물가
brisk	[brisk]	브리스크	형 기운찬, 활발한
	Business is always brisk before Christmas. 성탄절 전에는 항상 장사가 잘 된다.		
Britain	[brítn]	브리턴	명 영국

British	[brítiʃ]	브리티쉬	형 영국의, 영국인의
broad	[brɔ:d]	브로-드	형 넓은, 명백한, 광대한
broadcast	[brɔ́:dkæst]	브로-드케스트	명 방송, 방영 타자 방송하다
broil	[brɔil]	브로일	타자 굽다, 햇볕을 쬐다 명 굽기
broken	[bróukən]	브로우컨	형 부서진; break(깨다)의 과거분사
broker	[bróukər]	브로우커	명 중개인, 실력자, 전당포
bronze	[branz]	브란즈	형 청동색의 명 청동
brooch	[broutʃ]	브로우취	명 브로치
broom	[bru:m]	브룸-	명 비 타 비로 쓸다
brother	[brʌ́ðər]	브라더	명 형제, 형, 아우, 동료
brotherhood	[brʌ́ðərhùd]	브러더훗	명 형제, 관계, 형제의 우애
brought	[brɔ:t]	브로트	동 bring(가져가다)의 과거
brow	[brau]	브라우	명 이마, 눈썹, 돌출부
brown	[braun]	브라운	명 갈색(밤색) 형 갈색의
bruise	[bru:z]	브루-즈	명 타박상, 멍 타자 상처를 입다
	How did you get bruised? 너는 어떻게 해서 멍이 들었니?		
brush	[brʌʃ]	브러시	명 솔, 모필, 붓
brutal	[brú:tl]	브루-틀	형 짐승 같은, 잔인한, 천한(=cruel)
bubble	[bʌ́bl]	버벌	명 거품, 사기 타자 거품이 일다

bucket	[bʌ́kit]	버킷	명 양동이, 물통
buckle	[bʌ́kl]	버클	명 혁대 장식, 죔쇠, 버클
bud	[bʌd]	벋	명 꽃눈, 싹, 봉오리
budget	[bʌ́dʒit]	버쥣	명 예산안 자 예산을 세우다
buffalo	[bʌ́fəlòu]	버펄로우	명 물소, 들소
bug	[bʌg]	벅	명 곤충, 벌레, 병원균
build	[bild]	빌드	타자 짓다, 세우다, 건축하다
builder	[bíldər]	빌더	명 건축가, 건설자
building	[bíldiŋ]	빌딩	명 건물, 빌딩
bulb	[bʌlb]	벌브	명 구근(球根), 전구
bulge	[bʌldʒ]	벌쥐	명 불룩한 부분 타자 부풀다
bulk	[bʌlk]	벌크	명 부피, 크기, 대부분
bull	[bul]	불	명 황소, 수컷
bullet	[búlit]	불릿	명 총탄
bulletin	[búlitən]	불리턴	명 공보, 화보, 공시
bully	[búli]	불리	명 난폭자, 경호원 타자 위협하다
bump	[bʌmp]	범프	타자 부딪치다, 충돌하다 명 충돌
bunch	[bʌntʃ]	번취	명 송이, 다발 타자 다발로 묶다
bundle	[bʌ́ndl]	번들	명 다발, 꾸러미

She tied up those things into a bundle.
그녀는 그것들을 한 다발로 묶었다.

bungalow	[bʌ́ŋgəlòu]	벙걸로우	명 방갈로식 주택
buoy	[bú:i] [bɔ́i]	부-이	명 부표(浮漂), 구명대 타 띄우다
buoyant	[bɔ́iənt]	보이언트	형 부력이 있는, 쾌활한
burden	[bə́:rdn]	버-든	명 짐, 무거운 짐, 부담 (=load)
bureau	[bjúərou]	뷰어로우	명 (관청의) 국(局), 부(部); 경대 붙은 옷장
burglar	[bə́:rglər]	버-글러	명 밤도둑, 야간 강도
burial	[bériəl]	베리얼	명 매장(埋葬) 형 매장의
burn	[bə:rn]	버-언	타자 태우다, 타다, 바짝 마르다
burrow	[bə́:rou]	버-로우	명 굴, 숨어있는 곳, 피난처
burst	[bə:rst]	버-스트	타자 파열하다, 터지다 명 파열, 폭발
bury	[béri]	베리	타 묻다, 덮다, 매장하다

Where did the miser bury the money?
그 구두쇠가 돈을 어디에 묻었지?

bus	[bʌs]	버스	명 버스
bush	[buʃ]	부쉬	명 관목, 수풀
business	[bíznis]	비즈니스	명 장사, 직업, 영업

have no business to do (doing) :
~할 권리(필요)가 없다

bust	[bʌst]	버스트	명 흉상, 상반신, 여자의 흉부
busy	[bízi]	비지	형 바쁜, 분주한

but	[bət] [bʌ́t]	벗	접 그러나, 하지만 부 다만
butcher	[bútʃər]	부쳐	명 학살자, 백정 타 도살하다(=kill)
butler	[bʌ́tlər]	버틀러	명 하인의 우두머리, 집사
butter	[bʌ́tər]	버터	명 버터 타 버터를 바르다
butterfly	[bʌ́tərflài]	버터플라이	명 나비, 바람둥이(女子), 멋쟁이
button	[bʌ́tən]	버튼	명 단추, (초인종의) 누름 단추
buy	[bai]	바이	타 사다, 구입하다
buzz	[bʌz]	버즈	명 (윙윙) 울리는 소리, 소란스런 소리
bypass	[baipæs]	바이패스	명 우회로, 보조로

C

cabbage	[kǽbidʒ]	캐비쥐	명 양배추
cabin	[kǽbin]	캐빈	명 선실, 오두막집
cabinet	[kǽbənit]	캐버닛	명 상자, 캐비넷, 진열실
cable	[kéibl]	케이벌	명 굵은 밧줄, 해저 전선, 닻줄
cafe	[kæféi]	캐페이	명 다방, 커피점, 요리점
cage	[keidʒ]	케이쥐	명 새장, 동물 우리, 감옥
cake	[keik]	케익	명 생과자, 케이크, 양과자
calamity	[kəlǽməti]	컬레미티	명 비참, 재난, 불행 (=misfortune) Global warming is a severe calamity. 지구온난화는 심각한 재난이다.
calcium	[kǽlsiəm]	캘시엄	명 칼슘
calculate	[kǽlkjulèit]	캘컬레이트	타 자 계산하다, 추정하다
calendar	[kǽləndər]	캘린더	명 달력, 목록, 역법
call	[kɔːl]	콜–	타 부르다, 소리내어 부르다 명 외침 call for : 청하다, 요구하다, 큰 소리로 부르다
calm	[kaːm]	캄–	형 고요한, 조용한 타 자 가라앉히다
calorie	[kǽləri]	캘러리	명 칼로리(음식의 열량단위)

came	[keim]	케임	동 come(오다)의 과거
camouflage	[kǽməflὰ:ʒ]	캐머플라-쥐	명 위장, 변장, 눈속임
camp	[kæmp]	캠프	명 야영, 텐트 생활 자 야영하다
campaign	[kæmpéin]	캠페인	명 선거운동, 유세 자 유세하다
campus	[kǽmpəs]	캠퍼스	명 교정, 구내, 대학 생활
can	[kən, kǽn]	캔	명 깡통, 양철통 조 ~할 수 있다
Canadian	[kənéidiən]	커네이디언	형 캐나다의, 캐나다 사람
canal	[kənǽl]	커낼	명 운하, 도량, 수로
canary	[kənέəri]	커네어리	명 카나리아, 선황색
cancel	[kǽnsəl]	캔설	명 취소 타 취소하다, 말살하다
cancer	[kǽnsər]	캔서	명 암(癌), 사회악, 해악
candid	[kǽndid]	캔디드	형 솔직한, 성실한, 노골적인
candidate	[kǽndidèit]	캔더데이트	명 후보자, 지원자

I think he is a powerful candidate.
내 생각에 그는 유력한 후보다.

candle	[kǽndl]	캔들	명 양초
candy	[kǽndi]	캔디	명 사탕, 캔디, 과자
cane	[kein]	케인	명 지팡이, 단장, 막대기
cannon	[kǽnən]	캐넌	명 대포, 기관포 자 대포를 쏘다
canoe	[kənú:]	카누-	명 카누, 통나무배

canopy	[kǽnəpi]	캐너피	명 낙하산, 닫집 자 천개로 덮다
canvas	[kǽnvəs]	캔버스	명 돛, 범포, 캔버스
canyon	[kǽnjən]	캐년	명 대협곡
cap	[kæp]	캡	명 챙 없는 모자, 제모, 두건
capable	[kéipəbl]	캐이퍼블	형 유능한, 자격 있는 (↔incapable)
capacious	[kəpéiʃəs]	커페이셔스	형 널다란, 큰
capacity	[kəpǽsəti]	커페서티	명 용량, 능력(=ability), 수용량
	This room has a seating capacity of 80. 이 방은 80개 좌석이 있다.		
cape	[keip]	케입	명 갑(岬), 곶, 어깨망토
capital	[kǽpətl]	캐피틀	명 수도, 대문자
captain	[kǽptən]	캡틴	명 팀장, 선장, 육군대위
captive	[kǽptiv]	캡티브	명 포로 형 포로가 된
capture	[kǽptʃər]	캡쳐	명 포획, 생포 타 잡다, 빼앗다
car	[kaːr]	카–	명 차, 자동차
caramel	[kǽrəməl] [kάːrməl]	캐러멀	명 구운 설탕, 캬라멜
caravan	[kǽrəvæn]	캐러밴	명 (사막의) 대상(隊商), 포장마차
card	[kaːrd]	카–드	명 카드, 트럼프, 엽서
cardboard	[kaːrdbɔːrd]	카–드보–드	명 마분지
care	[kɛər]	케어	명 관심, 걱정(=worry) 자 염려하다

	take care of : ~을 돌보다, ~을 소홀히 하다		
career	[kəríər]	커리어	[명] 경력, 직업, 성공, 발전
careful	[kɛ́ərfəl]	케어펄	[형] 주의 깊은, 검소한, 조심스런
careless	[kɛ́ərlis]	케얼리스	[형] 부주의한, 경솔한, 조심성 없는
cargo	[ká:rgou]	카-고우	[명] 뱃짐, 화물, 적하
carnation	[ka:rnéiʃən]	카-네이션	[명] 카네이션, 담홍색
carnival	[ká:rnəvəl]	카-너벌	[명] 사육제, 축제
carpenter	[ká:rpəntər]	카-펜터	[명] 목수 [타][자] 목수일을 하다
carpet	[ká:rpit]	카-피트	[명] 융단, 양탄자, 깔개
carriage	[kǽridʒ]	캐리쥐	[명] 탈것, 마차, 객차, 차
carrier	[kǽriər]	캐리어	[명] 운반인, 배달인, 운수업자
carrot	[kǽrət]	캐럿	[명] 당근, 머리털이 붉은 사람
carry	[kǽri]	캐리	[타][자] 나르다, 지탱하다, 휴대하다
	What's learned is carried to the tomb. 세살 버릇 여든까지 간다.		
cart	[ka:rt]	카-트	[명] 손수레 [타][자] 손수레로 나르다
carve	[ka:rv]	카-브	[타][자] 조각하다, 새기다, 파다
cascade	[kæskéid]	캐스케이드	[명] 작은 폭포, 인공 폭포
case	[keis]	케이스	[명] 경우, 사정, 상자
cash	[kæʃ]	캐쉬	[명] 현금, 현찰 [타] 현금으로 지불하다

cashier	[kæʃíər]	캐쉬어	명 출납계, 회계원
cast	[kæst]	캐스트	타자 던지다, 투표하다 명 던짐
castle	[kǽsl]	캐슬	명 성곽, 대저택 타자 성을 쌓다
casual	[kǽʒuəl]	캐쥬얼	형 우연의, 뜻하지 않은
cat	[kæt]	캣	명 고양이
catalog	[kǽtəlɔ̀:g]	캐털로-그	명 목록, 요람 타 목록에 올리다
catastrophe	[kətǽstrəfi]	커태스트러피	명 재앙, (비극의)파국 (=disaster)
catch	[kætʃ]	캐취	타자 붙잡다, 잡다, 따르다 명 포획
catcher	[kǽtʃər]	캐쳐	명 잡는 사람, 포수
cathedral	[kəθí:drəl]	커씨-드럴	명 대성당, 대교회
catholic	[kǽθəlik]	캐써릭	형 천주교의, 가톨릭교의
cattle	[kǽtl]	캐틀	명 소, 가축
cause	[kɔ:z]	코-즈	명 원인, 이유, 동기 We should take care of the root cause. 우리는 근본 원인을 해결해야 한다.
caution	[kɔ́:ʃən]	코-션	명 조심, 신중, 보증
cautious	[kɔ́:ʃəs]	코-셔스	형 주의 깊은, 신중한 (=careful)
cavalry	[kǽvəlri]	캐벌리	명 기병대, 기갑부대
cave	[keiv]	케이브	명 동굴 타자 함몰하다, 무너지다
cavity	[kǽvəti]	캐버티	명 충치, 구멍, 빈곳

cease	[siːs]	시–스	타 자 그치다, 끝나다, 멈추다
ceiling	[síːliŋ]	시–일링	명 천장, 한계, 상한
celebrate	[séləbrèit]	셀러브레이트	타 자 경축하다, 거행하다
celebration	[sèləbréiʃən]	셀러브레이션	명 축하, 칭찬, 의식, 찬양
celery	[séləri]	샐러리	명 샐러리(채소)
cell	[sel]	셀	명 작은 방, 독방, 세포
cellar	[sélər]	셀러	명 지하저장실
cement	[simént]	시멘트	명 시멘트, 양회, 접합제
cemetery	[sémətèri]	세머테리	명 공동묘지, 매장지
censure	[sénʃər]	센셔	명 비난 타 비난하다, 나무라다
	They were censured for their lack of decisiveness. 그들은 결단력 부족으로 비난받았다.		
cent	[sent]	센트	명 백, 센트(미국 화폐 단위)
center	[séntər]	센터	명 중심, 중앙, 핵심
centimeter	[séntəmíːtər]	센터미–터	명 센티미터(cm)
central	[séntrəl]	센트럴	형 중심의, 주요한, 기본적인
century	[séntʃəri]	센츄리	명 1세기, 100년,
cereal	[síəriəl]	시어리얼	형 곡물의, 곡식의 명 곡물, 곡초류
ceremony	[sérəmòuni]	세러모우니	명 의식, 예식, 형식

certain	[sə́:rtn]	서-튼	형 확실한, 틀림없는, 확정된(=sure)
certainly	[sə́:rtnli]	서-튼리	부 확실히, 반드시, 틀림없이
certainty	[sə́:rtnti]	서-튼티	명 확신, 확실성
certificate	[sərtífikeɪt]	서티피킷	명 증명서, 증서
chafe	[ʧeif]	체이프	타 자 비벼서 따뜻하게 하다
chain	[ʧein]	체인	명 사슬, 연쇄, 연속
chair	[ʧɛər]	체어	명 의자, 강좌, 의장석
chairman	[ʧɛərmən]	체어먼	명 의장, 위원장, 사회자
chalk	[ʧɔ:k]	초-크	명 분필, 초크
challenge	[ʧǽlindʒ]	챌린쥐	명 도전, 결투 신청 타 도전하다
chamber	[ʧéimbər]	체임버	명 방, 침실, 회의실
champagne	[ʃæmpéin]	샴페인	명 (C~) 프랑스 북부지방, 샴페인
champion	[ʧǽmpiən]	챔피언	명 우승자, 선수, 옹호자
	He is the champion of freedom and justice. 그는 자유와 정의의 옹호자이다.		
chance	[ʧæns]	챈스	명 기회, 우연, 호기, 운
change	[ʧeindʒ]	체인쥐	타 변경하다, 바꾸다 명 변화
channel	[ʧǽnl]	채늘	명 수로, 해협, 강바닥
chaos	[kéias]	케이아스	명 혼돈, 혼란, 무질서
chapter	[ʧǽptər]	챕터	명 (책의) 장(章), 한 시기

character	[kǽriktər]	캐릭터	명 인격, 성격, 특성
characteristic	[kæriktərístik]	캐릭터리스틱	형 특유한, 독특한 명 특성
charcoal	[tʃɑ́ːrkòul]	차-코올	명 숯, 목탄
charge	[ʃaːrʒéi]	차-쥐	타 짐을 싣다, 채우다 명 책임
charity	[tʃǽrəti]	채러티	명 사랑, 자비, 양육원
charm	[tʃaːrm]	차-암	명 미모, 매력 타자 매혹하다
charming	[tʃɑ́ːrmiŋ]	차-밍	형 매력적인, 아름다운, 즐거운
chart	[tʃaːrt]	차-트	명 그림, 도표
charter	[tʃɑ́ːrtər]	차-터	명 특허장, 헌장, 선언서
chase	[tʃeis]	체이스	명 추격 타 추적하다, 추구하다(=seek)
chat	[tʃæt]	채트	명 잡담, 담화 자 잡담하다
chatter	[tʃǽtər]	채터	자 지껄여대다 명 수다, 잡담
cheap	[tʃiːp]	취-프	형 싼, 값이 싼
cheat	[tʃiːt]	취-트	타자 속이다, 사취하다
check	[tʃek]	체크	명 저지, 억제, 방해
cheek	[tʃiːk]	취-크	명 볼, 뺨
cheer	[tʃiər]	치어	명 환호, 갈채, 격려
cheerful	[tʃíərfəl]	치어펄	형 기분 좋은, 유쾌한

Sarah has a cheerful disposition.
새라는 유쾌한 성격을 가졌다.

cheese	[tʃiːz]	치-즈	명 치즈
chemical	[kémikəl]	케미컬	형 화학의, 화학적인
chemistry	[kéməstri]	케미스트리	명 화학
cherish	[tʃériʃ]	체리쉬	타 귀여워하다, 소중히 하다(=love)
cherry	[tʃéri]	체리	명 벚나무
chess	[tʃes]	체스	명 체스, 서양 장기
chest	[tʃest]	체스트	명 큰 상자, 금고, 가슴
chestnut	[tʃésnʌ́t, tʃésnət]	체스넛	명 밤 형 밤색의
chew	[tʃuː]	츄-	타 자 씹다, 깨물어 부수다
chick	[tʃik]	칙	명 병아리, 새끼 새
chicken	[tʃíkən]	치킨	명 닭, 닭고기
chide	[tʃaid]	차이드	타 자 꾸짖다, 꾸짖어 내쫓다
chief	[tʃiːf]	치-프	명 수령, 지도자, 추장
child	[tʃaild]	차일드	명 아이, 어린애, 아동
childhood	[tʃáildhùd]	차일드후드	명 유년기, 어린 시절
childish	[tʃáildiʃ]	차일디쉬	형 어린애 같은, 앳된
children	[tʃíldrən]	칠드런	명 child(아이)의 복수, 어린이들
chill	[tʃil]	칠	명 한기, 냉기 (=coldness) I felt a sudden chill in her attitude. 그녀의 태도에서 갑작스러운 냉기를 느꼈다.

chime	[tʃaim]	차임	명 차임 타 자 가락을 맞추어 울리다
chimney	[tʃímni]	침니	명 굴뚝
chin	[tʃin]	친	명 턱
China	[tʃáinə]	차이너	명 중국, 중화인민공화국
china	[tʃáinə]	차이너	명 도자기 형 도자기의
Chinese	[tʃàiníːz]	차이니-즈	형 중국의 명 중국어
chip	[tʃip]	칩	명 나뭇조각, 얇은 조각, 토막
choice	[tʃɔis]	초이스	명 선택, 선택권
choke	[tʃouk]	초우크	타 자 질식시키다, 막다, 메우다
cholera	[kálərə]	칼러러	명 콜레라
choose	[tʃuːz]	츄-즈	타 자 고르다, 선택하다, 선정하다
chop	[tʃap]	챱	타 자 잘게 자르다, 빼개다
chord	[kɔːrd]	코-드	명 (악기의) 줄, 현, 감정
Christian	[krístʃən]	크리스천	명 기독교도 형 그리스도의
Christmas	[krísməs]	크리스머스	명 크리스마스, 성탄절
chronicle	[kránikl]	크라니클	명 연대기(年代記), 역사
church	[tʃəːrtʃ]	처-취	명 교회, 성당
cider	[sáidər]	사이더	명 사과 술, 사이다
cigarette	[sìgərét]	시거렛	명 궐련, 담배

A B C D E F G H I J K L M

cinema	[sínəmə]	시너머	명 영화관, 영화 (=movie)
	My only hobby is going to the cinema. 내 유일한 취미는 영화보러 가는 것이다.		
cinnamon	[sínəmən]	시너먼	명 계피 형 육계색의
circle	[sə́:rkl]	서-클	명 원, 원형의 장소, 원주
circuit	[sə́:rkit]	서-킷	명 주위, 순회, 회전
circular	[sə́:rkjulər]	서-켤러	형 원형의, 고리모양의
circulate	[sə́:rkjulèit]	서-켤레이트	타자 돌다, 돌게 하다
circulation	[sə̀:rkjuléiʃən]	서-켤레이션	명 순환, 배포, 유통
circumstance	[sə́:rkəmstæ̀ns]	서-컴스탠스	명 사정, 상황, 환경
circus	[sə́:rkəs]	서-커스	명 곡예, 서커스
cite	[sait]	사이트	타 인용하다, 소환하다
	It's enough to cite only one example. 한 가지 예만 들어도 충분하다.		
citizen	[sítəzən]	시티즌	명 시민, 국민, 주민
city	[síti]	시티	명 시, 도시
civic	[sívik]	시빅	형 시의, 시민의
civil	[sívəl]	시벌	형 시민의, 예의바른 (=polite)
civilian	[sivíljən]	시빌리언	명 일반인, 비전투원
civilization	[sìvəli-zéiʃən]	시벌리제이션	명 문명, 개화
civilize	[sívəlàiz]	시벌라이즈	타 문명으로 이끌다, 교화하다

claim	[kleim]	클레임	명 요구, 청구 타자 되찾다
clam	[klæm]	클램	명 대합조개, 말없는 사람
clan	[klæn]	클랜	명 씨족, 일가, 당파 (=tribe)
clap	[klæp]	클랩	타자 (손뼉을) 치다, 박수하다
clash	[klæʃ]	클래쉬	명 격돌, 충돌 타자 충돌하다
class	[klæs]	클래스	명 계급, 학급, 수업, 종류
classic	[klǽsik]	클래식	형 고전적인, 명작의, 고상한
classification	[klæsəfikéiʃən]	클래서피케이션	명 분류, 종별, 등급
classify	[klǽsəfài]	클래서파이	타 분류하다, 등급으로 가르다
classmate	[klǽsmèit]	클래스메이트	명 급우, 동창생
classroom	[klǽsrù:m]	클래스룸	명 교실
clause	[klɔ:z]	클로-즈	명 조목, 조항, (문법) 절
claw	[klɔ:]	클로-	명 발톱, 집게발
clay	[klei]	클레이	명 찰흙, 점토, 흙
clean	[kli:n]	클리-인	형 깨끗한, 청결한, 순결한
cleaner	[klí:nər]	클리-너	명 청소부, 청소기
cleaning	[klí:niŋ]	클리-닝	명 세탁, 청소
cleanse	[klenz]	클렌즈	타 정화하다, 청결하게 하다 At first I want to cleanse my entire body. 나는 우선 내 몸을 깨끗이 씻고 싶다.

A B C D E F G H I J K L M

clear	[kliər]	클리어	형 밝은, 투명한, 뚜렷한 (=obvious)
clearly	[klíərli]	클리어리	부 명백히, 틀림없이
clench	[klentʃ]	클렌취	타자 꽉 죄다, 악물다
clerk	[kləːrk]	클러-크	명 점원, 사무원
clever	[klévər]	클레버	형 영리한, 머리가 좋은 (=bright)
click	[klik]	클릭	동 클릭하다, 딸깍 소리 내다
cliff	[klif]	클리프	명 벼랑, 절벽, 낭떠러지
climate	[kláimit]	클라이밑	명 기후, 풍토, 환경, 분위기
climax	[kláimæks]	클라이맥스	명 절정, 극점 타자 절정에 달하다
climb	[klaim]	클라임	타자 기어오르다, 올라가다
cling	[kliŋ]	클링	자 달라붙다, 밀착하다
clinic	[klínik]	클리닉	명 진찰실, 진료소
clip	[klip]	클립	타 끼우다, 자르다
cloak	[klouk]	클로우크	명 (소매 없는) 외투, 망토
clock	[klak]	클락	명 시계 타자 ~의 시간을 재다
close	[klouz]	클로우즈	타 닫다, 끝내다 형 가까운, 밀집된 She is my close friend. 그녀는 내 친한 친구야.
closely	[klóusli]	클로우즈리	부 빽빽하게, 가까이, 자세히
closet	[klázit]	클라짓	명 벽장, 받침 타 벽장에 가두다

cloth	[klɔ:θ]	클로쓰	명 헝겊, 천, 옷장, 직물
clothe	[klouð]	클로우드	타 입히다, 덮다, 가리다
clothes	[klouz] [klouðz]	클로우즈	명 옷, 침구, 의복
clothing	[klóuðiŋ]	클로우딩	명 (집합적) 의류
cloud	[klaud]	클라우드	명 구름, 연기
cloudy	[kláudi]	클라우디	형 흐린, 똑똑하지 않은, 탁한
clover	[klóuvər]	클로우버	명 토끼풀, 클로버
clown	[klaun]	클라운	명 어릿광대, 촌뜨기
club	[klʌb]	클럽	명 곤봉, 동호회
clumsy	[klʌ́mzi]	클럼지	형 볼품없는, 솜씨 없는
cluster	[klʌ́stər]	클러스터	명 떼, 덩어리, 송이 자 몰리다
clutch	[klʌtʃ]	클러취	타 자 꽉 붙들다, 부여잡다
coach	[koutʃ]	코우취	명 4륜 마차, 객차, 감독
coal	[koul]	코울	명 석탄, 숯, 무연탄
coalition	[kòuəlíʃən]	코월리션	명 연합, 동맹, 제휴 (=union)
coarse	[kɔ:rs]	코–스	형 거친, 조잡한, 음탕한
coast	[koust]	코우스트	명 해안 자 해안을 항해하다

This hotel is very close to the coast.
이 호텔은 해변과 아주 가깝다.

coat	[kout]	코우트	명 상의, 코트, 모피

cock	[kak]	칵	명 수탉, 수컷, 두목
cocktail	[káktèil]	칵테일	명 칵테일, 혼합주
cocoa	[kóukou]	코우코우	명 코코아(음료)
code	[koud]	코우드	명 법전, 규정, 암호
coffee	[kɔ́:fi]	코-피	명 커피, 커피색
coffin	[kɔ́(:)fin]	코-핀	명 관(棺), 널 타 관에 넣다
coil	[kɔil]	코일	명 돌돌 감음
coin	[kɔin]	코인	명 화폐, 돈 타 화폐를 주조하다
coincide	[kòuinsáid]	코우인사이드	자 일치하다, 부합하다
cold	[kould]	코울드	형 추운, 차가운
collapse	[kəlǽps]	컬랩스	명 붕괴, 쇠약 자 붕괴하다
	Hundreds of houses collased in the tsunami. 쓰나미 때문에 가옥 수백 채가 무너졌다.		
collar	[kálər]	칼러	명 칼라, 깃
colleague	[káli:g]	칼리-그	명 동료, 동업자
collect	[kálekt]	컬렉트	타 자 모으다, 수집하다 (=gather up)
collection	[kəlékʃən]	컬렉션	명 수금, 수집, 채집
collective	[kəléktiv]	컬렉티브	형 집합적인, 집단적인, 공동적
college	[kálidʒ]	칼리쥐	명 단과대학, 전문학교
colonel	[kə́:rnl]	커-널	명 육군대령, 연대장, 부장

colonial	[kəlóuniəl]	컬로우니얼	형 식민지의, 식민의
colony	[káləni]	칼러니	명 식민지, 거류지, 이민단
color	[kʌ́lər]	컬러	명 색, 빛깔 타자 색칠하다
colorful	[kʌ́lərfəl]	컬러펄	형 다채로운, 화려한
colossal	[kəlásəl]	컬라설	형 거대한, 굉장한 (=very large)
column	[káləm]	칼럼	명 원주, 기둥, 칼럼
comb	[koum]	코움	명 빗, 닭의 볏 타 빗질하다
combat	[kəmbǽt] [kámbæt]	캄뱃	명 싸움, 전투, 결투
combination	[kàmbənéiʃən]	캄버네이션	명 결합, 단결, 배합
combine	[kəmbáin]	컴바인	타자 결합시키다, 협력하다
come	[kʌm]	컴	자 오다, 도착하다
comedy	[kámədi]	카머디	명 희극, 희극적 요소
comet	[kámit]	카미트	명 혜성, 살별
comfort	[kʌ́mfərt]	컴퍼트	명 위로, 위안, 안락
comfortable	[kʌ́mfərtəbl]	컴퍼터블	형 기분좋은, 안락한 타 위로하다

Make yourselves comfortable.
여러분, 편하게 있으세요.

comic	[kámik]	카믹	형 희극의, 우스운
coming	[kʌ́miŋ]	커밍	명 도래, 내방 형 다음의, 다가올
comma	[kámə]	커머	명 콤마, 구두점, 쉼표

commander	[kəmǽndər]	커맨더	명 지휘관, 해군 중령
commence	[kəméns]	커멘스	타자 개시하다, 시작하다
commencement	[kəménsmənt]	커멘스먼트	명 개시, 졸업식, 시작
commend	[kəménd]	커멘드	타 칭찬하다, 추천하다, 권하다
comment	[káment]	카먼트	명 주석, 해석, 논평
commentary	[káməntèri]	카먼테리	명 비평, 논평, 실황방송
commerce	[kámə:rs]	카머-스	명 상업, 무역, 거래
commission	[kəmíʃən]	커미션	명 수수료, 위임, 직권
commit	[kəmít]	커미트	타 저지르다, 범하다 He has no reason to commit a crime. 그는 범죄를 저지를 이유가 없다.
committee	[kəmíti]	커미티	명 위원회, 위원들
commodity	[kəmádəti]	커미더티	명 물품, 상품, 일용품
common	[kámən]	카먼	형 공통의, 평범한
commonplace	[kámənpleis]	카먼플레이스	형 평범한, 진부한 (=ordinary)
commotion	[kəmóuʃən]	커모우션	명 동요, 소동, 폭동
commune	[kámju:n]	커뮤-운	자 생각을 교류하다, 교제하다
communicate	[kəmjú:nəkèit]	커뮤-너케이트	타자 전하다, 통신하다
communication	[kəmjù:nəkéiʃən]	커뮤-너케이션	명 전달, 통신, 보도

communism	[kámjunìzm]	카며니점	명 공산주의
community	[kəmjú:nəti]	커뮤-너티	명 사회, 공동 생활체
compact	[kámpækt]	컴펙트	형 가득 찬, 조밀한, 아담한
companion	[kəmpǽnjən]	컴패니언	명 동반자, 동무, 짝
company	[kʌ́mpəni]	컴퍼니	명 일행, 단체, 떼
comparable	[kámpərəbl]	캄퍼러블	형 비교되는, 필적하는
comparative	[kəmpǽrətiv]	컴패러티브	형 비교의, 비교적인
compare	[kəmpέər]	컴페어	타 자 비교하다, 대조하다 It's not happy to compare yourself with others. 자기를 남과 비교하면 즐겁지 않다.
comparison	[kəmpǽrisn]	컴패리슨	명 비교, 유사(=likeness)
compartment	[kəmpá:rtmənt]	컴파-트먼트	명 구획, 구분, 칸막이
compass	[kʌ́mpəs]	컴퍼스	명 둘레, 컴퍼스, 주위
compassion	[kəmpǽʃən]	컴패션	명 동정, 불쌍히 여김
compel	[kəmpél]	컴펠	타 강제하다, 억지로 ~ 시키다(=force)
compensate	[kámpənsèit]	캄펀세이트	타 자 보상하다, 보충하다
compete	[kəmpí:t]	컴피이트	자 경쟁하다, 겨루다
competent	[kámpətənt]	캄퍼턴트	형 유능한, 능력 있는
competition	[kàmpətíʃən]	캄퍼티션	명 경쟁, 겨루기, 시합
competitor	[kəmpétətər]	컴페터터	명 경쟁자(=rival)

compile	[kəmpáil]	컴파일	타 자료를 모으다, 편집하다
complain	[kəmpléin]	컴플레인	자 불평을 하다, 고소하다
complement	[kámpləmənt]	캄플러먼트	명 보충, 보완하는 것
complete	[kəmplíːt]	컴플리–트	형 완전한, 완벽한 타 완성하다
completion	[kəmplíːʃən]	컴플리–션	명 완료, 종료, 완성
complex	[kəmpléks] [kámpleks]	콤플렉스	형 복잡한 명 복합물
complexion	[kəmplékʃən]	컴플렉션	명 안색, 외모, 형세, 피부색
complicate	[kámpləkèit]	캄플러케이트	타 복잡하게 하다, 뒤얽히게 하다
complication	[kàmpləkéiʃən]	캄플러케이션	명 복잡, 분규
compliment	[kámpləmənt]	캄플러먼트	명 경의, 칭찬, 빈말
comply	[kəmplái]	컴플라이	자 응하다, 따르다, 쫓다
compose	[kəmpóuz]	컴포우즈	타 자 구성하다, 짜 맞추다
composer	[kəmpóuzər]	컴포우저	명 작곡가
composition	[kàmpəzíʃən]	캄퍼지션	명 짜 맞춤, 합성, 작곡
compound	[kámpaund]	캄파운드	타 혼합하다, 합성하다 명 혼합물
comprehend	[kàmprihénd]	캄프리헨드	타 이해하다(=understand), 포함하다 I couldn't comprehend her words. 나는 그녀의 얘기를 이해할 수 없었다.
comprehension	[kàmprihénʃən]	캄프리헨션	명 이해(력), 파악
comprise	[kəmpráiz]	컴프라이즈	타 포함하다, ~로 되다

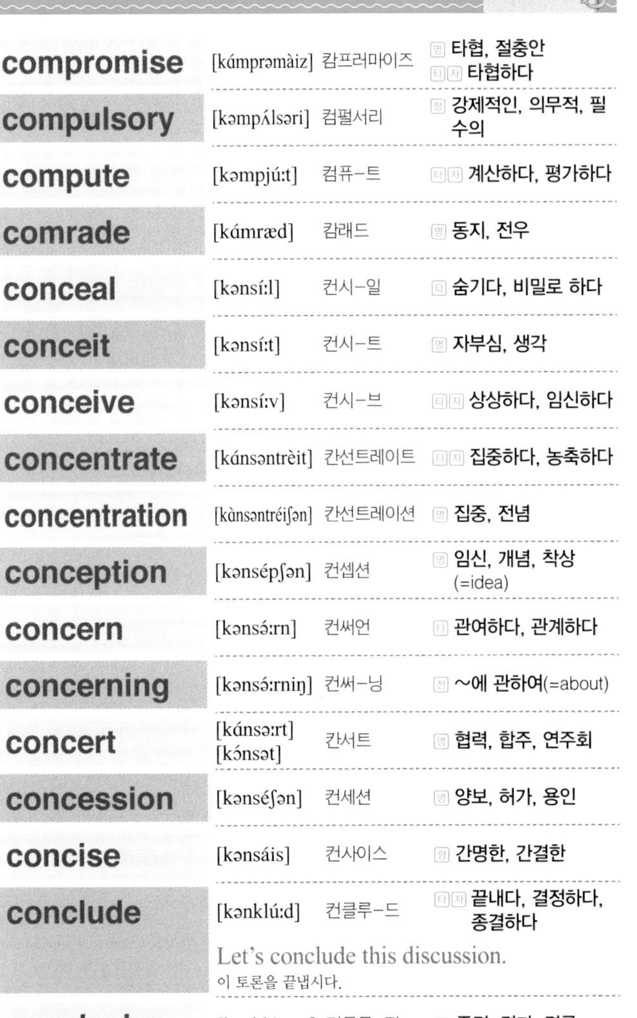

compromise	[kámprəmàiz]	캄프러마이즈	명 타협, 절충안 타 자 타협하다
compulsory	[kəmpʌ́lsəri]	컴펄서리	형 강제적인, 의무적, 필수의
compute	[kəmpjú:t]	컴퓨-트	타 자 계산하다, 평가하다
comrade	[kámræd]	캄래드	명 동지, 전우
conceal	[kənsí:l]	컨시-일	타 숨기다, 비밀로 하다
conceit	[kənsí:t]	컨시-트	명 자부심, 생각
conceive	[kənsí:v]	컨시-브	타 자 상상하다, 임신하다
concentrate	[kánsəntrèit]	칸선트레이트	타 자 집중하다, 농축하다
concentration	[kànsəntréiʃən]	칸선트레이션	명 집중, 전념
conception	[kənsépʃən]	컨셉션	명 임신, 개념, 착상 (=idea)
concern	[kənsə́:rn]	컨써언	타 관여하다, 관계하다
concerning	[kənsə́:rniŋ]	컨써-닝	전 ~에 관하여(=about)
concert	[kánsə:rt] [kɔ́nsət]	칸서트	명 협력, 합주, 연주회
concession	[kənséʃən]	컨세션	명 양보, 허가, 용인
concise	[kənsáis]	컨사이스	형 간명한, 간결한
conclude	[kənklú:d]	컨클루-드	타 자 끝내다, 결정하다, 종결하다 Let's conclude this discussion. 이 토론을 끝냅시다.
conclusion	[kənklú:ʒən]	컨클루-젼	명 종결, 결과, 결론
concrete	[kánkri:t]	캉그리-트	형 구체적인, 유형의 명 콘크리트

A
B
C
D
E
F
G
H
I
J
K
L
M

concur	[kənkə́:r]	컨커-	동 동시에 일어나다, 일치하다(=agree)
condemn	[kəndém]	컨뎀	타 비난하다, 선고하다
condense	[kəndéns]	컨덴스	타 자 응축하다, 요약하다
condition	[kəndíʃən]	컨디션	명 상태, 처지, 조건
conduct	[kándʌkt] [kɔ́ndʌkt]	칸덕트	명 행동, 품행, 지휘
conductor	[kəndʌ́ktər]	컨덕터	명 (음악)지휘자, 안내자, 전도체
cone	[koun]	코운	명 원추, 원뿔꼴
conference	[kánfərəns]	컨퍼런스	명 회의, 상담, 협의회
confess	[kənfés]	컨페스	타 자 자인하다, 자백하다
confession	[kənféʃən]	컨페션	명 자백, 실토, 참회
confide	[kənfáid]	컨파이드	타 털어놓다, 신임하다
confidence	[kánfədəns]	칸피던스	명 신임, 신용, 자신 Our general manager puts confidence in you. 우리 부장님이 당신을 신임하고 있다.
confident	[kánfədənt]	칸피던트	형 확신하는, 자신 있는
confine	[kənfáin]	컨파인	타 감금하다, 제한하다
confirm	[kənfə́:rm]	컨퍼엄	타 보강하다, 확인하다
confirmation	[kὰnfərméiʃən]	칸퍼메이션	명 확정, 확인, 인가
conflict	[kənflíkt]	컨플릭트	명 투쟁, 충돌, 대립
conform	[kənfɔ́:rm]	컨포옴	타 자 일치하다, 따르다

confound	[kanfáund]	칸파운드	타 혼동하다, 혼란시키다
confront	[kənfrʌ́nt]	컨프런트	타 직면하다, 맞서다
confuse	[kənfjú:z]	컨퓨-즈	타 헷갈리게 하다, 혼동하다
confusion	[kənfjú:ʒən]	컨퓨-전	명 혼란, 당황, 혼동
congratulate	[kəngrǽtʃulèit]	컨그래출레이트	타 축하하다, 축사를 드리다
congratulation	[kəngrætʃuléiʃən]	컨그래출레이션	명 축하, 축사
congregation	[kàŋgrigéiʃən]	캉그리게이션	명 집합, 모임, 집회
congress	[káŋgris] [kɔ́ŋgres]	캉그레스	명 회의, 의회
conjecture	[kəndʒéktʃər]	컨젝쳐	명 추측, 억측 타 자 추측하다
conjunction	[kəndʒʌ́ŋkʃən]	컨졍션	명 결합, 접합, (문법) 접속사
connect	[kənékt]	커넥트	타 자 잇다, 결합하다, 연결시키다
connection	[kənékʃən]	커넥션	명 연결, 관계, 관련 (=relationship)
conquer	[káŋkər]	캉커	타 자 정복하다, 획득하다, 이기다
conqueror	[káŋkərər]	캉커러	명 정복자, 승리자
conquest	[kánkwest] [káŋkwest]	캉퀘스트	명 정복, 획득
conscience	[kánʃəns]	칸션스	명 양심, 도의심, 자각
conscientious	[kànʃiénʃəs]	칸시앤셔스	형 양심적인, 도의적인
conscious	[kánʃəs]	칸셔스	형 의식하는, 알고 있는 (=knowing)
consent	[kənsént]	컨센트	명 동의, 승인 자 승낙하다, 찬성하다

consequence	[kánsəkwèns]	칸시퀜스	명 결과, 중요성
consequent	[kánsəkwènt]	칸시퀜트	형 결과로서 생기는, 필연의
conservative	[kənsə́:rvətiv]	컨서-버티브	형 보수적인 (↔progressive)
conserve	[kənsə́:rv]	컨서-브	타 보존하다, 저장하다
consider	[kənsídər]	컨시더	타자 숙고하다, 생각하다
considerable	[kənsídərəbl]	컨시더러벌	형 고려할만한, 중요한, 어지간한
considerate	[kənsídərət]	컨시더릿	형 인정 있는, 사려 깊은
consideration	[kənsìdəréiʃən]	컨시더레이션	명 고려, 숙고, 중요함
considering	[kənsídəriŋ]	컨시더링	전 ~을 고려하면
consist	[kənsíst]	컨시스트	자 ~로 되다, ~에 있다
consistency	[kənsístənsi]	컨시스턴시	명 일관성
consistent	[kənsístənt]	컨시스턴트	형 일치하는, 일관된
console	[kánsoul]	컨소울	타 위로하다, 위문하다
conspicuous	[kənspíkjuəs]	컨스피큐어스	형 저명한, 특히 눈에 띄는
conspiracy	[kənspírəsi]	컨스피러시	명 공모, 음모, 모반
conspire	[kənspáiər]	컨스파이어	타자 공모하다, 음모를 꾸미다
constancy	[kánstənsi]	칸스턴시	명 불변성, 충성
constant	[kánstənt]	칸스턴트	형 불변의, 일정한

His constant efforts bore fruit at last.
그의 지속적인 노력이 결국 결실을 맺었다.

constantly	[kánstəntli]	칸스턴틀리	부 끊임없이, 항상, 변함없이
constituent	[kənstítʃuənt]	컨스티츄언트	형 구성하는 명 요소, 성분
constitute	[kánstətjù:t]	컨스터튜-트	타 구성하다(=form), 임명하다
constitution	[kànstətjú:ʃən]	컨스티튜-션	명 구성, 조직, 골자
construct	[kənstrʌ́kt]	컨스트럭트	타 조립하다, 세우다, 건설하다
construction	[kənstrʌ́kʃən]	컨스트럭션	명 건설, 구성, 건조
constructive	[kənstrʌ́ktiv]	컨스트럭티브	형 구성상의, 건설적인
consul	[kánsəl]	칸설	명 영사, 집정관, 총독
consult	[kənsʌ́lt]	컨설트	타 상의하다, 의견을 듣다
consume	[kənsú:m]	컨수움	타 자 소비하다, 써버리다 (↔produce)
consumer	[kənsú:mər]	컨수-머	명 소비자, 수요자
consummate	[kánsəmèit] [kɔ́nsəmèit]	칸서메이트	타 이루다, 성취하다
consumption	[kənsʌ́mpʃən]	컨섬션	명 소비, 소모, 멸시
contact	[kántækt]	칸택트	명 접촉, 인접, 교제 타 자 연락하다
contagious	[kəntéidʒəs]	컨테이져스	형 전염성의, 감염하는
contain	[kəntéin]	컨테인	타 포함하다, 넣다, 품다
contemplate	[kántəmplèit]	칸텀플레이트	타 자 응시하다, 숙고하다
contemporary	[kəntémpərèri]	컨템퍼레리	형 현대의 명 동시대 사람
contempt	[kəntémpt]	컨템(프)트	명 모욕, 경멸, 체면손상

	You should not treat the poor people with contempt. 가난한 이들을 모욕하면 안된다.		
contemptuous	[kəntémptʃuəs]	컨템(프)츄어스	형 모욕적인, 업신여기는 (=insulting)
contend	[kənténd]	컨텐드	타자 싸우다, 경쟁하다, 논쟁하다
content	[kántent]	컨텐트	명 내용, 만족 타 만족시키다
contented	[kənténtid]	컨텐티드	형 만족한, 만족하는
contention	[kənténʃən]	컨텐션	명 경쟁, 투쟁
contest	[kántest] [kɔ́ntest]	컨테스트	명 경쟁, 논쟁 타자 다투다
continent	[kántənənt]	칸티넌트	명 대륙, 육지, 유럽 대륙
continual	[kəntínjuəl]	컨티뉴얼	형 빈번한, 계속되는
continuation	[kəntìnjuéiʃən]	컨티뉴에이션	명 계속, 연속, 속편
continue	[kəntínju:]	컨티뉴–	타자 계속하다, 연장하다
continuous	[kəntínjuəs]	컨티뉴어스	형 연속적인, 끊임없이
contract	[kántrækt] [kɔ́ntrækt]	컨추랙트	명 계약, 정관 타자 계약하다
contradict	[kàntrədíkt]	칸추러딕트	타 부정하다, 반박하다, 반대하다
contrary	[kántreri]	칸추레리	형 반대의, 모순된
contrast	[kəntrǽst] [kəntrá:st]	칸추래스트	명 대조, 대비 타자 대조하다
	The contrast of black and white is very impressive. 흑과백의 대조가 인상적이다.		
contribute	[kəntríbju:t]	컨추리뷰트	타자 기부하다, 공헌하다

contribution	[kàntrəbjúːʃən]	컨추리뷰-션	명 기부, 기여, 공헌
control	[kəntróul]	컨추로울	명 지배, 관리 타 통제하다
controversy	[kántrəvə̀ːrsi]	간추러버-시	명 논쟁, 논박
convenience	[kənvíːnjəns]	컨비-년스	명 편의, 유리, 형편(좋음)
convenient	[kənvíːnjənt]	컨비-년트	형 편리한, 형편 좋은
convention	[kənvénʃən]	컨벤션	명 협의회, 협약, 집합, 관례
conventional	[kənvénʃənl]	컨벤셔널	형 관습적인, 인습적인
conversation	[kànvərséiʃən]	칸버세이션	명 회화, 담화
conversion	[kənvə́ːrʒən]	컨버-젼	명 전환, 전향, 개종
convert	[kənvə́ːrt]	컨버-트	타 바꾸다, 전환시키다
convey	[kənvéi]	컨베이	타 나르다, 운반하다, 전달하다
convict	[kənvíkt]	컨빅트	타 유죄선고를 내리다 명 죄수
conviction	[kənvíkʃən]	컨빅션	명 확신, 신념, 유죄
convince	[kənvíns]	컨빈스	타 납득시키다, 깨닫게 하다
	It was futile trying to convince the old woman. 그 노파를 설득하는 건 헛수고였다.		
cook	[kuk]	쿡	타 요리하다 명 요리사, 쿡
cookery	[kúkəri]	쿠커리	명 요리(법), 취사장
cool	[kuːl]	쿠울	형 서늘한, 시원한, 냉정한
cooperate	[kouápərèit]	코우아퍼레이트	자 협력하다, 서로 돕다

C

cooperation	[kouàpəréiʃən]	코우아퍼레이션	명 협력, 협동
cooperative	[kouápərətiv] [kouápərèitiv]	코우아퍼레이티브	형 협동의, 조합의 명 협동조합
coordinate	[kouɔ́:rdənət]	코우오-더너트	형 동등한, 동격의 명 동등한 것
cope	[koup]	코우프	자 극복하다, 대처하다
copper	[kápər]	카퍼	명 동, 구리
copy	[kápi]	카피	명 복사, 모방, 사본
copyright	[kápirait]	카피라이트	명 판권 타 판권을 얻다
coral	[kɔ́:rəl]	코-럴	명 산호 형 산호빛의
cord	[kɔ:rd]	코-드	명 가는 줄, 끈
cordial	[kɔ́:rdʒəl]	코-절	형 충심으로의, 성실한 (=sinsere) I gave her a cordial welcome. 나는 그녀에게 진심어린 환영을 해줬다.
core	[kɔ:r]	코-	명 핵심, 가장 중요 부분, 마음속
cork	[kɔ:rk]	코-크	명 코르크 타 코르크 마개를 하다
corn	[kɔ:rn]	콘-	명 곡물, 낟알, 곡식
corner	[kɔ́:rnər]	코-너	명 구석, 모퉁이, 귀퉁이
corona	[kəróunə]	커로우너	명 관(冠), 코로나
corporal	[kɔ́:rpərəl]	코-퍼럴	형 육체의 명 상병
corporation	[kɔ̀:rpəréiʃən]	코-퍼레이션	명 법인, 자치단체
corps	[kɔ:r]	코-	명 군단, 병단

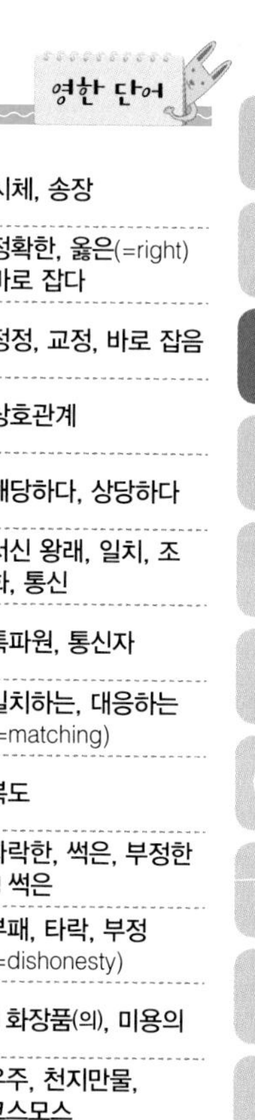

corpse	[kɔ:rps]	콥-스	명 시체, 송장
correct	[kərékt]	커렉트	형 정확한, 옳은(=right) 타 바로 잡다
correction	[kərékʃən]	커렉션	명 정정, 교정, 바로 잡음
correlation	[kɔ̀:rəléiʃən]	코릴레이션	명 상호관계
correspond	[kɔ̀:rəspánd]	코-러스판드	자 해당하다, 상당하다
correspondence	[kɔ̀:rəspándəns]	코-리스판던스	명 서신 왕래, 일치, 조화, 통신
correspondent	[kɔ̀:rəspándənt]	코-리스판던트	명 특파원, 통신자
corresponding	[kɔ̀:rəspándiŋ]	코-리스판딩	형 일치하는, 대응하는 (=matching)
corridor	[kɔ́:ridər]	코-리더	명 복도
corrupt	[kərʌ́pt]	커럽트	형 타락한, 썩은, 부정한 타자 썩은
corruption	[kərʌ́pʃən]	커럽션	명 부패, 타락, 부정 (=dishonesty)
cosmetic	[kazmétik]	카즈메틱	명형 화장품(의), 미용의
cosmos	[kázməs]	카즈머스	명 우주, 천지만물, 코스모스
cost	[kɔ:st]	코-스트	명 비용, 원가, 경비, 값
costume	[kástju:m] [kɔ́stju:m]	카스튬	명 복장, 몸치장, 여성복

The movie was unforgettable for her beautiful costume.
그 영화는 그녀의 아름다운 의상 때문에 잊을 수 없다.

cottage	[kátidʒ]	카티쥐	명 시골 집, 아담한 집
cotton	[kátn]	카튼	명 목화, 솜(무명실)

couch	[kautʃ]	카우치	명 침대, 소파
cough	[kɔ:f]	코-프	명 기침 타자 기침하다
could	[kəd] [kud]	쿠드	조 ~하고 싶은, can의 과거
council	[káunsəl]	카운설	명 평의회, 회의
counsel	[káunsəl]	카운설	명 조언, 협의, 충고
counselor	[káunsələr]	카운설러	명 고문, 상담역, 의논상대
count	[kaunt]	카운트	타자 세다, 계산하다, 셈에 넣다
countenance	[káuntənəns]	카운터넌스	명 얼굴, 용모, 표정
counter	[káuntər]	카운터	명 판매대, 계산대
counteract	[kàuntərǽkt]	카운터렉트	타 반작용하다, 좌절시키다
counterfeit	[káuntərfit]	카운터피트	형 모조의, 가짜의 타 흉내내다
country	[kʌ́ntri]	컨추리	명 나라, 국가, 고향
countryside	[kʌ́ntrisaid]	컨추리사이드	명 시골, 지방, 지방 주민들
county	[káunti]	카운티	명 군(郡), 지방
couple	[kʌ́pl]	커플	명 한 쌍, 둘, 부부 타자 결혼하다
coupon	[kú:pan]	쿠-판	명 우대권, 쿠폰
courage	[kə́:ridʒ]	커-리쥐	명 용기, 담력, 배짱 (=bravery)
courageous	[kəréidʒəs]	커레이져스	형 용기 있는, 용감한
course	[kɔ:rs]	코-스	명 진행, 진로, 길, 코스

That's a matter of course.
그건 당연한 일입니다.

court	[kɔːrt]	코-트	명 안뜰, 궁정, 법정
courteous	[kə́ːrtiəs]	커-티어스	형 정중한, 예의바른
courtesy	[kə́ːrtəsi] [kə́ːrtsi]	커-티시	명 예의, 정중함, 호의
courtyard	[kɔ́ːrtjɑ́ːrd]	코-트야-드	명 안뜰, 안마당
cousin	[kʌ́zn]	커즌	명 사촌
cover	[kʌ́vər]	커버	타 덮다, 가리다, 씌우다
covet	[kʌ́vit]	커빗	타 자 몹시 탐내다, 갈망하다
cow	[kau]	카우	명 암소, 젖소(↔ox)
coward	[káuərd]	카워드	명 겁쟁이, 비겁한 자 형 겁 많은
cowboy	[káubɔ̀i]	카우보이	명 목동, 카우보이, 난폭한 운전수
cozy	[kóuzi]	코우지	형 아늑한, 포근한
crab	[kræb]	크랩	명 게(를 잡다), 짓궂은 사람
crack	[kræk]	크렉	명 균열, 갈라진 금
cracker	[krǽkər]	크래커	명 깨뜨리는 사람, 비스킷
cradle	[kréidl]	크레이들	명 요람, 발상지 타 요람에 넣다
craft	[kræft]	크래프트	명 솜씨, 교묘함, 기교
crafty	[krǽfti]	크래프티	형 교활한, 약삭빠른

She is a crafty woman.
그녀는 아주 영리한 여자다.

C

cram	[kræm]	크램	타자 잔뜩 채워 넣다, 다져 넣다
cramp	[kræmp]	크램프	명 꺽쇠, 경련 타 속박하다
crane	[krein]	크레인	명 두루미, 학, 기중기
crash	[kræʃ]	크래쉬	명 충돌, 추락 타자 와지끈 무너지다
crave	[kreiv]	크레이브	타자 열망하다, 갈망하다
crawl	[krɔːl]	크로울	자 기다, 천천히 가다
crayon	[kréian]	크레이언	명 크레용 타 크레용으로 그리다
crazy	[kréizi]	크레이지	형 미친(=mad), 열광한, 열중한
cream	[kriːm]	크리임	명 크림, 크림색, 가장 좋은 부분
create	[kriéit]	크리에이트	타 창조하다, 고안하다
creation	[kriéiʃən]	크리-에이션	명 창조, 창작 (=invention)
creative	[kriéitiv]	크리-에이티브	형 창조적인, 창작력 있는
creature	[kríːtʃər]	크리-쳐	명 창조물, 피조물, 생물
	Man is a creature of feelings. 인간은 감정의 동물이다.		
credit	[krédit]	크레디트	명 신용, 명예, 명성
creed	[kriːd]	크리-드	명 신조, 교의
creek	[kriːk]	크리-크	명 후미, 작은 개울, 시내
creep	[kriːp]	크리-프	자 기다, 포복하다
crescent	[krésnt]	크레선트	명 초생달 형 초생달 모양의

crest	[krest]	크레스트	명 닭의 볏, 봉우리, 깃장식
crevice	[krévis]	크레비스	명 갈라진 틈, 터진 곳
crew	[kruː]	크루-	명 승무원, 선원, 동아리
cricket	[kríkit]	크리킷	명 귀뚜라미, 크리켓
crime	[kraim]	크라임	명 범죄, 위법, 죄악
criminal	[krímənl]	크리머널	형 범죄의, 죄의 명 범인
crimson	[krímzn]	크림전	명 진홍색 형 심홍색의
cripple	[krípl]	크리플	명 신체장애자, 불구자
crisis	[kráisis]	크라이시스	명 위기, 난국, 중대한 시기
crisp	[krisp]	크리스프	형 파삭파삭한, 깨지기 쉬운
critic	[krítik]	크리틱	명 비평가, 흠잡는 사람
critical	[krítikəl]	크리티컬	형 비평의, 비판적인, 위기의
criticism	[krítəsìzm]	크리티시점	명 비평, 평론, 비판
criticize	[krítəsàiz]	크리티사이즈	타 자 비평하다, 비난하다 (=find fault with)
crocodile	[krɑ́kədàil]	크라커다일	명 악어
crooked	[krúkid]	크루키드	형 꼬부라진, 부정직한, 뒤틀린
crop	[krap]	크랍	명 농작물, 수확
cross	[krɔːs]	크로-스	명 십자가, 십자형 동 건너다

Be careful when you cross crosswalks.
횡단보도를 건널 때는 조심하세요.

crossing	[krɔ́:siŋ]	크로싱	명 횡단, 교차로
crouch	[krautʃ]	크라우취	타 쭈그리다, 굽히다 명 웅크림
crow	[krou]	크로우	명 까마귀 타 함성을 지르다
crowd	[kraud]	크라우드	명 군중, 많은 사람, 민중
crown	[kraun]	크라운	명 왕관 타 왕위에 즉위시키다
crucial	[krú:ʃəl]	크루-셜	형 중대한, 결정적인
crude	[kru:d]	크루-드	형 천연 그대로의, 조잡한
cruel	[krú:əl]	크루-얼	형 잔인한, 무자비한
cruise	[kru:z]	크루-즈	명 순항 자 순항하다, 돌아다니다
crumble	[krʌ́mbl]	크럼블	타자 무너지다, 부서지다
crusade	[kru:séid]	크루-세이드	명 십자군, 개혁운동
crush	[krʌʃ]	크러쉬	타 눌러 부수다, 으깨다
crust	[krʌst]	크러스트	명 빵의 껍질, 단단한 표면
crutch	[krʌtʃ]	크러취	명 버팀, 목발
cry	[krai]	크라이	명 외침 타자 울다, 외치다 Honestly I felt like crying at that time. 그때는 정말 울고 싶었어요.
crystal	[krístl]	크리스틀	명 수정, 결정체 형 수정 같은
cube	[kju:b]	큐-브	명 입방체, 세제곱 타 세제곱하다
cubic	[kjú:bik]	큐-빅	형 세제곱의, 입방의

cucumber	[kjú:kʌmbər]	큐-컴버	명 오이
cuff	[kʌf]	커프	명 소맷부리
cultivate	[kʌ́ltəvèit]	컬터베이트	타 양식하다, 재배하다
culture	[kʌ́ltʃər]	컬쳐	명 경작, 재배, 문화
cunning	[kʌ́niŋ]	커닝	형 교활한, 교묘한 명 교활
cup	[kʌp]	컵	명 잔, 찻잔
cupboard	[kʌ́bərd]	커버드	명 찬장, 벽장
curb	[kə:rb]	커-브	명 고삐, 구속 타 구속하다(=check)
cure	[kjuər]	큐어	타 치료하다, 고치다 명 치유
curiosity	[kjùəriάsəti]	큐어리아서티	명 호기심, 진기한 것
curious	[kjúəriəs]	큐어리어스	형 기묘한, 이상한
curl	[kə:rl]	커얼	명 곱슬머리 타자 곱슬거리게 하다
currency	[kə́:rənsi]	커-런시	명 유통, 통화, 화폐
current	[kə́:rənt]	커-런트	형 유행하는, 현재의, 유행의
curse	[kə:rs]	커-스	명 저주, 악담 타자 저주하다
curtail	[kə:rtéil]	커-테일	타 짧게 줄이다, 단축하다
curtain	[kə́:rtn]	커-튼	명 커튼, 막 타 커튼을 달다
curve	[kə:rv]	커-브	명 곡선, 굽음 타자 구부리다

The graph shows a steady upward curve.
그래프는 지속적인 상승곡선을 보여준다.

cushion	[kúʃən]	쿠션	명 방석, 완충물
custody	[kʌ́stədi]	커스터디	명 보관, 보호, 관리
custom	[kʌ́stəm]	커스텀	명 습관, 풍습, 관습
customary	[kʌ́stəmèri]	커스터머리	형 관습상의, 재래의
customer	[kʌ́stəmər]	커스터머	명 고객, 단골, 거래처
cut	[kʌt]	컷	타 베다, 자르다, 절개하다
cute	[kjuːt]	큐-트	형 귀여운, 예쁜(=pretty)
cutter	[kʌ́tər]	커터	명 자르는 사람, 재단기
cycle	[sáikl]	싸이클	명 주기, 순환, 한 시대
cylinder	[sílindər]	실린더	명 원통, 기관의 실린더
cynical	[sínikəl]	시니컬	형 냉소적인, 비꼬는

D

dad	[dæd]	대드	명 아빠(=papa, daddy)
dagger	[dǽgər]	대거	명 단도, 칼표
daily	[déili]	데일리	형 매일의, 일상의 부 매일
dairy	[dέəri]	데어리	명 낙농장, 우유점, 낙농업
daisy	[déizi]	데이지	명 들국화, 데이지 형 귀여운, 멋진
dam	[dæm]	댐	명 둑, 댐
damage	[dǽmidʒ]	대미쥐	명 손해, 손상(=loss)
damn	[dæm]	댐	타자 비난하다, 악평하다 명 욕설
damp	[dæmp]	댐프	명 습기, 낙담 형 축축한

It was a damp, misty morning.
안개 낀 축축한 아침이었다.

dance	[dæns]	댄스	명 춤, 무용 타자 춤추다, 뛰다
dancer	[dǽnsər] [dά:nsər]	댄서	명 댄서, 무용가, 무희
dancing	[dǽnsiŋ]	댄싱	명 춤, 연습
dandelion	[dǽndəlàiən]	댄덜라이언	명 민들레
danger	[déindʒər]	데인저	명 위험, 위난

in danger of :
~의 위험이 있는

dangerous	[déindʒərəs]	데인저러스	형 위험한, 사나운
dare	[dεər]	대어	타 자 감히 ~하다, 도전하다
daring	[dέəriŋ]	데어링	형 대담한, 용감한 명 대담, 무모
dark	[da:rk]	다-크	형 어두운, 캄캄한 명 암흑
darkly	[dά:rkli]	다-클리	부 어둡게, 음침하게
darkness	[dά:rknis]	다-크니스	명 암흑, 무지, 어두움
darken	[dά:rkən]	다-컨	타 자 어둡게 하다, 거뭇해지다
darling	[dά:rliŋ]	다알링	형 소중한 명 귀여운 사람
dart	[da:rt]	다-트	명 창, 표창 타 돌진하다
dash	[dæʃ]	대쉬	타 자 돌진하다, 내던지다 형 돌진
	The waves dashed against the rocks. 파도는 바위를 거칠게 때렸다.		
data	[déitə, dǽtə, dά:tə]	데이터	명 지식, 정보, 자료, 데이터
date	[deit]	데이트	명 날짜, 연월일, 데이트 상대
daughter	[dɔ́:tər]	도-터	명 딸, 여자자손
dawn	[dɔ:n]	돈-	자 동이 트다, 여명 명 새벽
day	[dei]	데이	명 날, 하루, 낮, 주간
	the day after tomorrow : 모레		
daybreak	[déibrèik]	데이브레익	명 동틀녘, 새벽녘
daylight	[deilait]	데일라이트	명 일광, 낮, 밝음

daytime	[deitaim]	데이타임	명 주간, 낮
daze	[deiz]	데이즈	타 아찔하게 하다, 멍하게 하다
dazzle	[dǽzl]	대즐	타 눈부시게 하다, 현혹케 하다
dead	[ded]	데드	형 죽은, 생명이 없는, 조용한 부 아주
deadly	[dédli]	데들리	형 죽음 같은, 치명적인 (=dangerous)
deaf	[def]	데프	형 청각장애의, 귀먹은
deal	[di:l]	딜-	타 자 분배하다, 거래하다, 다루다
	a great deal : 많은 양, 대단히		
dealing	[dí:liŋ]	딜-링	명 취급, 조치, 교제
dean	[di:n]	디인	명 학장, 학부장, 사제장
dear	[diər]	디어	형 사랑하는, 친애하는 명 애인
death	[deθ]	데쓰	명 죽음, 종말
debate	[dibéit]	디베이트	명 토론회, 논쟁 타 자 토론하다
	This is the first debate between Hillary and Donald. 이건 힐러리와 도널드의 첫 토론입니다.		
debt	[det]	뎃	명 부채, 빚, 채무
decade	[dékeid] [dikéid]	데케이드	명 10년간, 10개
decay	[dikéi]	디케이	자 썩다, 부패하다 명 부패, 부식
deceased	[disí:st]	디시-스트	명 사망자, 고인

deceit	[disíːt]	디시－트	명 허위, 사기, 속임
deceive	[disíːv]	디시－브	타 속이다, 기만하다 (=cheat)
December	[disémbər]	디셈버	명 12월(=Dec.)
decency	[díːsnsi]	디－슨시	명 예의, 점잖음
deception	[disépʃən]	디셉션	명 사기, 속임, 가짜
decide	[disáid]	디사이드	타자 판결하다, 해결하다
decision	[disíʒən]	디시전	명 결정, 결의, 판결
decisive	[disáisiv]	디싸이시브	형 결정적인, 단호한, 확고한
deck	[dek]	데크	명 갑판, 평평한 지붕
declaration	[dèkləréiʃən]	데클러레이션	명 선언, 포고, 발표
declare	[dikléər]	디클레어	타자 선언하다, 발표하다
decline	[dikláin]	디클라인	타자 기울(이)다, 거절하다
decompose	[dìːkəmpóuz]	디－컴포우즈	타자 분해하다, 썩게 하다
decorate	[dékərèit]	데커레이트	타 장식하다, 꾸미다
decoration	[dèkəréiʃən]	데커레이션	명 장식, 훈장
decrease	[dikríːs]	디－크리－스	자 감소하다, 줄다
	Our rice consumption is decreasing. 우리 쌀 소비량은 감소하고 있다.		
decree	[dikríː]	데크리－	명 법령, 판결, 명령
dedicate	[dédikèit]	데디케이트	타 헌납하다, 봉납하다

deed	[di:d]	디-드	명 행위, 실행
deep	[di:p]	디-프	형 깊은, 심원한, 심한
deepen	[dí:pən]	디-픈	타 자 깊게 하다, 짙어지다
deeply	[dí:pli]	디-플리	부 깊게, 짙게
deer	[diər]	디어	명 사슴
defeat	[difí:t]	디피-트	타 쳐부수다(=beat), 지우다 명 격파
defect	[dí:fekt] [difékt]	디펙트	명 약점, 결점, 부족
defective	[diféktiv]	디펙티브	형 불완전한, 결함이 있는
defend	[difénd]	디펜드	타 지키다, 방위하다 The best way to defend is to attack. 최고의 수비는 공격이다.
defendant	[diféndənt]	디펜던트	명 피고
defense	[diféns]	디펜스	명 방위, 수비, 방어
defensive	[difénsiv]	디펜시브	명 방위, 수세 형 방어의
defer	[difə́:r]	디퍼-	타 자 늦추다, 연기하다
defiance	[difáiəns]	디파이언스	명 도전, 반항, 저항
deficiency	[difíʃənsi]	디피션시	명 결함, 부족
deficient	[difíʃənt]	디피션트	형 결함 있는, 불충분한
define	[difáin]	디파인	타 한계를 정하다, 규정짓다
definite	[défənit]	데퍼니트	형 명확한, 명백한 (=clear)

D

definition	[dèfəníʃən]	데퍼니션	명 한정, 정의, 명확
deformity	[difɔ́ːrməti]	디포-머티	명 불구, 모양이 흉함, 결함
defy	[difái]	디파이	타 도전하다, 경쟁하다
degenerate	[didʒénərèit]	디제너레이트	자 타락시키다, 좌천시키다
degradation	[dègrədéiʃən]	데그레데이션	명 좌천, 격하, 타락
degree	[digríː]	디그리-	명 정도, 등급, 눈금
dejected	[didʒéktid]	디젝티드	형 낙담한, 기운 없는 (=sad)
delegate	[déligət] [déligèit]	델리기트	명 대표자, 대리 타 대표로 보내다
delegation	[dèligéiʃən]	델리게이션	명 대리 파견, 위임
delete	[dilíːt]	딜릿	타 삭제하다, 지우다
deliberate	[dilíbərət]	딜리버레이트	타 자 숙고하다 형 계획적인
delicacy	[délikəsi]	델리커시	명 섬세, 민감, 정교
delicate	[délikət]	델리킷	형 섬세한, 우아한, 미묘한
delicious	[dilíʃəs]	딜리셔스	형 맛있는, 유쾌한, 맛좋은
delight	[diláit]	딜라이트	명 기쁨, 즐거움 타 자 기뻐하다
delightful	[diláitfəl]	딜라이트펄	형 매우 기쁜, 유쾌한, 즐거운
	No news could be more delightful to me. 제게 이보다 즐거운 소식은 없을 겁니다.		
deliver	[dilívər]	딜리버	타 배달하다, 전하다, 해방하다
delivery	[dilívəri]	딜리버리	명 인도, 교부, 납품

delta	[déltə]	델터	명 삼각주, 삼각형의 물건
delusion	[dilúːʒən]	딜루-전	명 기만, 미혹, 환상
demand	[dimǽnd]	디맨드	명 요구, 수요(↔supply) 타 요구하다
demeanor	[dimíːnər]	디미-너	명 태도, 품행
democracy	[dimάkrəsi]	디마크러시	명 민주주의, 민주정체
democrat	[déməkræt]	데머크랫	명 민주주의자
democratic	[dèməkrǽtik]	데머크래틱	형 민주주의의, 서민적인
demon	[díːmən]	디-먼	명 악마, 귀신, 사신
demonstrate	[démənstrèit]	데먼스트레이트	타자 논증하다, 시위 운동을 하다
demonstration	[dèmənstréiʃən]	데먼스트레이션	명 증명, 표명, 논증
den	[den]	덴	명 우리, (도둑의)소굴
denial	[dináiəl]	디나이얼	명 부정, 거부, 거절
denote	[dinóut]	디노우트	타 표시하다, 의미하다
denounce	[dináuns]	디나운스	타 공공연히 비난하다, 고발하다
dense	[dens]	덴스	형 조밀한, 밀집한
density	[dénsəti]	덴서티	명 밀도, 농도
dent	[dent]	덴트	명 움푹 들어간 곳, 눌린 자국
dental	[déntl]	덴틀	형 이의, 치과의
dentist	[déntist]	덴티스트	명 치과의사

deny	[dinái]	디나이	타 거절하다, 부인하다 (↔affirm)
depart	[dipá:rt]	디파-트	타자 출발하다, 떠나다, 벗어나다
department	[dipá:rtmənt]	디파-트먼트	명 부(部), 국(局), 학과
departure	[dipá:rtʃər]	디파-춰	명 출발, 떠남
depend	[dipénd]	디펜드	자 좌우되다, 달려있다
	That depends. 그건 사정여하에 달렸다.		
dependence	[dipéndəns]	디펜던스	명 의존, 신뢰, 종속
dependent	[dipéndənt]	디펜던트	형 의지하는
depict	[dipíkt]	디픽트	타 묘사하다, 그리다
deplore	[diplɔ́:r]	디플로-	타 ~을 비탄하다, 슬퍼하다
deploy	[diplɔ́i]	디플로이	타자 전개하다, 배치하다
depose	[dipóuz]	디포우즈	타 면직하다, 왕을 폐하다
deposit	[dipázit]	디파짓	타 놓다, 맡기다 명 예금, 보증금
depot	[dí:pou]	디-포우	명 저장소, 창고, 정거장
depreciate	[diprí:ʃièit]	디프리-쉬에이트	타자 가치를 떨어뜨리다, 경시하다
depressed	[diprést]	디프레스트	형 내리 눌린, 풀 죽은
depression	[dipréʃən]	디프레션	명 하락, 불황
deprive	[dipráiv]	디프라이브	타 빼앗다, 박탈하다 (=take away)
depth	[depθ]	뎁쓰	명 심도, 깊은 곳

deputy	[dépjuti]	데퓨티	명 대리인, 대표자, 부관
derision	[diríʒən]	디리젼	명 비웃음, 조롱, 경멸
derive	[diráiv]	디라이브	타 끌어내다, 얻다, 유래하다

Many English words derive from Latin.
많은 영어단어가 라틴어에서 유래한다.

descend	[disénd]	디센드	자 몰락하다, 내려가다
descendant	[diséndənt]	디센던트	명 자손, 후예 (↔ancestor)
descent	[disént]	디센트	명 하강, 가계, 상속
describe	[diskráib]	디스크라이브	타 기술하다, 그리다
description	[diskrípʃən]	디스크립션	명 서술, 묘사, 특징
desert	[dézərt]	데저-트	명 사막, 황무지
desert	[dizə́:rt]	디저트	타 버리다, 돌보지 않다 명 당연한 보답
deserve	[dizə́:rv]	디져-브	타 자 ~을 받을 가치가 있다
design	[dizáin]	디자인	명 디자인, 의장 타 계획하다
designate	[dézignèit]	데직네이트	타 지시하다, 임명하다
desirable	[dizáiərəbl]	디자이어러블	형 바람직한, 탐나는
desire	[dizáiər]	디자이어	타 원하다, 바라다 명 욕망, 소원
desk	[desk]	데스크	명 책상, 사무용 책상
desolate	[désələt] [dézələt]	데설릿	형 황폐한, 황량한, 고독한
despair	[dispέər]	디스페어	명 절망 자 절망하다, 단념하다

단어	발음기호	발음	뜻
despatch	[dispǽtʃ]	디스패취	명 발송 타 급송하다(=dispatch)
desperate	[déspərət]	데스퍼릿	형 절망적인, 필사적인, 무모한 He's desperate to get a job. 그는 직장을 얻으려고 필사적이다.
despise	[dispáiz]	디스파이즈	타 경멸하다, 싫어하다
despite	[dispáit]	디스파이트	명 원한, 모욕 전 ~에도 불구하고
despond	[dispάnd]	디스판드	자 낙담하다, 실망하다
dessert	[dizə́:rt]	디저-트	명 디저트(식후의 과자나 과일)
destiny	[déstəni]	데스터니	명 운명, 숙명
destitute	[déstətjù:t]	데스터튜우트	형 결핍한, ~이 없는
destroy	[distrɔ́i]	디스트로이	타 파괴하다, 죽이다, 부수다
destruction	[distrʌ́kʃən]	디스트럭션	명 파괴, 분쇄 (↔construction)
destructive	[distrʌ́ktiv]	디스트럭티브	형 파괴적인, 파멸시키는, 해로운
detach	[ditǽtʃ]	디태치	타 분리하다, 파견하다, 떼다
detail	[ditéil] [dí:teil]	디테일	명 세부, 세목 타 상세히 설명하다
detain	[ditéin]	디테인	타 말리다, 붙들다, 억류하다
detect	[ditékt]	디텍트	타 발견하다, 간파하다 (=notice)
detective	[ditéktiv]	디텍티브	명 탐정, 형사 형 탐정의
deter	[ditə́:r]	디터-	타 단념시키다, 방해하다
deteriorate	[ditíəriərèit]	디티어리어레이트	타 악화시키다 자 나빠지다

Your musles will deteriorate if you don't exercise.
운동하지 않으면 근육은 퇴화할 것이다.

determination	[ditə̀:rmənéiʃən]	디터-머네이션	명 결심, 확정
determine	[ditə́:rmin]	디터-민	타 자 결정하다, 결의하다
detest	[ditést]	디테스트	타 미워하다, 혐오하다
detract	[ditrǽkt]	디트랙트	타 자 (가치 등을) 떨어뜨리다, 줄이다
detriment	[détrəmənt]	데트러먼트	명 손해, 손상
devastate	[dévəstèit]	데버스테이트	타 약탈하다, 망치다, 유린하다
develop	[divéləp]	디벨럽	타 자 발전시키다, 확장하다
development	[divéləpmənt]	디벨럽먼트	명 발전, 성장
device	[diváis]	디바이스	명 계획, 고안, 장치
devil	[dévl]	데블	명 악마, 악인, 사탄 (=demon)
devise	[diváiz]	디바이즈	타 궁리하다, 고안하다, 발명하다
devote	[divóut]	디보우트	타 바치다, 충당하다
devoted	[divóutid]	디보우티드	형 헌신적인, 충실한

Please be devoted to your family.
당신 가족에게 정성을 쏟으세요.

devotion	[divóuʃən]	디보우션	명 헌신, 전념, 강한 애착
devour	[diváuər]	디바워	타 게걸스럽게 먹다, 멸망시키다
dew	[dju:]	듀-	명 이슬, (땀, 눈물 따위) 방울

diagram	[dáiəgræm]	다이어그램	명 도표, 도식, 도형
dial	[dáiəl]	다이얼	명 문자판, 눈금판, 다이얼
dialect	[dáiəlèkt]	다이얼렉트	명 방언, 사투리
dialogue	[dáiəlɔ̀ːg] [dáiəlɑ́g]	다이얼로-그	명 대화, 문답
diameter	[daiǽmətər]	다이애미터	명 직경, 지름, 배율
diamond	[dáiəmənd]	다이어먼드	명 다이아몬드, 금강석, 마름모꼴
diary	[dáiəri]	다이어리	명 일기, 일지
dice	[dais]	다이스	명 주사위, 노름
dictate	[díkteit]	딕테이트	타 자 받아쓰게 하다, 명령하다
dictation	[diktéiʃən]	딕테이션	명 받아쓰기, 명령
	We have an English dictation today. 오늘은 영어 받아쓰기가 있다.		
dictator	[díkteitər]	딕테이터	명 명령자, 독재자
dictionary	[díkʃənèri]	딕셔너리	명 사전
die	[dai]	다이	자 죽다, 꺼지다
diet	[dáiət]	다이어트	명 식품, 특별 식사, 규정식
differ	[dífər]	디퍼	자 다르다, 동의하지 않다(=disagree)
difference	[dífərəns]	디퍼런스	명 다름, 차이, 불화
different	[dífərənt]	디퍼런트	형 다른, 이상한
difficult	[dífikʌ̀lt]	디피컬트	형 곤란한, 어려운

difficulty	[dífikʌ̀lti]	디피컬티	명 곤란, 어려움, 수고 (=trouble)
diffuse	[difjúːz]	디퓨-즈	타자 발산하다, 흐트러뜨리다
dig	[dig]	딕	타 (땅을) 파다, 탐구하다
digest	[didʒést, dai-]	디제스트	타자 소화하다, 이해하다
digestion	[didʒéstʃən, dai-]	디제스쳔	명 소화, 숙고, 소화력
digestive	[didʒéstiv, dai-]	디제스티브	형 소화의 명 소화제
digger	[dígər]	디거	명 파는 사람, 갱부(坑夫), 공부벌레
dignify	[dígnəfài]	딕너파이	타 위엄을 갖추다, 고상하게 보이다
dignity	[dígnəti]	딕너티	명 위엄, 품위
dilate	[dailéit]	다일레이트	타자 펼치다, 팽창시키다
dilemma	[dilémə]	딜레마	명 진퇴양난, 딜레마
diligence	[dílidʒəns]	딜리젼스	명 부지런함, 근면
diligent	[dílədʒənt]	딜리젼트	형 부지런한, 근면한
dilute	[dilúːt]	딜루-트	타 묽게 하다, 약하게 하다
dim	[dim]	딤	형 어둠침침한, 희미한

I couldn't see anything in the dim light.
침침한 불빛이라 아무것도 보이지 않았다.

dime	[daim]	다임	명 10센트 은화
dimension	[diménʃən]	디멘션	명 치수, 크기, 용적
diminish	[dimíniʃ]	디미니쉬	타자 감소시키다, 줄이다

D

diminutive	[dimínjutiv]	디미녀티브	형 작은, 소형의 (=very small)
dimple	[dímpl]	딤펄	명 보조개 타 자 보조개를 짓다
dine	[dain]	다인	타 자 식사를 하다, 정찬을 먹다
dining room	[dáiniŋ ru:m]	다이닝루움	명 식당
dinner	[dínər]	디너	명 정찬, 만찬, 저녁식사
dip	[dip]	딥	타 적시다, 담그다, 살짝 적시다
diploma	[diplóumə]	디플로우머	명 면허장, 졸업장
diplomacy	[diplóuməsi]	디플로우머시	명 외교, 권모술수
diplomat	[díplәmæt]	디플러매트	명 외교관
direct	[dirékt, dai-]	디렉트	명 지도하다 형 직접의, 솔직한
direction	[dirékʃən, dai-]	디렉션	명 방위, 지휘, 감독
directly	[diréktli, dai-]	디렉틀리	부 곧바로, 즉시, 직접
director	[diréktər, dai-]	디렉터	명 관리자, 지도자, 중역
dirt	[də:rt]	더-트	명 쓰레기, 먼지, 흙 (=soil)
dirty	[də́:rti]	더-티	형 더러운, 불결한, 비열한
disable	[diséibl]	디세이벌	타 무능하게 하다, 쓸모없게 하다
disadvantage	[dìsədvǽntidʒ]	디서드밴티쥐	명 불리, 불편, 손해
disagree	[dìsəgrí:]	디서그리-	자 일치하지 않다, 다르다 My father and I disagree on the issue. 아버지와 나는 그 문제에 관해 의견이 다르다.

disappear	[dìsəpíər]	디서피어	자 사라지다, 소멸하다
disappoint	[dìsəpɔ́int]	디서포인트	타 실망시키다, 기대를 어기다
disappointment	[dìsəpɔ́intmənt]	디서포인트먼트	명 실망, 낙담, 기대의 어긋남
disapproval	[dìsəprúːvəl]	디서프루-벌	명 불찬성, 비난, 불만
disapprove	[dìsəprúːv]	디서프루-브	타 허가하지 않다, 비난하다
disarm	[disáːrm]	디사암	타자 무기를 거두다
disarmament	[disáːrməmənt]	디사-머먼트	명 군비 축소, 무장 해제
disaster	[dizǽstər]	디재스터	명 재앙, 재해, 참사
disastrous	[dizǽstrəs]	디재스트러스	형 재해의, 비참한
discard	[diskáːrd]	디스카-드	타 버리다, 해고하다
discern	[disə́ːrn, -zə́ːrn]	디전-	타자 인식하다, 분간하다
discharge	[distʃáːrdʒ]	디스차-쥐	타 발사하다, 방출하다, 면제하다
	I received a discharge notice. 나는 해고 통보를 받았다.		
disciple	[disáipl]	디사이펄	명 제자, 문하생
discipline	[dísəplin]	디서플린	명 훈련, 규율 타 훈련하다
disclose	[disklóuz]	디스클로우즈	타 나타내다, 폭로하다
discomfort	[diskʌ́mfərt]	디스컴퍼트	명 불쾌, 불편 타 불편을 주다
discontent	[dìskəntént]	디스컨텐트	명 불만, 불평
discontinue	[dìskəntínjuː]	디스컨티뉴-	타자 중지하다, 중단하다

discord	[dískɔːrd]	디스코-드	명 불화, 불일치, 압력
discount	[dískaunt]	디스카운트	명 할인, 에누리 타 할인하다
discourage	[diskə́ːridʒ]	디스커-리쥐	타 낙담시키다, 실망시키다
discourse	[dískɔːrs --ˊ]	디스코-스	명 강연, 설교 타자 강연하다
discover	[diskʌ́vər]	디스커버	타 발견하다, 깨닫다
discovery	[diskʌ́vəri]	디스커버리	명 발견, 발견물
discredit	[diskrédit]	디스크레딧	명 불신 타 불신하다
discretion	[diskréʃən]	디스크레션	명 사려, 분별, 판단
discriminate	[diskrímənèit]	디스크리머네이트	타자 구별하다, 차별하다
discuss	[diskʌ́s]	디스커스	타 논의하다, 토론하다
discussion	[diskʌ́ʃən]	디스커션	명 토론, 검토
disdain	[disdéin]	디스데인	명 경멸, 멸시 (=contempt)
disease	[dizíːz]	디지-즈	명 병, 질환
disgrace	[disgréis]	디스그레이스	명 치욕, 불명예 타 망신을 주다
disguise	[disgáiz]	디스가이즈	타 변장하다, 위장하다
	He disguised his sorrow. 그는 슬픔을 감추었다.		
disgust	[disgʌ́st]	디스거스트	타 역겹게 하다, 정떨어지게 하다
dish	[diʃ]	디쉬	명 접시, 식기류 타 접시에 담다
dishonest	[disɑ́nist]	디사니스트	형 부정직한, 부정의

dishonor	[disάnər]	디사너	명 불명예, 치욕 타 망신을 시키다
disk	[disk]	디스크	명 원반, 레코드
dislike	[disláik]	디슬라이크	타 싫어하다, 미워하다 명 혐오
dismal	[dízməl]	디즈멀	형 어두운, 음침한, 무서운
dismiss	[dismís]	디스미스	타 해고하다, 떠나게 하다
disobey	[dìsəbéi]	디서베이	타자 반항하다, 복종하지 않다
disorder	[disɔ́:rdər]	디소-더	명 무질서 타 혼란시키다
dispatch	[dispǽtʃ]	디스패취	타자 급송하다, 특파하다 명 발송
dispense	[dispéns]	디스펜스	타자 분배하다, 베풀다 (=deal out)
disperse	[dispə́:rs]	디스퍼-스	타자 분산시키다, 흩뜨리다
displace	[displéis]	디스플레이스	타 옮기다, 이동시키다
display	[displéi]	디스플레이	명 진열 타 보이다, 전시하다, 진열하다
displease	[displí:z]	디스플리-즈	타 불쾌하게 하다, 노하게 하다
disposal	[dispóuzəl]	디스포우절	명 처리, 처분, 폐기
dispose	[dispóuz]	디스포우즈	타 배치하다, 배열하다
disposition	[dìspəzíʃən]	디스퍼지션	명 배열, 배치, 성질
dispute	[dispjú:t]	디스퓨-트	명 논란 타자 싸우다, 논쟁하다(=argue)
	Our mission is to settle the dispute. 우리 임무는 그 논란을 해결하는 것이다.		
disregard	[dìsrigά:rd]	디스리가-드	명 무시, 경시 타 무시하다

dissension	[disénʃən]	디센션	명 의견 차이, 불화
dissolution	[dìsəlú:ʃən]	디설루-션	명 용해, 분해, 해산
dissolve	[dizálv]	디잘브	타 자 용해하다, 녹이다
distance	[dístəns]	디스턴스	명 거리, 간격 타 사이를 두다 at a distance : 약간 거리를 두고, 좀 떨어져
distant	[dístənt]	디스턴트	형 먼, 희미한, 떨어진
distinct	[distíŋkt]	디스팅트	형 독특한, 별개의, 다른 (=different)
distinction	[distíŋkʃən]	디스팅션	명 차별, 구별, 특성
distinctive	[distíŋktiv]	디스팅티브	형 독특한, 특이한
distinguish	[distíŋgwiʃ]	디스팅귀쉬	타 구별하다, 두드러지게 하다
distort	[distɔ́:rt]	디스토-트	타 (얼굴을) 찡그리다
distract	[distrǽkt]	디스추랙트	타 혼란케 하다, 미혹케 하다
distress	[distrés]	디스추레스	명 고통, 고민, 가난
distribute	[distríbju:t]	디스추리뷰-트	타 배포하다, 분류하다
distribution	[dìstrəbjú:ʃən]	디스추려뷰-션	명 분배, 배당, 분류
district	[dístrikt]	디스추릭트	명 지구, 지역
disturb	[distə́:rb]	디스터-브	타 어지럽히다, 방해하다 Excuse me for disturbing you. 폐를 끼쳐서 죄송합니다.
disturbance	[distə́:rbəns]	디스터-번스	명 소동, 방해, 폭동

ditch	[ditʃ]	디취	명 도랑, 개천
dive	[daiv]	다이브	명 잠수, 다이빙 자 다이빙하다
diverse	[divɔ́ːrs]	디버-스	형 잡다한, 다양한
diversion	[divə́ːrʒən]	디버-젼	명 전환, 기분전환, 오락 (=amusement)
diversity	[divə́ːrsəti]	디버-서티	명 다름, 다양성, 변화
divert	[divə́ːrt]	디버-트	타 돌리다, 전환하다, 유용하다
divide	[diváid]	디바이드	타 자 나누다, 분리하다
dividend	[dívədènd]	디버덴드	명 배당금, 피제수
divine	[diváin]	디바인	형 신의, 신성한
division	[divíʒən]	디비젼	명 분할, 구분, 구획
divorce	[divɔ́ːrs]	디보-스	명 이혼, 별거 타 이혼하다
dizzy	[dízi]	디지	형 현기증 나는, 어지러운
do	[du, də; duː]	두-	타 하다, 행하다, 처리하다 do away with : ~을 폐지하다, ~을 없애다 have to do with : ~와 관계가 있다, ~을 다루다
dock	[dak]	닥	명 부두, 선거(船渠)
doctor	[dáktər]	닥터	명 의사, 박사 타 치료하다
doctrine	[dáktrin]	닥트린	명 교의(教義), 주의, 학설
document	[dákjumənt] [dɔ́kjumənt]	다큐먼트	명 서류, 문서, 증서

Shall I send the document by email?
그 문서를 이메일로 보내드릴까요?

dodge	[dadʒ]	다쥐	타자 날쌔게 비키다, 살짝 피하다
does	[dəz, dʌ́z]	더즈	조 do(하다)의 3인칭 단수 현재형
dog	[dɔːg]	독	명 개, 놈, 수컷
dogma	[dɔ́ːgmə]	독머	명 교리, 독단적인 생각
doing	[dúːiŋ]	두-잉	명 행위, 짓, 노력
doll	[dal]	달	명 인형, 젊은 여자
dollar	[dálər]	달러	명 달러(미국의 화폐 단위)
dolphin	[dálfin]	달핀	명 돌고래
domain	[douméin]	도메인	명 영토, 영역, 세력
dome	[doum]	도움	명 둥근 지붕, 둥근 천장
domestic	[dəméstik]	도우메스틱	형 가정의, 가사의, 가정적인
dominant	[dámənənt]	다머넌트	형 우세한, 지배적인, 유력한
dominate	[dámənèit]	다머네이트	타자 지배하다, 통치하다 (=rule)
donate	[dóuneit]	도우네이트	타 기부하다, 기증하다
done	[dʌn]	던	형 끝난, 다된; do의 과거분사
donkey	[dáŋki]	당키	명 당나귀, 얼간이(=fool)
doom	[duːm]	두움	명 운명, 파멸 타 운명 짓다
door	[dɔːr]	도-	명 문, 문짝, 도어, 문간

answer the door :
손님 맞으러 나가다

doorway	[dɔ́:rwèi]	도-웨이	명 문간, 입구
dormitory	[dɔ́:rmətɔ̀:ri]	도-머토-리	명 기숙사
dosage	[dóusidʒ]	도우시쥐	명 투약, 조제, 적량
dose	[dous]	도우스	명 약(藥) 1회분 타 투약하다
dot	[dat]	닷	명 점, 마침표

Blue color and white dots are nice.
파란색에 하얀 방울무늬가 멋지다.

double	[dʌ́bl]	더블	형 2배의 부 2배로 타 자 2배로 하다
doubt	[daut]	다웃	명 의심, 의문 타 자 의심하다
doubtful	[dáutfəl]	다웃펄	형 의심스러운, 확신을 못하는
doubtless	[dáutlis]	다우틀리스	형 의심할 바 없는 (=undoubted)
dough	[dou]	도우	명 밀가루 반죽, 굽기 전의 빵
doughnut	[dóunət]	도우넛	명 도우넛
dove	[dʌv]	더브	명 비둘기, 순진한 사람
down	[daun]	다운	부 아래로 형 아래로의 타 타도하다

Down with the king!
왕을 타도하라!

downfall	[dáunfɔ:l]	다운폴-	명 낙하, 호우, 추락
downstairs	[dáunstέərz]	다운스테어즈	형 아래층의 부 아래층으로
downtown	[dáuntáun]	다운타운	명 도심지, 중심지 형 부 도심지로(의)

downward	[dáunwərd]	다운워드	형 내려가는 부 아래로
doze	[douz]	도우즈	명 선잠, 졸기 타 자 졸다, 겉잠 들다
dozen	[dʌ́zn]	더즌	명 타스(12개)
Dr.	[dάktər]	닥터	약 doctor의 약칭. 박사, 의사
draft	[dræft]	드래프트	명 설계도, 초안, 징병 타 기초하다
drag	[dræg]	드랙	타 자 끌다, 질질 끌다, 끌어당기다
dragon	[drǽgən]	드래건	명 용, 용자리
dragonfly	[drǽgənflai]	드래건플라이	명 잠자리
drain	[drein]	드레인	타 자 배수하다, 마시다
drama	[drάːmə] [drǽmə]	드라-머	명 극, 희곡, 연극
dramatic	[drəmǽtik]	드러매틱	형 연극의, 희곡의
drastic	[drǽstik]	드래스틱	형 과감한, 맹렬한, 격렬한
draw	[drɔː]	드로-	타 자 끌어당기다, 당기다, 꺼내다
drawer	[drɔːr]	드로-어	명 (어음)발행인, 서랍
drawing	[drɔ́ːiŋ]	드로-잉	명 작성, 선화, 그림
drawing-room	[drɔ́ːiŋruːm]	드로-잉룸	명 응접실, 객실
dread	[dred]	드레드	타 자 두려워하다, 걱정하다 명 공포
dreadful	[drédfəl]	드렛펄	형 무서운, 두려운, 지독한
dream	[driːm]	드림-	명 꿈, 환상, 공상 타 자 꿈꾸다

dreary	[dríəri]	드리어리	형 황량한, 지루한(=dull)
drench	[drentʃ]	드렌취	타 담그다, 흠뻑 젖게 하다
dress	[dres]	드레스	명 의복 타자 옷을 입다, 정장시키다

Why do you dress up today?
오늘은 왜 그렇게 멋지게 차려 입었니?

dressing	[drésiŋ]	드레싱	명 마무리, 장식, 소스
dressmaker	[drésmèikər]	드레스메이커	명 재봉사, 양장점
drift	[drift]	드리프트	명 조류, 흐름, 표류 타자 표류하다
drill	[dril]	드릴	타자 훈련하다, 구멍을 뚫다 명 훈련, 연습
drink	[driŋk]	드링크	타자 흡수하다, 마시다 명 음료
drip	[drip]	드립	타자 (물방울이) 똑똑 떨어지다
drive	[draiv]	드라이브	타자 몰다, 운전하다, 쫓다
driver	[dráivər]	드라이버	명 조종사, 운전수
drizzle	[drízl]	드리즐	자 이슬비가 내리다 명 가랑비
drone	[droun]	드로운	명 수펄, 무인비행기, 게으름뱅이
drop	[drap]	드랍	명 물방울, 소량의 술 타자 떨어지다
drought	[draut]	드라우트	명 가뭄, 한발
drown	[draun]	드라운	타자 물에 빠뜨리다, 흠뻑 젖게 하다

Good swimmers are at length drowned.
헤엄 잘 치는 사람은 결국 물에 빠져죽는다.

drowsy	[dráuzi]	드라우지	형 졸리는, 활력이 없는

drug	[drʌg]	드럭	명 약, 약품, 마취약
drugstore	[drʌ́gstɔ̀:r]	드럭스토어	명 약국(식료품 등도 판매)
drum	[drʌm]	드럼	명 북, 고동 타자 북을 치다
drunken	[drʌ́ŋkən]	드렁컨	형 술 취한, 술고래의
dry	[drai]	드라이	형 마른, 건조한 타자 말리다
duck	[dʌk]	덕	명 오리, 집오리
due	[dju:]	듀-	형 정당한, 만기가 된, 당연한
	in due course : 적당한 때에		
duel	[djú:əl]	듀-얼	명 결투, 싸움 자 결투하다
dugout	[dʌ́gaut]	덕아웃	명 (야구) 선수 대기소
duke	[dju:k]	듀-크	명 공작(公爵), (작은 나라의) 왕
dull	[dʌl]	덜	형 우둔한, 무딘 타 무디게 하다
duly	[djú:li]	듈-리	부 올바르게, 정식으로 (=properly)
dumb	[dʌm]	덤	형 벙어리의, 무언의, 말못하는
dump	[dʌmp]	덤프	타 탁 떨어뜨리다, 내버리다(=unload)
duplicate	[djú:plikət, djú:-]	듀-플러킷	형 이중의, 복제의 명 사본
durable	[djúərəbl]	듀어러벌	형 튼튼한, 지탱하는
duration	[djuréiʃən]	듀어레이션	명 기간, 지속, 내구
during	[djúəriŋ]	듀어링	전 ~하는 동안, ~사이

dusk	[dʌsk]	더스크	명 황혼, 땅거미
dust	[dʌst]	더스트	명 먼지, 티끌 타 먼지를 털다
dusty	[dʌ́sti]	더스티	형 먼지투성이의, 먼지 많은
Dutch	[dʌtʃ]	더취	형 네덜란드의 타 네덜란드 말
duty	[djúːti]	듀―티	명 의무, 임무, 직책

off duty :
근무시간 외에

dwarf	[dwɔːrf]	드워―프	명 난쟁이 형 작은, 소형의
dwell	[dwel]	드웰	자 살다, 거주하다

Don't dwell on the past.
과거에 얽매이지 마라.

dweller	[dwélər]	드웰러	명 거주자, 주민
dwindle	[dwíndl]	드윈들	자 감소하다, 줄다 (=decline)
dye	[dai]	다이	명 물감, 염색 타자 물들이다
dying	[dáiiŋ]	다이잉	형 죽어가는, 빈사의
dynamic	[dainǽmik]	다이내믹	형 동력의, 활동적인, 정력적인
dynamite	[dáinəmàit]	다이너마이트	명 다이너마이트, 폭발하다
dynasty	[dáinəsti]	다이너스티	명 왕조, 명가

E

each	[i:tʃ]	이–치	관 각각의, 각자의 대 각자, 제각기
eager	[í:gər]	이–거	형 열심인, 간절히 바라는, 열망하는
eagerness	[í:gərnis]	이–거니스	명 열심, 열망
eagle	[í:gl]	이–걸	명 독수리, 수리
ear	[iər]	이어	명 귀, 귓바퀴, 청력
early	[ə́:rli]	얼–리	형 이른, 초기의 부 일찍이, 초기
earn	[ə:rn]	언–	타 벌다, 획득하다, 손에 넣다(=get) Happiness should not be given but be earned. 행복은 주어지는 것이 아니라 쟁취해야 한다.
earning	[ə́:rniŋ]	어–닝	명 벌이, 소득, 수입
earnest	[ə́:rnist]	어–니스트	형 성실한, 진지한 명 성실
earth	[ə:rθ]	어–쓰	명 지구, 대지, 땅 타 흙속에 파묻다
earthly	[ə́:rθli]	어–쓸리	형 지구의, 이 세상의, 현세의
earthquake	[ə́:rθkweik]	어–쓰퀘익	명 지진, 동란, 큰 변동
earthworm	[ə́:rθwə̀:rm]	어–쓰워엄	명 지렁이
ease	[i:z]	이–즈	명 편안, 안락 타 자 안심시키다 feel at ease : 안심하다, 마음 놓다

easily	[í:zili]	이–절리	부 용이하게, 쉽사리, 편안히
east	[i:st]	이–스트	명 동쪽, 동방 형 동쪽의
Easter	[í:stər]	이–스터	명 부활절, 주일
eastern	[í:stərn]	이–스턴	형 동쪽의, 동양의
easy	[í:zi]	이–지	형 용이한, 쉬운, 평이한 (↔difficult)
eat	[i:t]	이–트	타 자 먹다, 식사하다
ebb	[eb]	엡	명 썰물, 간조, 쇠퇴기
ebony	[ébəni]	에버니	명 흑단(黑檀) 형 칠흑의
eccentric	[ikséntrik]	익센트릭	형 이상한, 별난 명 별난 사람
echo	[ékou]	에코우	명 메아리, 흉내, 반향 타 자 반향하다
eclipse	[iklíps]	이클립스	명 일식, 월식, (세력, 명예가) 떨어짐
economic	[èkənámik, i:kənámik]	이–커나믹	형 경제상의, 재정상의
economical	[èkənámikəl, i:kənámikəl]	이–커나미컬	형 절약하는, 경제적인, 실속 있는
economics	[èkənámiks, i:kənámiks]	이–커나믹스	명 경제학, 경제상태
economist	[ikánəmist]	이카너미스트	명 경제학자, 절약자
economy	[ikánəmi]	이카너미	명 경제, 절약, 검약
ecstasy	[ékstəsi]	엑스터시	명 희열, 무한한 기쁨 (=bliss)
edge	[edʒ]	엣쥐	명 칼날, 테두리 타 날을 세우다

The egg will not stand on either edge.
계란은 한쪽 끝으로는 서지 않는다.

edible	[édəbl]	에더벌	형 먹을 수 있는
edifice	[édəfis]	에더피스	명 큰 건물, 건축물, 구성
edit	[édit]	에디트	타 편집하다, 교정보다
edition	[idíʃən]	에디션	명 (서적, 신문의) 판, 간행본
editor	[édətər]	에디터	명 편집자
editorial	[èdətɔ́:riəl]	에더토-리얼	명 사설, 논설 형 주필의
educate	[édʒukèit]	에쥬케이트	타 교육하다, 양성하다
education	[èdʒukéiʃən]	에쥬케이션	명 교육, 훈도, 양성
educational	[èdʒukéiʃənl]	에쥬케이셔널	형 교육의, 교육적인
efface	[iféis]	이페이스	타 지우다, 삭제하다 (=rub out)
effect	[ifékt]	이펙트	명 결과, 효과, 결말 (=result)
effective	[iféktiv]	이펙티브	형 유효한, 효과적인, 효력이 있는 It's effective not to respond to the blame. 그 비난에는 반응하지 않는 것이 효과적이다.
efficiency	[ifíʃənsi]	이피션시	명 능률, 효력, 능력
efficient	[ifíʃənt]	이피션트	형 능률적인, 효과적인
effort	[éfərt]	에퍼트	명 노력, 수고, 진력
egg	[eg]	엑	명 알, 달걀
ego	[í:gou] [égou]	에고우	명 자아, 자기, 자부심
eight	[eit]	에이트	명 8 형 8의

eighteen	[èitíːn]	에이티인	명 18 형 18의
eighteenth	[èitíːnθ]	에이티인쓰	명 18번째 형 제18의
eighth	[eitθ]	에이쓰	명 8번째 형 제8의
eighty	[éiti]	에이티	명 80 형 80의
eightieth	[éitiəθ]	에이티–쓰	명 80번째 형 제80의
either	[íːðər]	이–더	형 대 둘 중 하나가, 양쪽 다
	in either case : 어느 경우에나, 좌우간		
eject	[idʒékt]	이젝트	타 쫓아내다, 몰아내다 (=expel)
elaborate	[ilǽbərət]	일래버레이트	형 공들인, 힘들여 만든
elapse	[ilǽps]	일랩스	자 (때가) 경과하다, 지나가다
elastic	[ilǽstik]	일래스틱	형 탄력 있는, 유연한
	Rubber is very elastic. 고무는 잘 늘어난다.		
elbow	[élbou]	엘보우	명 팔꿈치 타 자 팔꿈치로 찌르다
elder	[éldər]	엘더	형 손위의, 연장의
eldest	[éldist]	엘디스트	형 최연장의, 맏아들의
elect	[ilékt]	일렉트	타 뽑다, 선임하다 형 뽑힌
election	[ilékʃən]	일렉션	명 선택, 선거, 선정
electric	[iléktrik]	일렉트릭	형 전기의, 발전용인
electricity	[ilektrísəti]	일렉트리서티	명 전기, 전기학, 전류

E

electron	[iléktran]	일렉트란	명 전자
elegant	[éligənt]	엘러건트	형 우아한, 품위 있는 (=stylish)
element	[éləmənt]	엘러먼트	명 요소, 분자, 성분
elementary	[èləméntəri]	엘러멘터리	형 초보의, 기본의, 초등의
elephant	[éləfənt]	엘러펀트	명 코끼리, 미국 공화당의 상징
elevate	[éləvèit]	엘러베이트	타 올리다, 승진시키다, 높이다
elevation	[èləvéiʃən]	엘러베이션	명 승진, 향상, 높은 곳
elevator	[éləvèitər]	엘러베이터	명 승강기, 엘리베이터
eleven	[ilévən]	일레번	명 11 형 11의
eleventh	[ilévənθ]	일레번쓰	명 11번째의 형 제11
elf	[elf]	엘프	명 꼬마 요정, 난장이
eliminate	[ilímənèit]	일리머네이트	타 제거하다, 삭제하다 (=remove)
	We tried to eliminate all danger. 우리는 모든 위험을 제거하려고 했다.		
eloquence	[éləkwəns]	엘러퀀스	명 웅변, 웅변술
eloquent	[éləkwənt]	엘러퀀트	형 웅변의, 말 잘하는
else	[els]	엘스	부 그 외에, 그 밖에 접 그렇지 않으면
elsewhere	[élshwɛər]	엘스웨어	부 어딘가, 딴 곳에, 딴 곳으로
emancipate	[imǽnsəpèit]	이맨서페이트	타 해방하다, 이탈시키다
embark	[imbá:rk]	엠바-크	타 자 배를 타다, 출항하다

embarrass	[imbǽrəs]	임베러스	타 난처하게 하다, 당황케 하다
embassy	[émbəsi]	엠버시	명 대사관, 사절단
emblem	[émbləm]	엠블럼	명 상징, 표상, 문장 타 상징하다
embody	[imbádi]	엠바디	타 유형화하다, 구체화하다
embrace	[imbréis]	엠브레이스	타 포옹하다, 얼싸안다
embroider	[imbrɔ́idər]	엠브로이더	타 자수하다, 수놓다
emerald	[émərəld]	에머럴드	명 녹옥, 에메랄드(빛깔)
emerge	[imə́:rdʒ]	이머-쥐	자 나타나다, 나오다
emergency	[imə́:rdʒənsi]	이머-젼시	명 위급, 비상사태, 돌발
emigrant	[émigrənt]	에머그런트	형 이주하는, 이민하는 명 이민
eminent	[émənənt]	에머넌트	형 우수한, 저명한 (=famous)
	My father was an eminent scholar. 아버지는 훌륭한 학자셨다.		
emit	[imít]	이미트	타 내다, 방사하다, 방출하다
emotion	[imóuʃən]	이모우션	명 정서, 감정, 감격
emotional	[imóuʃənl]	이모우셔널	형 감정의, 정서의
emperor	[émpərər]	엠퍼러	명 황제, 제왕
emphasis	[émfəsis]	엠퍼시스	명 강조, 강세, 역설
emphasize	[émfəsàiz]	엠퍼사이즈	타 강조하다, 역설하다
empire	[émpaiər]	엠파이어	명 제국, 절대 지배권

employ	[implɔ́i]	엠플로이	타 고용하다, 쓰다 명 사용, 고용
employer	[implɔ́iər]	엠플로이어	명 고용주, 사용자
employment	[implɔ́imənt]	엠플로이먼트	명 고용, 사용, 직업
employee	[implɔ́ii:] [èmplɔií:]	엠플로이이	명 종업원, 고용인
empty	[ém*p*ti]	엠(프)티	형 빈, 공허한, 무의미한 (↔full)
enable	[inéibl]	이네이블	타 능력을 주다
enact	[inǽkt]	이낵트	타 (법을) 제정하다, 명하다
enchant	[intʃǽnt]	인챈트	타 매혹하다, 황홀하게 하다
enchantment	[intʃǽntmənt]	인첸트먼트	명 요술, 매력, 매혹
encircle	[insə́:rkl]	인써–클	타 둘러싸다, 일주하다
enclose	[inklóuz]	인클로우즈	타 둘러싸다, 동봉하다
	I will enclose a check. 수표 한 장 동봉하겠습니다.		
encore	[ɑ́:ŋkɔ:r]	앙코–	감 명 앙코르, 재청 타 재청하다
encounter	[inkáuntər]	인카운터	명 우연히 만남 타 자 만나다
encourage	[inkə́:ridʒ]	인커–리쥐	타 용기를 돋우다, 격려하다
encyclopedia	[insàikləpí:diə]	엔 사 이 클 로 피–디어	명 백과사전
end	[end]	엔드	명 마지막, 끝, 목표
endeavor	[indévər]	인데버	명 노력 타 자 노력하다(=try)
ending	[éndiŋ]	엔딩	명 끝, 결말, 죽음

endless	[éndlis]	엔들리스	형 끝없는, 무한한, 부단한
endow	[indáu]	앤다우	타 부여하다, 기부하다, 주다
endurance	[indjúərəns]	인듀어런스	명 인내, 인내력 타 견디다
endure	[indjúər]	엔듀어	타 자 견디다, 참다, 지속하다
endurable	[indjúərəbl]	인듀어러벌	형 견딜 수 있는, 참는
enemy	[énəmi]	에너미	명 적, 원수, 적군
energetic	[ènərdʒétik]	에너제틱	형 정력적인, 활동적인
energy	[énərdʒi]	에너쥐	명 정력, 활기, 힘, 에너지
enforce	[infɔ́:rs]	인포–스	타 실시하다, 강요하다, 집행하다
enforcement	[infɔ́:rsmənt]	엔포–스먼트	명 실시, 시행, 강요
engage	[ingéidʒ]	엔게이쥐	타 자 속박하다, 종사하다
	I will not engage in that project. 나는 그 프로젝트엔 참여하지 않겠다.		
engagement	[ingéidʒmənt]	엔게이쥐먼트	명 약속, 예약, 약혼
engine	[éndʒin]	엔진	명 기관, 엔진, 발동기
engineer	[èndʒiníər]	엔지니어	명 기사, 기관사, 기술자
England	[íŋglənd]	잉글랜드	명 잉글랜드, 영국
English	[íŋgliʃ]	잉글리쉬	형 영국의, 영어의
engrave	[ingréiv]	인그레이브	타 새기다, 조각하다, 파다
enhance	[inhǽns]	인핸스	타 (가치 등을) 높이다, 향상하다

enjoy	[indʒɔ́i]	인조이	타 즐기다, 향락하다, 맛보다
enjoyable	[indʒɔ́iəbl]	인조이어벌	형 즐거운, 유쾌한
enjoyment	[indʒɔ́imənt]	인조이먼트	명 즐거움, 쾌락, 기쁨
enlarge	[inlɑ́:rdʒ]	엔라–쥐	타 자 확대하다, 넓어지다
enlighten	[inláitn]	엔라이튼	타 교화하다, 개발하다 (=cultivate)
enlist	[inlíst]	엔리스트	타 자 병적에 넣다, 입대하다
enormous	[inɔ́:rməs]	이노–머스	형 거대한, 막대한
enough	[inʌ́f]	이너프	형 충분한, ~에 족한 부 충분히
enrage	[inréidʒ]	인레이쥐	타 격분시키다, 노하게 하다
enrich	[inrítʃ]	엔리취	타 유복하게 하다, 기름지게 하다
ensure	[inʃúər]	인슈어	타 확실히 하다, 안전하게 하다 His promise will ensure that you get the job. 그의 약속으로 네가 거기 취업하는 건 보장된다.
entangle	[intǽŋgl]	인탱글	타 얽히게 하다, 꼬이게 하다
enter	[éntər]	엔터	타 자 참가하다, 들어가다
enterprise	[éntərpràiz]	엔터프라이즈	명 사업, 기업, 기획
entertain	[èntərtéin]	엔터테인	타 환대하다, 접대하다
entertainment	[èntərtéinmənt]	엔터테인먼트	명 대접, 환대, 주연
enthusiasm	[inθú:ziæzm]	엔슈–지애점	명 열심, 열중, 열광
entire	[intáiər]	엔타이어	형 전체의, 완전한 (=complete)

entitle	[intáitl]	엔타이틀	타 권리를 주다, 제목을 붙이다
entrance	[intrǽns]	엔트런스	명 들어감, 입장, 입구
entreat	[intríːt]	엔트리－드	타 간청하다, 부탁하다
entreaty	[intríːti]	엔트리－티	명 간청, 애원
entrust	[intrʌ́st]	엔트러스트	타 맡기다, 위임하다, 위탁하다
entry	[éntri]	엔트리	명 입장, 참가, 등장
enumerate	[injúːmərèit]	이뉴－머레이트	타 일일이 헤아리다, 열거하다
envelope	[énvəlòup]	엔벌로웁	명 봉투, 포장지
envious	[énviəs]	엔비어스	형 부러워하는, 시기하는 (=jealous)
environment	[inváiərənmənt]	인바이어런먼트	명 환경, 주위, 둘러쌈
environmental	[invàiərənméntl]	인바이어런먼틀	형 환경의, 주변의
envy	[énvi]	엔비	타 부러워하다 명 선망, 부러움
	The poor generally envy the rich. 대개 빈자는 부자를 부러워한다.		
epic	[épik]	에픽	명 서사시 형 서사시적인
epidemic	[èpədémik]	에퍼데믹	명 유행, 전염병 형 유행성의
episode	[épəsòud]	에퍼소우드	명 삽화(揷話), 에피소드
epoch	[épək]	에퍽	명 신기원, 신시대
equal	[íːkwəl]	이－퀄	형 같은, 동등한 타 ~과 같다
equality	[ikwáləti]	이콸리티	명 평등, 대등, 균등

equator	[ikwéitər]	이퀘이터	명 적도(赤道)
equip	[ikwíp]	이큅	타 갖추다, 설비하다, 꾸미다
equipment	[ikwípmənt]	이큅먼트	명 비품, 준비, 장비
equivalent	[ikwívələnt]	이퀴벌런트	형 동등의, 동등한, ~와 같은(=equal)
era	[íərə, érə]	이어러	명 기원, 시대, 연대
erase	[iréis]	이레이스	타 지워버리다, 삭제하다
erect	[irékt]	이렉트	형 똑바로 선 타 똑바로 세우다
err	[əːr, ɛər]	어-	자 잘못하다, 헤매다
error	[érər]	에러	명 잘못, 실수, 착오
escalator	[éskəlèitər]	에스컬레이터	명 자동 계단, 에스컬레이터
escape	[iskéip, es-]	이스케입	타 자 탈출하다, 도망하다 She escaped to a foreign country. 그녀는 외국으로 도주했다.
escort	[éskɔːrt]	에스코-트	명 호위, 호송 타 호송하다
Eskimo	[éskəmòu]	에스키모우	명 에스키모인
especially	[ispéʃəli, es-]	이스페셜리	부 특히, 대단히, 각별히
esquire	[éskwaiər]	에스콰이어	명 귀하, 님
essay	[ései]	에세이	명 평론, 수필
essence	[ésns]	에센스	명 본질, 정수
essential	[isénʃəl]	이센셜	형 본질적인, 필수의 (=necessary)

단어	발음기호	한글 발음	뜻
establish	[istǽbliʃ]	이스태블리쉬	타 확립하다, 창립하다
establishment	[istǽbliʃmənt]	이스태블리쉬먼트	명 설립, 설정, 설치
estate	[istéit]	이스테이트	명 재산, 유산, 부동산
esteem	[istí:m]	이스팀–	타 존경하다, 존중하다
estimate	[éstəmèit]	에스터메이트	타자 어림잡다, 견적하다, 평가하다
estimation	[èstəméiʃən]	에스터메이션	명 견적, 평가, 추산 (=judgment)
etc.	[et sétərə]	엣세터러	약 et cetera의 줄임, ~등
eternal	[itə́:rnəl]	이터–널	형 영원한, 끝없는
eternity	[itə́:rnəti]	이터–너티	명 영원, 무궁, 불사
ethics	[éθiks]	에씩스	명 윤리, 윤리학, 도덕
etiquette	[étikit]	에티켓	명 예의, 예의범절, 예법
European	[jùərəpíən]	유어러피–언	형 유럽의 명 유럽사람
evade	[ivéid]	이베이드	타 면하다(=avoid), 속이다 It was designed to evade detection. 그것은 탐지를 피하기 위해 제작된 것이다.
evaporate	[ivǽpərèit]	이베퍼레이트	타자 증발하다, 증발시키다
eve	[i:v]	이–브	명 전야제, 전날 밤, 직전
even	[í:vən]	이–번	형 평평한, 규칙적인 부 ~이라도, ~조차
evening	[í:vniŋ]	이–브닝	명 저녁 때, 해질 무렵, 밤
event	[ivént]	이벤트	명 사건, 결과, 경우

단어	발음기호	발음	뜻
ever	[évər]	에버	부 일찍이, 언젠가, 언제나
evergreen	[évərgriːn]	에버그린–	형 상록의 명 상록수
everlasting	[évərlǽstiŋ]	에버래스팅	형 영원한, 변함없는, 지루한
every	[évri]	에브리–	형 모든, 일체의, 각각의
	every now and then : 때때로, 이따금		
everybody	[évribàdi]	에브리바디	대 누구나, 각자, 제각기
everyday	[évridei]	에브리데이	형 매일의, 일상의
everyone	[évriwʌn]	에브리원	대 누구나, 각자, 모두
everything	[évriθiŋ]	에브리씽	대 모든 것, 모두, 만사
everywhere	[évri*h*wɛər]	에브리웨어	부 어디에나, 도처에
evidence	[évədəns]	에비던스	명 증거(=proof), 증언 타 증명하다
evident	[évədənt]	에비던트	형 뚜렷한, 명백한, 분명한
	It is evident that Sarah Connor is my mother. 새라 코너가 내 모친임은 분명하다.		
evil	[íːvəl]	이–벌	형 간악한, 나쁜, 사악한
evolution	[èvəlúːʃən]	에벌루–션	명 진화, 발전, 진전
evolve	[ivɑ́lv]	이발브	타 자 전개하다, 발전시키다
exact	[igzǽkt]	익잭트	형 엄밀한, 정확한, 틀림없는
exaggerate	[igzǽdʒərèit]	익재져레이트	타 과장하다, 허풍떨다
exalt	[igzɔ́ːlt]	익졸트	타 높이다, 승진시키다, 올리다

examination	[igzæmənéiʃən]	익재머네이션	명 시험, 검사, 조사
examine	[igzǽmin]	익재민	타 자 조사하다, 검사하다
example	[igzǽmpl]	익잼플	명 실례, 보기, 견본
exasperate	[igzǽspərèit]	익재스퍼레이트	타 화나게 하다, 격앙시키다
exceed	[iksíːd]	익씨-드	타 자 초과하다, (한도를) 넘다, 능가하다
	Her ability exceeded my expectation. 그녀의 능력은 내 기대를 넘어섰다.		
exceeding	[iksíːdiŋ]	익씨-딩	형 대단한, 초과의, 지나친
excel	[iksél]	익셀	타 자 (~을) 능가하다, 뛰어나다
excellence	[éksələns]	엑설런스	명 탁월, 우수, 장점
excellent	[éksələnt]	엑설런트	형 우수한, 탁월한, 일류의
except	[iksépt]	익셉트	타 제외하다 전 ~을 제외하고
exception	[iksépʃən]	익셉션	명 제외, 예외, 이의(異議)
exceptional	[iksépʃənl]	익셉셔널	타 예외적인, 특별한, 드문
excess	[iksés]	익세스	명 과다, 초과, 잉여
excessive	[iksésiv]	익세시브	형 과도한, 엄청난, 무절제한
exchange	[ikstʃéindʒ]	익스체인쥐	타 자 교환하다, 환전하다
	in exchange for : ~와 교환으로		
excite	[iksáit]	익사이트	타 자극하다, 흥분시키다, 돋우다
exclaim	[ikskléim]	익스클레임	타 자 외치다, 부르짖다

단어	발음기호	발음	뜻
exclude	[iksklúːd]	익스클루-드	타 추방하다, 몰아내다 (↔include)
exclusive	[iksklúːsiv]	익스클루시브	형 배타적인, 독점적인
excursion	[ikskə́ːrʒən]	익스커-젼	명 소풍, 수학여행, 외유
excuse	[ikskjúːz]	익스큐-즈	타 변명하다, 용서하다, 면제하다
execute	[éksikjùːt]	엑시큐-트	타 실행하다, 실시하다, 수행하다
executive	[igzékjutiv]	익제켜티브	형 실행의 명 행정부, 간부
exempt	[igzémpt]	익젬(프)트	타 면제하다, 면해주다 형 면제된
exercise	[éksərsàiz]	엑서사이즈	명 운동, 연습, 훈련
exert	[igzə́ːrt]	익저-트	타 발휘하다, 노력하다, 쓰다
exertion	[igzə́ːrʃən]	익저-션	명 노력, 발휘, 수고 (=effort)
exhale	[ekshéil]	엑스헤일	타 자 발산하다, 내뿜다, 증발시키다
exhaust	[igzɔ́ːst]	익조-스트	타 자 소모시키다, 다하다
	Today is so exhausting! 오늘은 아주 지친다.		
exhibition	[èksəbíʃən]	엑시비션	명 공개, 전시회, 진열
exile	[égzail]	엑자일	타 추방하다, 망명하다
exist	[igzíst]	익지스트	자 존재하다, 생존하다
existence	[igzístəns]	익지스턴스	명 실재, 생존, 존재
exit	[égzit, éksit]	엑짓	명 나가는 곳, 출구 자 퇴거하다
expand	[ikspǽnd]	익스팬드	타 자 넓히다, 퍼지다, 펴다

expanse	[ikspǽns]	익스팬스	명 넓음, 넓은 장소, 팽창
expansion	[ikspǽnʃən]	익스팬션	명 확장, 확대, 퍼짐
expect	[ikspékt]	익스펙트	타 기대하다, 예기하다
expectation	[èkspektéiʃən]	익스펙테이션	명 기대, 예측, 예상
expedition	[èkspədíʃən]	엑스퍼디션	명 원정(대), 탐험, 여행 (=travel)
expel	[ikspél]	익스펠	타 쫓아내다, 몰아내다
expend	[ikspénd]	익스펜드	타 소비하다, 쓰다 (=spend)
expenditure	[ikspénditʃər]	익스펜디쳐	명 소비, 소모, 지출
expense	[ikspéns]	익스펜스	명 지출, 비용
	free of expense : 무료로		
expensive	[ikspénsiv]	익스펜시브	형 비싼, 사치스런, 돈이 드는
experience	[ikspíəriəns]	익스피어리언스	명 경험, 체험, 경력
experiment	[ikspérəmənt]	익스페러먼트	명 실험, 시도 타 실험하다
expert	[ékspəːrt]	엑스퍼-트	명 숙달자, 전문가
expire	[ikspáiər]	익스파이어	자 끝나다, 만기가 되다
explain	[ikspléin]	익스플레인	타자 설명하다, 해석하다
	Please explain to me your silly behavior. 네 어리석은 짓을 해명해다오.		
explanation	[èksplənéiʃən]	엑스플러네이션	명 설명, 해설, 변명
explode	[iksplóud]	익스플로-드	타자 폭발시키다, 타파하다

exploit	[iksplɔ́it]	엑스플로이트	타 이용하다, 개발하다 명 공훈
exploration	[èksplәréiʃәn]	엑스플러레이션	명 탐험, 탐구, 개발
explore	[iksplɔ́:r]	익스플로-	타 자 탐험하다, 답사하다
explorer	[iksplɔ́:rәr]	익스플로-러	명 탐험가, 탐구자
explosion	[iksplóuʒәn]	익스플로-젼	명 파열, 폭발, 폭파
export	[ikspɔ́:rt]	엑스포-트	명 수출 타 수출하다(↔import)
expose	[èkspóuz]	익스포우즈	타 (비, 바람에) 쐬다, 노출하다
exposition	[èkspәzíʃәn]	엑스퍼지션	명 해명, 박람회, 해설
exposure	[ikspóuʒәr]	익스포우저	명 노출, 폭로, 적발
express	[iksprés]	익스프레스	타 표현하다, 발표하다 명 급행열차
	I can't express how grateful I am! 내가 얼마나 고마운지 말로 얘기할 수 없네!		
expression	[ikspréʃәn]	익스프레션	명 표현, 말투, 표시
exquisite	[ikskwízit] [ékskwizit]	익스퀴짓	형 미묘한, 우아한, 완벽한(=perfect)
extend	[iksténd]	익스텐드	타 늘이다, 펴다, 연장하다
extension	[iksténʃәn]	익스텐션	명 연장, 확장
extensive	[iksténsiv]	익스텐시브	형 넓은, 대규모의, 광대한
extent	[ikstént]	익스텐트	명 넓이, 크기, 범위
exterior	[ikstíәriәr]	익스티어리어	형 외부의, 바깥의 명 외부, 외관
external	[ikstә́:rnl]	익스터어널	형 외부의, 표면의

extinct	[ikstíŋkt]	익스팅트	형 꺼진, 끊어진, 멸종된
extinguish	[ikstíŋgwiʃ]	익스팅귀쉬	타 끄다, 진화하다
extra	[ékstrə]	엑스트러	형 임시의, 특별한 부 가외로
extract	[ikstrǽkt]	익스트랙트	타 끌어내다, 뽑아내다
extraordinary	[ikstrɔ́:rdənèri]	익스트로더네리	형 비상한, 비범한, 엄청난
extravagant	[ikstrǽvəgənt]	익스트래버건트	형 지나친, 낭비하는 (=wasteful)
extreme	[ikstrí:m]	익스트림–	형 극단의, 최후의, 말단의
extremely	[ikstrí:mli]	익스트림리	부 극도로, 아주, 몹시
extremity	[ikstréməti]	익스트래머티	명 말단, 극단
exult	[igzʌ́lt]	익절트	자 무척 기뻐하다, 우쭐대다
eye	[ai]	아이	명 눈, 시력 타 잘 보다
	She has a good eye for pictures. 그녀는 그림을 볼 줄 안다.		
eyeball	[aibɔ:l]	아이볼	명 안구, 눈알
eyebrow	[aibrau]	아이브라우	명 눈썹
eyelash	[ailæʃ]	아이래쉬	명 속눈썹
eyelid	[ailid]	아이리드	명 눈꺼풀, 눈두덩
eyesight	[aisait]	아이사이트	명 시력, 시야

F

F

fable	[féibl]	페이벌	명 우화(寓話), 꾸민 이야기, 전설
fabric	[fǽbrik]	패브릭	명 조직, 직물, 천
fabulous	[fǽbjuləs]	패뷸러스	형 전설적인, 믿기 어려운
face	[feis]	페이스	명 낯, 얼굴, 표정 타 자 대면하다
facilitate	[fəsílətèit]	퍼실러테이트	타 쉽게 하다, 촉진하다, 돕다
facility	[fəsíləti]	퍼실러티	명 설비, 편의, 재능
fact	[fækt]	팩트	명 사실, 실제, 진실 (=truth)
	Did you know that fact? 그 사실 알고 있었어?		
faction	[fǽkʃən]	팩션	명 당파, 파벌
factor	[fǽktər]	팩터	명 요소, 요인, 원동력
factory	[fǽktəri]	팩터리	명 공장, 제작소
faculty	[fǽkəlti]	패컬티	명 능력, 재능, 학부
fade	[feid]	페이드	타 자 시들다, 색이 바래게 하다
fail	[feil]	페일	타 자 실수하다, 태만히 하다
failure	[féiljər]	페일류어	명 실패, 낙제, 부족
faint	[feint]	페인트	형 희미한, 약한 자 기절하다

fair	[fɛər]	페어	형 아름다운, 고운 명 박람회
	fair and square : 정정당당하게, 공명정대하게		
fairly	[fɛ́ərli]	페얼리	부 바르게, 공평히, 바로
fairy	[fɛ́əri]	페어리	명 요정 형 요정의, 우아한
faith	[feiθ]	페이쓰	명 신뢰, 신념(=belief), 신조
faithful	[féiθfəl]	페이쓰펄	형 성실한, 정확한, 충실한
falcon	[fɔ́:lkən]	팰컨	명 송골매, 매
fall	[fɔ:l]	폴–	자 떨어지다, 함락하다, 지다
fallen	[fɔ́:lən]	폴–런	동 fall의 과거분사 형 떨어진
false	[fɔ:ls]	폴–스	형 거짓의, 그릇된 부 거짓으로
falsehood	[fɔ́:lshud]	폴–스후드	명 거짓, 잘못
	A falsehood is sure to be found out. 거짓말은 반드시 발각된다.		
falter	[fɔ́:ltər]	포올터	타자 비틀거리다, 더듬거리다
fame	[feim]	패임	명 명성, 평판 타 유명하게 만들다
familiar	[fəmíljər]	퍼밀리어	형 친한, 흔한, 가까운
family	[fǽməli]	패멀리	명 가족, 식구
famine	[fǽmin]	패민	명 기근, 굶주림, 결핍
famous	[féiməs]	페이머스	형 유명한, 잘 알려진 (=well-known)
fan	[fæn]	팬	명 부채, 선풍기 타자 부채질하다

F

fancy	[fǽnsi]	팬시	명 공상, 환상 타 공상하다
fantastic	[fæntǽstik, -tikəl]	팬태스틱	형 공상적인, 기묘한, 환상적인
fantasy	[fǽntəsi]	팬터시	명 공상, 환상
far	[fa:r]	파—	형 먼, 저쪽의 부 멀리, 아득한
	far from ~ing : 결코 ~하지 않다		
fare	[fɛər]	페어	명 요금, 운임, 통행료 자 지내다
farewell	[fɛərwél]	페어웰	감 안녕 형 작별의 명 작별
farm	[fa:rm]	팜—	명 농지, 농가 타자 경작하다
farmer	[fá:rmər]	파—머	명 농부, 농민
farther	[fá:rðər]	파—더	형 더 먼, 더 앞의 부 더 멀리
fascinate	[fǽsənèit]	패서네이트	동 매혹하다, 반하게하다
	That cute girl fascinates me. 저 귀여운 여자가 나를 매혹시킨다.		
fashion	[fǽʃən]	패션	명 유행, 방식 타 모양을 만들다
fashionable	[fǽʃənəbl]	패셔너벌	형 유행의, 사교계의
fast	[fæst]	패스트	형 빠른(=quick), 고속의, 단단한
fasten	[fǽsn]	패슨	타자 단단히 고정시키다, 잠기다
fat	[fæt]	팻	형 살찐, 비대한 명 기름기
fatal	[féitl]	페이틀	형 숙명의, 치명적인, 운명의
fate	[feit]	페이트	명 운명, 숙명, 파멸

단어	발음기호	발음	뜻
father	[fá:ðər]	파-더	명 아버지, 조상
father-in-law	[fá:ðərinlɔ̀:]	파-더린로-	명 시아버지, 장인
fatigue	[fətí:g]	퍼티-그	명 피로, 피곤 타 지치게 하다
fault	[fɔ:lt]	폴-트	명 결점, 과실(=mistake)
favor	[féivər]	페이버	명 호의, 친절, 부탁
	in favor of : ~를 찬성하여		
favorable	[féivərəbl]	페이버러벌	형 형편 좋은, 유리한, 호의를 보이는
favorite	[féivərit]	페이버릿	형 마음에 드는 (것) 명 행운아
fear	[fiər]	피어	명 두려움, 공포 타 자 무서워하다
fearful	[fíərfəl]	피어펄	형 무서운, 두려운 (=afraid)
feast	[fi:st]	피-스트	명 축제일, 향연 타 자 잔치를 베풀다
feather	[féðər]	페더	명 깃털, 깃 장식
feature	[fí:tʃər]	피-쳐	명 용모, 특징 타 ~의 특징이 되다
	Her eyes are her best feature. 그녀는 눈이 제일 예쁘다.		
February	[fébruèri]	페브루어리	명 2월(약 Feb.)
federal	[fédərəl]	페더럴	형 연방(정부)의, 동맹의
federation	[fèdəréiʃən]	페더레이션	명 연합, 연방
fee	[fi:]	피-	명 수수료, 요금 타 요금을 치르다
feeble	[fí:bl]	피-벌	형 약한, 힘없는(=weak)

feed	[fi:d]	피-드	타자 먹이다, 기르다
feel	[fi:l]	필-	타자 만지다, 더듬다 명 느낌
	feel like ~ing : ~하고 싶어지다		
feeling	[fí:liŋ]	필-링	명 촉감, 느낌, 감촉
feet	[fi:t]	피트	명 foot(다리)의 복수형
fell	[fel]	펠	동 fall(떨어지다)의 과거형
fellow	[félou]	펠로우	명 친구, 동지
felt	[felt]	펠트	동 feel(느끼다)의 과거분사
female	[fí:meil]	피-메일	명 여성, 암컷 형 여자의
feminine	[fémənin]	페머닌	형 여성의, 여자다운
fence	[fens]	펜스	명 담, 울타리 타자 방어하다
ferry	[féri]	페리	명 나루터, 나룻배
fertile	[fə́:rtl]	퍼-틀	형 기름진, 풍부한 (↔barren)
fertilize	[fə́:rtəlàiz]	퍼틸라이즈	타 비옥하게 하다
	This rain will fertilize our fields. 이 비가 우리 밭을 비옥하게 해줄 것이다.		
fervent	[fə́:rvənt]	퍼-번트	형 뜨거운, 열렬한
fervor	[fə́:rvər]	퍼-버	명 열렬, 열정
festival	[féstəvəl]	페스터벌	명 축전, 축제일
fetch	[fetʃ]	패취	타 가서 가져오다, 불러오다

단어	발음기호	발음	뜻
feud	[fju:d]	퓨-드	명 불화, 싸움
feudalism	[fjú:dlìzm]	퓨-덜리점	명 봉건제도
fever	[fí:vər]	피-버	명 열병, 열, 열광 타 발열시키다
feverish	[fí:vəriʃ]	피-버리쉬	형 열이 있는, 열병의
few	[fju:]	퓨-	명 소수 형 소수의, 적은
fiance	[fi:a:nséi, fiá:nsei]	피안-세이	명 (불어) 약혼자(남자)
fiber	[fáibər]	파이버	명 섬유, 성질, 실
fickle	[fíkl]	피컬	형 변덕스러운, 변하기 쉬운
fiction	[fíkʃən]	픽션	명 소설, 꾸며낸 일, 가정
fidelity	[fidéləti]	피델러티	명 충실, 엄수, 성실
field	[fi:ld]	필-드	명 벌판, 들, 목초지
fiend	[fi:nd]	피인드	명 악마, 잔인한 사람
fierce	[fiərs]	피어스	형 사나운, 맹렬한 (=violent) The competition has become fierce. 경쟁은 점점 격화되었다.
fiery	[fáiəri]	파이어리	형 불같은, 불길의
fifteen	[fiftí:n]	핍틴-	명 15 형 15의
fifteenth	[fiftí:nθ]	핍틴-쓰	명 열다섯째 형 15번째의
fifth	[fifθ]	핍쓰	명 제5, 5분의1 형 5번째의
fifty	[fífti]	핍티	명 50 형 50의, 쉰의

F

fiftieth	[fíftiəθ]	피프티-쓰	형 제50의 명 제50
fig	[fig]	피그	명 무화과, 하찮은 것
fight	[fait]	파이트	명 전투, 다툼 타자 전투하다
fighter	[fáitər]	파이터	명 전사, 투사; 전투기
fighting	[fáitiŋ]	파이팅	명 싸움, 전투, 투쟁
figure	[fígjər]	피겨	명 모양, 형태 타자 그리다
file	[fail]	파일	명 서류철, 표지 타 철하다
fill	[fil]	필	타자 채우다, 가득 차다
film	[film]	필름	명 필름, 얇은 막 타자 얇은 껍질로 덮다
filter	[fíltər]	필터	명 여과기, 여과판 타자 거르다
filth	[filθ]	필쓰	명 오물, 쓰레기
filthy	[fílθi]	필씨	형 더러운, 추잡한
fin	[fin]	핀	명 지느러미, 어류
final	[fáinl]	파이널	형 최후의, 결정적인 명 최후, 최종
finally	[fáinəli]	파이널리	부 마침내, 최후로
finance	[finǽns] [fáinæns]	피낸스	명 재정, 재무, 재력 (=money)
financial	[finǽnʃəl, fainǽnʃəl]	파이낸셜	형 재정의, 재무의
	My financial condition is not so good. 내 주머니 사정은 그리 좋지 못하다.		
find	[faind]	파인드	타자 찾아내다, 발견하다

A B C D E F G H I J K L M

단어	발음기호	발음	뜻
fine	[fain]	파인	[형] 뛰어난, 훌륭한 [명] 벌금
finger	[fíŋgər]	핑거	[명] 손가락 [타][자] 손가락을 대다
finish	[fíniʃ]	피니쉬	[타][자] 완성하다, 마치다, 끝내다
finite	[fáinait]	파이나이트	[형] 한정된, 제한된
fir	[fəːr]	퍼–	[명] 전나무
fire	[faiər]	파이어	[명] 불, 화롯불, 모닥불
fire-fly	[fáiərflai]	파이어플라이	[명] 개똥벌레, 반딧불
fireman	[fáiərmən]	파이어먼	[명] 소방대원
fireplace	[fáiərpleis]	파이어플레이스	[명] (벽)난로
firework	[fáiərwəːrk]	파이어웍	[명] 불꽃(놀이)
firm	[fəːrm]	펌–	[형] 굳은, 단단한, 확고한 (=steady)
firmly	[fə́ːrmli]	퍼엄리	[부] 튼튼하게, 굳게 I firmly believe you. 나는 당신을 확고하게 믿는다.
first	[fəːrst]	퍼–스트	[형] 첫 번째의, 최초의 [부] 첫째로
first-rate	[fə́ːrstréit]	퍼–스트레이트	[형] 일류의 [부] 최고로
fiscal	[fískəl]	피스컬	[형] 국고의, 회계의
fish	[fiʃ]	피쉬	[명] 물고기, 생선
fisher	[fíʃər]	피셔	[명] 어부
fisherman	[fíʃərmən]	피셔먼	[명] 어부, 낚시꾼

fist	[fist]	피스트	명 주먹 타 주먹으로 치다
fit	[fit]	피트	형 적당한 타자 ~에 맞추다
fitness	[fítnis]	핏니스	명 적당, 적절, 적합성
five	[faiv]	파이브	명 5, 다섯 형 5의
fix	[fiks]	픽스	타자 고정시키다, 고정하다
fixed	[fikst]	픽스트	형 고정된, 확정된 (=fastened)
flag	[flæg]	플래그	명 깃발, 기 타 기를 올리다
flake	[fleik]	플레이크	명 얇은 조각, 박편(薄片)
flame	[fleim]	플레임	명 불길, 화염 자 훨훨 타다
	Don't fan the flames. 불난 데 부채질 하지마라.		
flank	[flæŋk]	플랭크	명 옆구리, 측면, 옆구리살
flap	[flæp]	플랩	타자 펄럭거리다 명 보조익
flare	[flɛər]	플레어	타자 너울거리는 불길
flash	[flæʃ]	플래쉬	명 섬광, 반짝임 타자 번쩍이다
flat	[flæt]	플랫	형 평평한, 납작한 타자 평평하게 하다
flatten	[flǽtn]	플래튼	타자 평평하게 하다, 고르다
flatter	[flǽtər]	플래터	타 아첨하다, 알랑거리다
flavo(u)r	[fléivər]	플레이버	명 풍미, 맛, 향기
flaw	[flɔː]	플로–	명 흠, 결점 타자 금가다

flea	[fli:]	플리–	명 벼룩
flee	[fli:]	플리–	타 자 도망하다, 피하다
fleece	[fli:s]	플리–스	명 양털 타 양털을 깎다
fleet	[fli:t]	플리–트	명 함대
flesh	[fleʃ]	플레쉬	명 살, 식욕, 육욕
flexible	[fléksəbl]	플렉서벌	형 구부리기 쉬운, 융통성 있는
flicker	[flíkər]	플리커	자 가물거리다 명 깜빡이는 빛
flight	[flait]	플라이트	명 비행, 항공편

I'll take a 10:00 flight.
나는 10시 항공편을 탈 거야.

fling	[fliŋ]	플링	타 자 던지다(=throw), 돌진하다
flirt	[flə:rt]	플러–트	타 자 흔들어대다, 희롱하다
float	[flout]	플로–트	타 자 뜨다, 띄우다 명 낚시찌
flock	[flak]	플락	명 (양, 새의) 떼 자 떼지어 오다
flood	[flʌd]	플럿	명 홍수, 만조 타 자 범람하다
floor	[flɔ:r]	프로–	명 마루, 층계, 바닥
flour	[fláuər]	플라워	명 가루, 밀가루 타 가루를 뿌리다
flourish	[flə́:riʃ]	플러리쉬	타 자 무성하다, 번창하다
flow	[flou]	플로우	자 흐르다, 지나가다
flower	[fláuər]	플라워	명 꽃 타 자 꽃이 피다

flowery	[fláuəri]	플라워리	형 꽃이 많은, 꽃무늬의
fluid	[flú:id]	플루-이드	명 액체, 유동체 형 유동성의
flush	[flʌʃ]	플러쉬	타자 얼굴을 붉히다, 왈칵 쏟다
flute	[flu:t]	플루-트	명 피리, 플루트 타자 피리를 불다
flutter	[flʌ́tər]	플러터	타자 날개 치다 명 홰치기
fly	[flai]	플라이	명 파리 타자 날다, 비행하다
flying	[fláiiŋ]	플라잉	명 비행, 질주 형 나는, 급한
foam	[foum]	포움	명 거품 타자 거품 일다
focus	[fóukəs]	포우커스	명 초점, 중심점 타자 집중하다
foe	[fou]	포우	명 적, 원수(=enemy)
fog	[fɔ:g]	폭	명 안개 타 안개로 덮다
foggy	[fɔ́:gi]	포기	형 안개 짙은, 흐린, 뿌연
foil	[fɔil]	포일	명 (금속의) 박 타 좌절시키다
fold	[fould]	포울드	타자 접다, 구부리다 명 접음
folk	[fouk]	포우크	명 사람들, 가족, 친척
follow	[fálou]	팔로우	타자 ~의 뒤를 따라가다, 따르다, 이해하다
	Do you follow? 이해가 돼요?		
follower	[fálouər]	팔로워	명 수행자, 부하, 종자 (=supporter)
following	[fálouiŋ]	팔로-잉	형 다음의, 순풍의 명 다음

fond	[fand]	판드	형 좋아하는, 다정한, 애정 있는
fondness	[fándnis]	판드니스	명 애호, 자애
food	[fu:d]	푸-드	명 음식물, 자양분
fool	[fu:l]	푸울	명 바보, 어리석은 사람
	make a fool of : ~을 바보로 취급하다		
foolish	[fú:liʃ]	풀리쉬	형 바보 같은, 어리석은 (=silly)
foot	[fut]	풋	명 발, 피트(=12인치)
football	[futbɔ:l]	풋볼-	명 축구
footing	[fútiŋ]	푸팅	명 발판, 터전, 확고한 지반
footstep	[fútstep]	풋스텝	명 걸음걸이, 발자국소리
for	[fər; fɔ́:r]	포-	전 ~을 위하여, ~대신, ~동안
	for a while : 잠시(=for some time)		
forbear	[fɔ:rbέər]	포-베어	타 자 억누르다, 참고 견디다
forbid	[fərbíd]	퍼비드	타 금하다, 금지하다
forbidden	[fərbídn]	퍼비든	동 forbid의 과거분사 형 금지된
force	[fɔ:rs]	포-스	명 힘, 세력 타 폭력을 가하다
forecast	[fɔ́:rkæst]	포-캐스트	명 예상, 예측 타 예상하다
	I'm watching the weather forecast. 나는 일기예보를 보고 있다.		
forefather	[fɔ:rfá:ðər]	포-파-더	명 선조, 조상 (=ancestor)

A B C D E F G H I J K L M

forehead	[fɔ́:rid, fɔ́:rhèd]	포리드	명 이마, 앞부분
foreign	[fɔ́:rən, fɑ́rən]	포린	형 외국의, 외국풍의, 이질적인
foremost	[fɔ́:rmoust]	포-모우스트	형 맨 앞의 부 맨 앞에
foresee	[fɔ:rsi:]	포-시-	타 자 미리 알다, 예견하다
foresight	[fɔ:rsait]	포-사이트	명 선견지명, 심려, 전망
forest	[fɔ́:rist]	포리스트	명 숲, 삼림 타 숲으로 만들다
foretell	[fɔ:rtel]	포-텔	타 자 예언하다, 예고하다
forever	[fɔ:révər]	포레버	부 영원히, 언제나 (=always)
forfeit	[fɔ́:rfit]	포-피트	명 벌금, 상실 타 상실하다
forge	[fɔ:rdʒ]	포-쥐	명 철공장 타 벼리다, 단련하다
forget	[fərgét]	퍼겟	타 잊어버리다, 망각하다
forgive	[fərgív]	퍼깁	타 용서하다, 탕감하다
	It's best to forgive and forget. 용서하고 잊어버리는 것이 최선이다.		
forgiveness	[fərgívnis]	퍼깁니스	명 용서, 면제
fork	[fɔ:rk]	포-크	명 포크, 쇠스랑
form	[fɔ:rm]	폼-	명 모양, 형상 타 모양을 짓다
formal	[fɔ́:rməl]	포-멀	형 정식의, 형식의
formality	[fɔ:rmǽləti]	포-멀러티	명 형식, 존중, 형식적 행위
formation	[fɔ:rméiʃən]	포-메이션	명 형성, 조직, 구성

former	[fɔ́ːrmər]	포-머	형 앞의, 이전의, 전자의
formerly	[fɔ́ːrmərli]	포-멀리	부 옛날에, 이전에 (↔latterly)
formidable	[fɔ́ːrmidəbl]	포-미더벌	형 무서운, 만만치 않은
formula	[fɔ́ːrmjulə]	포-뮬러	명 판에 박은 말, (수학)공식, 처방
forsake	[fərséik]	퍼세이크	타 (친구, 신앙을) 버리다 (=desert)
fort	[fɔːrt]	포-트	명 보루, 성채
forth	[fɔːrθ]	포-쓰	부 앞으로, 밖으로, ~이후
fortieth	[fɔ́ːrtiəθ]	포-티이쓰	명 제40 형 제40의
fortify	[fɔ́ːrtəfài]	포-티파이	타 견고하게 하다, 뒷받침하다
fortitude	[fɔ́ːrtətjùːd]	포-터튜-드	명 인내, 불굴의 정신
fortnight	[fɔ́ːrtnàit]	포-트나이트	명 2주간, 14일
fortress	[fɔ́ːrtris]	포-트리스	명 요새(要塞), 성채
fortunate	[fɔ́ːrtʃənət]	포-쳐닛	형 행운의, 운좋은 (=lucky)
fortunately	[fɔ́ːrtʃənətli]	포-쳐니틀리	부 운 좋게, 다행히
fortune	[fɔ́ːrtʃən]	포-쳔	명 운, 행운, 재산 (=wealth)
	He is a man of fortune. 그는 재산이 많은 분이다.		
forty	[fɔ́ːrti]	포-티	명 40 형 40의
forum	[fɔ́ːrəm]	포-럼	명 대 광장, 법정
forward	[fɔ́ːrwərd]	포-워드	형 앞의 부 앞으로, 향후 (=forwards)

F

fossil	[fásəl]	파슬	명 화석 형 화석의
foster	[fɔ́:stər]	포스터	타 기르다, 양육하다, 돌보다
foul	[faul]	파울	형 더러운, 불결한, 불쾌한(=unpleasant)
found	[faund]	파운드	타 자 기초를 두다, 창설하다
foundation	[faundéiʃən]	파운데이션	명 토대, 기초, 근거
founder	[fáundər]	파운더	명 창설자, 발기인 타 자 침몰하다
fountain	[fáuntən]	파운틴	명 샘, 분수, 원천
four	[fɔ:r]	포-	명 4, 넷 형 4의, 넷의
fourteen	[fɔ̀:rtí:n]	포-틴	명 14 형 14의
fourteenth	[fɔ̀:rtí:nθ]	포-티인쓰	명 제14, 열넷 형 제14의
fourth	[fɔ:rθ]	포-쓰	명 제4, 네번째 형 제4의
fowl	[faul]	파울	명 닭, 가금, 새고기
fox	[faks]	팍스	명 여우, 교활한 사람
fraction	[frækʃən]	프렉션	명 부분, 파편
fragile	[frædʒəl]	프래절	형 부서지기 쉬운, 연약한
fragment	[frægmənt]	프렉먼트	명 파편, 단편, 미완성 유고
fragrant	[fréigrənt]	프레익런트	형 냄새가 좋은, 상쾌한 The room was fragrant with flowers. 방은 꽃으로 좋은 향기가 났다.
frail	[freil]	프레일	형 허약한, 무른

frame	[freim]	프레임	명 뼈대, 구조, 기구 타 만들다
framework	[fréimwəːrk]	프레임워–크	명 틀, 뼈대, 구성
France	[fræns]	프랜스	명 프랑스
frank	[fræŋk]	프랭크	형 솔직한, 숨김없는 (=honest)
frankly	[frǽŋkli]	프랭클리	부 솔직히, 기탄없이
fraud	[frɔːd]	프로–드	명 사기, 부정수단, 사기꾼
freak	[friːk]	프리–크	명 변덕, 기형, 괴물
freckle	[frékl]	프레클	명 주근깨 타 자 얼룩이 생기다
free	[friː]	프리–	형 자유로운 타 자유롭게 하다
freedom	[fríːdəm]	프리–덤	명 자유, 독립, 해방
freeze	[friːz]	프리–즈	타 자 얼어붙다, 얼다
freight	[freit]	프레이트	명 화물 수송, 수상 수송
French	[frentʃ]	프렌취	형 프랑스의, 프랑스어의
frenzy	[frénzi]	프렌지	명 광란 타 격앙시키다
frequent	[fríːkwənt]	프리–퀀트	형 빈번한 타 자주 가다 She is a frequent visitor to this club. 그녀는 이 클럽에 자주 온다.
fresh	[freʃ]	프레쉬	형 새로운, 신선한, 생기 있는
fret	[fret]	프렛	타 자 속 타게 하다, 안달 나게 하다
friction	[fríkʃən]	프릭션	명 마찰, 불화, 알력

F

Friday	[fráidei, -di]	프라이디	명 금요일(약어 Fri.)
friend	[frend]	프렌드	명 벗, 친구, 동무
	make friends (again) : 화해하다		
friendly	[fréndli]	프렌들리	형 친구의, 우정이 있는
friendship	[frénd∫ip]	프렌드쉽	명 우정, 친교, 교우
fright	[frait]	프라이트	명 공포, 경악
frighten	[fráitn]	프라이튼	타 자 놀라게 하다, 겁내다
frightful	[fráitfəl]	프라잇펄	형 무서운, 추악한
fringe	[frindʒ]	프린쥐	명 술 장식, 외변 타 술을 달다
frivolous	[frívələs]	프리벌러스	형 하찮은, 경박한(=silly)
fro	[frou]	프로우	부 저쪽에
frog	[frɔ:g, frag]	프록–	명 개구리
from	[frəm] [frʌ́m]	프럼	전 ~에서, ~부터, ~에 의해
	from time to time : 때때로, 종종(=often)		
front	[frʌnt]	프런트	명 앞면 형 정면의 타 자 맞서다
frontier	[frʌntíər]	프런티어	명 국경 지방, 변경
	Love has no frontier. 사랑에는 국경이 없다.		
frost	[frɔ:st]	프로–스트	명 서리 타 서리로 덮다
frosty	[frɔ́:sti]	프로–스티	형 서리가 내리는, 추운

frown	[fraun]	프라운	[타][자] 얼굴을 찡그리다
frozen	[fróuzn]	프로우전	[동] freeze(얼리다)의 과거분사 [형] 냉동의
frugal	[frú:gəl]	프루-걸	[형] 검소한, 알뜰한
fruit	[fru:t]	프루-트	[명] 과일, 과실 [타][자] 열매를 맺다
fruitless	[frú:tlis]	프루-틀리스	[형] 효과가 없는, 불모의
fruitful	[frú:tfəl]	플루-트펄	[형] 열매가 잘 열리는, 효과적인
frustrate	[frʌ́streit]	프러스트레이트	[타] (적, 계획을) 꺾다
fry	[frai]	프라이	[타][자] 기름에 튀기다
fuel	[fjú:əl]	퓨-얼	[명] 연료 [타][자] 연료를 공급하다
fugitive	[fjú:dʒətiv]	퓨-쥐티브	[형] 일시적인, 덧없는 [명] 도망자
fulfill	[fulfíl]	풀필	[타] 이행하다, 완수하다 (=perform)
full	[ful]	풀	[형] 가득찬, 충분한 [부] 가득히
	to the full : 충분히, 마음껏		
fully	[fúlli]	풀리	[부] 충분히, 완전하게
fullness	[fúlnis]	풀니스	[명] 충분, 풍족, 충만
fumble	[fʌ́mbl]	펌벌	[타][자] 더듬다, 공을 잡았다 놓치다
fume	[fju:m]	퓨움	[명] 연기, 증기 [타][자] 연기가 나다
fun	[fʌn]	펀	[명] 장난, 재미 [타] 장난하다
function	[fʌ́ŋkʃən]	펑션	[명] 기능, 작용

F

fund	[fʌnd]	펀드	명 기금, 자금
fundamental	[fʌ̀ndəméntl]	펀더멘틀	형 근본적인, 중요한
	Moderate exercise is fundamental to health. 적절한 운동은 건강의 기초가 된다.		
funeral	[fjú:nərəl]	퓨-너럴	명 장례식(=burial) 형 장례식의
fungus	[fʌ́ŋgəs]	펑거스	명 균, 균류(곰팡이, 버섯의 균)
funny	[fʌ́ni]	퍼니	형 우스운, 이상한 (=strange)
fur	[fə:r]	퍼-	명 모피, 부드러운 털, 털가죽
furious	[fjúəriəs]	퓨어리어스	형 격분한, 맹렬한, 무서운
furnace	[fə́:rnis]	퍼-니스	명 화덕, 용광로
furnish	[fə́:rniʃ]	퍼-니쉬	타 공급하다(=provide), 주다
furniture	[fə́:rnitʃər]	퍼-니쳐	명 가구, 비품
further	[fə́:rðər]	퍼-더	형 더욱이, 그 이상의 부 더 멀리
futhermore	[fə́:rðərmɔ̀:r]	퍼-더모-	부 더욱 더, 그 위에 더
fury	[fjúəri]	퓨어리	명 격분, 격노
fuse	[fju:z]	퓨-즈	명 퓨즈, 도화선, 신관
fuss	[fʌs]	퍼스	명 공연한 소란, 법석 타자 속 타다
futile	[fjú:tl]	퓨-틀	형 쓸데없는, 하찮은
future	[fjú:tʃər]	퓨-쳐	명 미래, 장래 형 미래의
	for the future : 장래는, 금후에는(=in (the) future)		

G

gaily	[géili]	게일리	부 유쾌하게, 명랑하게
gain	[gein]	게인	타자 얻다, 이기다, 늘다
galaxy	[gǽləksi]	갤럭시	명 은하(계), 화려한 사람들
gale	[geil]	게일	명 강풍, 질풍
gallant	[gǽlənt] [gəlǽnt]	갤런트	형 훌륭한, 용감한, 씩씩한
gallery	[gǽləri]	갤러리	명 미술관, 관람석, 화랑
gallon	[gǽlən]	갤런	명 갤런(3.8리터)
gallop	[gǽləp]	갤럽	명 갤럽(말의 질주) 타자 질주하다
	He rode there at full gallop. 그는 말을 타고 전속력으로 거기로 갔다.		
gallows	[gǽlouz]	갤로우즈	명 교수대, 교수형
gamble	[gǽmbl]	갬벌	타 도박을 하다, 투기하다
game	[geim]	게임	명 시합, 오락 타자 내기하다
gang	[gæŋ]	갱	명 한 떼, 일당
gangster	[gǽŋstər]	갱스터	명 갱 단원
gap	[gæp]	갭	명 갈라진 틈, 빈틈
garage	[gərɑ́:dʒ]	게라-지	명 차고, 격납고, 수리공장

G

garden	[gá:rdn]	가-든	명 뜰, 정원, 유원지
gardener	[gá:rdnər]	가-드너	명 정원사, 원예가
gardening	[gá:rdniŋ]	가-드닝	명 정원 만들기, 원예, 가꾸기
garment	[gá:rmənt]	가-먼트	명 겉옷, 의복
garter	[gá:rtər]	가-터	명 양말대님
gas	[gæs]	개스	명 기체, 가스 자 가스를 내다
gash	[gæʃ]	개쉬	명 깊은 상처 타 깊은 상처를 주다
gasoline	[gǽsəlì:n]	개설린-	명 가솔린, 휘발유
gasp	[gæsp]	개스프	타 자 헐떡거리다, 숨이 차다
gate	[geit]	게이트	명 문, 통로, 관문
gather	[gǽðər]	개더	타 자 모으다, 채집하다, 모으다
gathering	[gǽðəriŋ]	개더링	명 집합, 집회, 수확
gauge	[geidʒ]	게이쥐	명 표준 치수, 자, 계기
gaunt	[gɔ:nt]	곤-트	형 여윈, 수척한, 황량한 (=wasted)

He was gaunt and never smiled.
그는 수척하고 결코 웃지 않았다.

gauze	[gɔ:z]	고-즈	명 가제, 얇은 천
gay	[gei]	게이	형 쾌활한, 화려한
gaze	[geiz]	게이즈	명 응시, 주시 자 응시하다
gear	[giər]	기어	명 톱니바퀴, 연동기, 도구

geese	[giːs]	기-스	명 goose(거위)의 복수
gem	[dʒem]	젬	명 보석 타 보석으로 장식하다
gender	[dʒéndər]	젠더	명 (문법) 성(性)
general	[dʒénərəl]	제너럴	형 보통의, 일반적인 명 장군
	in general : 일반적으로, 대체로		
generally	[dʒénərəli]	제너럴리	부 일반적으로, 대체로
generate	[dʒénərèit]	제너레이트	타 낳다, 산출하다 (=produce)
generation	[dʒènəréiʃən]	제너레이션	명 세대, 발생, 생산
generous	[dʒénərəs]	제너러스	형 관대한, 마음이 넓은
	Mr. Brown is a generous donor. 브라운 씨는 거액의 기부자이다.		
genial	[dʒíːnjəl]	지-니얼	형 온화한, 쾌적한, 기분 좋은
genius	[dʒíːnjəs]	지-녀스	명 천재, 타고난 자질, 특질
gentle	[dʒéntl]	젠틀	형 상냥한, 온화한, 얌전한(=soft)
gentleman	[dʒéntlmən]	젠틀먼	명 신사, 점잖은 사람, 귀하
gently	[dʒéntli]	젠틀리	부 상냥하게, 온화하게
genuine	[dʒénjuin]	제뉴인	형 순수한, 진짜인 (↔fake)
geography	[dʒiágrəfi]	지아그러피	명 지리학, 지리, 지형
geographic	[dʒìːəgrǽfik] [dʒìːəgrǽfik]	지어그래픽	형 지리학의, 지세의
geometry	[dʒiámətri]	지아머트리	명 기하학(책)

germ	[dʒəːrm]	저엄	명 어린 싹, 병원균, 세균
German	[dʒə́ːrmən]	저–먼	형 독일의 명 독일사람
Germany	[dʒə́ːrməni]	저–머니	명 독일
gesture	[dʒéstʃər]	제스쳐	명 손짓, 몸짓, 태도
get	[get]	겟	타자 얻다, 획득하다, 도착하다
	get ahead of : ~를 능가하다 get in touch with : ~와 연락하다		
ghost	[goust]	고우스트	명 유령, 환상, 망령
giant	[dʒáiənt]	자이언트	명 거인, 거물 형 거대한
gift	[gift]	기프트	명 선물, 선사품 타 선사하다
gifted	[gíftid]	기프티드	형 천부의 재능이 있는, 수재의
	He is gifted with a good memory. 그는 기억력이 특출난 사람이다.		
gigantic	[dʒaigǽntik]	자이갠틱	형 거인같은, 거대한
gild	[gild]	길드	타 금을 입히다, 금 도금하다
gilt	[gilt]	길트	동 gild의 과거분사 형 금 도금한
gin	[dʒin]	진	명 진(술 이름)
ginger	[dʒíndʒər]	진져	명 생강, 정력, 원기
giraffe	[dʒərǽf]	지래프	명 기린
girdle	[gə́ːrdl]	거–들	명 띠, 허리띠

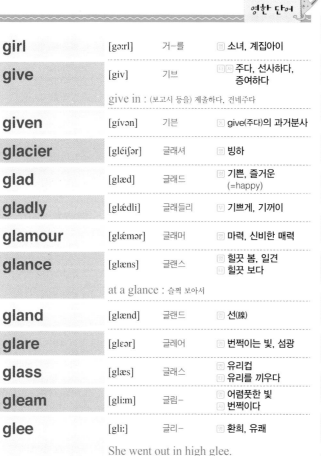

girl	[gəːrl]	거-를	명 소녀, 계집아이
give	[giv]	기브	타 자 주다, 선사하다, 증여하다
	give in : (보고서 등을) 제출하다, 건네주다		
given	[gívən]	기븐	동 give(주다)의 과거분사
glacier	[gléiʃər]	글래셔	명 빙하
glad	[glæd]	글래드	형 기쁜, 즐거운 (=happy)
gladly	[glǽdli]	글래들리	부 기쁘게, 기꺼이
glamour	[glǽmər]	글래머	명 마력, 신비한 매력
glance	[glæns]	글랜스	명 힐끗 봄, 일견 타 힐끗 보다
	at a glance : 슬쩍 보아서		
gland	[glænd]	글랜드	명 선(腺)
glare	[glɛər]	글레어	명 번쩍이는 빛, 섬광
glass	[glæs]	글래스	명 유리컵 타 유리를 끼우다
gleam	[gliːm]	글림-	명 어렴풋한 빛 자 번쩍이다
glee	[gliː]	글리-	명 환희, 유쾌
	She went out in high glee. 그녀는 아주 유쾌한 기분으로 나갔다.		
glide	[glaid]	글라이드	타 자 미끄러지다, 미끄러뜨리다
glider	[gláidər]	글라이더	명 글라이더, 활주자
glimmer	[glímər]	글리머	자 희미하게 빛나다 명 미광

glimpse	[glimps]	글림스	명 힐끗 봄, 언뜻 봄
glint	[glint]	글린트	자 반짝이다 명 반짝이는 빛
glisten	[glísn]	글리슨	자 반짝 빛나다 명 반짝 빛나는 빛
glitter	[glítər]	글리터	자 반짝반짝 빛나다 명 반짝임
globe	[gloub]	글로우브	명 공, 지구, 천체
gloom	[glu:m]	글룸–	명 암흑, 어둠 (=darkness)
gloomy	[glú:mi]	글루–미	형 어두운, 음울한
glorify	[glɔ́:rəfài]	글로–러파이	타 찬미하다, 칭송하다
glorious	[glɔ́:riəs]	글로–리어스	형 영광스러운, 빛나는
glory	[glɔ́:ri]	글로–리	명 영광, 영예 자 기뻐하다
gloss	[glas]	글로–스	명 광택, 허식, 윤
glove	[glʌv]	글러브	명 장갑, (야구, 권투용) 글러브
glow	[glou]	글로우	자 타다, 빛나다 명 백열, 작열
	I like to see the glow of the sunset. 나는 석양의 햇빛을 보기 좋아한다.		
glue	[glu:]	글루–	명 아교 타 아교로 붙이다
gnaw	[nɔ:]	노–	타 자 갉아먹다, 물다
go	[gou]	고우	자 가다, 나아가다, 지나가다
	go without : ~없이 지내다		
goal	[goul]	고울	명 결승점, 목표, 득점

goat	[gout]	고우트	명 염소, 호색한
gobble	[gábl]	가벌	타 자 게걸스레 먹다, 채어가다
god	[gad]	갓	명 신, 하느님 타 신격화하다
	for God's sake : 제발		
goddess	[gádis]	가디스	명 여신
godfather	[gadfáːðər]	갓파-더	명 (세례식 때의) 대부(代父)
going	[góuiŋ]	고우잉	명 가는 것, 출발, 여행 형 진행 중의
gold	[gould]	골-드	명 금, 황금, 금화 형 금의
golden	[góuldən]	고울던	형 금빛의, 금의
goldfish	[góuldfiʃ]	고울드피쉬	명 금붕어
golf	[galf]	갈프	명 골프 자 골프를 치다
gone	[gɔ(ː)n]	곤-	동 go의 과거분사 형 사라진
good	[gud]	굿	형 좋은, 잘된, 훌륭한, 착한
	for good : 영원히		
good-by	[gudbái]	굿바이	감 안녕히! 명 고별, 작별
good-looking	[gudlúkiŋ]	굿루킹	형 잘 생긴, 멋진
	Steve is a good-looking guy. 스티브는 잘 생긴 남자다.		
good-natured	[gudnéitʃərd]	굿네이쳐드	형 사람이 좋은, 온후한
goodness	[gúdnis]	굿니스	명 미덕, 친절 (=kindness)

goods	[gudz]	굿즈	명 재산, 상품
goose	[guːs]	구-스	명 거위, 바보
gorge	[gɔːrdʒ]	고-쥐	명 골짜기, 식도
gorgeous	[gɔ́ːrdʒəs]	고-져스	형 호화스러운, 즐거운
gosh	[gaʃ]	가쉬	감 아이쿠! 큰일 났군!
gospel	[gáspəl]	가스펄	명 (예수의) 복음, 교리, 진리
gossip	[gásəp]	가십	명 잡담 자 잡담하다
govern	[gʌ́vərn]	거번	타 자 통치하다, 관리하다
government	[gʌ́vərnmənt]	거번먼트	명 통치, 지배, 정치
governor	[gʌ́vərnər]	거버너	명 통치자, 지사, 장관
gown	[gaun]	가운	명 긴 겉옷, 가운, 드레스
grab	[græb]	그랩	타 자 움켜잡다, 잡아채다
grace	[greis]	그레이스	명 우아, 매력, 친절
gracious	[gréiʃəs]	그레이셔스	형 고상한, 매력 있는, 정중한(=polite)
grade	[greid]	그레이드	명 단체, 계급, 등급
gradually	[grǽdʒuəli]	그래주얼리	부 점차로, 서서히
graduate	[grǽdʒuət]	그래주에이트	타 등급을 매기다 자 자격을 따다
graduation	[grædʒuéiʃən]	그래주에이션	명 졸업, 학위 수여
graft	[græft]	그랩트	명 접목, 눈접 타 자 접목하다

grain	[grein]	그레인	명 곡식, 낟알, 조금

She got married without a grain of love.
그녀는 아무 애정도 없이 결혼했다.

gram	[græm]	그램	명 그램(g)
grammar	[grǽmər]	그래머	명 문법, 문법책
grand	[grænd]	그랜드	형 웅대한, 광대한 (=impressive)
grandfather	[grǽndfɑ̀:ðər]	그랜드파-더	명 할아버지, 조부
grandmother	[grǽndmʌðər]	그랜드머더	명 조모, 할머니 (=grandma)
grandson	[grǽndsʌn]	그랜드선	명 손자
grant	[grænt]	그랜트	타 승낙하다, 수여하다

take ~ for granted : ~을 당연하다고 생각하다

grape	[greip]	그레이프	명 포도, 포도나무
grasp	[græsp]	그래습	타 잡다, 쥐다, 이해하다
grass	[græs]	그래스	명 풀, 목초, 목장
grasshopper	[grǽshɑ̀pər]	그래스하퍼	명 메뚜기, 여치
grassy	[grǽsi]	그래시	형 녹색의, 풀이 무성한
grate	[greit]	그레이트	명 쇠살판 타 자 문지르다, 갈다
grateful	[gréitfəl]	그레잇펄	형 감사히 여기는, 고마운(↔ ungrateful)

I was grateful to her helping me the other day.
일전 나를 도와준 그녀에게 감사했다.

gratify	[grǽtəfài]	그레터파이	타 만족시키다, 기쁘게 하다

gratitude	[grǽtətjù:d]	그래터튜-드	명 감사, 사의
grave	[greiv]	그레이브	명 무덤, 죽음 형 진지한
gravel	[grǽvəl]	그래벌	명 자갈 타 자갈을 깔다
gravitation	[grævətéiʃən]	그래버테이션	명 인력, 중력
gravity	[grǽvəti]	그래버티	명 중력, 중량, 엄숙
gray	[grei]	그레이	명 회색, 황혼 형 어두운, 창백한
graze	[greiz]	그레이즈	타 자 풀을 뜯어 먹다 명 목축
grease	[gri:s]	그리-스	명 짐승의 기름 타 기름을 바르다
great	[greit]	그레이트	형 큰, 위대한, 훌륭한
greatly	[gréitli]	그레이틀리	부 크게, 대단히, 위대하게
greatness	[gréitnis]	그레이트니스	명 위대, 거대
greedy	[grí:di]	그리-디	형 탐욕스러운, 욕심 많은
Greek	[gri:k]	그리-크	형 그리스의 명 그리스 사람
green	[gri:n]	그린-	형 초록색의, 싱싱하게 푸른
greet	[gri:t]	그리-트	타 인사하다, 환영하다
greeting	[grí:tiŋ]	그리-팅	명 인사, 경례
grey	[grei]	그레이	명 회색 형 백발의, 회색의
grief	[gri:f]	그리-프	명 비탄, 슬픔(=sorrow)
grieve	[gri:v]	그리-브	타 자 슬퍼하다, 슬프게 하다

grim	[grim]	그림	형 엄한, 무서운, 단호한 (=determined)
grin	[grin]	그린	자 씩 웃다, 싱글거리다

What are you grinning at?
뭘 보고 웃는 거니?

grind	[graind]	그라인드	타자 맷돌질하다, 빻다, 찧다
grip	[grip]	그립	타 잡기 타자 잡다, 고착하다
groan	[groun]	그로운	자 신음하다 명 신음소리
grocery	[gróusəri]	그로우서리	명 식료품점, 잡화류
groom	[gru:m]	그루움	명 마부, 신랑
groove	[gru:v]	그루-브	명 가늘고 긴 홈, 정해진 순서
grope	[group]	그로웁	타자 더듬다, 손으로 더듬다
gross	[grous]	그로우스	형 조잡한, 총량의
grotesque	[groutésk]	그로우테스트	형 괴상한, 기괴한 (=unnatural)
ground	[graund]	그라운드	명 땅, 지면 타자 세우다

come to the ground :
망하다, 지다

group	[gru:p]	그룹	명 무리, 집단 타자 모으[이]다
grove	[grouv]	그로웁	명 작은 숲, 수풀
grow	[grou]	그로우	타자 성장하다, 성장시키다
growl	[graul]	그라울	자 으르렁거리다 명 불만의 소리

The dog growled at the visitor.
개는 손님에게 으르렁거렸다.

grown-up	[gróunʌp]	그로운업	명 어른, 성인 형 어른이 된
growth	[grouθ]	그로우쓰	명 성장, 발육, 발달
grumble	[grʌ́mbl]	그럼벌	타 자 불평하다, 투덜거리다
grunt	[grʌnt]	그런트	타 푸념하다 명 불평
guarantee	[gærəntíː]	개런티–	명 보증, 보장, 출연료 타 보증하다
guaranty	[gǽrənti]	개런티	명 (지불)보증, 담보물
guard	[gaːrd]	가–드	명 경계, 감시 타 지키다
	off one's guard : 경계를 게을리 하여, 방심하여		
guardian	[gáːrdiən]	가–디언	명 보호자, 후견인
guess	[ges]	게스	명 추측 자 추측하다
guest	[gest]	게스트	명 손님, 숙박인
guidance	[gáidns]	가이던스	명 안내, 지도, 지휘
guide	[gaid]	가이드	명 안내자, 지도자 타 안내하다
guilt	[gilt]	길트	명 죄, 범죄(=crime)
guilty	[gílti]	길티	형 유죄의, 가책받는
guitar	[gitáːr]	기타–	명 기타
gulf	[gʌlf]	걸프	명 만(彎), 심연(深淵)
gulp	[gʌlp]	걸프	타 자 꿀꺽꿀꺽 마시다, 삼키다
gum	[gʌm]	검	명 고무, 껌, 잇몸

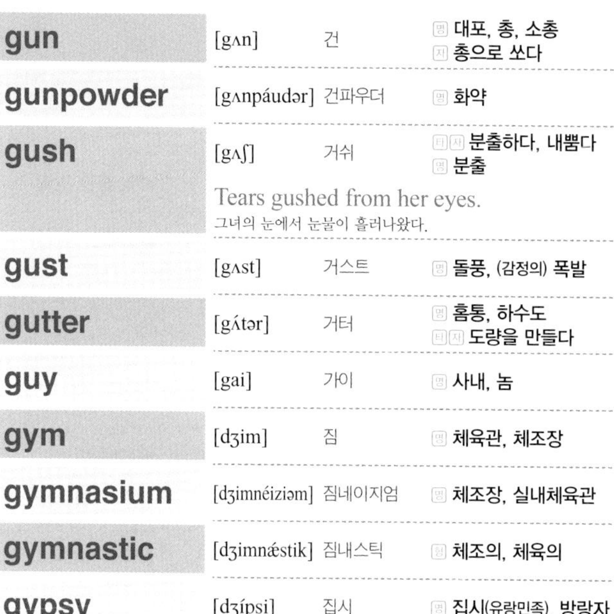

gun	[gʌn]	건	명 대포, 총, 소총 자 총으로 쏘다
gunpowder	[gʌnpáudər]	건파우더	명 화약
gush	[gʌʃ]	거쉬	타자 분출하다, 내뿜다 명 분출
	Tears gushed from her eyes. 그녀의 눈에서 눈물이 흘러나왔다.		
gust	[gʌst]	거스트	명 돌풍, (감정의) 폭발
gutter	[gʌ́tər]	거터	명 홈통, 하수도 타자 도랑을 만들다
guy	[gai]	가이	명 사내, 놈
gym	[dʒim]	짐	명 체육관, 체조장
gymnasium	[dʒimnéiziəm]	짐네이지엄	명 체조장, 실내체육관
gymnastic	[dʒimnǽstik]	짐내스틱	형 체조의, 체육의
gypsy	[dʒípsi]	집시	명 집시(유랑민족), 방랑자

| 영어 필수 단어 |

H

habit	[hǽbit]	해빗	명 버릇, 습관, 성질
habitual	[həbítʃuəl]	허비츄얼	형 습관적인, 평소의
had	[həd, hǽd]	해드	동 have(가지다)의 과거
	had better : ~하는 편이 낫다		
hail	[heil]	해일	명 싸락눈, 우박 타자 우박이 오다
hair	[hɛər]	헤어	명 털, 머리털
half	[hæf]	해프	명 절반 부 절반의 형 절반은
halfway	[hǽfwéi]	해프웨이	형 중도의, 절반의 부 중도에
hall	[hɔːl]	홀-	명 집회장, 넓은 방, 홀
halt	[hɔːlt]	홀-트	명 정지, 휴게 타자 정지하다
halves	[hævz]	해브즈	명 half(절반)의 복수
ham	[hæm]	햄	명 햄, 동물의 넓적다리
hammer	[hǽmər]	해머	명 망치 타자 망치로 두드리다
hammock	[hǽmək]	해먹	명 달아맨 그물침대
hamper	[hǽmpər]	햄퍼	타 방해하다, 곤란하게 하다(=prevent)
	Our business was hampered by a lack of money. 우리 사업은 자금부족으로 곤란해졌다.		

hand	[hænd]	핸드	명 손, 일꾼 타 넘겨주다
handicap	[hǽndikæp]	핸디캡	명 핸디캡 타 핸디를 붙이다
handkerchief	[hǽŋkərtʃif]	행커치프	명 손수건, 목도리
handle	[hǽndl]	핸들	명 자루, 손잡이 타 조종하다
handsome	[hǽnsəm]	핸섬	형 잘 생긴, 후한, 상당한
handy	[hǽndi]	핸디	형 능숙한, 알맞은, 편리한
hang	[hæŋ]	행	타 자 걸다, 매달리다, 내리다
happen	[hǽpən]	해펀	자 일어나다, 생기다
happening	[hǽpniŋ]	해퍼닝	명 우발적 사건, 사건
happiness	[hǽpinis]	해피니스	명 행복, 행운, 만족
happy	[hǽpi]	해피	형 행복한, 행운의, 운 좋은
happily	[hǽpili]	해필리	부 행복하게, 다행히
harass	[hərǽs, hǽrəs]	해러스	타 지긋지긋하게 괴롭히다
harbor	[há:rbər]	하-버	명 항구, 피난처 타 자 숨기다
hard	[ha:rd]	하-드	형 굳은, 어려운, 단단한

have a hard time (of it) :
몹시 혼이 나다, 몹시 고생하다

harden	[há:rdn]	하-든	타 자 굳어지다, 단단하게 하다
hardly	[há:rdli]	하-들리	부 거의~않다, 간신히, 겨우

I can hardly understand Japanese.
나는 일본어를 거의 이해하지 못한다.

hardship	[há:rdʃip]	하-드쉽	명 고난, 고생 (=suffering)
hardware	[há:rdwɛər]	하-드웨어	명 철물, 철기류
hare	[hɛər]	헤어	명 산토끼
harm	[ha:rm]	함-	명 손해, 해악 타 해치다
harmful	[há:rmfəl]	함-펄	형 해로운
harmless	[há:rmlis]	함-리스	형 해 없는, 악의 없는
harmonious	[ha:rmóuniəs]	하-모우녀스	형 가락이 맞는, 조화된
harmony	[há:rməni]	하-머니	명 조화, 화합
harness	[há:rnis]	하-니스	명 마구(馬具) 타 마구를 채우다
harp	[ha:rp]	하-프	명 하프 자 하프를 타다
harsh	[ha:rʃ]	하-쉬	형 거친, 귀에 거슬리는, 껄껄한 The loudspeaker makes harsh noise. 그 스피커는 심한 소음을 낸다.
harvest	[há:rvist]	하-비스트	명 수확, 추수 타자 추수하다
has	[həz, hǽz]	해즈	동 have의 3인칭 단수
haste	[heist]	헤이스트	명 서두름, 성급함 타자 재촉하다 make haste : 서두르다
hasten	[héisn]	헤이슨	타자 서두르게 하다, 재촉하다
hasty	[héisti]	헤이스티	형 성급한, 경솔한
hat	[hæt]	햇	명 (테가 있는)모자

hatch	[hætʃ]	해취	타 자 알을 까다 명 부화, 수문
hatchet	[hǽtʃit]	해췻	명 손도끼
hate	[heit]	해잇	타 미워하다, 싫어하다 (=dislike)
hateful	[héitfəl]	해잇펄	형 밉살스러운, 괘씸한
hatred	[héitrid]	해이트리드	명 증오, 혐오
haughty	[hɔ́:ti]	호-티	형 오만한, 거만한
haul	[hɔ:l]	호올	타 자 끌어당기다, 잡아끌다

They were hauling up a man.
그들은 남자 한 명을 끌어올리고 있었다.

haunt	[hɔ:nt]	혼-트	타 자 자주 가다, 종종 방문하다
have	[həv] [hǽv]	해브	타 가지고 있다, 먹다, 시키다

have a good time : 즐겁게 지내다

have only to : ~하기만 하면 되다

havoc	[hǽvək]	해벅	명 파괴, 대황폐
hawk	[hɔ:k]	호-크	명 매 타 자 매를 부리다
hay	[hei]	헤이	명 건초, 마른 풀, 마초
hazard	[hǽzərd]	해저드	명 위험(=danger)
haze	[heiz]	헤이즈	명 아지랑이, 안개 자 괴롭히다
hazel	[héizəl]	헤이절	명 개암나무 형 담갈색의
he	[hi; hí:]	히-	대 그는, 그가, 그 사람, 그 자

head	[hed]	헤드	명 머리, 두뇌, 지력
headache	[hédeik]	헤데익	명 두통, 두통거리
headlight	[hédlait]	헤들라이트	명 헤드라이트, 전조등
headline	[hédlain]	헤들라인	명 제목, 표제 타 제목을 붙이다
headlong	[hédlɔ:ŋ]	헤들로옹	부 거꾸로, 저돌적으로 형 거꾸로의
headquarter	[hedkwɔ́:rtər]	헤드쿼-터	명 본부, 사령부
heal	[hi:l]	히일	타자 낫게 하다, 고치다, 낫다
health	[helθ]	헬쓰	명 건강, 건강상태
healthful	[hélθfəl]	헬쓰펄	형 건강에 좋은, 건전한
healthy	[hélθi]	헬씨	형 건강한, 위생적인
heap	[hi:p]	힙-	명 더미, 덩어리(=pile)
	She heaped candies on the table. 그녀는 탁자에 사탕을 쌓아놓았다.		
hear	[hiər]	히어	타자 듣다, 들리다
hearing	[híəriŋ]	히어링	명 청취, 청력, 청각
heart	[ha:rt]	하-트	명 심장, 마음, 가슴
hearty	[há:rti]	하-티	형 진심에서 우러나오는, 친절한
heat	[hi:t]	히-트	명 열, 더움 타자 뜨겁게 하다
heater	[hí:tər]	히-터	명 난방장치, 난로
heathen	[hí:ðən]	히-던	명 이교도, 이방인 형 이교도의

heaven	[hévən]	헤번	명 하늘, 천국
heavily	[hévili]	헤빌리	부 무겁게, 격하게
heavy	[hévi]	헤비	형 무거운, 묵직한, 대량의
hectare	[héktɛər]	헥테어	명 헥타르, 1만 평방m
hedge	[hedʒ]	헤쥐	명 (산)울타리 타 칸막이하다
heed	[hi:d]	히-드	명 조심, 주의 타 자 주의하다
heedless	[hí:dlis]	히-들리스	형 조심성 없는, 경솔한
heel	[hi:l]	히일	명 뒤꿈치 타 뒤축을 대다
height	[hait]	하이트	명 높이, 고도, 키
heighten	[háitn]	하이튼	타 자 높이다, 높아지다, 증가하다
heir	[ɛər]	에어	명 상속인, 후계자
hell	[hel]	헬	명 지옥(↔heaven)
hello	[helóu, hə-, hélou]	헬로우	감 안녕하세요. 여보세요!
helmet	[hélmit]	헬밋	명 투구, 헬멧, 철모
help	[help]	헬프	타 자 돕다, 도움이 되다

I was happy to help out my girlfriend.
여자친구를 도와주어서 나는 행복했다.

helper	[hélpər]	헬퍼	명 원조자, 구조자, 조수
helpful	[hélpfəl]	헬프펄	형 도움이 되는, 유용한 (=useful)
helpless	[hélplis]	헬플리스	형 어찌할 도리 없는, 당혹한

hemisphere	[hémisfiər]	헤미스피어	명 반구(半球)
hen	[hen]	헨	명 암탉, 암컷
hence	[hens]	헨스	부 지금부터, 이제부터
her	[hər, əːr, ər; hə́ːr]	허-	대 그 여자의, 그 여자에게
herald	[hérəld]	헤럴드	명 전령관, 사자(使者) 타 전달하다
herb	[həːrb]	허-브	명 풀, 약용 식물
herd	[həːrd]	허-드	명 떼, 군중
here	[hiər]	히어	부 여기에, 여기로
	Here you are. (물건을 건네줄 때) 여기 있습니다.		
hereafter	[hiərǽftər]	히어래프터	부 앞으로, 이제부터는
hereby	[hiərbai]	히어바이	부 이에 의하여, 이 결과
hereditary	[hərédətèri]	히레더테리	형 세습의, 유전의
heritage	[héritidʒ]	헤리티쥐	명 유산, 상속재산, 전통 (=legacy)
hermit	[hə́ːrmit]	허-미트	명 은둔자, 수도자
hero	[híərou]	히어로우	명 영웅, (연극, 소설의) 주인공
heroic	[hiróuik]	히로우익	형 영웅적인, 용감한
heroine	[hérouin]	헤로우인	명 여장부, 여걸, 여주인
heroism	[hérouìzm]	헤로우이점	명 영웅적 행위, 장렬
hers	[həːrz]	허-즈	명 그 여자의 것

herself	[hərsélf]	허–셀프	대 그녀 자신, 본래의 그녀
hesitate	[hézətèit]	헤저테이트	자 망설이다, 주저하다
hesitation	[hèzətéiʃən]	헤저테이션	명 망설임, 주저, 말 더듬음
hey	[hei]	헤이	감 야! 어이!
hid	[hid]	히드	동 hide(감추다)의 과거
hide	[haid]	하이드	타 자 숨기다, 감추다, 덮다
hideous	[hídiəs]	히디어스	형 끔찍한, 섬뜩한, 소름 끼치는
high	[hai]	하이	형 높은, 높이 올라간 부 높게
	It is high time that you started shopping. 지금이 네가 쇼핑하기 딱 좋은 때다.		
highland	[háilənd]	하일런드	명 고지, 대지
highly	[háili]	하일리	부 높이, 세게, 고도로
	speak highly of : ~을 격찬하다		
highness	[háinis]	하이니스	명 높음, 높이, 전하(H~)
highway	[háiwèi]	하이웨이	명 주요도로, 대로, 큰 길
hike	[haik]	하이크	타 자 도보 여행하다
hiking	[háikiŋ]	하이킹	명 도보 여행
hill	[hil]	힐	명 언덕, 작은 산, 흙더미
hilltop	[híltàp]	힐탑	명 언덕 꼭대기
him	[him]	힘	대 그를, 그에게

himself	[himsélf]	힘셀프	대 그 자신, 자기 스스로
hind	[haind]	하인드	형 뒤의, 후방의, 후부의
hinder	[híndər]	힌더	타 자 방해하다, 방해가 되다(=deter)
hinge	[hindʒ]	힌쥐	명 경첩
hint	[hint]	힌트	명 암시 타 자 암시하다
hip	[hip]	힙	명 엉덩이, 둔부
hire	[haiər]	하이어	명 임대료, 고용 타 세놓다
his	[hiz]	히즈	대 그의, 그의 것
historian	[histɔ́:riən]	히스토-리언	명 역사가
historic	[histɔ́:rik] [histárik]	히스토릭	형 역사상 유명한, 역사에 남은
historical	[histɔ́:rikəl] [histárikəl]	히스토리컬	형 역사상의, 역사적인
history	[hístəri]	히스터리	명 역사, 사학, 경력
hit	[hit]	힛	타 자 때리다, 적중하다 명 명중
hitch	[hitʃ]	히취	타 자 휙 끌어당기다, 와락 움직이다

He gave it a hitch, and it came loose.
그가 갑자기 그걸 확 잡아당겨 느슨해졌다.

hitherto	[híðərtù:]	히더투-	부 지금까지, 여태까지
hive	[haiv]	하이브	명 꿀벌통 타 벌통에 넣다
hoarse	[hɔ:rs]	호-스	형 목이 쉰, 목쉰 소리의
hobby	[hábi]	하비	명 취미, 장기(長技)

hockey	[hάki]	하키	명 하키
hoe	[hou]	호우	명 호미, 괭이 타 호미로 파다
hoist	[hɔist]	호이스트	타 올리다, (기 따위를) 내걸다
hold	[hould]	호울드	타 자 손에 들다, 유지하다 hold good : 유효하다
holder	[hóuldər]	호울더	명 소유자, (칼의) 자루
hole	[houl]	호울	명 구멍, 결점 타 자 구멍을 뚫다
holiday	[hάlədèi]	할러데이	명 휴일, 명절, 국경일
hollow	[hάlou]	할로우	형 속이 빈 타 자 움푹 들어가다
holy	[hóuli]	호울리	형 신성한, 거룩한 (=religious)
homage	[hάmidʒ]	하미쥐	명 신종(臣從)의 예, 존경, 복종
home	[houm]	호움	명 집, 가정 형 가정의 부 내 집으로 Make yourself at home. 여기서 편하게 있으세요.
homely	[hóumli]	호움리	형 검소한, 가정적인
homemade	[hóummeid]	호움메이드	형 손으로 만든, 집에서 만든
homesick	[hóumsìk]	호움식	형 집을 그리워하는, 향수(鄕愁)
hometown	[hóumtaun]	호움타운	명 고향
homework	[hóumwəːrk]	호움워-크	명 집안 일, 숙제, 자습
honest	[άnist]	아니스트	형 정직한, 성실한, 공정한

	to be honest with you : (당신에게) 정직하게 말하자면		
honestly	[ánistli]	아니스틀리	부 정직하게, 진실로
honesty	[ánisti]	아니스티	명 정직, 성실, 충실 (=truth)
honey	[hʌ́ni]	허니	명 벌꿀 형 감미로운, 벌꿀의
honeymoon	[hʌ́nimu:n]	허니문-	명 밀월 자 신혼여행을 하다
honor	[ánər]	아너	명 명예, 영광, 명성
	in honor of : ~에 경의를 표하여, ~를 축하하여		
honorable	[ánərəbl]	아너러벌	형 존경할만한, 명예로운
hood	[hud]	후드	명 두건, 덮개, (자동차)본네트
hoof	[huf, hu:f]	후프	명 말발굽
hook	[huk]	훅	명 갈고리, 걸쇠 타자 구부러지다
hoop	[hu:p]	후-프	명 굴렁쇠, 테 타 테를 두르다
hop	[hap]	합	자 뛰다 명 한쪽 발로 뛰기
hope	[houp]	호웁	명 희망, 기대 타자 기대하다
hopeful	[hóupfəl]	호웁펄	형 유망한, 희망에 찬
	Linda is still hopeful that she would be a big star. 린다는 아직도 자기가 대스타가 될 거라는 희망을 품고 있다.		
hopeless	[hóuplis]	호우플리스	형 가망 없는, 절망의
horde	[hɔ:rd]	호-드	명 군중, 큰 무리
horizon	[həráizn]	허라이즌	명 수평선, 지평선, 시야

horizontal	[hɔ̀ːrəzɑ́ntl, hɑ̀rəzɑ́ntl]	호-러잔틀	형 지평선의, 수평의, 평면의
horn	[hɔːrn]	호온	명 뿔, 촉수, 더듬이
horrible	[hɔ́ːrəbl, hɔ́rəbl]	호-리블	형 무서운, 심한, 지겨운 (=dreadful)
horrify	[hɔ́ːrəfài, hɑ́r-]	호-러파이	타 무섭게 하다, 소름끼치게 하다
horror	[hɔ́ːrər, hɑ́rər]	호-러	명 공포, 잔혹, 몹시 무서움
horse	[hɔːrs]	호-스	타 자 말을 타다, 승마하다 명 말
horseback	[hɔ́ːrsbæ̀k]	호-스백	명 말의 등
horsepower	[hɔːrspáuər]	호-스파워	명 마력
hose	[houz]	호우즈	명 호스 타 긴 양말을 신기다
hospitable	[hɑ́spitəbl]	하스피터벌	형 후대하는, 대접이 좋은
hospital	[hɑ́spitl]	하스피틀	명 병원 타 입원시키다
hospitality	[hɑ̀spətǽləti]	하스피텔러티	명 환대, 친절한 대접
	I can't thank you enough for your hospitality. 제게 베푸신 환대에 정말로 감사드립니다.		
host	[houst]	호우스트	명 주인노릇, 집 주인
hostage	[hɑ́stidʒ]	하스티쥐	명 인질, 저당
hostess	[hóustis]	호우스티스	명 여주인, 스튜어디스, 접대부
hostile	[hɑ́stl]	하스틸	형 적의 있는, 적대하는
hostility	[hastíləti]	하스틸러티	명 적의, 저항, 적대
hot	[hat]	핫	형 뜨거운, 더운, 고열의

hotel	[houtél]	호우텔	명 호텔, 여관
hound	[haund]	하운드	명 사냥개 타 사냥개로 사냥하다
hour	[auər]	아워	명 한 시간, 시각, 시
	keep early hours : 일찍 자고 일찍 일어나다		
house	[haus]	하우스	명 가옥, 주택, 자택
household	[háushòuld]	하우스호울드	명 가족, 세대 형 가족의
housekeeping	[hauskí:piŋ]	하우스키-핑	명 살림살이, 가정
housewife	[háuswàif]	하우스와이프	명 주부
housework	[háuswə̀:rk]	하우스워-크	명 가사, 집안 일
hover	[hʌ́vər, hávər]	허버	자 하늘을 날다, 배회하다 명 배회
how	[hau]	하우	부 어떻게, 어떤 식으로, 얼마나
	How about this car? 이 차는 어떻게 생각해요?		
however	[hauévər]	하우에버	부 아무리~라도 접 그렇지만
howl	[haul]	하울	타 자 (개 따위가) 짖다, 악쓰다
hug	[hʌg]	헉	타 꼭 껴안다 명 꼭 껴안음
huge	[hju:dʒ]	휴-쥐	형 거대한, 막대한
human	[hjú:mən]	휴-먼	형 인간의, 인간다운 명 사람
humane	[hju:méin]	휴-메인	형 자비로운, 친절한 (↔inhuman)
humanism	[hjú:mənìzm]	휴-머니즘	명 인문주의, 인도주의

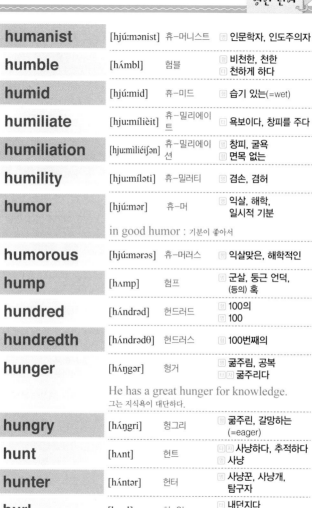

humanist	[hjú:mənist]	휴-머니스트	명 인문학자, 인도주의자
humble	[hʌ́mbl]	험블	형 비천한, 천한 타 천하게 하다
humid	[hjú:mid]	휴-미드	형 습기 있는(=wet)
humiliate	[hju:mílièit]	휴-밀리에이트	타 욕보이다, 창피를 주다
humiliation	[hju:mìliéiʃən]	휴-밀리에이션	명 창피, 굴욕 형 면목 없는
humility	[hju:míləti]	휴-밀러티	명 겸손, 겸허
humor	[hjú:mər]	휴-머	명 익살, 해학, 일시적 기분
	in good humor : 기분이 좋아서		
humorous	[hjú:mərəs]	휴-머러스	형 익살맞은, 해학적인
hump	[hʌmp]	험프	명 군살, 둥근 언덕, (등의) 혹
hundred	[hʌ́ndrəd]	헌드러드	형 100의 명 100
hundredth	[hʌ́ndrədθ]	헌드러스	형 100번째의
hunger	[hʌ́ŋgər]	헝거	명 굶주림, 공복 타 자 굶주리다
	He has a great hunger for knowledge. 그는 지식욕이 대단하다.		
hungry	[hʌ́ŋgri]	헝그리	형 굶주린, 갈망하는 (=eager)
hunt	[hʌnt]	헌트	타 자 사냥하다, 추적하다 명 사냥
hunter	[hʌ́ntər]	헌터	명 사냥꾼, 사냥개, 탐구자
hurl	[hə:rl]	허-얼	타 내던지다 명 내던짐, 집어던짐
hurrah	[hərá:]	후레이	감 만세! 자 만세하고 외치다

hurricane	[hə́:rəkèin]	허-러케인	명 폭풍, 폭발, 폭풍우
hurry	[hə́:ri]	허-리	명 서두름, 매우 급함 타자 서두르다
	in a hurry : 서둘러		
hurt	[hə:rt]	허-트	명 부상, 상처 타자 상하게 하다
husband	[hʌ́zbənd]	허즈번드	명 남편
hush	[hʌʃ]	허쉬	명 침묵, 고요 타자 고요하게 하다
husky	[hʌ́ski]	허스키	형 쉰 목소리의
hustle	[hʌ́sl]	허설	타자 힘차게 밀다, 맹렬히 일하다
hybrid	[háibrid]	하이브리드	명 잡종, 혼성물 형 잡종의
hydrogen	[háidrədʒən]	하이드러젼	명 수소
hygiene	[háidʒi:n]	하이쥔	명 위생학, 건강법
hymn	[him]	힘	명 찬송가, 성가 타 찬송하다
hyphen	[háifən]	하이펀	명 하이픈 타 하이픈으로 연결하다
hypocrisy	[hipάkrəsi]	히파크러시	명 위선, 위선적 행위
hypocrite	[hípəkrit]	히퍼크릿	명 위선자, 협잡꾼
hypothesis	[haipάθəsis]	하이파써시스	명 가설(假說), 가정 타자 가정하다
hysterical	[histérikəl]	히스테리컬	형 병적으로 흥분한

I

I	[ai]	아이	대 나는, 내가
	if I may ask : 물어서 실례일지 모르지만		
ice	[ais]	아이스	명 얼음, 얼음과자 타 얼리다
iceberg	[áisbə:rg]	아이스버-그	명 빙산, 냉담한 사람
icicle	[áisikl]	아이시컬	명 고드름
icy	[áisi]	아이시	형 얼음의, 얼음 같은
idea	[aidí:ə]	아이디-어	명 생각, 이념, 관념 (=thought)
ideal	[aidí:əl]	아이디-얼	형 이상적인, 공상적인 명 이상
identical	[aidéntikəl]	아이덴티컬	형 동일한, 같은
identify	[aidéntəfài]	아이덴티파이	타 하나로 간주하다, 동일시하다
identity	[aidéntəti]	아이덴터티	명 동일함, 동일성
idiom	[ídiəm]	이디엄	명 관용어, 숙어
idle	[áidl]	아이들	형 일하지 않는, 태만한 자 게으름피우다
idleness	[áidlnis]	아이들니스	명 태만, 게으름, 무위
idly	[áidli]	아이들리	부 하는 일 없이, 게으름 피우며
idol	[áidl]	아이덜	명 우상, 신상

if	[if]	이프	접 만약 ~이라면, ~일지라도
	If you please, draw me a sheep. 죄송하지만, 양을 한 마리 그려줘요.		
ignorance	[ígnərəns]	익너런스	명 무지, 모르고 있음
ignorant	[ígnərənt]	익너런트	형 무지몽매한, 무식한
ignore	[ignɔ́:r]	익노–	타 무시하다
ill	[il]	일	형 건강이 나쁜, 병든 부 나쁘게
	speak ill of : ~을 나쁘게 말하다		
illegal	[ilí:gəl]	일리–걸	형 불법의, 위법의, 비합리적인
illness	[ílnis]	일니스	명 병, 질병(=sickness)
illuminate	[ilú:mənèit]	일루–머네이트	타 비추다, 계몽하다, 조명하다
illumination	[ilù:mənéiʃən]	일루–머네이션	명 조명, 계몽
illusion	[ilú:ʒən]	일루–젼	명 환영, 환상, 망상
illustrate	[íləstrèit]	일러스트레이트	타 (보기를 들어) 설명하다
illustrator	[íləstrèitər]	일러스트레이터	명 삽화가, 설명하는 사람
illustration	[ìləstréiʃən]	일러스트레이션	명 실례, 삽화(=picture), 설명
image	[ímidʒ]	이미쥐	명 모습, 영상 타 상을 만들다
imaginary	[imǽdʒənèri]	이매져네리	형 상상의, 가공의
	Your pregnancy is just imaginary. 당신의 임신은 그저 상상일 뿐입니다.		
imagination	[imæ̀dʒənéiʃən]	이매져네이션	명 상상력, 창작력, 상상의 산물

imaginative	[imǽdʒənətiv]	이매저너티브	형 상상적인, 상상력이 풍부한
imagine	[imǽdʒin]	이매쥔	타 자 상상하다, 추측하다
imitate	[ímətèit]	이미테이트	타 모방하다, 흉내내다, 따르다
imitation	[ìmətéiʃən]	이미테이션	명 모방, 모조품, 흉내
immediate	[imíːdiət]	이미–디엇	형 직접의, 바로 옆의, 즉석의
immediately	[imíːdiətli]	이미–디어틀리	부 즉시, 직접, 곧바로
immense	[iméns]	이멘스	형 거대한, 무한한, 막대한
immigrant	[ímigrənt]	이미그랜트	명 (외국에서 오는) 이민, 입국자
immigration	[ìməgréiʃən]	이미그레이션	명 (외국에서 오는) 이주, 이민
imminent	[ímənənt]	이머넌트	형 절박한, 임박한
immortal	[imɔ́ːrtl]	이모–틀	형 영원한, 불사의, 죽지 않는 Vampires are dangerous and immortal. 뱀파이어들은 위험하며 죽지 않는다.
immortality	[ìmɔːrtǽləti]	이모–텔러티	명 불멸, 불사
impair	[impέər]	임페어	타 자 해치다, 손상시키다 (=spoil)
impart	[impáːrt]	임파–트	타 나누어주다, 곁들이다
impartial	[impáːrʃəl]	임파–셜	형 편견 없는, 공평한
impatience	[impéiʃəns]	임페이션스	명 조바심, 초조, 안타까움
impatient	[impéiʃənt]	임페이션트	형 성급한, 참을 수 없는
impel	[impel]	임펠	타 재촉하다, 몰아대다

A B C D E F G H I J K L M

imperative	[impérətiv]	임페러티브	형 명령적인, 긴급한
imperfect	[impə́:rfikt]	임퍼-픽트	형 불완전한, 미완성의
imperial	[impíəriəl]	임피어리얼	형 제국의, 황제의
imperishable	[impériʃəbl]	임페리셔벌	형 불멸의, 영원한
impersonal	[impə́:rsənl]	임퍼-서널	형 비개인적인, 비인격적인
impetuous	[impétʃuəs]	임페츄어스	형 맹렬한, 성급한
implement	[ímpləmənt]	임플러먼트	명 도구, 기구
implore	[implɔ́:r]	임플로-	타 간청하다, 애원하다
imply	[implái]	임플라이	타 의미하다(=mean), 암시하다 Silence often implies consent. 침묵은 흔히 동의를 의미한다.
import	[impɔ́:rt]	임포-트	타 수입하다 명 수입
importance	[impɔ́:rtəns]	임포-턴스	명 중요성, 중요한 지위
important	[impɔ́:rtənt]	임포-턴트	형 중요한, 유력한, 거만한
impose	[impóuz]	임포우즈	타자 지우다, 부과하다
imposing	[impóuziŋ]	임포우징	형 당당한
impossible	[impásəbl]	임파서벌	형 불가능한, 있을 수 없는
impossibility	[impàsəbíləti]	임파서빌러티	명 불가능, 불가능한 일
impoverish	[impávəriʃ]	임파버리쉬	타 가난하게 만들다
impress	[imprés]	임프레스	타 인상을 주다, 감동시키다

단어	발음기호	한글 발음	뜻
impression	[impréʃən]	임프레션	명 인상, 느낌, 흔적, 날인
impressive	[imprésiv]	임프레시브	형 인상적인, 깊은 인상을 주는
imprison	[imprízn]	임프리즌	타 투옥하다, 감금하다
improper	[imprápər]	임프라퍼	형 부적당한, 버릇없는
improve	[imprúːv]	임프루-브	타 자 개량하다, 개선하다
improvement	[imprúːvmənt]	임프루-브먼트	명 개선, 진보, 향상
impulse	[ímpʌls]	임펄스	명 충동, 자극, 충격
impure	[impjúər]	임퓨어	형 때 묻은, 불순한, 불결한
in	[in, ín]	인	전 ~의 속에 부 안으로, 안에 in a little while : 잠시 후에
inability	[ìnəbíləti]	이너빌러티	명 무능, 무력, 무자격
inactive	[inǽktiv]	이낵티브	형 활동적이 아닌, 활발치 않은
inadequate	[inǽdikwət]	이내디퀴트	형 부적당한, 불충분한, 무력한
inaugurate	[inɔ́ːgjurèit]	이노-겨레이트	타 취임시키다, 개시하다 Edison inaugurated the age of electricity. 에디슨은 전기의 시대를 열었다.
incapable	[inkéipəbl]	인케이퍼벌	형 무능한, ~할 능력이 없는(=unable)
incense	[ínsens]	인센스	명 향(香) 타 향을 피우다
incentive	[inséntiv]	인센티브	형 자극적인, 유발적인 명 자극
incessant	[insésnt]	인세선트	형 끊임없는, 연속적인, 간단없는

inch	[intʃ]	인취	명 인치(약 2.54cm)
incident	[ínsədənt]	인시던트	명 사건
inclination	[ìnklənéiʃən]	인클러네이션	명 기울임, 기호, 성향
incline	[inkláin]	인클라인	타자 기울(이)다, 마음이 내키다
include	[inklú:d]	인클루-드	타 포함하다(=contain)
income	[ínkʌm]	인컴	명 소득, 수입, 순수입
incomparable	[inkámpərəbl]	인컴퍼러블	형 비교할 수 없는, 비길 바 없는
inconsistent	[ìnkənsístənt]	인컨시스턴트	형 모순되는, 조화되지 않은
inconvenience	[ìnkənví:njəns]	인컨비넌스	명 불편, 폐 타 폐를 끼치다
inconvenient	[ìnkənví:njənt]	인컨비-넌트	형 불편한, 폐가 되는
incorporate	[inkɔ́:rpərèit]	인코-퍼레이트	타자 합동시키다, 합동하다
increase	[inkrí:s]	인크리-스	명 증가 타자 증가하다, 늘다(↔decrease)
increasingly	[inkrí:siŋli]	인크리-싱리	부 점점, 증가하여, 더욱 더

She is increasingly impudent.
그녀는 점점 건방져 진다.

incredible	[inkrédəbl]	인크레더블	형 거짓말 같은, 믿을 수 없는
incur	[inkə́:r]	인커-	타 ~에 부딪치다, 초래하다
indebted	[indétid]	인데티드	형 은혜를 입고 있는, 빚이 있는
indeed	[indí:d]	인디-드	부 참으로, 실로, 정말로
indefinite	[indéfənit]	인데퍼닛	형 뚜렷하지 않은, 한계가 없는

independence	[ìndipéndəns]	인디펜던스	명 독립, 독립심
independent	[ìndipéndənt]	인디펜던트	형 독립의, 자력의
index	[índeks]	인덱스	명 색인(索引), 지표 타 색인에 넣다
Indian	[índiən]	인디언	형 인도의, 인도 사람의
indicate	[índikèit]	인디케이트	타 지적하다, 가르치다, 암시하다
indication	[ìndikéiʃən]	인디케이션	명 지시, 징조
indifferent	[indífərənt]	인디퍼런트	형 무관심한, 냉담한
indifference	[indífərəns]	인디퍼런스	명 냉담, 무관심
indignant	[indígnənt]	인딕넌트	형 (부정 따위를) 분개한, 노한
	I was indignant at her insult. 나는 그녀의 모욕에 분노했다.		
indignation	[ìndignéiʃən]	인딕네이션	명 분개, 분노
indigo	[índigòu]	인디고우	명 청람, 남빛, 쪽(물감)
indirect	[ìndərékt]	인디렉트	형 간접의, 2차적인, 부정한
indirectly	[indəréktli]	인디렉틀리	부 간접적으로
indiscreet	[ìndiskríːt]	인디스크리-트	형 분별없는, 무모한
indispensable	[ìndispénsəbl]	인디스펜서벌	형 절대 필요한, 긴요한
individual	[ìndəvídʒuəl]	인더비주얼	형 단일한, 개개의 명 개인
individualism	[ìndəvídʒuəlìzm]	인디비주얼리즘	명 개인주의
individuality	[ìndəvìdʒuǽləti]	인더비주앨러티	명 개성, 개체, 개인의 성격

A B C D E F G H I J K L M

indoor	[indɔ:r]	인도–	형 실내의, 집안의
induce	[indjú:s]	인듀–스	타 권유하다(↔deduce), 발생시키다
indulge	[indʌ́ldʒ]	인덜쥐	타 자 멋대로 하게 하다, 만족시키다
indulgence	[indʌ́ldʒəns]	인덜젼스	명 탐닉, 관대, 특권, 멋대로 함
industrial	[indʌ́striəl]	인더스트리얼	형 산업의, 공업의
industrious	[indʌ́striəs]	인더스트리어스	형 부지런한, 근면한
industry	[índəstri]	인더스트리	형 근면, 노동, 공업
inequality	[ìnikwɑ́ləti]	이니콸러티	명 불평등, 요철, 부등식
inevitable	[inévətəbl]	이네비터벌	형 피할 수 없는, 필연적인
inexpensive	[ìnikspénsiv]	이닉스펜시브	형 비용이 들지 않는, 값싼
infamous	[ínfəməs]	인퍼머스	형 악명 높은, 오만한
infancy	[ínfənsi]	인펀시	명 유년 시절, 초기, 미성년
infant	[ínfənt]	인펀트	명 유아(7세 미만) 형 유아의
infect	[infékt]	인펙트	타 전염시키다, 감염시키다
infer	[infə́:r]	인퍼–	타 자 추론하다, 결론을 끌어내다

I inferred a conclusion from the facts.
사실들에서 나는 한 가지 결론을 이끌어냈다.

inference	[ínfərəns]	인퍼런스	명 추론, 추리, 결론
inferior	[infíəriər]	인피어리어	형 아래쪽의 명 하급자
infinite	[ínfənət]	인피니트	형 무한의, 막대한

infinitely	[ínfənitli]	인피니틀리	부 무한히, 한없이
inflame	[infléim]	인플레임	타 자 불을 붙이다, 불붙다
inflation	[infléiʃən]	인플레이션	명 팽창, 통화 팽창, 물가상승
inflict	[inflíkt]	인플릭트	타 (고통을) 당하게 하다
influence	[ínfluəns]	인플루언스	명 영향, 감화력
influential	[ìnfluénʃəl]	인플루엔셜	형 영향을 미치는, 유력한
influenza	[ìnfluénzə]	인플루엔져	명 인플루엔자, 유행성 감기
inform	[infɔ́:rm]	인포옴	타 자 밀고하다, ~에게 고하다(=notify)
informal	[infɔ́:rməl]	인포-멀	형 비공식의, 약식의
information	[ìnfərméiʃən]	인퍼메이션	명 통지, 정보, 지식
ingenious	[indʒí:njəs]	인지-녀스	형 재간 있는, 슬기로운, 영리한
ingenuity	[ìndʒənjú:əti]	인져뉴-어티	명 재주, 교묘, 발명의 재간
ingredient	[ingrí:diənt]	인그리-디언트	명 (혼합물의) 성분, 재료, 원료

This novel has all the ingredients of a bestseller.
이 소설은 베스트셀러의 모든 요소를 갖고 있다.

inhabit	[inhǽbit]	인해빗	타 ~에 살다, ~에 거주하다
inhabitant	[inhǽbətənt]	인해비턴트	명 거주자, 주민 (=resident)
inherit	[inhérit]	인해릿	타 자 상속하다, 이어받다
inheritance	[inhérətəns]	인해리턴스	명 상속, 유산, 유전

A B C D E F G H I J K L M

initial	[iníʃəl]	이니셜	형 최초의 명 머리글자
initiative	[iníʃiətiv]	이니셔티브	형 처음의, 초보의
injunction	[indʒʌ́ŋkʃən]	인정션	명 명령, 지령, 권고
injure	[índʒər]	인져	타 상처를 입히다, 손상하다(=inflict)
injury	[índʒəri]	인줘리	명 손해, 모욕, 훼손
injustice	[indʒʌ́stis]	인져스티스	명 부정, 부당, 불법행위
ink	[iŋk]	잉크	명 잉크
inland	[ínlənd]	인런드	형 내륙의, 국내의, 오지의
inmate	[ínmèit]	인메이트	명 거주자, 동거인
inn	[in]	인	명 여관, 여인숙, 선술집
inner	[ínər]	이너	형 내부의, 안의
innocence	[ínəsəns]	이너슨스	명 무죄, 결백, 순결
innocent	[ínəsənt]	이너슨트	형 죄 없는, 결백한, 순결한(=pure)
innumerable	[injú:mərəbl]	이뉴-머러벌	형 무수한, 이루 셀 수 없는
inquire	[inkwáiər]	인콰이어	타 자 묻다, 조사하다
inquiry	[inkwáiəri, inkwəri]	인콰이어리	명 질문, 조회, 문의
inquisitive	[inkwízətiv]	인퀴저티브	형 묻고 싶어 하는, 꼬치꼬치 캐묻는 Most children are inquisitive. 어린이들은 대개 질문을 많이 한다.
insane	[inséin]	인세인	형 발광한, 미친 듯한, 광기의

insanity	[insǽnəti]	인새너티	명 광기, 정신이상
inscription	[inskrípʃən]	인스크립션	명 비문, 제명 형 명각의
insect	[ínsekt]	인섹트	명 곤충, 벌레
insensible	[insénsəbl]	인센서벌	형 무감각한, 무신경의
inseparable	[insépərəbl]	인세퍼러벌	형 분리할 수 없는, 불가분의
insert	[insə́ːrt]	인서-트	타 끼워 넣다, 삽입하다
inside	[ìnsáid]	인사이드	명 안쪽, 내부 형 내부의 부 집안에
insight	[ínsàit]	인사이트	명 통찰력
insignificant	[ìnsignífikənt]	인식니피컨트	형 하찮은, 무의미한, 천한
insist	[insíst]	인시스트	타자 강요하다, 주장하다
insolent	[ínsələnt]	인설런트	형 안하무인의, 무례한
inspect	[inspékt]	인스펙트	타 검사하다, 점검하다 (=examine)

The detective inspected both of the offices.
형사는 사무실 두 곳을 조사했다.

inspection	[inspékʃən]	인스펙션	명 검사, 조사, 검열
inspector	[inspéktər]	인스펙터	명 검사관, 장학관, 감독
inspiration	[ìnspəréiʃən]	인스퍼레이션	명 숨 쉼, 영감, 멋진 착상
inspire	[inspáiər]	인스파이어	타 감격시키다, 영감을 주다
install	[instɔ́ːl]	인스토올	타 취임시키다, 설치하다
installation	[ìnstəléiʃən]	인스털레이션	명 취임(식), 설비

installment	[instɔ́:lmənt]	인스토올먼트	명 분할 불입금, 월부금
instance	[ínstəns]	인스턴스	명 보기, 예(=example) 타 예를 들다
instant	[ínstənt]	인스턴트	형 즉시의, 절박한 명 즉각
instantly	[ínstəntli]	인스턴틀리	부 즉시, 즉석에서
instead	[instéd]	인스테드	부 그 대신에, ~보다도
instinct	[ínstiŋkt]	인스팅트	명 본능, 직감, 육감
instinctive	[instíŋktiv]	인스팅티브	형 본능적인, 천성의
institute	[ínstətjù:t]	인스티튜-트	타 설치하다 명 협회, 연구소
institution	[ìnstətjú:ʃən]	인스터튜-션	명 설립, 제도, 관례
instruct	[instrʌ́kt]	인스트럭트	타 가르치다, 알리다
instructive	[instrʌ́ktiv]	인스트럭티브	형 교육적인, 유익한 (=informative)
instructor	[instrʌ́ktər]	인스트럭터	명 교사, (대학의) 강사
instruction	[instrʌ́kʃən]	인스트럭션	명 교수, 교육, 지시
instrument	[ínstrəmənt]	인스트러먼트	명 (학술상의) 기계, 기구
insufficient	[ìnsəfíʃənt]	인서피션트	형 불충분한, 부적당한
insult	[insʌ́lt]	인설트	타 모욕하다 명 모욕
insurance	[inʃúərəns]	인슈어런스	명 보험, 보험금, 보험계약
insure	[inʃúər]	인슈어	타 보증하다, 책임 맡다
insurrection	[insərékʃən]	인서렉션	명 폭동, 반란(=revolt)

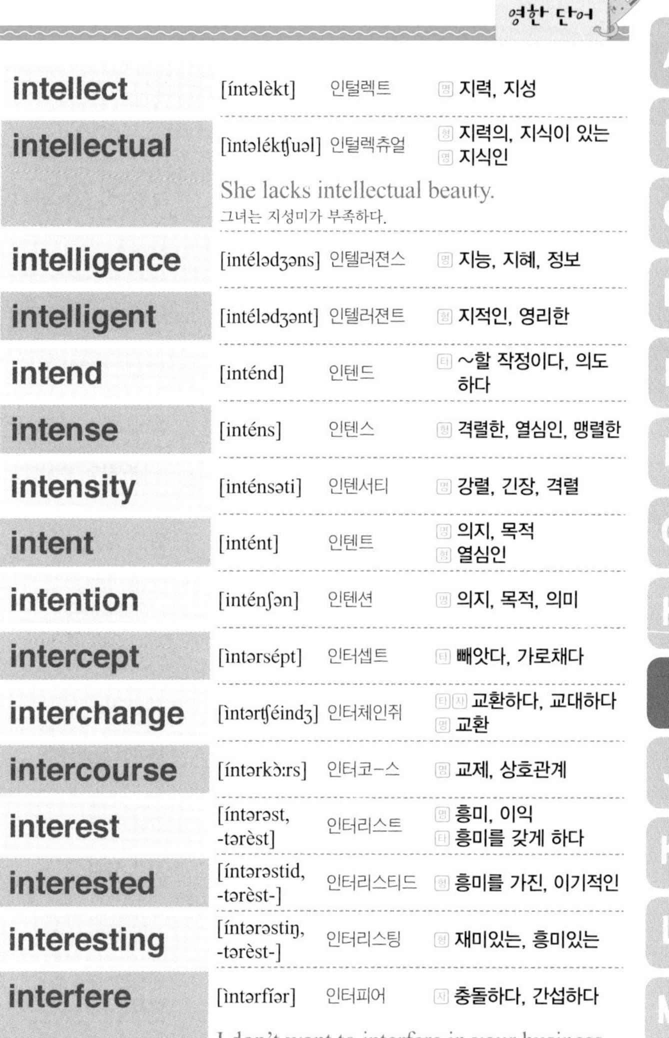

intellect	[íntəlèkt]	인털렉트	명 지력, 지성
intellectual	[ìntəléktʃuəl]	인털렉츄얼	형 지력의, 지식이 있는 명 지식인
	She lacks intellectual beauty. 그녀는 지성미가 부족하다.		
intelligence	[intélədʒəns]	인텔러젼스	명 지능, 지혜, 정보
intelligent	[intélədʒənt]	인텔러젼트	형 지적인, 영리한
intend	[inténd]	인텐드	타 ~할 작정이다, 의도하다
intense	[inténs]	인텐스	형 격렬한, 열심인, 맹렬한
intensity	[inténsəti]	인텐서티	명 강렬, 긴장, 격렬
intent	[intént]	인텐트	명 의지, 목적 형 열심인
intention	[inténʃən]	인텐션	명 의지, 목적, 의미
intercept	[ìntərsépt]	인터셉트	타 빼앗다, 가로채다
interchange	[ìntərtʃéindʒ]	인터체인쥐	타자 교환하다, 교대하다 명 교환
intercourse	[íntərkɔ̀:rs]	인터코-스	명 교제, 상호관계
interest	[íntərəst, -tərèst]	인터리스트	명 흥미, 이익 타 흥미를 갖게 하다
interested	[íntərəstid, -tərèst-]	인터리스티드	형 흥미를 가진, 이기적인
interesting	[íntərəstiŋ, -tərèst-]	인터리스팅	형 재미있는, 흥미있는
interfere	[ìntərfíər]	인터피어	자 충돌하다, 간섭하다
	I don't want to interfere in your business. 네 문제에 간섭하고 싶지 않아.		
interior	[intíəriər]	인티어리어	형 내부의, 내륙의 명 내부

intermediate	[ìntərmíːdiət]	인터미–디이트	형 중간의 명 중개자, 조정자
internal	[intə́ːrnl]	인터–늘	형 내부의, 체내의, 안의
international	[ìntərnǽʃənəl]	인터내셔널	형 국제간의, 국제적인
internet	[íntənet]	인터넷	명 인터넷
interpret	[intə́ːrprit]	인터–프릿	타 자 설명하다, 해석하다
interpreter	[intə́ːrpritər]	인터–프러터	명 해석자, 통역자, 판단자
interpretation	[intə̀ːrprətéiʃən]	인터–프러테이션	명 통역, 해석
interrogate	[intérəgèit]	인테러게이트	타 자 질문하다, 수사하다 (=probe)
interrogation	[intèrəgéiʃən]	인테러게이션	명 질문, 심문
interrupt	[ìntərʌ́pt]	인터럽트	타 자 가로막다, 중단시키다
interruption	[ìntərʌ́pʃən]	인터럽션	명 중단, 방해
interval	[íntərvəl]	인터벌	명 간격, 쉬는 시간
intervene	[ìntərvíːn]	인터비인	자 사이에 들어가다, 방해하다
intervention	[ìntərvénʃən]	인터벤션	명 간섭, 중개
interview	[íntərvjùː]	인터뷰–	명 회견, 면접 타 회견하다
intimacy	[íntəməsi]	인터머시	명 친밀, 친교, 친절
intimate	[íntəmət]	인터밋	형 친밀한(=friendly), 상세한
intimately	[íntəmətli]	인터미틀리	부 친밀하게, 상세하게
into	[intu]	인투	전 ~의 속에(으로), ~에

intolerable	[intálərəbl]	인탈러러블	형 견딜 수 없는, 참을 수 없는
intonation	[ìntounéiʃən, ìntənéiʃən]	인터네이션	명 (찬송가를) 읊음, 억양
intoxicate	[intáksikèit]	인탁시케이트	타 취하게 하다, 흥분시키다
	It is illegal to drive while intoxicated. 술취한 채로 운전하는 것은 위법이다.		
intricate	[íntrikət]	인트러킷	형 뒤섞인, 복잡한, 번잡한
intrigue	[intríːg]	인트리–그	타자 음모를 꾸미다, 밀통하다
introduce	[ìntrədjúːs]	인트러듀–스	타 안내하다, 소개하다
introduction	[ìntrədʌ́kʃən]	인트러덕션	명 도입, 소개, 초보
intrude	[intrúːd]	인트루–드	타자 처넣다, 간섭하다, 침입하다
intrusion	[intrúːʒən]	인트루–젼	명 훼방, 침입, 난입
invade	[invéid]	인베이드	타 침입하다, 침범하다
invalid	[ínvəlid]	인벌리드	명 환자(=patient) 형 무효의
invaluable	[invǽljuəbl]	인밸류어블	형 극히 귀중한
invasion	[invéiʒən]	인베이젼	명 침입, 침략, 침해
invent	[invént]	인벤트	타 발명하다, 창안하다
	The woman often invents stories. 그 여자는 있지도 않은 이야기를 자주 꾸며낸다.		
inventor	[invéntər]	인벤터	명 발명가
invention	[invénʃən]	인벤션	명 발명, 발명의 재능, 발명품
invert	[invə́ːrt]	인버–트	타 거꾸로 하다, 뒤집다

invest	[invést]	인베스트	[타][자] 소비하다, 투자하다
investment	[invéstmənt]	인베스트먼트	[명] 투자, 포위, 수여자
investigate	[invéstəgèit]	인베스터게이트	[타][자] 연구하다, 조사하다
investigator	[invéstəgèitər]	인베스터게이터	[명] 연구가, 조사자
invincible	[invínsəbl]	인빈서벌	[형] 정복할 수 없는, 무적의(=unconquerable)
invisible	[invízəbl]	인비저벌	[형] 눈이 보이지 않는, 숨은
invitation	[ìnvitéiʃən]	인버테이션	[명] 초대, 안내장, 권유
invite	[inváit]	인바이트	[타] 초대하다, 간청하다, 끌다
invoke	[invóuk]	인보우크	[타] 기원하다, 호소하다
involuntary	[inválәntèri]	인발런테리	[형] 무의식적인, 본의 아닌
involve	[inválv]	인발브	[타] 포함하다, 말아 넣다
inward	[ínwərd]	인워드	[형] 안쪽의 [부] 안으로, 내부에
Irish	[áiəriʃ]	아이리쉬	[형] 아일랜드의 [명] 아일랜드 사람
iron	[áiərn]	아이언	[명] 쇠, 철, 다리미
irony	[áiərəni]	아이러니	[명] 반어(反語), 빈정댐, 풍자
irregular	[irégjulər]	이레결러	[형] 불규칙한, 변칙의, 비정상의
irresistible	[ìrizístəbl]	이리지스터벌	[형] 저항할 수 없는
irritate	[írətèit]	이러테이트	[타] 초조하게 만들다, 화나게 하다

I was irritated to see him smoking.
나는 그가 담배를 피우는 것을 보고 짜증이 났다.

irritation	[ìrətéiʃən]	이러테이션	명 초조, 화냄 (=annoyance)
is	[íz]	이즈	동 be의 3인칭 단수 현재형
island	[áilənd]	아일랜드	명 섬, 섬 비슷한 것
isle	[ail]	아일	명 섬, 작은 섬
isolate	[áisəlèit]	아이설레이트	타 고립시키다, 분리시키다
isolation	[àisəléiʃən]	아이설레이션	명 고립, 격리, 분리
issue	[íʃuː]	이슈–	명 발행 타 자 발하다, 출판하다
it	[it]	잇	대 그것, 그것이, 그것을
	it is no use ~ing : ~하여도 소용없다		
Italian	[itǽljən]	이탤련	형 이탈리아의 명 이탈리아 사람
Italy	[ítəli]	이털리	명 이탈리아(공화국)
itch	[itʃ]	이취	명 가려움, 욕망 자 가렵다
item	[áitəm]	아이텀	명 종목, 항목
its	[its]	이츠	대 (it의 소유격) 그것의, 저것의
itself	[itsélf]	잇셀프	대 그 자신, 바로 그것
ivory	[áivəri]	아이버리	명 상아, 상아제품
ivy	[áivi]	아이비	명 담쟁이덩굴

| 영어 필수 단어 |

J

jacket	[dʒǽkit]	재킷	명 짧은 저고리, 상의
jail	[dʒeil]	제일	명 구치소, 감옥 타 투옥하다
jam	[dʒæm]	잼	명 혼잡, 잼 타 쑤셔넣다
January	[dʒǽnjuèri]	재뉴에리	명 1월(약어 Jan.)
Japan	[dʒəpǽn]	저팬	명 일본
Japanese	[dʒæpəníːz]	재퍼니-즈	형 일본의 명 일본 사람
jar	[dʒaːr]	자-	명 단지, 항아리, 충격
jaw	[dʒɔː]	조-	명 턱, 입
jazz	[dʒæz]	재즈	명 재즈음악 형 재즈의
jealous	[dʒéləs]	젤러스	형 질투 많은, 샘내는, 선망하는 Soyeon is jealous of my boyfriend. 소연이는 내 남친을 탐낸다.
jealousy	[dʒéləsi]	젤러시	명 질투, 샘, 투기
jelly	[dʒéli]	젤리	명 젤리 타자 젤리가 되다
jeopardy	[dʒépərdi]	제퍼디	명 위험(=danger)
jerk	[dʒəːrk]	저-크	타자 홱 당기다 명 홱 당김
jest	[dʒest]	제스트	명 농담, 익살 자 까불다

Jesus	[dʒíːzəs]	지-저스	명 예수 그리스도
jet	[dʒet]	제트	명 흑옥, 분출 타 자 분출하다
jewel	[dʒúːəl]	쥬-얼	명 보석, 소중한 사람
jewelry	[dʒúːəlri]	쥬-얼리	명 보석류
jingle	[dʒíŋgl]	징걸	명 찌르릉, 딸랑딸랑
job	[dʒab]	잡	명 일, 직업 타 자 삯일을 하다
join	[dʒɔin]	조인	타 자 연결하다, 결합하다
joint	[dʒɔint]	조인트	형 공동의 명 마디 타 접합하다
joke	[dʒouk]	조우크	명 농담, 익살 타 자 농담하다
journal	[dʒə́ːrnl]	저-널	명 일지, 일간 신문, 잡지
journey	[dʒə́ːrni]	저-니	명 여행, 여정 타 여행하다
jovial	[dʒóuviəl]	조우비얼	형 명랑한, 즐거운, 쾌활한
joy	[dʒɔi]	죠이	명 기쁨, 즐거움 타 자 기뻐하다
	I wish you joy! 축하합니다!		
joyful	[dʒɔ́ifəl]	조이펄	형 기쁜, 즐거운 (=pleased)
judge	[dʒʌdʒ]	져쥐	명 판사 타 자 판결을 내리다
judgment	[dʒʌ́dʒmənt]	져쥐먼트	명 재판, 판결, 감정
judicial	[dʒuːdíʃəl]	쥬-디셜	형 재판소의, 공평한, 비판적인
jug	[dʒʌg]	줘	명 (손잡이 달린) 항아리, 주전자

J

juggle	[dʒʌ́gl]	저글	자 요술을 부리다, 속이다
juice	[dʒu:s]	쥬-스	명 즙, 액, 정수
juicy	[dʒú:si]	쥬-시	형 즙이 많은, 수분이 많은, 기운찬
July	[dʒu:lái]	쥴-라이	명 7월(약어 Jul.)
jump	[dʒʌmp]	점프	타자 뛰다, 도약하다 명 도약
junction	[dʒʌ́ŋkʃən]	정션	명 접합(점), 연결, 접착
June	[dʒu:n]	쥬운	명 6월(약어 Jun.)
jungle	[dʒʌ́ŋgl]	정글	명 정글, 밀림(지대)
junior	[dʒú:njər]	쥬-니어	형 손아래의, 후배의 명 연소자
junk	[dʒʌŋk]	정크	명 쓰레기(=waste)
jurisdiction	[dʒùərisdíkʃən]	쥬어리스딕션	명 사법권, 관할권
jury	[dʒúəri]	쥬어리	명 배심, 배심원
just	[dʒʌst]	저스트	형 올바른, 공정한 부 다만, 바르게
justice	[dʒʌ́stis]	저스티스	명 정의, 공평, 정당성
justify	[dʒʌ́stəfài]	저스티파이	타 정당화하다, 옳다고 하다

Nothing can justify torture.
어떤 것도 고문을 정당화할 수는 없다.

justification	[dʒʌ̀stəfikéiʃən]	저스터피케이션	명 정당화, 변명
jut	[dʒʌt]	젓	명 돌출부 자 돌출하다
juvenile	[dʒú:vənl]	쥬-버널	형 젊은, 청소년의

K

kangaroo	[kæŋgərú:]	캥거루–	[명] 캥거루
keen	[ki:n]	킨–	[형] 날카로운, 예리한 (=sharp)
keep	[ki:p]	킵–	[타][자] 간직하다, 유지하다

Sorry to keep you waiting.
기다리게 해서 미안합니다.

keeper	[kí:pər]	키–퍼	[명] 파수꾼, 간수
keeping	[kí:piŋ]	키–핑	[명] 보존, 관리
kept	[kept]	켑트	[동] keep(간직하다)의 과거(분사)
kernel	[kə́:rnl]	커–널	[명] 낟알, 핵심, 골수 (=core)
ketchup	[kétʃəp]	케첩	[명] 케찹
kettle	[kétl]	케틀	[명] 솥, 주전자, 냄비
key	[ki:]	키–	[명] 열쇠, 해답
kick	[kik]	킥	[타][자] 차다, 반항하다 [명] 차기
kid	[kid]	킷	[명] 어린애, 새끼염소 [타][자] 놀리다
kidnap	[kídnæp]	키드냅	[타] 유괴하다, (어린애를) 채가다
kidney	[kídni]	키드니	[명] 콩팥, 신장
kill	[kil]	킬	[타] 죽이다, 살해하다 [명] 살생

kilogram	[kilágræm]	킬로그램	명 킬로그램(1,000g)
kilometer	[kilámətər]	킬로미터	명 킬로미터(1,000m)
kin	[kin]	킨	명 친척, 혈족관계, 동족
kind	[kaind]	카인드	형 친절한, 상냥한 명 종류
	a kind of : 일종의, 얼마간		
kindergarten	[kíndərgὰ:rtn]	킨더가–턴	명 유치원
kindle	[kíndl]	킨들	타 자 점화하다, 불이 붙다
kindly	[káindli]	카인들리	형 친절한, 인정 있는 부 친절히
kindness	[káindnis]	카인드니스	명 친절, 상냥함, 애정
kindred	[kíndrid]	킨드리드	명 혈족, 혈연 형 같은 혈연의
king	[kiŋ]	킹	명 왕, 국왕
kingdom	[kíŋdəm]	킹덤	명 왕국, 분야, 범위
kiss	[kis]	키스	명 키스, 입맞춤 타 자 입 맞추다
kitchen	[kítʃən]	키친	명 부엌, 취사장
kite	[kait]	카이트	명 솔개, 연
kitten	[kítn]	키튼	명 새끼 고양이, 말괄량이
kitty	[kíti]	키티	명 (포커의) 판돈, 새끼 고양이
knave	[neiv]	네이브	형 악한, 무뢰한, 불량배 (=rogue)
knee	[ni:]	니–	명 무릎 타 무릎으로 스치다

My knee aches when it rains.
비가 오면 무릎이 아프다.

kneel	[ni:l]	닐–	자 무릎 꿇다, 굴복하다
knelt	[nelt]	넬트	동 kneel(무릎 꿇다)의 과거(분사)
knife	[naif]	나이프	명 칼, 창칼 타 칼로 베다
knight	[nait]	나이트	명 기사, 나이트작
knit	[nit]	니트	타 자 뜨다, 편물을 하다
knob	[nab]	납	명 혹, 손잡이, 쥐는 것
knock	[nak]	낙	타 자 치다, 두드리다, 충돌하다
knot	[nat]	낱	명 매듭, 장식 타 자 맺다
know	[nou]	노우	타 자 알다, 인정하다, 알고 있다
knowing	[nóuiŋ]	노우잉	형 알고 있는, 빈틈없는
knowledge	[nálidʒ]	날리쥐	명 지식, 이해, 학식

Knowledge is power.
아는 것이 힘이다.

known	[noun]	노운	동 know의 과거분사 형 알려진
knuckle	[nʌ́kl]	너컬	명 손가락 관절, 주먹
Korea	[kəríːə]	커리–어	명 한국
Korean	[kəríːən]	커리–언	형 한국의 명 한국사람

L

label	[léibəl]	레이벌	명 딱지, 쪽지 타 이름을 붙이다
labor	[léibər]	레이버	명 노동, 근로 타자 일하다
laboratory	[lǽbərətɔ̀:ri]	래버러토-리	명 실험실, 연구실, 제약실
laborious	[ləbɔ́:riəs]	러보-리어스	형 힘든(=difficult), 부지런한
lace	[leis]	레이스	명 레이스, 끈 타자 끈으로 장식하다
lack	[læk]	랙	명 부족, 결핍, 없음 타자 결핍되다
lad	[læd]	래드	명 젊은이, 소년, 청년
ladder	[lǽdər]	래더	명 사닥다리, (출세의)길
lade	[leid]	레이드	타 쌓다, 짐을 싣다
laden	[léidn]	레이든	형 짐을 실은 동 lade의 과거분사
lady	[léidi]	레이디	명 숙녀, 귀부인, 부인
lag	[læg]	랙	자 처지다 명 늦어짐
laid	[leid]	레이드	동 lay(두다)의 과거(분사)
	Newton laid the foundation of modern science. 뉴턴은 현대과학의 기초를 세웠다.		
lake	[leik]	레이크	명 호수, 연못
lamb	[læm]	램	명 새끼 양 타자 (새끼 양을) 낳다

lame	[leim]	레임	형 절름발이의 타 불구로 만들다
lament	[ləmént]	러멘트	타자 슬퍼하다, 비탄하다 명 비탄
lamentation	[læməntéiʃən]	래먼테이션	명 슬픔, 비탄(=sorrow)
lamp	[læmp]	램프	명 램프, 등불
land	[lænd]	랜드	명 육지, 땅, 지면 타자 상륙하다
landing	[lǽndiŋ]	랜딩	명 상륙, 착륙, 하차
landlord	[lǽndlɔːrd]	랜들로-드	명 지주, 집주인, (여관) 주인
landmark	[lǽndmɑ̀ːrk]	랜드마-크	명 경계표, 획기적 사건
landscape	[lǽndskeip]	랜드스케입	명 풍경, 경치
lane	[lein]	레인	명 작은 길, 좁은 길
language	[lǽŋgwidʒ]	랭귀쥐	명 언어, 국어, 말씨
languish	[lǽŋgwiʃ]	랭귀쉬	자 약해지다, 시들다, 번민하다
lantern	[lǽntərn]	랜턴	명 초롱불
lap	[læp]	랩	명 (앉을 때) 무릎 위
lapse	[læps]	랩스	명 경과, 흐름, 실수 자 타락하다
	He came back after a lapse of two hours. 두 시간이 경과 후 그는 돌아왔다.		
large	[laːrdʒ]	라-쥐	형 커다란, 넓은, 다수의
lark	[laːrk]	라-크	명 종달새
larva	[lɑ́ːrvə]	라-버	명 유생(幼生), 애벌레

lash	[læʃ]	래쉬	명 채찍질, 비난 타 자 빈정대다
lass	[læs]	래스	명 젊은 여자, 연인, 소녀
last	[læst]	래스트	형 최후의 부 최후에 명 최후
lastly	[lǽstli]	래스틀리	부 최후에, 마침내, 결국
lasting	[lǽstiŋ]	래스팅	형 영속하는, 오래 견디는(=unending)
latch	[lætʃ]	래치	명 쇠고리, 걸쇠 타 걸쇠를 걸다
late	[leit]	레이트	형 늦은, 더딘 부 늦게, 뒤늦게
lately	[léitli]	레이틀리	부 요즈음, 최근에
latent	[léitnt]	레이턴트	형 숨은, 보이지 않는, 잠재적인
later	[léitər]	레이터	형 (late의 비교급) 더 늦은, 나중의
lateral	[lǽtərəl]	레터럴	형 앞의, 측면에서 명 옆쪽
latest	[léitist]	레이티스트	형 최신의, 최근의 (=recent)
latitude	[lǽtətjùːd]	래터튜-드	명 위도, 지역, 범위
latter	[lǽtər]	래터	형 뒤쪽의, 후기의
laugh	[læf]	래프	명 웃음 타 자 웃다, 비웃다 He laughs best who laughs last. 〈속담〉 미리 좋아하지 말라.
laughter	[lǽftər]	래프터	명 웃음, 웃음소리
launch	[lɔːntʃ]	론-취	타 자 진수하다, 발진하다
laundry	[lɔ́ːndri]	란-드리	명 세탁소, 세탁장

laurel	[lɔ́:rəl]	로-럴	명 월계수, 영예, 승리
lava	[lɑ́:və]	라버	명 용암, 화산암층
lavatory	[lǽvətɔ̀:ri]	래버토-리	명 세면장, 화장실
lavender	[lǽvəndər]	래번더	명 라벤더 형 연보라색의
lavish	[lǽviʃ]	래비쉬	타 아낌없이 주다 형 아낌없는
law	[lɔ:]	로-	명 법률, 법, 법칙
lawful	[lɔ́:fəl]	로-펄	형 합법의, 정당한 (=legal)
lawless	[lɔ́:lis]	로-리스	형 불법적인, 법을 지키지 않는
lawn	[lɔ:n]	로-온	명 잔디, 풀밭
lawyer	[lɔ́:jər]	로-여	명 법률가, 변호사
lay	[lei]	레이	타 자 눕히다, 누이다 명 위치
lazy	[léizi]	레이지	형 게으른, 나태한
lead	[li:d]	리-드	명 지휘, 선도 타 자 이끌다
lead	[led]	레드	명 납
leader	[lí:dər]	리-더	명 지도자, 선도자, 대장
leadership	[lí:dərʃip]	리-더쉽	명 지도력, 지도자의 임무
leading	[lí:diŋ]	리-딩	명 지도, 지휘 형 선도하는 Byeongheon is one of the leading actors. 병헌은 톱클래스 배우다.
leaf	[li:f]	리-프	명 잎(사귀), (책의) 한 장

L

leaflet	[lí:flit]	리-플릿	명 작은 잎, 광고지
leafy	[lí:fi]	리-피	형 잎이 무성한
league	[li:g]	리-그	명 동맹, 연맹 타자 동맹하다
leak	[li:k]	리-크	명 샘, 누출 타자 새다
lean	[li:n]	린-	형 야윈 명 경사 타자 기대다
leap	[li:p]	립-	타자 뛰다, 뛰어 넘다 명 도약
learn	[lə:rn]	런-	타자 배우다, 익히다, 공부하다
learned	[lə́:rnid]	러-니드	형 학식 있는, 학구적인
learning	[lə́:rniŋ]	러-닝	명 학식, 지식 (=knowledge)
lease	[li:s]	리-스	타 토지를 임대하다 명 차용계약
least	[li:st]	리-스트	명 (little 최상급) 최소 형 최소의
	The greatest talkers are the least doers. 말을 많이 하는 사람은 행동을 적게 한다.		
leather	[léðər]	레더	명 (무두질한) 가죽 타 가죽을 씌우다
leave	[li:v]	리-브	타자 떠나다, 남기다 명 휴가
lecture	[léktʃər]	렉쳐	명 강의, 강연 타자 강의하다
led	[led]	레드	동 lead(이끌다)의 과거(분사)
ledge	[ledʒ]	레쥐	명 좁은 선반, 암초
leech	[li:tʃ]	리-취	명 거머리, 흡혈귀, 고리대금업자
left	[left]	레프트	형 좌측의 부 왼쪽에 명 왼쪽

leg	[leg]	렉	명 (사람, 동물의) 다리
legal	[líːgəl]	리걸	형 법률의, 합법적인, 법정의
legend	[lédʒənd]	레전드	명 전설, 신화, 전설문학 (=myth)
legion	[líːdʒən]	리젼	명 (고대 로마의) 군단, 군대
legislation	[lèdʒisléiʃən]	레지슬레이션	명 입법, 법률, 법령
legislature	[lédʒislèitʃər]	레지슬레이쳐	명 입법부, 입법기관
legitimate	[lidʒítəmət]	리지터밋	형 합법적인, 정당한
leisure	[líːʒər]	리-저	명 여가, 틈 형 한가한
	What do you do in your leisure time? 여가시간에 뭘 하세요?		
leisurely	[líːʒərli]	리-절리	부 천천히, 유유히
lemon	[lémən]	레먼	명 레몬(나무열매) 형 레몬 빛의
lemonade	[lèmənéid]	레머네이드	명 레몬수, 레모네이드
lend	[lend]	렌드	타 자 빌려주다, 대부하다, 더하다
length	[leŋkθ]	렝쓰	명 길이, 세로, 기간
lengthen	[léŋkθən]	렝썬	타 자 길게 하다, 늘이다, 늘어나다
lens	[lenz]	렌즈	명 렌즈, (눈의) 수정체
lent	[lent]	렌트	동 lend(빌려주다)의 과거(분사)
leopard	[lépərd]	레퍼드	명 표범, 표범의 털가죽
less	[les]	레스	형 (little의 비교급) ~보다 적은

lessen	[lésn]	레슨	타 자 줄이다, 감하다 (=reduce)
lesson	[lésn]	레슨	명 학과, ~과, 수업
lest	[lest]	레스트	접 ~하지 않도록
let	[let]	렛	타 ~시키다, ~하게 하다
	Let me see. 어디 보자. / 글쎄.		
let's	[lets]	렛츠	약 ~하자(let us의 단축형)
letter	[létər]	레터	명 편지, 문자, 글자
lettuce	[létis]	레티스	명 상추, 양상추
level	[lévəl]	레벌	명 수평, 수준 형 평평한, 수평의
lever	[lévər]	레버	명 지레 타 자 지레로 움직이다
levy	[lévi]	레비	타 부과하다
liability	[làiəbíləti]	라이어빌리티	명 책임, 의무 자 책임을 지다
liable	[láiəbl]	라이어벌	형 책임 있는, 빠지기 쉬운
liar	[láiər]	라이어	명 거짓말쟁이
liberal	[líbərəl]	리버럴	형 진보적인, 대범한, 자유사상의
liberate	[líbərèit]	리버레이트	타 자유롭게 하다, 해방하다(=set free)
liberty	[líbərti]	리버티	명 자유, 해방, 멋대로 함
librarian	[laibrέəriən]	라이브레어리언	명 도서관원, 사서(司書)
library	[láibrèri]	라이브레리	명 도서관, 문고, 서재

license	[láisəns]	라이선스	명 면허, 인가, 허가
lick	[lik]	릭	타 핥다, 물결이 스치다
lid	[lid]	리드	명 뚜껑, 눈꺼풀
lie	[lai]	라이	명 눕다, 자다 타자 거짓말하다, 눕다
lieutenant	[lu:ténənt]	루-테넌트	명 육군 중위, 해군 대위
life	[laif]	라이프	명 목숨, 생명, 일생
lifeless	[láiflis]	라이플리스	형 생명 없는, 죽은, 기절한
lifetime	[láiftaim]	라이프타임	명 평생 형 한평생의
lift	[lift]	리프트	타자 들어 올리다 명 들어 올림
light	[lait]	라이트	명 빛 형 밝은, 가벼운, 적은

Light come, light go.
〈속담〉 쉽게 생긴 것은 쉽게 없어진다.

lighten	[láitn]	라이튼	타자 비추다, 빛나다, 가볍게하다
lighthouse	[láithaus]	라이트하우스	명 등대
lightning	[láitniŋ]	라이트닝	명 번개, 번갯불, 조명
like	[laik]	라이크	타자 좋아하다 형 비슷한 부 아마
likelihood	[láiklihùd]	라이클리후드	명 있음직한 일, 가능성 (=possibility)
likely	[láikli]	라이클리	형 있음직한, ~할 듯한 부 아마
likeness	[láiknis]	라익니스	명 비슷함, 유사함
likewise	[láikwàiz]	라익와이즈	부 마찬가지로, 게다가 또(=in addition)

A B C D E F G H I J K L M

L

lily	[líli]	릴리	명 백합, 나리꽃 형 순결한, 흰
limb	[lim]	림	명 팔, 손발, 수족
limestone	[láimstoun]	라임스토운	명 석회석
limit	[límit]	리미트	명 한계, 한도, 경계 타 한정하다
limitation	[lìmətéiʃən]	리머테이션	명 제한, 한도
limited	[límitid]	리미티드	형 유한의, 제한된, 좁은
limp	[limp]	림프	자 절뚝거리다 명 절뚝거림
line	[lain]	라인	명 선, 줄, 끈 타자 선을 긋다
linen	[línən]	리넌	명 아마포, 삼베, 리넨
liner	[láinər]	라이너	명 정기 항공기, 정기선
linger	[líŋgər]	링거	자 꾸물거리다, 나중에까지 남다(=remain) The event will linger long in my memory. 그 사건은 내 기억에 오래 남을 것이다.
lining	[láiniŋ]	라이닝	명 안대기(붙이기)
link	[liŋk]	링크	명 고리, 연쇄 타자 연결하다, 잇다
lion	[láiən]	라이언	명 사자, 용맹스러운 사람
lip	[lip]	립	명 입술, 입
liquid	[líkwid]	리퀴드	명 액체, 유동체 형 액체의(↔solid)
liquor	[líkər]	리쿼	명 알코올, 음료, 주류(酒類)
list	[list]	리스트	명 표, 목록 타자 명부에 올리다

listen	[lísn]	리선	[자] 경청하다, 듣다
listener	[lísnər]	리스너	[명] 경청자, 청취자
liter	[lí:tər]	리–터	[명] 리터(약 5홉 5작)
literal	[lítərəl]	리터럴	[형] 문자 그대로의, 문자 상의
literally	[lítərəli]	리터럴리	[부] 문자 그대로, 정확하게(=exactly)
literary	[lítərèri]	리터레리	[형] 문학의, 문예의, 학문의
literature	[lítərətʃər]	리터러쳐	[명] 문학, 문예, 문헌
litter	[lítər]	리터	[명] 잡동사니, 난잡
little	[lítl]	리틀	[형] 작은 [부] 조금은 [명] 조금
	I wear a little make up. 나는 화장을 가볍게 한다.		
live	[liv]	리브	[타][자] 살다, 생존하다 [형] 살아있는
livelihood	[láivlihùd]	라이블리후드	[명] 생계, 살림
lively	[láivli]	라이블리	[형] 활기 있는 [부] 활발하게
liver	[lívər]	리버	[명] 거주자, 간장(肝臟)
living	[líviŋ]	리빙	[형] 살아있는, 생명 있는
livingroom	[líviŋru:m]	리빙루–움	[명] 거실, 거처방
lizard	[lízərd]	리저드	[명] 도마뱀
load	[loud]	로우드	[명] 짐, 하물 [타][자] 짐을 싣다
loaf	[louf]	로우프	[명] (빵의) 한 개(덩어리) [타][자] 놀고 지내다

L

loan	[loun]	로운	명 빌려주는 것, 대부 타자 빌려주다
loathe	[louð]	로우드	타자 몹시 싫어하다
lobby	[lábi]	라비	명 로비, 대기실, 넓은 복도
lobster	[lábstər]	랍스터	명 대하(大蝦), 큰 새우
local	[lóukəl]	로우컬	형 지방의, 공간의
locality	[loukǽləti]	로우캘러티	명 위치, 장소(=place), 현장
locate	[lóukeit]	로우케이트	타 거주하다, (관청 따위) 설치하다
location	[loukéiʃən]	로우케이션	명 위치, 장소, 야외촬영지
	The location of a shop is a key to its success. 가게의 위치는 성공의 열쇠다.		
lock	[lak]	락	명 자물쇠 타자 자물쇠를 채우다
locomotive	[lòukəmóutiv]	로우커모우티브	형 이동하는 명 기관차
locust	[lóukəst]	로우커스트	명 메뚜기, 매미, 대식가
lodge	[ladʒ]	라지	명 오두막집 타자 묵다, 숙박케하다
lodging	[ládʒiŋ]	라쥥	명 숙박, 숙소, 셋방
loft	[lɔ(:)ft]	로-프트	명 다락방, 2층관람석
lofty	[lɔ́:fti]	로-프티	형 몹시 높은, 숭고한 (=grand)
log	[lɔ:g]	로그	명 통나무, 항해일지
logic	[ládʒik]	라쥑	명 논리학, 논리, 추리력
logical	[ládʒikəl]	라쥐컬	형 논리적인, 필연의

lone	[loun]	로운	형 고독한, 독신의, 짝이 없는
lonely	[lóunli]	로운리	형 고립된, 쓸쓸한, 외로운
lonesome	[lóunsəm]	로운섬	형 쓸쓸한, 인적이 드문 (=isolated)
long	[lɔ:ŋ]	롱–	형 긴, 오랜 부 길게 자 동경하다
	This weather will not hold long. 이런 날씨는 오래 가지 않을 것이다.		
longing	[lɔ́:ŋiŋ]	롱잉	형 열망하는 명 동경, 갈망
longitude	[lɑ́ndʒətjù:d]	란져튜–드	명 경도(經度), 경선
look	[luk]	룩	타 자 바라보다
lookout	[lúkaut]	루카웃	명 전망, 감시, 간수
loop	[lu:p]	루–프	명 고리 타 자 고리를 만들다
loose	[lu:s]	루–스	자 늦추다 형 풀린, 매지 않은(↔tight)
loosen	[lú:sn]	루–선	타 자 놓아주다
loot	[lu:t]	루–트	명 약탈물, 전리품
lord	[lɔ:rd]	로–드	명 군주, 지배자, 주인
lordly	[lɔ́:rdli]	로–들리	형 귀족다운 부 숭고하게
lorry	[lɔ́:ri]	로리	명 트럭, 화물자동차
lose	[lu:z]	루–즈	타 자 없애다, 잃다, 손해 보다
loss	[lɔ:s]	로스	명 상실, 손해, 패배
lost	[lɔ:st]	로스트	형 잃어버린, lose의 과거분사

lot	[lat]	랏	명 다량, 운명, 제비뽑기
loud	[laud]	라우드	형 음성이 높은, 시끄러운(↔quiet)
loudly	[láudli]	라우들리	부 큰소리로
loudspeaker	[laudspíːkər]	라우드스피-커	명 확성기
lounge	[laundʒ]	라운쥐	명 휴게실, 사교실
love	[lʌv]	러브	명 사랑, 애정 타자 사모하다
	fall in love with : ~에게 반해 있다, ~을 사랑하다		
lovely	[lʌ́vli]	러블리	형 귀여운, 사랑스러운
lover	[lʌ́vər]	러버	명 애인, 연인, 애호가
loving	[lʌ́viŋ]	러빙	형 사랑하는, 친애하는
low	[lou]	로우	형 낮은, 비천한 부 낮게, 낮은
lower	[lóuər]	로워	타자 낮추다, 내려가다 형 더 낮은
	She lowered her voice on the subway. 지하철에서 그녀는 목소리를 낮췄다.		
lowly	[lóuli]	로울리	형 신분이 낮은, 비천한 부 천하게
loyal	[lɔ́iəl]	로열	형 충성스러운, 충실한(=faithful)
loyalty	[lɔ́iəlti]	로열티	명 충성, 충실
luck	[lʌk]	럭	명 행운, 운수
lucky	[lʌ́ki]	러키	형 운이 좋은, 행운의
luggage	[lʌ́gidʒ]	러기쥐	명 수화물, 여행가방

lullaby	[lʌ́ləbài]	럴러바이	명 자장가
lumber	[lʌ́mbər]	럼버	명 재목, 잡동사니
luminous	[lú:mənəs]	루-머너스	형 빛나는, 밝은, 명석한
lump	[lʌmp]	럼프	명 덩어리 타자 덩어리로 만들다
lunatic	[lú:nətik]	루-너틱	형 미친, 정신이상의 명 정신병자
lunch	[lʌntʃ]	런취	명 점심, 주식 타자 점심을 먹다
luncheon	[lʌ́ntʃən]	런쳔	명 오찬, 점심식사
lung	[lʌŋ]	렁	명 폐, 허파, 인공폐
lure	[luər]	루어	명 미끼, 유혹 타자 꾀어내다

He felt the lure of adventure.
그는 모험하고 싶은 유혹을 느꼈다.

lurk	[lə:rk]	러-크	부 숨다, 잠복하다, 잠행하다
lust	[lʌst]	러스트	명 욕망 부 열망하다 형 음탕한
luster	[lʌ́stər]	러스터	명 광택, 광채 타 윤을 내다
luxuriant	[lʌgʒúəriənt]	럭주어리언트	형 무성한, 다산의, 화려한
luxurious	[lʌgʒúəriəs]	럭주어리어스	형 사치스러운, 값비싼 (=costly)
luxury	[lʌ́kʃəri] [lʌ́gʒə-]	럭셔리	명 사치, 호화, 맛있는 음식
lying	[láiiŋ]	라이잉	형 누워있는, 거짓의
lyric	[lírik]	리릭	명 서정시, 노래 형 서정시의

M

ma	[maː]	마-	명 엄마, 마마(=mamma)
machine	[məʃíːn]	머쉬-인	명 기계류, 비행기, 자동차
machinery	[məʃíːnəri]	머쉬-너리	명 기계, 기계장치
mad	[mæd]	매드	형 미친, 화가 난 (=angry)
madly	[mǽdli]	매들리	부 미쳐서, 미친 듯이, 몹시
madam	[mǽdəm]	매덤	명 부인, 아씨
made	[meid]	메이드	동 make의 과거(분사) 형 만든
magazine	[mæ̀gəzíːn]	매거지인	명 잡지, (탄약, 식량 등의) 창고
magic	[mǽdʒik]	매쥑	형 마법의 명 마법
magical	[mǽdʒikəl]	매쥐컬	형 요술 같은, 마법의
magician	[mədʒíʃən]	머쥐션	명 마법사, 요술쟁이
magnet	[mǽgnit]	맥니트	명 자석, 지남철, 사람을 끄는 것
magnetic	[mægnétik]	맥네틱	형 자석의, 매력 있는
magnificent	[mægnífəsnt]	맥니퍼선트	형 장엄한, 장려한, 당당한
	The view from the peak was magnificent. 정상에서 보는 풍경은 엄청났다.		
magnify	[mǽgnəfài]	맥너파이	타 확대하다, 과장하다, 증대하다

magnitude	[mǽgnətjù:d]	맥너튜-드	명 크기, 위대함, 중요함
maid	[meid]	메이드	명 처녀, 하녀, 아가씨
maiden	[méidn]	메이든	명 미혼녀, 처녀 형 미혼의
mail	[meil]	메일	명 우편물, 우편 타 우송하다
main	[mein]	메인	형 주요한, 중대한
mainly	[méinli]	메인리	부 주로, 오로지, 대부분
mainland	[méinlænd]	메인랜드	명 본토, 대륙
maintain	[meintéin]	메인테인	타 유지하다, 계속하다
maintenance	[méintənəns]	메인터넌스	명 유지, 보존, 부양
majestic	[mədʒéstik]	머제스틱	형 위엄 있는, 당당한
majesty	[mǽdʒəsti]	메쥐스티	명 위엄, 주권, 폐하(M~)
major	[méidʒər]	메이져	명 육군 소령 형 주요한, 대부분의(↔minor)
majority	[mədʒɔ́:rəti]	머죠러티	명 대다수, 대부분, (득표의) 차
	The majority of the members are from Korea. 그 회원들 대다수는 한국 출신이다.		
make	[meik]	메이크	타자 만들다, 행하다 명 제작
	make it a rule to : ~하는 것을 습관으로 하다		
maker	[méikər]	메이커	명 제조업자, 만드는 사람
make-up	[méikʌp]	메이컵	명 구성, 얼굴분장, 화장품
malady	[mǽlədi]	멜러디	명 병, 병폐, 질병 (=disease)

male	[meil]	메일	명 남성, 수컷 형 남성의, 수컷의
malice	[mǽlis]	맬리스	형 악의, 해칠 마음, 적의
malicious	[məlíʃəs]	멀리셔스	형 악의 있는, 속 검은, 심술궂은
mammal	[mǽməl]	매멀	명 포유동물, 포유류
man	[mæn]	맨	명 사람, 남자, 인류
manage	[mǽnidʒ]	매니쥐	타자 관리하다, 움직이다, 다루다
management	[mǽnidʒmənt]	매니쥐먼트	명 취급, 관리, 경영
manager	[mǽnidʒər]	매니져	명 지배인, 경영자, 관리인
mandate	[mǽndeit]	맨데이트	명 명령, 위임통치령
	Royal mandates must be obeyed. 어명에는 반드시 복종해야 한다.		
mane	[mein]	메인	명 갈기, 머리털
maneuver	[mənú:vər]	머누-버	명 (군대) 기동 자 연습하다
manhood	[mǽnhùd]	맨후드	명 남자다움, 인간성
manifest	[mǽnəfèst]	매너페스트	형 명백한, 분명한 타 나타내다
manifold	[mǽnəfòuld]	매너포올드	형 다방면의, 다수의
mankind	[mænkáind]	맨카인드	명 인류, 인간, 사람
manly	[mǽnli]	맨리	형 사내다운, 대담한, 씩씩한
manner	[mǽnər]	매너	명 방법, 모양, 태도, 예절
	all manner of : 모든 종류의		

mansion	[mǽnʃən]	맨션	명 대저택, 큰 집
mantle	[mǽntl]	맨틀	타 덮다 명 여자의 소매 없는 외투, 망토
manual	[mǽnjuəl]	매뉴얼	형 손의, 손으로 만든 명 편람
manufacture	[mænjufǽktʃər]	매녀팩춰	타 제조하다 명 제작, 제조
manure	[mənjúər]	머뉴어	명 비료, 거름 타 비료를 주다
manuscript	[mǽnjuskrìpt]	매녀스크립트	형 필사한, 손으로 쓴 명 원고
many	[méni]	매니	형 많은, 다수의 명 다수
map	[mæp]	맵	명 지도 타 지도를 만들다
maple	[méipl]	메이펄	명 단풍나무, 단풍
mar	[ma:r]	마–	타 손상시키다, 망쳐 놓다(=spoil)
marble	[mɑ́:rbl]	마–벌	명 대리석 타 대리석무늬를 넣다
March	[ma:rtʃ]	마–취	명 3월(약어 Mar.)
march	[ma:rtʃ]	마–취	명 행군, 행진 타 자 행진하다
margin	[mɑ́:rdʒin]	마–쥔	명 가장자리, 여유, 판매 수익(=profit)
marine	[mərí:n]	머리–인	형 바다의, 해양의 명 선박, 함대
mariner	[mǽrənər]	매러너	명 수부, 선원
maritime	[mǽrətàim]	매러타임	형 바다의, 해변의, 바다에 사는
mark	[ma:rk]	마–크	명 기호, 목표, 점수 타 표식을 하다 I got 80 marks in history. 나는 역사에서 80점을 맞았다.

market	[má:rkit]	마-킷	명 장, 시장 타자 시장에 내놓다
marriage	[mæridʒ]	매리쥐	명 결혼, 결혼식, 부부생활
married	[mærid]	매리드	형 기혼의, 결혼한, 부부의
marrow	[mærou]	매로우	명 골수, 정수
marry	[mæri]	매리	타자 ~와 결혼하다, 결혼시키다
Mars	[ma:rs]	마-즈	명 화성, (로마신화) 전쟁의 신
marsh	[ma:rʃ]	마-쉬	명 늪, 습지
marshal	[má:rʃəl]	마-셜	명 육군 원수, 의전관, 경찰서장
mart	[ma:rt]	마-트	명 시장(市場)
martial	[má:rʃəl]	마-셜	형 전쟁의, 군인다운, 호전적인
martyr	[má:rtər]	마-터	명 순교자, 희생자
marvel	[má:rvəl]	마-벌	자 감탄하다 명 놀라운 것, 경이(=wonder)
marvelous	[má:rvələs]	마-벌러스	형 놀라운, 감탄할 만한 (=wonderful) He has a marvelous sense of humor. 그는 굉장한 유머 감각을 갖고 있다.
masculine	[mæskjulin]	매스큘린	형 남자의, 남자다운
mask	[mæsk]	매스크	명 가면, 복면 타자 가면을 쓰다
mason	[méisn]	메이슨	명 석공, 벽돌공 타 돌을 쌓다
masquerade	[mæskəréid]	메스커레이드	명 가장 무도회 자 가장하다
mass	[mæs]	매스	명 미사, 덩어리, 대중 타자 집중하다

massacre	[mǽsəkər]	매서커	명 대학살 타 학살하다
massive	[mǽsiv]	매시브	형 부피가 큰, 강력한
mast	[mæst]	매스트	명 돛대, 마스트, 기둥
master	[mǽstər]	매스터	명 주인(↔servant), 달인 타 정통하다
masterpiece	[mǽstərpiːs]	매스터피-스	명 걸작
mastery	[mǽstəri]	매스터리	명 지배권, 정통, 숙달
mat	[mæt]	매트	명 양탄자, 멍석 타 멍석을 깔다
match	[mætʃ]	매취	명 성냥, 시합, 경기 타 결혼시키다
mate	[meit]	메이트	명 동료, 한패 타자 짝짓다
material	[mətíəriəl]	머티어리얼	형 물질적인, 유형의 명 재료
maternal	[mətə́ːrnl]	머터-늘	형 어머니의, 어머니다운
mathematics	[mæθəmǽtiks]	매써매틱스	명 수학
matter	[mǽtər]	매터	명 물질, 재료, 물체 자 중요하다 as a matter of fact : 실제로, 실은
mattress	[mǽtris]	매트리스	명 침대의 요, 침상, 매트리스
mature	[mətjúər]	머츄어	형 다 익은, 성숙한 타자 성숙하다 She is mature for her age. 그녀는 나이에 비해 성숙하다.
maturity	[mətjúərəti]	머튜어러티	명 성숙, 완성, 만기
maxim	[mǽksim]	맥심	명 격언, 금언, 처세훈

A B C D E F G H I J K L **M**

maximum	[mǽksəməm]	맥서멈	형 최대의 명 최대한도, 극대(↔minimum)
may	[mei]	메이	조 ~일지도 모른다, ~해도 좋다
May	[mei]	메이	명 5월
maybe	[méibiː]	메이비–	부 아마, 어쩌면 (=perhaps)
mayonnaise	[meiənéiz]	메이어네이즈	명 마요네즈
mayor	[méiər]	메이어	명 시장(市長), 읍장, 동장
maze	[meiz]	메이즈	명 미로, 미궁 타 얼떨떨하게 하다
me	[mi; míː]	미–	대 I의 목적격, 나를, 나에게
meadow	[médou]	메도우	명 목초지, 풀밭, 초원
meager	[míːgər]	미–거	형 야윈, 빈약한, 불충분한
meal	[miːl]	밀–	명 식사, 음식
mean	[miːn]	민–	형 비열한, 인색한 타자 의미하다
meaning	[míːniŋ]	미–닝	명 의미, 뜻, 취지
means	[miːnz]	민–즈	명 중간, 평균값, 수단 (=method) The end does not justify the means. 목적이 수단을 정당화하지는 못한다.
meantime	[míːntaim]	민–타임	부 그 동안에 명 중간 시간
meanwhile	[míːnwàil]	민–와일	부 이럭저럭 하는 동안에
measles	[míːzlz]	미–절즈	명 홍역, 마진, 풍진
measure	[méʒər]	메저	명 측정, 양, 척도 타자 측정하다

measurement	[méʒərmənt]	메저먼트	명 측정, 용량, 크기
meat	[miːt]	미-트	명 (식용의) 고기, 알맹이
mechanic	[məkǽnik]	머캐닉	명 수리공, 정비사
mechanical	[məkǽnikəl]	머캐니컬	형 기계의, 기계에 의한, 무감정한
mechanism	[mékənìzm]	메커니점	명 기계장치, 기구, 기교
medal	[médl]	메들	명 메달, 상패, 훈장
meddle	[médl]	메들	자 쓸데없이 간섭하다
medical	[médikəl]	메디컬	형 의학의, 의료의, 내과적인
medicine	[médəsin]	메더선	명 의술, 의학, 약 타 투약하다
medieval	[mìːdiíːvəl, mè-]	미-디-벌	형 중세의
meditate	[médətèit]	메더테이트	타자 숙고하다, 계획하다, 꾀하다
meditation	[mèdətéiʃən]	메더테이션	명 숙고, 명상, 생각 (=thought)
Mediterranean	[mèdətəréiniən]	메더터레이니언	형 지중해의 명 지중해
medium	[míːdiəm]	미-디엄	명 매개(물), 중간, 수단
meek	[miːk]	미-크	형 유순한, 온순한, 겸손한
meet	[miːt]	미-트	타자 만나다, 마주치다, 조우하다
meeting	[míːtiŋ]	미-팅	명 모임, 만남, 집회
megaphone	[mégəfoun]	매거포운	명 메가폰 타 확성기로 알리다
melancholy	[mélənkɑ̀li]	멜런칼리	명 우울, 우울증 형 울적한

M

After she left, he sank into melancholy.
그녀가 떠난 후 그는 우울증에 빠졌다.

mellow	[mélou]	멜로우	형 (과일이) 익어서 연한, 감미로운
melody	[mélədi]	멜로디	명 곡조, 멜로디, 선율
melon	[mélən]	멜런	명 멜론, 참외류
melt	[melt]	멜트	명 용해물, 용해 타자 녹다
member	[mémbər]	멤버	명 (단체의) 일원, 구성원
memo	[mémou]	메모우	명 메모 타자 메모하다
memoir	[mémwa:r]	멤와–	명 회상록, 실록
memorable	[mémərəbl]	메머러벌	형 잊지 못할, 잊을 수 없는(=unforgettable)
memorandum	[mèmərǽndəm]	메머랜덤	명 각서, 비망록, 매매 각서
memorial	[məmɔ́:riəl]	미모–리얼	형 기념하는, 추도의 명 기념일
memorize	[mémərὰiz]	메머라이즈	타 암기하다, 기록하다

She memorized her lines for the play.
그녀는 연극을 위해 대사를 외웠다.

memory	[méməri]	메머리	명 기억, 추억, 기억력
men	[men]	맨	명 man의 복수
menace	[ménis]	매너스	명 협박, 위협 타 으르다
mend	[mend]	멘드	타자 고치다, 고쳐지다, 수선하다
mental	[méntl]	멘틀	형 마음의, 정신의, 심적인
mention	[ménʃən]	멘션	타 언급하다, 말하다 명 기대

menu	[ménjuː]	메뉴-	명 식단표, 메뉴, 식품요리
merchandise	[mə́ːrtʃəndàiz]	머-쳔다이즈	명 상품
merchant	[mə́ːrtʃənt]	머-쳔트	명 상인, 도매상인 형 상인의
merciful	[mə́ːrsifəl]	머-시펄	형 자비로운, 인자한
merciless	[mə́ːrsilis]	머-실리스	형 무자비한, 용서 없는
mercury	[mə́ːrkjuri]	머-큐리	명 수성(M~), 온도계, 수은
mercy	[mə́ːrsi]	머-시	명 자비(=pity), 행운, 고마운 일
	at the mercy of : ~의 처분대로		
mere	[miər]	미어	형 단순한, 단지 ~에 불과한(=only)
merely	[míərli]	미얼리	부 단지, 전혀, 오직, 그저
merge	[məːrdʒ]	머-쥐	타자 합병하다, 몰입하다
merit	[mérit]	메릿	명 장점, 공적, 공로
merrily	[mérəli]	메럴리	부 흥겹게, 명랑하게, 유쾌하게
merriment	[mérimənt]	메리먼트	명 흥겹게 떠들기, 흥겨워함
merry	[méri]	메리	형 명랑한, 흥겨운, 쾌활한(=cheerful)
mess	[mes]	메스	명 난잡 타자 망치다, 더럽히다
message	[mésidʒ]	메시쥐	명 전언, 소식 타 통신하다
messenger	[mésəndʒər]	메선져	명 배달부, 사자(使者)
	My messenger will go there and pick it up. 내 사자가 거기 가서 그걸 가져오겠습니다.		

messy	[mési]	메시	형 어질러진, 더러운 (=untidy)
met	[met]	멧	동 meet(만나다)의 과거(분사)
metal	[métl]	메틀	명 금속, 금속원소 타 금속을 입히다
meteor	[mí:tiər]	미-티어	명 유성, 운성
meter	[mí:tər]	미-터	명 계량기, 미터(m)량
method	[méθəd]	메써드	명 방법, 방식, 순서, 계획
metropolitan	[mètrəpálitən]	메트러팔리턴	형 수도의, 도시의 명 수도의 시민
Mexican	[méksikən]	멕시컨	명 멕시코 사람 형 멕시코의
mice	[mais]	마이스	명 mouse(생쥐)의 복수
microphone	[máikrəfòun]	마이크러포운	명 확성기
microscope	[máikrəskòup]	마이크로스코웁	명 현미경
mid	[mid]	미드	형 중앙의, 가운데
middle	[mídl]	미들	명 중앙, 중간 형 한가운데의
middle-aged	[mídléidʒid]	미들에이쥐드	형 중년의
midnight	[midnait]	믿나이트	명 자정, 한밤중 형 한밤중의
midst	[midst]	믿스트	명 한창, 한가운데 부 한복판에
midsummer	[midsʌ́mər]	믿서머	명 한여름 형 한여름의
midway	[mídwéi]	믿웨이	명 중도 형 중도의 부 중도에
might	[mait]	마이트	명 힘(세력, 권력 등) 조 may의 과거

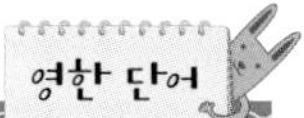

A B C D E F G H I J K L **M**

	might as well A as B : B하느니 차라리 A하는 편이 낫다 The might of the player is impressive. 그 선수의 힘이 대단하다.		
mighty	[máiti]	마이티	형 위대한, 강대한, 거만한
migrate	[máigreit]	마이그레이트	자 이주하다, 이동하다
migration	[maigréiʃən]	마이그레이션	명 이주, 이동
mild	[maild]	마일드	형 유순한, 온화한, 상냥한(↔wild)
mile	[mail]	마일	명 마일(약 1.6㎞)
military	[mílitèri]	밀리터리	형 군의, 군용의, 육군의
milk	[milk]	밀크	명 젖, 우유 타 젖을 짜다
mill	[mil]	밀	명 물방앗간, 제분소
millimeter	[mílimìːtər]	밀리미터	명 1/10cm
million	[míljən]	밀련	명 백만, 무수 형 백만 달러의
millionaire	[mìljənέər]	밀리어네어	명 백만장자
mimic	[mímik]	미믹	형 흉내 내는 타 흉내 내다
mimicry	[mímikri]	미미크리	명 흉내, 모조품, 모방
mind	[maind]	마인드	명 마음, 정신 타자 염려하다 Never mind! : 걱정 마라, 네 알 바가 아니다.
mine	[main]	마인	대 나의 것 명 광산 타 채굴하다
miner	[máinər]	마이너	명 광부, 갱부, 광산업

mineral	[mínərəl]	미너럴	명 광물, 광석 형 광물의, 무기의
mingle	[míŋgl]	밍걸	타자 섞다, 혼합하다 (=mix)
miniature	[míniətʃər]	미니어처	명 축도, 작은 모형 형 축도의
minimum	[mínəməm]	미너멈	명 최소량, 최소한도 형 최저의
minister	[mínəstər]	미니스터	명 장관, 성직자 타자 봉사하다
ministry	[mínəstri]	미니스트리	명 부(部), 성(省), 장관직
minor	[máinər]	마이너	형 작은 쪽의, 소수의, 중요치 않은
minority	[minɔ́:rəti]	마이노-리티	명 미성년, 소수, 소수당
mint	[mint]	민트	명 조폐국, 거액, 박하(薄荷)
minus	[máinəs]	마이너스	전 ~을 빼어 형 음수의 명 음수
minute	[mínit]	미닛	명 (시간의) 분 형 미세한
miracle	[mírəkl]	미러컬	명 기적, 놀라움, 경이 It will take a miracle to save them. 그들을 구조하려면 기적이 필요하다.
miraculous	[mirǽkjuləs]	미래켤러스	형 기적적인, 불가사의한
mirage	[mirɑ́:ʒ]	미라-쥐	명 신기루, 망상
mire	[maiər]	마이어	명 진흙, 수렁 타자 진창에 빠지다
mirror	[mírə(r)]	미러	명 거울 타 비추다, 반사하다
miscellaneous	[mìsəléiniəs]	미설레이니어스	형 잡다한, 여러 가지의
mischief	[místʃif]	미스취프	명 장난, 손해, 해 (=harm)

mischievous	[místʃəvəs]	미스취버스	형 유해한, 해로운, 장난치는
miser	[máizər]	마이저	명 구두쇠, 수전노
miserable	[mízərəbl]	미저러벌	형 비참한, 불쌍한, 가련한
misery	[mízəri]	미저리	명 불행, 비참, 정신적 고통
misfortune	[mìsfɔ́:rtʃən]	미스포-쳔	명 불운, 불행, 재난
misgiving	[misgíviŋ]	미스기빙	명 불안, 의심, 불신 (=distrust)
mislead	[mìsli:d]	미슬리-드	타 그릇 인도하다, 현혹시키다
Miss	[mis]	미스	명 ~양(미혼여자에 대한 경칭)
miss	[mis]	미스	타자 놓치다, 잃다 명 실책, 실패
missile	[mísəl]	미설	명 미사일, 비행무기, 로켓탄
mission	[míʃən]	미션	명 사절단, 사명, 직무
mist	[mist]	미스트	명 안개 타자 안개가 끼다
mistake	[mistéik]	미스테익	타자 틀리다, 오해하다 명 잘못
	make a mistake : 잘못을 저지르다, 실수하다		
mistaken	[mistéikən]	미스테이컨	동 mistake(실수하다)의 과거분사 형 틀린
Mister	[místər]	미스터	명 (남성 경칭) 님, 귀하(약어 Mr.)
mistress	[místris]	미스트리스	명 주부, 여주인
mistrust	[mistrʌ́st]	미스트러스트	타 신용하지 않다 명 불신, 의혹
misty	[místi]	미스티	형 어렴풋한, 안개 낀

misunderstand	[mìsʌndərstǽnd]	미선더스탠드	타 오해하다 명 오해, 불화
	Don't let me be misunderstood. 저를 오해하지 마세요.		
misuse	[mìsjúːs]	미슈-즈	타 오용하다, 학대하다 명 혹사
mitt	[mit]	미트	명 벙어리장갑, (야구의) 미트
mix	[miks]	믹스	타자 섞다, 혼합하다
mixture	[míkstʃər]	믹스쳐	명 혼합, 결합, 혼합물 (=combination)
moan	[moun]	모운	타자 신음하다 명 신음소리
mob	[mab]	맙	명 폭도, 군중 타자 몰려들다
mock	[mak]	막	타자 조소하다 명 조소 형 모조의
mockery	[mákəri]	마커리	명 조롱, 우롱, 비웃음
mode	[moud]	모우드	명 양식, 식, 방법
model	[mádl]	마들	명 모형 형 모범적인 타 본받다
moderate	[mádərət]	마더럿	형 알맞은, 중간의 (=average)
	To be moderate in everything is safe. 모든 일에 중용을 지키는 것이 안전하다.		
moderation	[màdəréiʃən]	마더레이션	명 적당, 알맞음, 절제
modern	[mádərn]	마던	형 현대의, 근대적인
modest	[mádist]	마디스트	형 조심하는, 겸손한, 수줍은
modesty	[mádəsti]	마디스티	명 조심스러움, 겸손, 정숙
modify	[mádəfài]	마더파이	타 수정하다, 변경하다

modification	[màdəfikéiʃən]	마더피케이션	명 가감, 수정, 수식
moist	[mɔist]	모이스트	형 습기 있는, 축축한 (=wet)
moisten	[mɔ́isn]	모이선	타 적시다, 축축해지다
moisture	[mɔ́istʃər]	모이스쳐	명 습기, 수분, 물기
mold	[mould]	모울드	명 (만드는)틀, 형(型), 거푸집
mole	[moul]	모울	명 주근깨, 두더지, 사마귀
molest	[məlést]	멀레스트	타자 괴롭히다, 방해하다, 간섭하다
moment	[móumənt]	모우먼트	명 순간, 때, 찰나, 기회
	for the moment : 우선, 당장에는		
momentary	[móuməntèri]	모우먼테리	형 순간의, 찰나의, 덧없는
monarch	[mánərk]	마너크	명 군주, 지배자(=ruler)
monarchy	[mánərki]	마너키	명 군주정치, 군주국
Monday	[mʌ́ndei, -di]	먼데이	명 월요일(약어 Mon.)
money	[mʌ́ni]	머니	명 돈, 금전, 화폐
monk	[mʌŋk]	멍크	명 수도사, 승려
monkey	[mʌ́ŋki]	멍키	명 원숭이, 장난꾸러기
monopoly	[mənápəli]	머나펄리	명 독점, 전매, 전매품
monotonous	[mənátənəs]	머나터너스	형 단조로운, 지루한
	I'm tired of my monotonous life. 나는 단조로운 생활에 질렸다.		

M

monster	[mánstər]	만스터	명 괴물, 도깨비 형 거대한
monstrous	[mánstrəs]	만스트러스	형 괴물 같은, 기괴한 (=shocking)
month	[mʌnθ]	먼쓰	명 월, 달, 1개월
monthly	[mʌ́nθli]	먼쓸리	형 매달의 부 매달 명 월간 잡지
monument	[mánjumənt]	마녀먼트	명 기념비, 묘비, 기념물
monumental	[mànjuméntl]	마녀멘틀	형 기념되는, 불멸의, 거대한
mood	[mu:d]	무-드	명 마음의 상태, 기분, 감정
moon	[mu:n]	문-	명 (하늘의) 달, 위성
moonlight	[mú:nlait]	문-라이트	명 달빛 형 달빛의
mop	[map]	맙	명 (긴자루가 달린) 걸레
moral	[mɔ́:rəl]	모럴	형 도덕의, 윤리적인 명 교훈
morality	[mərǽləti]	모랠러티	명 윤리성, 도덕성
more	[mɔ:r]	모-	형 더 많은(many, much의 비교급)
	more or less : 다소(간), 어느 정도, 얼마간		
moreover	[mɔ:róuvər]	모-로우버	부 더욱이, 게다가, 또, 그 위에
morning	[mɔ́:rniŋ]	모-닝	명 아침, 오전, 초기
mortal	[mɔ́:rtl]	모-틀	형 죽어야 할, 치명적인, 죽음의
	This could give a mortal blow to them. 이것이 그들에게 치명타를 안길 수도 있다.		
mortality	[mɔ:rtǽləti]	모-탤러티	명 죽어야 할 운명, 사망률

mortgage	[mɔ́:rgidʒ]	모-기쥐	명 저당, 양도 타 저당잡히다
mortify	[mɔ́:rtəfài]	모-터파이	타 굴욕을 느끼게 하다, 억제하다
mosquito	[məskí:tou]	머스키-토우	명 모기
mosaic	[mouzéiik]	모우제이익	명 모자이크
moss	[mɔ:s]	모스	명 이끼 타 이끼로 덮다
most	[moust]	모우스트	형 many, much의 최상급. 가장 많은, 대부분의 make the most of : ~을 충분히 이용하다
mostly	[móustli]	모우스틀리	부 대개, 보통, 대부분
moth	[mɔ:θ]	모쓰	명 나방, 좀벌레
mother	[mʌ́ðər]	머더	명 어머니
motion	[móuʃən]	모우션	명 활동, 운동 타자 몸짓을 하다
motive	[móutiv]	모우티브	형 동기가 되는 명 동기, 목적
motor	[móutər]	모우터	명 원동력, 발동기, 모터
motorist	[móutərist]	모우터리스트	명 자동차 운전자, 여행자
motto	[mátou]	마토우	명 표어, 처세훈, 금언
mound	[maund]	마운드	명 흙무덤, 작은 언덕, 둑
mount	[maunt]	마운트	명 산, 언덕 타자 오르다, 앉히다
mountain	[máuntən]	마운턴	명 산, 산맥, 산악
mountaineer	[màuntəníər]	마운터니어	명 등산가 자 등산하다

M

mourn	[mɔːrn]	모–은	타자 한탄하다, 슬퍼하다 (=sorrow)
	He mourned over the death of his old friend. 그는 옛친구의 죽음을 애도했다.		
mournful	[mɔ́ːrnfəl]	모–온펄	형 슬픔에 잠긴, 음산한
mouse	[maus]	마우스	명 생쥐, 겁쟁이
mouth	[mauθ]	마우쓰	명 입, 출입구
mouthful	[máuθfùl]	마우쓰풀	명 입 가득, 한 입
movable	[múːvəbl]	무–버벌	형 움직일 수 있는, 이동하는
move	[muːv]	무–브	타자 움직이다 명 운동, 이동
movement	[múːvmənt]	무–브먼트	명 운동, 동작, 활동 (=activity)
movie	[múːvi]	무–비	명 영화, 영화관(the ~)
Mr.	[místər]	미스터	명 (남자에 경칭) 귀하, 님, 씨
Mrs.	[mísiz]	미시즈	명 (부인에 존칭) 님, 여사, ~부인
Mt.	[maunt]	마운트	약 Mount의 줄임 명 언덕, 산
much	[mʌtʃ]	머취	형 다량의, 많은 명 다량 부 매우
	much more : 더욱 더, 말할 것도 없이		
mud	[mʌd]	머드	명 진흙, 진창
muddy	[mʌ́di]	머디	형 진흙의, 탁한 타 흐리게 하다
muffle	[mʌ́fl]	머펄	타 덮어 싸다, 감싸다
	They used a gag to muffle his cries. 그들은 그의 외침을 막으려고 재갈을 사용했다.		

muffler	[mʌ́flər]	머플러	명 목도리, 두꺼운 장갑, 소음장치
mug	[mʌg]	머그	명 원통형 컵
mule	[mju:l]	뮤-울	명 노새, 고집쟁이, 바보
multiplication	[mʌ̀ltəplikéiʃən]	멀터플리케이션	명 곱셈, 배가(倍加)
multiply	[mʌ́ltəplài]	멀터플라이	타자 늘리다, 증가하다, 번식하다
multitude	[mʌ́ltətjù:d]	멀티튜-드	명 다수, 군중(=crowd)
mumble	[mʌ́mbl]	멈벌	타자 중얼거리다, 우물우물 씹다
mummy	[mʌ́mi]	머미	명 미라, 말라빠진 사람
municipal	[mju:nísəpəl]	뮤-니서펄	형 지방자치제의, 시(市)의
murder	[mə́:rdər]	머-더	명 살인, 교살 타 살해하다(=kill)
murderer	[mə́:rdərər]	머-더러	명 살인자
murmur	[mə́:rmə(r)]	머-머	타자 웅성대다 명 중얼거림
muscle	[mʌ́sl]	머설	명 근육, 완력 자 완력을 휘두르다
muscular	[mʌ́skjulur]	머스켤러	형 근육의, 힘센
muse	[mju:z]	뮤-즈	자 명상하다 명 묵상
museum	[mju:zí:əm]	뮤-지엄	명 박물관, 미술관
mushroom	[mʌ́ʃru:m]	머쉬룸	명 버섯 자 버섯을 따다, 급속히 퍼지다 Motels are mushrooming in this island. 이 섬에 모텔이 급속히 늘어나고 있다.
music	[mjú:zik]	뮤-직	명 음악, 악곡

musical	[mjú:zikəl]	뮤-지컬	형 음악의, 음악적인, 가락이 멋진
musician	[mju:zíʃən]	뮤-지션	명 음악가, 작곡가
must	[məst]	머스트	조 ~해야 한다
mustard	[mʌ́stərd]	머스터드	명 겨자, 자극물
mute	[mju:t]	뮤-트	형 벙어리의, 무언의 명 벙어리
mutiny	[mjú:təni]	뮤-터니	명 반란, 폭동, 하극상 티 반항하다
mutter	[mʌ́tər]	머터	타자 중얼거리다 명 속삭임
mutton	[mʌ́tn]	머튼	명 양고기
mutual	[mjú:tʃuəl]	뮤-츄얼	형 서로의, 공통의 (=common)
my	[mai]	마이	대 나의 감 아이고! 저런!
myriad	[míriəd]	미리어드	명 1만, 무수 형 만의, 무수한
myself	[maisélf]	마이셀프	대 나 자신, (평상시의)나
	for myself : 나 자신을 위해서, 자력으로		
mysterious	[mistíəriəs]	미스티어리어스	형 신비한, 불가사의한, 원인불명의
mystery	[místəri]	미스터리	명 신비, 불가사의, 비밀(=secret)
mystic	[místik]	미스틱	형 비법의, 신비한 명 신비
myth	[miθ]	미쓰	명 신화, 꾸민 이야기

N

nail	[neil]	네일	명 손톱, 발톱, 못 타 손톱을 깎다
naked	[néikid]	네이키드	형 벌거벗은, 드러난, 노출된
name	[neim]	네임	명 이름, 명칭, 명성 타 이름 짓다
nameless	[néimlis]	네임리스	형 이름 없는, 무명의
namely	[néimli]	네임리	부 즉, 말하자면, 환언하면
nap	[næp]	냅	명 깜박 졺, 겉잠 자 깜박 졸다
napkin	[nǽpkin]	냅킨	명 손수건, 기저귀, 생리대
narcotic	[na:rkátik]	나-코틱	형 마취의, 마약의
narration	[næréiʃən]	내레이션	명 서술, 이야기, 담화, (문법)화법
narrative	[nǽrətiv]	내러티브	명 이야기 형 이야기의
narrow	[nǽrou]	내로우	형 좁은, 옹색한 타 좁히다
narrowly	[nǽrouli]	내로울리	부 좁게, 가까스로 (=hardly) Tom narrowly escaped death. 탐은 가까스로 죽음을 면했다.
nasty	[nǽsti]	내스티	형 불쾌한, 불결한, 추잡한
nation	[néiʃən]	네이션	명 국민, 국가, 민족
national	[nǽʃənl]	내셔널	형 국민의, 국가의 명 동포

N O P Q R S T U V W X Y Z

nationality	[næʃənǽləti]	내셔낼러티	명 국민성, 국적, 국민, 국가
native	[néitiv]	네이티브	형 타고난, 출생의 명 토착민
natural	[nǽtʃərəl]	내쳐럴	형 자연의(↔artificial), 타고난
nature	[néitʃər]	네이쳐	명 자연, 천성, 성질
naught	[nɔːt]	노-트	명 무, 영, 제로, 없음
naughty	[nɔ́ːti]	노-티	형 장난스러운, 버릇없는
naval	[néivəl]	네이벌	형 해군의, 군함의, 해군력
navigation	[nævəgéiʃən]	내버게이션	명 항해, 항공, 항해술
navigator	[nǽvəgèitər]	내버게이터	명 항해자, 해양 탐험대
navy	[néivi]	네이비	명 해군, 해군 장병
near	[niər]	니어	부 가까이 형 가까운 전 ~근처에
nearly	[níərli]	니얼리	부 거의, 밀접하게, 친하게
nearby	[nìərbái]	니어바이	형 가까운 부 바로 이웃에서 Is there a bus stop nearby? 근처에 버스정류장이 있습니까?
neat	[niːt]	니-트	형 산뜻한, 단정한(=tidy)
neatly	[níːtli]	니-틀리	부 산뜻하게, 조촐하게
necessary	[nésəsèri]	네서세리	형 필요한, 필연적인 명 필수품
necessitate	[nəsésətèit]	니세서테이트	타 필요로 하다, 부득이 ~하게 하다
necessity	[nəsésəti]	니세서티	명 필요, 필연, 필요물

neck	[nek]	넥	명 목, 목덜미 타자 목을 껴안다
necklace	[néklis]	네클리스	명 목걸이, 교수형의 밧줄
necktie	[néktai]	넥다이	명 넥타이
need	[ni:d]	니-드	명 소용 타 필요로 하다
needless	[ní:dlis]	니-들리스	형 불필요한, 필요 없는
needle	[ní:dl]	니-들	명 바늘, 뜨게바늘, 주사바늘
negative	[négətiv]	네거티브	형 부정의(↔positive) 명 부정
neglect	[niglékt]	니글렉트	타 소홀히 하다 명 태만
negligent	[néglidʒənt]	네글리전트	형 태만한, 부주의한
	He is negligent about his dress. 그는 옷에 신경을 쓰지 않는다.		
negotiate	[nigóuʃièit]	니고우쉬에이트	타 협상하다, 협정하다
negro	[ní:grou]	니-그로우	명 흑인 형 흑인의, 검은
neighbor	[néibər]	네이버	명 이웃사람 형 이웃의, 옆의
neighboring	[néibəriŋ]	네이버링	형 이웃하는, 근처의
neighborhood	[néibərhùd]	네이버후드	명 근처, 이웃, 부근
neither	[ní:ðər] [nái-]	니-더	부 ~도 아니고, ~도 아니다
nephew	[néfju:]	네퓨-	명 조카, 생질
nerve	[nə:rv]	너-브	명 신경, 용기, 담력 (=courage)
nervous	[nə́:rvəs]	너-버스	형 신경의, 신경질적인, 긴장한

nest	[nest]	네스트	명 (새, 벌레의) 집, 보금자리
net	[net]	넷	명 그물, 네트 타 그물을 잡다
network	[nétwə̀:rk]	네트워-크	명 망상 조직, 방송망
neutral	[njú:trəl]	뉴-트럴	형 중립의, 중용의 명 중립자
never	[névər]	네버	부 결코 ~하지 않다
nevertheless	[nèvərðəlés]	네버덜레스	부 접 그럼에도 불구하고, 그렇지만
new	[nju:]	뉴-	형 새로운, 신발명의 부 새로이
newcomer	[nju:kʌ́mər]	뉴-커머	명 새로운 사람, 풋내기
new-fashioned	[njú:fǽʃənd]	뉴-패션드	형 신유형의, 신형의
newly	[njú:li]	뉴-리	부 최근, 새로이, 다시 They are a newly married couple. 그들은 신혼부부다.
news	[nju:z]	뉴-즈	명 뉴스, 보도, 기사
newspaper	[nju:zpéipər]	뉴-즈페이퍼	명 신문(지)
next	[nekst]	넥스트	명 다음의 부 다음에 전 ~의 다음에 next door to : ~에 가까운(=near to), ~와 비슷한
nibble	[níbl]	니벌	타 자 조금씩 갉아먹다, 물어뜯다
nice	[nais]	나이스	형 좋은, 쾌적한, 훌륭한
nicely	[náisli]	나이슬리	부 훌륭하게, 잘, 세심하게
nickel	[níkəl]	니컬	명 니켈 타 니켈 도금하다

nickname	[níknèim]	닉네임	명 별명, 애칭 타 별명을 붙이다
niece	[niːs]	니-스	명 조카딸, 질녀
night	[nait]	나이트	명 야간, 밤, 저녁
	the night before last : 그저께 밤에		
nightfall	[naitfɔːl]	나이트포-올	명 해질녘, 저녁
nightmare	[náitmɛər]	나이트메어	명 악몽, 가위눌림
nimble	[nímbl]	님벌	형 재빠른, 영리한, 현명한(=agile)
	She is as nimble as a cat. 그녀는 고양이처럼 민첩하다.		
nine	[nain]	나인	명 9, 아홉 형 아홉의, 9의
nineteen	[nàintíːn]	나인틴-	명 19, 열아홉 형 19의
ninetieth	[náintiəθ]	나인티-쓰	명 제90 형 제90의
ninety	[náinti]	나인티	명 90 형 90의, 90개
ninth	[nainθ]	나인쓰	명 제 9 형 제 9의
nip	[nip]	닙	타 자 집다, 물다, 꼬집다, 따다
nitrogen	[náitrədʒən]	나이트러젼	명 질소
no	[nou]	노우	형 없는, ~아닌 명 부정, 거절
No.	[nʌ́mbər]	넘버	약 제~번(number의 줄임)
nobility	[noubíləti]	노우빌러티	명 숭고한, 고결함
noble	[nóubl]	노우벌	형 고귀한, 고상한, 훌륭한(=worthy)

nobleman	[nóublmən]	노우벌먼	명 귀족
nobody	[nóubàdi]	노우버디	대 아무도 ~않다 명 이름 없는 사람
nod	[nad]	나드	타자 끄덕이다, 명령하다
noise	[nɔiz]	노이즈	명 소음, 소리, 시끄러운 소리
noisy	[nɔ́izi]	노이지	형 시끄러운, 와글거리는
nominate	[námənèit]	나머네이트	타 지명하다(=appoint), 추천하다
nomination	[nàmənéiʃən]	나머네이션	명 지명, 임명, 추천
none	[nʌn]	넌	대 아무도 ~아니다 부 조금도 ~않다
	None of them are wearing suits. 그들 중 아무도 정장을 입고 있지 않다.		
nonsense	[nánsens]	난센스	명 넌센스, 허튼소리, 무의미
nonstop	[nʌ́nstáp]	난스탑	형 무정차의, 직행의
noon	[nu:n]	눈–	명 정오, 한낮 형 정오의
nor	[nər]	노–	접 ~도 또한 ~않다(아니다)
normal	[nɔ́:rməl]	노–멀	형 보통의, 정상의 (↔abnormal)
normally	[nɔ́:rməli]	노–멀리	부 보통 때는
north	[nɔ:rθ]	노–쓰	명 북, 북방 형 북쪽의 부 북부에
northeast	[nɔ̀:rθí:st]	노–씨스트	명 북동(지방)
northeastern	[nɔ̀:rθí:stərn]	노–씨스턴	형 북동의, 북동으로의
northern	[nɔ́:rðərn]	노–던	형 북동에 사는, 북에 있는

northward	[nɔ́ːrθwərd]	노-쓰워드	형 북쪽을 향한 부 북방으로
northwest	[nɔ̀ːrθwést]	노-쓰웨스트	명 북서(지방) 형 북서향의
northwestern	[nɔ̀ːrθwéstərn]	노-쓰웨스턴	형 북서의, 북서로의
Norwegian	[nɔːrwíːdʒən]	노-위-젼	형 노르웨이의 명 노르웨이 사람
nose	[nouz]	노우즈	명 코, 후각 타자 냄새를 맡다
nostril	[nástrəl]	나스트릴	명 콧구멍
not	[nát]	낫	부 ~이 아니다, ~않다 not a few : 적지 않은, 꽤 많은 수의
notable	[nóutəbl]	노우터벌	명 저명 인사 형 주목할 만한, 두드러진
notably	[nóutəbli]	노우터블리	부 현저히, 특히 (=particularly)
notch	[natʃ]	나취	명 (V자형의) 새김눈 타 금을 내다
note	[nout]	노우트	명 각서, 기호, 메모 타 적어두다
notebook	[nóutbuk]	노우트북	명 노트, 공책
nothing	[nʌ́θiŋ]	너씽	명 아무 일도 ~않다, 무, 영
notice	[nóutis]	노우티스	명 통고, 주목, 통지 타 금을 내다
noticeable	[nóutisəbl]	노우티서벌	형 눈에 띄는, 주목할 만한 There were noticeable symptoms. 눈에 띄는 증상이 있었다.
notify	[nóutəfài]	노우더파이	디 통지하다, 신고하다
notion	[nóuʃən]	노우션	명 생각, 개념, 의향 (=idea)

N

notorious	[noutɔ́:riəs]	노우토-리어스	형 평판이 나쁜, 악명 높은
nought	[nɔ:t]	노-트	명 영, 제로, 무, 실패
nourishment	[nə́:riʃmənt]	너-리쉬먼트	명 영양물, 음식물
novel	[návəl]	나벌	명 소설 형 신기한, 기발한
novelist	[návəlist]	나벌리스트	명 소설가
novelty	[návəlti]	나벌티	명 신기한 사물, 새로움, 신제품
November	[nouvémbər]	노우벰버	명 11월(약어 Nov.)
novice	[návis]	나비스	명 초심자, 풋내기, 신참자
now	[nau]	나우	부 지금, 곧 명 현재 접 ~이고 보면
	now and then (again) : 때때로, 때로는		
nowadays	[náuədèiz]	나워데이즈	명 지금 부 현재에는, 지금은
nowhere	[nóuhwɛər]	노우웨어	부 아무데도 ~없다(않다)
nuclear	[njú:kliər]	뉴-클리어	형 핵의, 세포의, 원자력의
nuisance	[njú:sns]	뉴-선스	명 방해물, 귀찮은 일, 폐
numb	[nʌm]	넘	형 마비된, 둔한 타 마비시키다
number	[nʌ́mbər]	넘버	명 수, 총수, 번호 타 세다
numeral	[njú:mərəl]	뉴-머럴	명 숫자 형 수의, 수를 나타내는
numerous	[njú:mərəs]	뉴-머러스	형 많은 수의, 다수의
nun	[nʌn]	넌	명 수녀, 여승

nurse	[nəːrs]	너-스	명 유모, 간호원 타자 젖을 먹이다
nursery	[nə́ːrsəri]	너-서리	명 육아실, 탁아소, 양성소
nurture	[nə́ːrtʃər]	너-쳐	타 양육하다, 교육하다 명 양육
	Nurture is above nature. 혈통보다 교육이 중요하다.		
nut	[nʌt]	넛	명 견과(호두, 밤 따위), 너트
nutrition	[njuːtríʃən]	뉴-트리션	명 영양 섭취, 영양물, 음식
nylon	[náilan]	나일란	명 나일론
nymph	[nimf]	님프	명 요정, 아름다운 소녀

| 영어 필수 단어 |

O

oak	[ouk]	오-크	명 떡갈나무, 오크제품
oaken	[óukən]	오-컨	형 떡갈나무제의, 오크로 만든
oar	[ɔːr]	오-	명 (보트) 노 타자 노를 젓다
oasis	[ouéisis]	오우에이시스	명 오아시스, 사막의 녹지
oat	[out]	오우트	명 귀리
oath	[ouθ]	오우쓰	명 맹세, 선서, 서약 (=vow)
obedience	[oubíːdiəns]	오우비-디언스	명 복종, 순종, 공손
obedient	[oubíːdiənt]	오우비-디언트	형 순종하는, 유순한, 고분고분한
obey	[oubéi]	오우베이	타자 복종하다, 순종하다 (=follow)
object	[ábdʒikt] [ɔ́b-]	압쥑트	명 물체, 사물, 대상, 목적
objection	[əbdʒékʃən]	업젝션	명 반대, 이의, 난점
objective	[əbdʒéktiv]	업젝티브	형 물질적인, 객관적인 명 목표
obligation	[àbləgéiʃən]	아블러게이션	명 책임, 계약, 은혜
oblige	[əbláidʒ]	어블라이쥐	타 은혜를 베풀다, 의무를 지우다 She was obliged to marry the old man. 그녀는 노인과 결혼하지 않으면 안되었다.
oblivion	[əblíviən]	어블리비언	명 망각, 잊기 쉬움, 잊혀짐

obscure	[əbskjúər]	업스큐어	형 애매한, 모호한 (=vague)
observance	[əbzə́ːrvəns]	업저-번스	명 준수, 의식, 규율
observation	[àbzərvéiʃən]	압저베이션	명 관찰, 주목, 감시
observatory	[əbzə́ːrvətɔ̀ːri]	업저-버토리	명 관측소, 전망대
observe	[əbzə́ːrv]	업저-브	타자 주시하다, 지키다
observer	[əbzə́ːrvər]	업저-버	명 관찰자, 입회인, 준수자
obstacle	[ábstəkl]	압스터컬	명 장애(물), 고장, 방해물
obstinate	[ábstənət]	압스터닛	형 완고한, 끈질긴 (=stubborn)
obstruct	[əbstrʌ́kt]	압스트럭트	타자 방해하다, 가로막다
obstruction	[əbstrʌ́kʃən]	업스트럭션	명 의사의 방해, 장애(물)
obtain	[əbtéin]	업테인	타자 획득하다, 손에 넣다, 얻다
obvious	[ábviəs]	아비어스	형 명백한, 명확한 (=clear)
obviously	[ábviəsli]	아비어슬리	부 명백하게, 분명히
occasion	[əkéiʒən]	어케이젼	명 경우, 기회 타 일으키다
	Thank you for your kindness on that occasion. 그때는 친절하게 해주셔서 감사합니다.		
occasional	[əkéiʒənəl]	어케이져널	형 임시의, 때때로의
occasionally	[əkéiʒənəli]	어케이져널리	부 이따금, 때때로, 가끔
occupant	[ákjupənt]	아켜펀트	명 (토지, 가옥의) 점유자
occupation	[àkjupéiʃən]	아켜페이션	명 점유, 점령, 거주, 직업

occupy	[ákjupài]	아켜파이	타 점령하다, 차지하다, 점유하다
occur	[əkə́:r]	어커–	자 일어나다, 마음에 떠오르다
occurrence	[əkə́:rəns]	어커–런스	명 발생, 사건, 생긴 일
ocean	[óuʃən]	오우션	명 대양, 끝없이 넓음
o'clock	[əklák]	어클락	명 시(時)
October	[aktóubər]	악토우버	명 10월(약어 Oct.)
odd	[ad]	아드	형 나머지의, 홀수의, 여분의
oddly	[ádli]	아들리	부 이상하게, 짝이 맞지 않게
odds	[adz]	아–즈	명 가능성, 확률, 불화
	The odds are it will fine. 아마 날씨는 맑을 것이다.		
odor	[óudər]	오우더	명 냄새, 향기, 기미
of	[əv, ʌ́v]	어브	전 ~의, ~에 속하는, ~부터
	Of course. 물론이지.		
off	[ɔ:f, af]	오–프	부 떨어져서 전 ~에서 떨어져
offend	[əfénd]	어펜드	타자 감정을 해치다, 성나게 하다
offender	[əféndər]	어펜더	명 범죄자
offense	[əféns]	어펜스	명 죄, 불법, 범죄 (=crime)
offensive	[əfénsiv]	어펜시브	형 불쾌한, 싫은 (=unpleasant)
offer	[ɔ́:fər]	오퍼	타자 제공하다 명 신청

office	[ɔ́:fis]	오피스	명 직무, 사무소, 관청
officer	[ɔ́:fisər]	오피서	명 장교, 공무원, 역원
official	[əfíʃəl]	오피셜	형 직무상의, 공적인 명 공무원
offspring	[ɔ:fspriŋ]	옵스프링	명 자식, 자손, 소산
often	[ɔ́:fən]	오펀	부 종종, 자주
oh	[ou]	오우	감 오! 아이고! 앗!
oil	[ɔil]	오일	명 기름, 석유, 올리브유
oily	[ɔ́ili]	오일리	형 기름의, 기름칠 한
ointment	[ɔ́intmənt]	오인트먼트	명 연고, 고약
OK (O.K.)	[óukéi, òukéi, óukèi]	오우케이	형 좋아 명 승인 타 승인하다
old	[ould]	오울드	형 나이 많은, 오랜 명 노인
old-fashioned	[ouldfǽʃənd]	오울드패션드	형 유행에 뒤떨어진, 구식의
olive	[ɑ́liv]	알리브	명 올리브나무 형 올리브색의
Olympic	[əlímpik]	얼림픽	형 올림픽의 명 국제올림픽대회
omega	[oumí:gə -méi-]	오우미-거	명 끝, 마지막, 최후
ominous	[ɑ́mənəs]	아머너스	형 불길한, 험악한, 나쁜 징조
	When I left office, I had an ominous feeling. 사무실을 나오자 불길한 생각이 들었다.		
omission	[oumíʃən]	오우미션	명 생략, 탈락, 누락
omit	[oumít]	오우미트	타 생략하다, 빠뜨리다 (=forget)

omnibus	[àmnibʌ̀s]	암너버스	명 승합 마차, 버스 형 다목적인
on	[ən, ɔ́:n]	안	전 ~위에, ~에 부 위에, 향하여
	on and on : 잇달아, 쉬지 않고		
once	[wʌns]	원스	부 한 번, 한 차례, 일단
one	[wʌn]	원	형 하나의, 한 개의 명 하나
oneself	[wʌnsélf]	원셀프	대 스스로, 자신이, 자기 자신을
onion	[ʌ́njən]	어년	명 양파
only	[óunli]	오운리	형 유일한 부 오직 접 다만
onward	[ánwərd]	안워드	형 전진하는 부 전방으로
ooze	[u:z]	우-즈	타자 스며 나오다, 비밀이 새다
	My left shoe was oozing with water. 내 왼쪽 신발이 물이 새고 있다.		
opal	[óupəl]	오우펄	명 단백석, 오팔, 젖빛유리
open	[óupən]	오우펀	형 열린 타자 열다
openly	[óupənli]	오우펀리	형 솔직히, 공공연히
opening	[óupəniŋ]	오우퍼닝	명 개방, 개시, 구멍 형 개시의
opera	[ápərə]	아퍼러	명 가극, 오페라, 가극장
operate	[ápərèit]	아퍼레이트	타자 (기계 등이) 움직이다
operation	[àpəréiʃən]	아퍼레이션	명 일, 가동, 작동 (=action)
operator	[ápərèitər]	아퍼레이터	명 (기계의) 운전자, 교환수

opinion	[əpínjən]	어피니언	[명] 의견, 지론, 견해
opium	[óupiəm]	오우피엄	[명] 아편, 아편굴
opponent	[əpóunənt]	어포우넌트	[명] 적, 상대 [형] 반대하는
opportunity	[àpərtjú:nəti]	아퍼튜-너티	[명] 기회, 호기(=chance)
oppose	[əpóuz]	어포우즈	[타] 반대하다, 적대하다, 방해하다
opposite	[ápəzit, ápəsit]	아퍼짓	[형] 마주보는(=facing) [명] 반대자
opposition	[àpəzíʃən]	아퍼지션	[명] 반대, 저항, 야당
oppression	[əpréʃən]	어프레션	[명] 압박, 우울, 억압
optimism	[áptəmìzm]	압터미점	[명] 낙천주의, 낙관
or	[ər]	오-	[접] 또는, 즉, 그렇지 않으면
oracle	[ɔ́:rəkl]	오러컬	[명] 신탁, 현인
oral	[ɔ́:rəl]	오-럴	[형] 입의, 구두의
orange	[ɔ́:rindʒ, árindʒ]	오린쥐	[명] 오렌지, 귤 [형] 오렌지의
oration	[ɔ:réiʃən]	오-레이션	[명] (형식을 갖춘) 연설 He delivered a funeral oration. 그는 추도연설을 했다.
orator	[ɔ́:rətər, ár-]	오러터	[명] 연설가, 강연자
orbit	[ɔ́:rbit]	오-비트	[명] 궤도, 활동 범위
orchard	[ɔ́:rtʃərd]	오-쳐드	[명] 과수원
orchestra	[ɔ́:rkəstrə]	오-커스트러	[명] 오케스트라, 관현악단

ordain	[ɔːrdéin]	오-데인	타 정하다, 규정하다, 운명지우다
ordeal	[ɔːrdíːəl]	오-디-얼	명 모진 시련, 고된 체험 (=hardship)
order	[ɔ́ːrdər]	오-더	명 정돈, 명령, 순서 타 명령하다
	in good(poor) order : 순조롭게(순조롭지 못하게)		
orderly	[ɔ́ːrdərli]	오-덜리	형 정돈된, 규율 있는
ordinal	[ɔ́ːrdənl]	오-더널	형 순서의 명 서수(序數)
ordinary	[ɔ́ːrdənèri]	오-더너리	형 보통의, 평범한 명 정식(定食)
ore	[ɔːr]	오-	명 광석, 원광(原鑛), 철광석
organ	[ɔ́ːrgən]	오-건	명 기관(器官), 기관지, 오르간
organic	[ɔːrgǽnik]	오-개닉	형 기관의, 유기체의, 조직적인
organism	[ɔ́ːrgənìzm]	오-거니점	명 유기체, 생물
organization	[ɔ̀rgən-izéiʃən]	오-거너제이션	명 조직, 구성, 편성
	You must withdraw from the organization. 너는 그 조직에서 탈퇴해야 해.		
organize	[ɔ́ːrgənàiz]	오-거나이즈	타 조직하다, 편성하다
Orient	[ɔ́ːriənt]	오-리엔트	명 동양 타자 동쪽으로 향하다
Oriental	[ɔ̀ːriéntl]	오-리언틀	형 동양의, 동쪽의 명 동양사람
origin	[ɔ́ːrədʒin, árədʒin]	오-러진	명 기원, 원천, 시작 (=beginning)
original	[ərídʒənl]	어리져널	형 독창적인, 최초의 명 원작
originality	[ərìdʒənǽləti]	어리저낼러티-	명 독창성, 참신

originate	[ərídʒənèit]	어리져네이트	타 자 시작하다, 일으키다, 생기다
ornament	[ɔ́:rnəmənt]	오-너먼트	명 장식(품) 타 꾸미다
orphan	[ɔ́:rfən]	오 펀	명 고아 형 고아의
orthodox	[ɔ́:rθədὰks]	오-써닥스	형 정통파의, 인습적인
ostrich	[ɔ́:stritʃ, ά́s-]	오스트리치	명 타조, 도피자
other	[ʌ́ðər]	어더	형 다른 대 다른 것, 타인
otherwise	[ʌ́ðərwàiz]	어더와이즈	부 다른 방법으로, 만약 그렇지 않으면
ought	[ɔ:t]	오-트	조 해야만 한다, ~함이 당연하다
ounce	[auns]	아운스	명 온스(보통 28.4그램)
our	[auər]	아우어	대 우리의
oust	[aust]	아우스트	타 내쫓다, 뺏다, 탈취하다 The president was ousted by the army. 대통령은 군부에 의해 추방당했다.
ours	[auərz]	아우어즈	대 우리의 것
ourselves	[auərsélvz]	아워셀브즈	대 우리 자신, 우리에게
out	[aut]	아웃	부 밖으로, 밖에 형 밖의 out of the question : 어림도 없이, 전혀 불가능하여
outbreak	[áutbreik]	아웃브레익	명 발발, 폭동
outburst	[áutbə:rst]	아웃버-스트	명 폭발, 파열 (=explosion)
outcome	[áutkʌm]	아웃컴	명 결과, 성과

outdoor	[áutdɔ:r]	아웃도-	부 문 밖에서, 야외에서
outer	[áutər]	아우터	형 바깥의, 외면의
outfit	[áutfit]	아웃핏	명 (여행의)채비 타 필수품을 공급하다
outgoing	[áutgòuiŋ]	아웃고잉	형 나가는, 사교적인
outlaw	[áutlɔ:]	아웃로-	명 추방자 타 법률의 보호를 빼앗다
outlet	[áutlet]	아웃렛	명 출구, 배출구, 판로
outline	[áutlain]	아웃라인	명 윤곽, 외형 타 윤곽을 그리다
outlook	[áutluk]	아웃룩	명 전망, 예측, 감시
output	[áutput]	아웃풋	명 생산고, 산출, 생산
outrage	[áutreidʒ]	아웃레이지	명 폭행, 침범 타 폭행하다
outrageous	[autréidʒəs]	아웃레이져스	형 난폭한, 포악한
	We were angry at her outrageous manner. 그녀의 난폭한 행동에 우리는 분노했다.		
outside	[àutsáid]	아웃사이드	명 바깥쪽, 외부, 겉모양
outskirt	[áutskə:rt]	아웃스커-트	명 교외, 주변, 도시의 변두리
outstanding	[autstǽndiŋ]	아웃스탠딩	형 눈에 띄는, 중요한, 뛰어난(=excellent)
outward	[áutwərd]	아웃워드	형 밖으로 향한, 표면의, 외부로의
oval	[óuvəl]	오우벌	형 달걀 모양의 명 계란형, 타원형
oven	[ʌ́vən]	어번	명 화덕, 솥, 가마, 오븐
over	[óuvər]	오우버	전 ~의 위에 부 위에, 덮여

overall	[òuvərɔ́:l]	오우버롤	형 전체적인 명 작업복
overboard	[óuvərbɔ:rd]	오우버보-드	전 배 밖으로, 물속으로
overcoat	[óuvərkout]	오우버코웃	명 외투
overcome	[óuvərkʌm]	오우버컴	타 이겨내다, 극복하다 (=defeat)
overdue	[óuvərdju:]	오우버듀-	형 기간이 지난, 늦은, 연착한
overeat	[òuvəríːt]	오우버잇	타자 과식하다, 과식하여 탈나다
overflow	[óuvərflou]	오우버플로우	타자 (강이) 범람하다 명 범람
overhead	[ouvərhéd]	오우버헤드	부 머리 위로, 상공에 형 머리위에
overhear	[ouvərhíər]	오우버히어	타 도청하다, 엿듣다
overlook	[ouvərlúk]	오우버룩	타 내려다보다, 눈감아주다(=forgive)
overnight	[óuvərnait]	오우버나이트	명 밤새도록, 하룻밤
overpower	[òuvərpáuər]	오우버파워	타 압도하다, 제압하다
overseas	[òuvərsi:z]	오우버시-즈	부 해외로, 외국으로 형 해외의
oversleep	[òuvərslíːp]	오우버슬립-	타자 너무 자다, 오래 자다
overtake	[òuvərtéik]	오우버테이크	타 뒤쫓아 닿다, 따라 잡다
overthrow	[òuvərθróu]	오우버쓰로우	타 뒤집어엎다 명 타도, 전복
overturn	[òuvərtə́:rn]	오우버턴-	타자 뒤덮다, 타도하다 (=upset)
overwhelm	[òuvər*h*wélm]	오우버웰름	타 압도하다, 질리게 하다

The young pitcher overwhelmed our hitters.
그 젊은 투수는 우리 타자들을 압도했다.

O

overwhelming	[òuvərhwélmiŋ]	오우버웰밍	형 압도적인, 저항할 수 없는
overwork	[óuvərwə:rk]	오우버워-크	명 과로 타자 과로시키다, 과로하다
owe	[ou]	오우	타자 은혜를 입고 있다, 빚이 있다
	I owe you a lot. 큰 빚을 졌습니다. 대단히 감사합니다.		
owing	[óuiŋ]	오우잉	형 빚지고 있는, 미불로 되어 있는
owl	[aul]	아울	명 올빼미, 부엉이
own	[oun]	오운	형 자신의, 특유의 타자 소유하다
owner	[óunər]	오우너	명 임자, 소유자
ownership	[óunərʃip]	오우너쉽	명 소유권
ox	[aks]	악스	명 황소
oxen	[áksn]	악선	명 ox의 복수
oxygen	[áksidʒen]	악시전	명 산소
oyster	[ɔ́istər]	오이스터	명 (해산물) 굴, 입이 무거운 사람
ozone	[óuzoun]	오우조운	명 오존, 신선한 공기

P

pace	[péis]	페이스	명 한 걸음, 보폭, 걷는 속도
pacific	[pəsífik]	퍼시픽	형 평화의, 온화한 명 태평양(P~)
pack	[pæk]	팩	명 꾸러미, 다발, 보따리 타 싸다
package	[pǽkidʒ]	패키쥐	명 짐 꾸러미 타 포장하다
packet	[pǽkit]	패킷	명 소포, 꾸러미, 한 다발 I heard that he made a packet in Japan. 그가 일본에서 큰돈을 벌었다고 들었어.
pad	[pæd]	패드	명 덧대는 것 타 속을 넣다
paddle	[pǽdl]	패들	타자 노로 젓다, 물장난하다 명 노
page	[peidʒ]	페이쥐	명 페이지, 문서; 급사
pageant	[pǽdʒənt]	패전트	명 행렬, 장관(壯觀), 허식
pail	[peil]	페일	명 들통, 양동이
pain	[pein]	페인	명 아픔, 고통 타자 고통을 주다
painful	[péinfəl]	페인펄	형 아픈, 괴로운, 힘겨운 (=tough)
paint	[peint]	페인트	명 페인트, 도료 타 그리다
painting	[péintiŋ]	페인팅	명 그림, 화법, 페인트칠
pair	[pɛər]	페어	명 한 쌍 타자 한 쌍이 되다

	make a pair : 한 쌍이 되다, 결혼하다		
pajamas	[pədʒɑ́:məz]	퍼자–머즈	명 파자마, 잠옷
pal	[pæl]	팰	명 동무, 친구, 동료
palace	[pǽlis]	팰리스	명 궁전, 큰 저택
pale	[péil]	페일	형 창백한, 엷은 타자 창백해지다
palm	[pa:m]	파–암	명 손바닥; 야자 타 속이다
pamphlet	[pǽmflət]	팸플릿	명 팜플렛, 소책자, 소논문
pan	[pæn]	팬	명 납작한 냄비, 접시, 프라이팬
pancake	[pǽnkeik]	팬케익	명 팬케이크(빵 종류)
pane	[pein]	패인	명 (한 장의) 창유리
panel	[pǽnl]	패늘	명 판벽 널, 화판; 참가자
	I explained it before a panel of examiners. 나는 조사위원들 앞에서 그것을 설명했다.		
panic	[pǽnik]	패닉	명 겁먹음, 당황, 공황 형 공황적인
panorama	[pænərǽmə]	패너래머	명 파노라마, 잇달아 변하는 광경
pant	[pænt]	팬트	명 헐떡임 타자 헐떡이다
pants	[pænts]	팬츠	명 바지, 속바지
papa	[pɑ́:pə]	파–퍼	명 아빠
paper	[péipər]	페이퍼	명 종이, 벽지, 신문지 형 종이의
par	[pa:r]	파–	명 동등(수준), (골프) 표준타수

parachute	[pǽrəʃùːt]	패러슈-트	명 낙하산
parade	[pəréid]	퍼레이드	명 행렬, 시위행진 타자 열병하다
paradise	[pǽrədàis]	패러다이스	명 천국, 낙원(=heaven)
paragraph	[pǽrəgræ̀f]	패러그래프	명 (문장의) 절, 단락
parallel	[pǽrəlèl]	패럴렐	형 평행의 명 평행선 타 유사하다
paralyze	[pǽrəlàiz]	페럴라이즈	타 마비시키다, 무능력하게 하다
paramount	[pǽrəmàunt]	패러마운트	형 최고의, 가장 높은, 주요한
	The matter assumed paramount importance. 그 문제는 가장 중요한 의미를 갖고 있다.		
parasite	[pǽrəsàit]	패러사이트	명 기생충, 식객
parasol	[pǽrəsɔ̀ːl]	패러소-올	명 양산, 파라솔
parcel	[pɑ́ːrsəl]	파-설	명 소포, 꾸러미 타 구분하다
parch	[paːrtʃ]	파-취	타 볶다, 바싹 말리다, 굽다
pardon	[pɑ́ːrdn]	파-든	명 용서, 면죄 타 용서하다(=forgive)
parent	[pɛ́ərənt]	페어런트	명 어버이, 보호자
Paris	[pǽris]	패리스	명 파리(프랑스의 수도)
park	[paːrk]	파-크	명 공원, 유원지, 주차장
	No parking : 주차금지		
parliament	[pɑ́ːrləmənt]	파알러먼트	명 의회, 국회, 영국 의회(P~)
parlor	[pɑ́ːrlər]	파알러	명 객실, 거실, 응접실

parrot	[pǽrət]	패럿	명 앵무새
part	[pa:rt]	파-트	명 부분 타자 나누다 형 일부의
partake	[pa:rtéik]	파-테이크	타자 참가하다, 참여하다
partial	[pá:rʃəl]	파-셜	형 부분적인, 불공평한, 편파적인
participate	[pa:rtísəpèit]	파-티서페이트	타자 관여하다, 참가하다
participation	[pa:rtìsəpéiʃən]	파-티서페이션	명 관계, 참가, 협동
parting	[pá:rtiŋ]	파-팅	명 이별, 분리, 별세 형 고별의
	I felt the sorrow of parting. 나는 이별의 슬픔을 맛보았다.		
partisan	[pá:rtizən]	파-터전	명 도당, 유격병, 당원 형 도당의
partition	[pa:rtíʃən]	파-티션	명 분할, 분배 타 분할하다
partner	[pá:rtnər]	파-트너	명 협력자, 조합원, 배우자
partnership	[pá:rtnərʃip]	파-트너쉽	명 공동, 협력, 조합
party	[pá:rti]	파-티	명 당(파), 일행, 모임, 파티
pass	[pæs]	패스	타자 지나가다, 합격하다 명 합격
passage	[pǽsidʒ]	패시쥐	명 통행, 통과, 통로
passenger	[pǽsəndʒər]	패선저	명 여객, 승객, (특히) 선객
passion	[pǽʃən]	패션	명 정열, 격정, 정욕
passionate	[pǽʃənət]	패셔니트	형 열렬한, 열의에 찬, 감정적인
passive	[pǽsiv]	패시브	형 수동의 명 (문법) 수동태

passport	[pǽspɔːrt]	패스포-트	명 여권, 허가증
past	[pæst]	패스트	형 지나간 명 과거 부 지나쳐서
paste	[peist]	페이스트	명 풀 타 풀로 붙이다
pastime	[pǽstàim]	패스타임	명 오락, 위안, 기분전환 (=amusement)
pastor	[pǽstər]	패스터	명 목사, 승려, 정신적 지도자
pastoral	[pǽstərəl]	패스터럴	형 목가적인, 전원의
pasture	[pǽstʃər]	패스쳐	명 목장, 목초 타자 방목하다
pat	[pæt]	팻	타자 가볍게 두드리다 형 꼭 맞는
patch	[pætʃ]	패취	명 헝겊, 천 조각 타 헝겊을 덧대다
patent	[pǽtnt]	패턴트	명 특허 형 전매의 자 특허를 얻다
paternal	[pətə́ːrnl]	패터-널	형 아버지의, 아버지다운
path	[pæθ]	패쓰	명 작은 길, 보도, 통로
pathetic	[pəθétik]	퍼쎄틱	형 가련한, 애처로운, 감동시키는
	That little girl is frail and pathetic. 저 어린 소녀는 연약하고 불쌍하다.		
pathway	[pǽθwei]	패쓰웨이	명 작은 길
patience	[péiʃəns]	페이션스	명 인내, 참을성 (=endurance)
patient	[péiʃənt]	페이션트	형 인내력이 강한 명 환자
patriot	[péitriət]	페이트리어트	명 애국자
patriotism	[péitriətìzm]	패트리어티점	명 애국심

patrol	[pətróul]	퍼트로울	명 순회, 정찰
patron	[péitrən]	페이트런	명 후원자, 지지자, 보호자
patter	[pǽtər]	패터	타자 또닥또닥 소리를 내다
pattern	[pǽtərn]	패턴	명 모범, 본보기 타자 모방하다
pause	[pɔːz]	포-즈	명 중지, 중단 자 중단하다
pave	[peiv]	페이브	타 포장하다, 준비하다, 닦다
pavement	[péivmənt]	페이브먼트	명 포장도로 Midnight not a sound is heard from the pavement. 한밤중 포장도로에선 아무 소리도 들리지 않는다.
pavilion	[pəvíljən]	퍼빌리언	명 큰 천막, 야외 관람석 타 큰 천막을 치다
paw	[pɔː]	포-	명 (개, 고양이의) 앞발
pawn	[pɔːn]	폰-	명 저당물, 저당 타 전당잡히다
pay	[pei]	페이	타자 갚다, 지불하다 명 지불
payment	[péimənt]	페이먼트	명 지불, 납부
pea	[piː]	피-	명 완두 형 완두콩만한
peace	[piːs]	피-스	명 평화, 태평 감 조용히!
peaceable	[píːsəbl]	피-서벌	형 평화로운, 평화를 좋아하는
peaceful	[píːsfəl]	피-스펄	형 평화적인, 평온한 (=quiet)
peach	[piːtʃ]	피-취	명 복숭아 형 복숭아 빛의
peak	[piːk]	피-크	명 봉우리, 뾰족한 끝, 첨단

peal	[pi:l]	피-일	명 (포성, 천둥 따위의) 울림
peanut	[pí:nʌt]	피-넛	명 땅콩, 하찮은 것
pear	[pɛər]	페어	명 배, 배나무
pearl	[pə:rl]	퍼-얼	명 진주
peasant	[péznt]	페전트	명 농부, 시골뜨기
pebble	[pébl]	페벌	명 (둥근)조약돌, 자갈
peck	[pek]	펙	타자 부리로 쪼다, 쪼아 먹다
peculiar	[pikjú:ljər]	피큘-리어	형 독특한(=unusual), 고유한
	There is something peculiar about her. 그녀에겐 뭔가 특이한 점이 있다.		
peculiarity	[pikjù:liǽrəti]	피큘-리애러티	명 특수, 괴상함, 특색
pedestrian	[pədéstriən]	퍼데스트리언	형 도보의 명 보행자
peel	[pi:l]	피일	명 (과실의) 껍질 타자 껍질을 벗기다
peep	[pi:p]	핍-	명 엿봄, 훔쳐보기 자 엿보다
peer	[piər]	피어	자 응시하다 명 동료
peg	[peg]	펙	명 나무못, 말뚝 타 나무못을 박다
pelt	[pelt]	펠트	타자 던지다, 공격하다 명 내던짐
pen	[pen]	펜	명 펜, 필적, 축사(畜舍)
penalty	[pénəlti]	페널티	명 형벌, 벌금, 처벌 (=punishment)
pencil	[pénsəl]	펜설	명 연필

N O P Q R S T U V W X Y Z

pending	[péndiŋ]	펜딩	형 미결정의 전 ~동안, ~중
penetrate	[pénətrèit]	페너트레이트	타자 뚫고 들어가다, 관통하다
penguin	[péŋgwin]	펭귄	명 펭귄
peninsula	[pənínsjulə]	피닌설러	명 반도
penny	[péni]	페니	명 페니(영국의 화폐, 미국의 cent에 해당)
pension	[pénʃən]	펜션	명 연금, 부조금 타 연금을 주다
pensive	[pénsiv]	펜시브	형 생각에 잠긴, 시름에 잠긴
people	[pí:pl]	피-플	명 사람들, 국민
pepper	[pépər]	페퍼	명 후추
per	[pə:r]	퍼-	전 ~으로, ~에 대해
perceive	[pərsí:v]	퍼시-브	타 알아채다, 감지하다
	He perceived that he was being watched. 그는 감시 당하고 있음을 알아챘다.		
percent	[pərsént]	퍼센트	명 퍼센트, 100에 대하여 얼마
percentage	[pərséntidʒ]	퍼센티쥐	명 100분율, 비율, 부분
perceptible	[pərséptəbl]	퍼셉터블	형 눈에 띄는, 상당한 (=noticeable)
perception	[pərsépʃən]	퍼셉션	명 지각, 이해력, 지각의 대상
perch	[pə:rtʃ]	퍼-취	명 횃대 타자 횃대에 앉다, 두다
perfect	[pə́:rfikt]	퍼-픽트	형 완전한, 이상적인 타 완성하다
perfection	[pərfékʃən]	퍼-펙션	명 완전, 완성, 이상

perform	[pərfɔ́:rm]	퍼폼–	타자 다하다, 수행하다, 실행하다
performance	[pərfɔ́:rməns]	퍼포–먼스	명 수행, 실행, 연기
perfume	[pə́:rfju:m]	퍼–퓸	명 향료, 향수 타 향수를 뿌리다
perhaps	[pərhǽps, prǽps]	퍼햅스	부 아마, 혹시, 어쩌면 (=probably)
peril	[pérəl]	페럴	명 위험, 모험 타 위태롭게 하다
perilous	[pérələs]	페럴러스	형 위험한, 위태한, 모험적인
period	[pí:əriəd]	피어리어드	명 기간, 시대, 잠시 동안
periodical	[pìəriádikəl]	피어리아디컬	형 정기 간행의 명 정기 간행물
perish	[périʃ]	패리쉬	타자 죽다, 멸망하다, 없어지다
permanent	[pə́:rmənənt]	퍼–머넌트	형 영구한, 불변의, 영속하는 I want to get permanent residency in America. 나는 미국 영주권을 얻고 싶다.
permission	[pərmíʃən]	퍼–미션	명 허가, 면허, 인가
permit	[pərmít]	퍼–밋	타자 허락하다, 허가하다
perpendicular	[pə̀:rpəndíkjulər]	퍼–펀디켤러	형 수직의, 직각을 이루는
perpetual	[pərpétʃuəl]	퍼페츄얼	형 영구적인, 끊임없는, 부단한
perplex	[pərpléks]	퍼플렉스	타 곤란케 하다, 난처하게 하다
perplexity	[pərpléksəti]	퍼플렉서티	명 당황, 혼란, 난처함
persecute	[pə́:rsikjù:t]	퍼–시큐–트	타 박해하다, 괴롭히다, 학대하다
persevere	[pə̀:rsəvíər]	퍼–서비어	자 참아내다, 버티다

perseverance	[pə̀:rsəvíərəns]	퍼-시비-런스	명 인내, 끈기 (=endurance)
persimmon	[pə:rsímən]	퍼-시먼	명 감, 감나무
persist	[pərsíst]	퍼-시스트	자 고집하다, 주장하다, 집착하다
persistent	[pərsístənt]	퍼-시스턴트	형 불굴의, 지속하는 (=permanent)
person	[pə́:rsn]	퍼-선	명 사람, 신체, 인간
personal	[pə́rsənl]	퍼-서널	형 개인의, 사적인, 일신상의
personality	[pə̀:rsənǽləti]	퍼-서낼러티	명 개성, 인격, 인물
personnel	[pə̀:rsənél]	퍼-서넬	명 인원, 전직원
perspective	[pərspéktiv]	퍼-스펙티브	명 원근화법, 전망
persuade	[pərswéid]	퍼-쉐이드	타 설득하다, 납득시키다
	That old woman is hard to persuade. 저 노파는 설득시키기 어렵다.		
persuasion	[pərswéiʒən]	퍼쉐이젼	명 설득, 확신, 신념 (↔dissuasion)
perturb	[pərtə́:rb]	퍼터-브	타 불안하게 하다
pervade	[pərvéid]	퍼베이드	타 널리 퍼지다, 침투하다
pessimism	[pésəmìzm]	페서미점	명 비관주의, 염세관, 비관론
pessimist	[pésəmist]	페서미스트	명 비관론자, 염세가
pest	[pest]	패스트	명 유해물, 해충
pet	[pet]	펫	명 애완동물 형 귀여워하는
petal	[pétəl]	페틀	명 꽃잎

petition	[pətíʃən]	퍼티션	명 탄원, 청원(서) 타자 청원하다
petroleum	[pətróuliəm]	퍼트로울리엄	명 석유
petticoat	[pétikòut]	페티코웃	명 (여자의) 속치마
petty	[péti]	페티	형 사소한, 하찮은, 옹졸한
pew	[pjuː]	퓨-	명 (교회의) 벤치형 좌석
phantom	[fǽntəm]	팬텀	명 환각, 유령, 착각 형 유령의
phase	[feiz]	페이즈	명 단계, 형세, 국면 The civil war was entering its final phase. 내전은 그 최종단계에 진입하고 있었다.
pheasant	[féznt]	페전트	명 꿩
phenomenon	[finámənàn]	피나머난	명 현상, 신기한 사물
Philippine	[fíləpìːn]	필러피인	형 필리핀(사람)의
philosopher	[filásəfər]	필라서퍼	명 철학자, 철인
philosophy	[filásəfi]	필라서피	명 철학, 철리, 원리
phone	[foun]	포운	명 전화(기) 타자 전화를 걸다
photo	[fóutou]	포우토우	명 사진 타자 사진을 찍다
photograph	[fóutəgræ̀f]	포우터그래프	명 사진 타자 촬영하다
phrase	[freiz]	프레이즈	명 말(씨), 관용구 타 말로 표현하다
physical	[fízikəl]	피지컬	형 물질적인, 육체의 (↔spiritual)
physician	[fizíʃən]	피지션	명 내과의사

physics	[fíziks]	피직스	명 물리학
pianist	[piǽnist]	피애니스트	명 피아니스트, 피아노 연주자
piano	[piǽnou]	피애노우	명 피아노
pick	[pik]	픽	타자 뜯다, 따다 명 선택
pickle	[píkl]	피컬	명 절임국물, 오이지 타 절이다
picnic	[píknik]	피크닉	명 소풍, 피크닉 자 소풍가다
picture	[píktʃər]	픽쳐	명 그림, 회화, 사진 타 그리다
picturesque	[pìktʃərésk]	픽쳐레스크	형 그림 같은, 아름다운, 생생한
pie	[pai]	파이	명 파이, 크림 샌드위치
piece	[pi:s]	피-스	명 한 조각, 단편

Don't worry! It's a piece of cake.
걱정 마. 그건 누워서 떡먹기야.

pier	[piər]	피어	명 부두, 선창, 방파제
pierce	[piərs]	피어스	타자 꿰뚫다, 관통하다, 간파하다
piety	[páiəti]	파이어티	명 경건, 신앙심, 공손
pig	[pig]	피그	명 돼지, 새끼돼지, 돼지고기
pigeon	[pídʒən]	피젼	명 비둘기, 풋내기
pile	[pail]	파일	명 퇴적 타자 쌓아올리다, 더미
pilgrim	[pílgrim]	필그림	명 순례자, 방랑자
pill	[pil]	필	명 알약, 환약

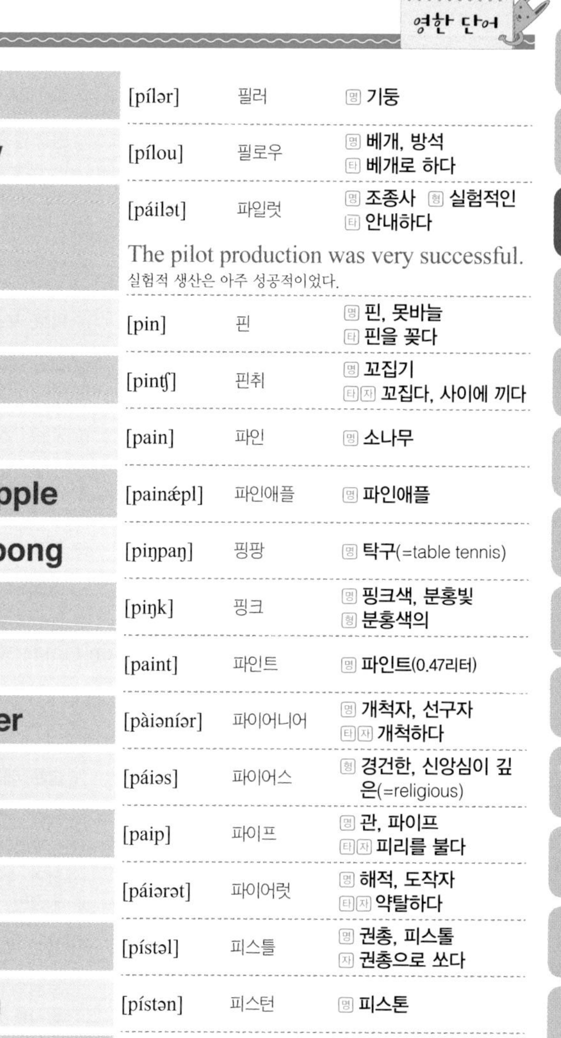

pillar	[pílər]	필러	명 기둥
pillow	[pílou]	필로우	명 베개, 방석 타 베개로 하다
pilot	[páilət]	파일럿	명 조종사 형 실험적인 타 안내하다 The pilot production was very successful. 실험적 생산은 아주 성공적이었다.
pin	[pin]	핀	명 핀, 못바늘 타 핀을 꽂다
pinch	[pintʃ]	핀취	명 꼬집기 타자 꼬집다, 사이에 끼다
pine	[pain]	파인	명 소나무
pineapple	[painǽpl]	파인애플	명 파인애플
ping-pong	[piŋpaŋ]	핑팡	명 탁구(=table tennis)
pink	[piŋk]	핑크	명 핑크색, 분홍빛 형 분홍색의
pint	[paint]	파인트	명 파인트(0.47리터)
pioneer	[pàiəníər]	파이어니어	명 개척자, 선구자 타자 개척하다
pious	[páiəs]	파이어스	형 경건한, 신앙심이 깊은(=religious)
pipe	[paip]	파이프	명 관, 파이프 타자 피리를 불다
pirate	[páiərət]	파이어럿	명 해적, 도작자 타자 약탈하다
pistol	[pístəl]	피스틀	명 권총, 피스톨 자 권총으로 쏘다
piston	[pístən]	피스턴	명 피스톤
pit	[pit]	핏	명 구덩이, 함정 타 구멍을 내다
pitch	[pitʃ]	피취	명 투구 타자 던지다

pitcher	[pítʃər]	피쳐	명 물주전자; (야구) 투수
pitiful	[pítifəl]	피티펄	형 인정 많은, 불쌍한 (=sad)
pity	[píti]	피티	명 연민, 동정, 애석함 타자 가엾게 여기다
pivot	[pívət]	피벗	명 회전 축
placard	[plǽkaːrd]	플래카-드	명 벽보, 포스터, 간판
place	[pleis]	플레이스	명 장소, 곳, 위치 타 두다, 놓다
placid	[plǽsid]	플래시드	형 평온한, 침착한, 고요한
plague	[pleig]	플레익	명 역병, 전염병, 흑사병
plaid	[plæd]	플래드	명 격자무늬, 바둑판무늬
plain	[plein]	플레인	형 평평한, 쉬운, 소박한 (=simple) It's plain that you didn't understand it. 네가 이해하지 못한 것은 분명하다.
plainly	[pléinli]	플레인리	부 명백하게, 솔직히
plaintive	[pléintiv]	플레인티브	형 슬픈, 애처로운
plan	[plæn]	플랜	명 계획, 설계 타자 계획하다
plane	[plein]	플레인	명 평면, 수평면; 비행기 형 평평한
planet	[plǽnit]	플래닛	명 행성, 혹성
plank	[plæŋk]	플랭크	명 두꺼운 판자, 널 타 판자를 깔다
plant	[plænt]	플랜트	명 식물, 풀; 공장 타 (초목을) 심다
plantation	[plæntéiʃən]	플랜테이션	명 대농원, 농장

plaster	[plǽstər]	플래스터	명 석회반죽, 석고, 고약
plastic	[plǽstik]	플래스틱	형 유연한, 조형의 명 플라스틱
plate	[pleit]	플레이트	명 접시, 식기류, 판유리 타 도금하다
plateau	[plætóu]	플래토우	명 고원, 대지; 쟁반
platform	[plǽtfɔːrm]	플랫폼–	명 단, 교단, 연단
platinum	[plǽtənəm]	플래터넘	명 백금, 백금색
platter	[plǽtər]	플래터	명 큰 접시, 레코드
play	[plei]	플레이	타자 놀다, 장난치다 명 놀이
player	[pléiər]	플레이어	명 경기자, 선수, 배우, 연주자
playful	[pléifl]	플레이펄	형 놀기 좋아하는, 익살스러운(=cheerful)
	He spoke to me in a playful manner. 그는 장난스럽게 내게 말을 걸었다.		
playground	[pléigràund]	플레이그라운드	명 운동장, 놀이터
playmate	[pléimeit]	플레이메이트	명 놀이 친구
plea	[pliː]	플리–	명 탄원, 청원, 변명
plead	[pliːd]	플리–드	타자 변호하다, 탄원하다
pleasant	[plézənt]	플레전트	형 기분 좋은, 유쾌한 (↔unpleasant)
please	[pliːz]	플리–즈	타자 기쁘게 하다, 좋아하다
pleased	[pliːzd]	플리–즈드	형 만족한, 기뻐하는, 즐거운
pleasing	[plíːziŋ]	플리–징	형 유쾌한, 만족한, 기분 좋은

P

pleasure	[pléʒər]	플레져	명 즐거움, 쾌락, 오락 (=enjoyment)
	With pleasure, sir. 그럼요 손님. (어떤 부탁에 승낙할 때)		
pledge	[pledʒ]	플레쥐	명 서약, 맹세 타 보증하다
plentiful	[pléntifəl]	플렌티펄	형 많은, 풍부한
plenty	[plénti]	플렌티	명 가득, 많음 형 충분한 부 충분히
plight	[plait]	플라이트	명 궁지, 곤경
plod	[plad]	플랏	타자 터벅터벅 걷다, 꾸준히 일하다
plot	[plat]	플랏	명 음모 타자 음모를 꾸미다
plow	[plau]	플라우	명 쟁기, 경작 타 쟁기질하다
pluck	[plʌk]	플럭	타자 (꽃, 과실, 깃털 등을) 뜯다, 뽑다
plug	[plʌg]	플럭	명 마개, 소화전 타 마개를 하다
plumage	[plú:midʒ]	플루-미쥐	명 깃털, 우모, 예복
plump	[plʌmp]	플럼프	형 통통하게 살찐 자 쿵 떨어지다
plunder	[plʌ́ndər]	플런더	명 약탈 타자 약탈하다, 빼앗다(=steal)
plunge	[plʌndʒ]	플런쥐	타자 처박다, 찌르다 명 돌진
plural	[plúərəl]	플루어럴	형 복수(複數)의 명 복수(형)
plus	[plʌs]	플러스	전 ~을 더한 형 더하기의
ply	[plai]	플라이	타자 (도구를)부지런히 쓰다, 왕복하다
p.m.	[pi:em]	피-엠	약 (라틴어) 오후 (a.m.은 오전)

pocket	[pákit]	파킷	명 호주머니, 지갑 타 포켓에 넣다
pocketbook	[pákitbuk]	파킷북	명 지갑, 수첩, 핸드백 (=handbag)
poem	[póuəm]	포우엄	명 시, 운문, 시적인 문장
poet	[póuit]	포우잇	명 시인
poetic	[pouétik]	포우에틱	형 시인의, 시인 같은
poetry	[póuitri]	포우이트리	명 시가, 시정, 운문
point	[pɔint]	포인트	명 뾰족한 끝, 첨단 타자 지시하다
pointed	[pɔ́intid]	포인티드	형 뾰족한, 날카로운, 예리한
	An eagle has a pointed beak. 독수리는 뾰족한 부리를 가졌다.		
poison	[pɔ́izn]	포이전	명 독(약), 폐해 타 독살하다
poisonous	[pɔ́izənəs]	포이저너스	형 유해한, 독 있는 (=toxic)
poke	[pouk]	포우크	타자 찌르다, 쑥 내밀다 명 찌름
poker	[póukər]	포우커	명 찌르는 물건, 포커(트럼프 놀이)
polar	[póulər]	포울러	형 극의, 극지의
pole	[poul]	포울	명 막대기, 장대, 극
police	[pəlíːs]	펄리-스	명 경찰
policeman	[pəlíːsmən]	펄리-스먼	명 경찰관, 순경
policy	[páləsi]	팔러시	명 정책, 방침, 수단
polish	[páliʃ]	팔리쉬	타자 닦다, 광나게 하다 명 닦기

polite	[pəláit]	펄라이트	형 공손한, 예절바른 (=civil)
politeness	[pəláitnis]	펄라잇니스	명 정중, 우아, 예절
	I had to eat the food out of politeness. 나는 예의상 그 음식을 먹어야만 했다.		
politic	[pálətìk]	팔러틱	형 사려 깊은, 정치의, 정책의
politics	[pálətiks]	팔러틱스	명 정치(학), 정략, 정책
political	[pəlítikəl]	팔리티컬	형 정치상의, 행정에 관한
politician	[pàlitíʃən]	팔러티션	명 정치가, 행정관
poll	[poul]	포울	명 투표, 투표수 타 투표하다
pollen	[pálən]	팔런	명 꽃가루
pollute	[pəlú:t]	펄루-트	타 더럽히다, 오염시키다, 모독하다
pollution	[pəlú:ʃən]	펄루-션	명 오염, 더럽히기
polo	[póulou]	포울로우	명 폴로(말 타고 하는 공치기 놀이)
pond	[pand]	판드	명 못, 연못, 늪
ponder	[pándər]	판더	타자 숙고하다, 곰곰이 생각하다(=consider)
ponderous	[pándərəs]	판더러스	형 묵직한, 육중한, 지루한
pony	[póuni]	포우니	명 조랑말, 작은 말
pool	[pu:l]	푸-울	명 풀, 웅덩이, 작은 못, 공동계산
poor	[puər]	푸어	형 가난한, 부족한, 초라한
pop	[pap]	팝	자 뻥 울리다, 탕 쏘다

Pope	[poup]	포웁	명 로마 교황
poplar	[páplər]	파플러	명 포플라, 사시나무
popular	[pápjulər]	파퓰러	형 민간의, 대중적인
population	[pàpjuléiʃən]	파퓰레이션	명 인구, 주민
populous	[pápjuləs]	파퓰러스	형 인구가 많은, 인구가 조밀한
porch	[pɔːrtʃ]	포-취	명 현관, 베란다 Cathy is at the porch. 캐씨가 현관에 와있어.
pore	[pɔːr]	포-	자 몰두하다 명 털구멍, 작은 구멍
pork	[pɔːrk]	포-크	명 돼지고기
port	[pɔːrt]	포-트	명 항구, 무역항
portable	[pɔ́ːrtəbl]	포-터블	형 들어 옮길 수 있는 명 휴대용
portal	[pɔ́ːrtl]	포-틀	명 문, 입구, 현관
porter	[pɔ́ːrtər]	포-터	명 운반인, 짐꾼, 잡역부
portion	[pɔ́ːrʃən]	포-션	명 부분, 몫, 한 사람 분 타 분배하다
portrait	[pɔ́ːrtrit]	포-트릿	명 초상화, 사진, 유사물
pose	[pouz]	포우즈	명 자세, 포즈 타자 자세를 취하다
position	[pəzíʃən]	퍼지션	명 위치, 장소, 태도
positive	[pázətiv]	파저티브	형 확실한, 명확한, 적극적인
possess	[pəzés]	퍼제스	타 소유하다(=have), 지배하다

P

possession	[pəzéʃən]	퍼제션	명 소유, 점유, 재산
possessive	[pəzésiv]	퍼제시브	형 소유의, 소유욕이 강한
possibility	[pàsəbíləti]	파서빌러티	명 가능성, 가능한 일
possible	[pásəbl]	파서블	형 가능한, 있을 수 있는
post	[poust]	포우스트	명 기둥; 지위; 우편 타 우송하다
postage	[póustidʒ]	포우스티쥐	명 우편 요금
postal	[póustl]	포우스털	형 우편의, 우체국의
postcard	[póustka:rd]	포우스트카-드	명 우편엽서
poster	[póustər]	포우스터	명 포스터, 벽보
posterity	[pastérəti]	파스테러티	명 자손, 후세 (=descendant)
	He left his name to posterity. 그는 후세에 이름을 남겼다.		
postman	[póustmæn]	포우스트먼	명 우체부, 집배원
postpone	[poustpóun]	포우스트포운	타 미루다, 연기하다
posture	[pástʃər]	파스쳐	명 자세, 상태 타 자 자세를 취하다
pot	[pat]	팟	명 단지, 항아리, 병
potato	[pətéitou]	퍼테이토우	명 감자, (美) 고구마
potent	[póutnt]	포우턴트	형 힘센, 강력한, 세력 있는(=powerful)
potential	[pəténʃəl]	포텐셜	형 가능한, 잠재적인 명 가능성
pottery	[pátəri]	파터리	명 도기 제품, 도기 제조, 오지그릇

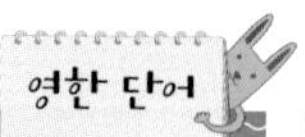

pouch	[pautʃ]	파우취	명 작은 주머니 타 주머니에 넣다
poultry	[póultri]	포울트리	명 가금(닭, 오리 따위)
pound	[paund]	파운드	명 파운드(4.5그램)
pour	[pɔːr]	포-	타자 쏟다, 붓다, 따르다, 유출하다
poverty	[pávərti]	파버티	명 가난, 결핍, 궁핍 (↔wealth)
	Pride does not consort with poverty. 자존심은 빈곤과 양립하지 못한다.		
powder	[páudər]	파우더	명 가루, 분말 타자 가루로 하다
power	[páuər]	파워	명 힘, 능력, 체력
	come to power : 권력을 잡다, 세력을 얻다		
powerful	[páuərfəl]	파워펄	형 강력한, 유력한
powerless	[páuərlis]	파월리스	형 무력한, 무능한, 권력이 없는
practical	[prǽktikəl]	프랙티컬	형 실제적인, 실제상의
practice	[prǽktis]	프랙티스	명 연습, 실행 타자 연습하다
prairie	[prɛ́əri]	프레어리	명 (북미의) 대초원
praise	[preiz]	프레이즈	명 칭찬, 찬양 타 칭찬하다
prank	[præŋk]	프랭크	명 농담, 못된 장난 타자 장식하다
pray	[prei]	프레이	타자 빌다, 기원하다
prayer	[prɛər]	프레어	명 빌기, 간원, 기도식
preach	[priːtʃ]	프리-취	타자 설교하다, 전도하다

P

precaution	[prikɔ́:ʃən]	프리코-션	명 조심, 경계, 예방책
precede	[prisí:d]	프리-시-드	타자 앞서다, 선행하다, 선도하다
precedent	[présədənt]	프레서던트	명 선례, 전례 There is no precedent for such a case. 그런 문제에 전례가 없다.
precious	[préʃəs]	프레셔스	형 귀중한, 비싼, 소중한 (=valuable)
precipice	[présəpis]	프레서피스	명 절벽, 벼랑, 위기
precipitate	[prisípitèit]	프리시퍼테이트	타자 거꾸로 떨어뜨리다
precise	[prisáis]	프리사이스	형 정확한, 세심한, 엄밀한
precision	[prisíʒən]	프리시젼	명 정확, 정밀 형 정밀한
predecessor	[prédəsèsər]	프레디세서	명 전임자, 선배, 선조
predict	[pridíkt]	프리딕트	타자 예언(예보)하다 (=forecast)
prediction	[pridíkʃən]	프리딕션	명 예언, 예보
preface	[préfis]	프레피스	명 머리말 타 머리말을 쓰다
prefecture	[prí:fektʃər]	프리-팩쳐	명 도(道), 현(縣)
prefer	[prifə́:r]	프리퍼-	타 (~쪽을) 더 좋아하다, 택하다
preference	[préfərəns]	프레퍼런스	명 선택, 편애, 특혜
pregnant	[prégnənt]	프렉넌트	형 임신한, 풍부한
prejudice	[prédʒudis]	프레져디스	명 편견, 선입견(=bias)
preliminary	[prilímənèri]	프릴리머네리	형 예비적인, 준비의 명 예비방위

premature	[prì:mətʃúər]	프리-머튜어	형 너무 이른, 조숙한
premier	[primjíər] [prí:miər]	프리미어	명 수상 형 최고참의
premium	[prí:miəm]	프리-미엄	명 보수, 사례, 할증금
preparation	[prèpəréiʃən]	프레퍼레이션	명 준비, 예습 (=arrangement)
preparatory	[pripǽrətɔ̀:ri]	프리패러토-리	형 준비의, 예비의
prepare	[pripέər]	프리페어	타자 준비하다, 채비하다
prescribe	[priskráib]	프리스크라이브	타자 명하다, 처방하다, 명령하다
	The doctor prescribed some pills for me. 의사는 내게 알약을 좀 처방해주었다.		
prescription	[priskrípʃən]	프리스크립션	명 명령, 규정, 처방
presence	[prézns]	프레전스	명 있음, 존재, 출석
present	[préznt]	프레전트	형 있는, 출석한 명 현재, 지금
present	[prizént]	프리젠트	타 선사하다, 제출하다, 바치다
presently	[prézntli]	프레전트리	부 곧, 이내, 즉시 (=soon)
presentation	[prèzəntéiʃən] [prì:zentéiʃən]	프레전테이션	명 증정, 선물, 제출
preservation	[prèzərvéiʃən]	프레저베이션	명 보존, 저장, 보호
preserve	[prizə́:rv]	프리저-브	타 보존하다, 유지하다
preside	[prizáid]	프리자이드	자 사회 보다, 의장 노릇하다
presidency	[prézədənsi]	프레지던시	명 대통령(총재, 의장)의 직
president	[prézədənt]	프레지던트	명 대통령, 총재, 회장

N O P Q R S T U V W X Y Z

presidential	[prèzədénʃəl]	프레지덴셜	형 대통령(총재)의
press	[pres]	프레스	타자 누르다, 밀어붙이다 명 압박
pressure	[préʃər]	프레셔	명 압력, 압박, 강제
prestige	[prestí:ʒ]	프레스티-쥐	명 위신, 명성 (=reputation)
presumably	[prizú:məbli]	프리쥬-머블리	부 아마, 그럴듯하게
presume	[prizú:m]	프리쥬-움	타 상상하다, 추정하다
pretend	[priténd]	프리텐드	타자 ~인 체하다, 꾸미다
pretense	[priténs] [prí:tens]	프리텐스	명 구실, 핑계, 가면

Her kindness was an only pretense.
그녀의 친절은 그저 연극이었다.

pretty	[príti]	프리티	형 예쁜, 귀여운 부 꽤, 상당히
prevail	[privéil]	프리베일	자 이기다, 우세하다, 극복하다
prevailing	[privéiliŋ]	프리베일링	형 널리 보급된, 유행인 (=common)
prevalent	[prévələnt]	프레벌런트	형 유행하는, 널리 퍼진
prevent	[privént]	프리벤트	타 방해하다, 막다
prevention	[privénʃən]	프리벤션	명 방지, 예방, 방해
previous	[prí:viəs]	프리-비어스	형 앞서의, 이전의
prey	[prei]	프레이	명 먹이, 희생 타 잡아먹다
price	[prais]	프라이스	명 대가, 가격 타 값을 매기다
priceless	[práislis]	프라이슬리스	형 대단히 귀중한, 아주 별난

prick	[prik]	프릭	명 찌름 타자 콕콕 찌르다
pride	[praid]	프라이드	명 자만, 자랑, 자존심 타 자랑하다
	She refused the money out of pride. 그녀는 자존심 때문에 돈을 거절했다.		
priest	[pri:st]	프리-스트	명 성직자, 사제
primary	[práimeri]	프라이메리	형 첫째의, 본래의, 초보의
prime	[praim]	프라임	형 첫째의, 근본적인, 가장 중요한
primitive	[prímətiv]	프리머티브	형 태고의, 원시의, 미개한
prince	[prins]	프린스	명 왕자, 제후
princess	[prínsis] [prínses]	프린시스	명 공주, 왕자비, 공작부인
principal	[prínsəpəl]	프린시펄	형 주된, 가장 중요한 명 장(長)
principle	[prínsəpl]	프린서플	명 원리, 원칙, 법칙 (=law)
print	[print]	프린트	타 출판하다, 인쇄하다 명 인쇄(물)
printer	[príntər]	프린터	명 인쇄기, 인쇄업자, 출판사
prior	[práiər]	프라이어	형 이전의, 앞서의, 보다 중요한
priority	[praiɔ́:rəti]	프라이오러티	명 우선권, 선취권
prison	[prízn]	프리즌	명 형무소, 감옥
prisoner	[prízənər]	프리즈너	명 죄수, 형사피고, 포로
privacy	[práivəsi]	프라이버시	명 사적자유, 사생활, 비밀
private	[práivət]	프라이비트	형 사사로운, 개인의 (↔public)

P

privilege	[prívəlidʒ]	프리벌리쥐	명 특권 타 특권을 주다
prize	[praiz]	프라이즈	명 상품, 노획물 형 상품으로 받은
probability	[pràbəbíləti]	프라버빌러티	명 가망, 있음직함 (=likelihood)
	in all probability : 아마도, 십중팔구는		
probable	[prábəbl]	프라버블	형 있음직한, 개연적인
problem	[prábləm]	프러블럼	명 문제, 의문 형 문제의
procedure	[prəsí:dʒər]	프러시-져	명 절차, 수속, 행동
	I am busy now with that procedure. 그 절차를 밟느라 지금 바쁩니다.		
proceed	[prəsí:d]	프로시-드	자 나아가다, 계속하다, 가다
proceeding	[prəsí:diŋ]	프로시-딩	명 행동, 조치, 소송 절차
process	[práses]	프라세스	명 진행, 경과 타 가공하다
procession	[prəséʃən]	프러세션	명 행렬, 행진, 전진 (=progression)
proclaim	[proukléim]	프로클레임	타 선언하다, 공표하다
proclamation	[pràkləméiʃən]	프라클러메이션	명 선언, 공포
procure	[proukjúər]	프로큐어	타 얻다, 가져오다, 획득하다
prodigal	[prádigəl]	프라디걸	형 낭비하는, 방탕한 명 낭비자
produce	[prədjú:s]	프러듀-스	타 생산하다, 산출하다, 낳다
producer	[prədjú:sər]	프러듀-서	명 생산자, 연출자, 제작자
product	[prádʌkt]	프라덕트	명 생산품, 제작물 (=outcome)

production	[prədʌ́kʃən]	프러덕션	[명] 생산, 제작, 작품
productive	[prədʌ́ktiv]	프러덕티브	[형] 생산적인, 다산의
	It was a very productive trip. 그건 아주 의미있는 여행이었다.		
profess	[prəfés]	프러페스	[타][자] 공언하다, 단언하다
profession	[prəféʃən]	프러페션	[명] (지적인) 직업, 선언
professional	[prəféʃənl]	프러페셔널	[형] 전문의, 직업적인 [명] 전문가
professor	[prəfésər]	프러페서	[명] (대학의) 교수
proffer	[prάfər]	프라퍼	[타] 제공하다, 제의하다 [명] 제출
proficiency	[prəfíʃənsi]	프러피션시	[명] 숙달, 능숙(=skill)
proficient	[prəfíʃənt]	프러피션트	[형] 숙련된, 숙달된 [명] 명인
profile	[próufail]	프로우파일	[명] 옆얼굴, 측면, 인물단평
profit	[prάfit]	프라피트	[명] (장사의) 이윤 [타][자] 이익을 얻다
profitable	[prάfitəbl]	프라피터벌	[형] 유익한, 이익이 되는
profound	[prəfáund]	프러파운드	[형] 깊은, 심원한, 정중한
program	[próugræm]	프로우그램	[명] 프로그램, 예정, 계획(표)
progress	[prάgres] [próu-]	프라그레스	[명] 전진, 진행, 진보
progressive	[prəgrésiv]	프러그레시브	[형] 전진하는, 진보적인
prohibit	[prouhíbit]	프로히비트	[타] 금지하다, 방해하다, 막다
prohibition	[pròuhəbíʃən]	프로우허비션	[명] 금지, 금지령

project	[prádʒekt] [prɔ́dʒ-]	프러젝트	타자 계획하다, 설계하다 명 계획
projection	[prədʒékʃən]	프러젝션	명 돌출(부), 사출, 발사, 계획
prologue	[próulɔ:g]	프로울록–	명 예비연습, 머리말, 서문
prolong	[prəlɔ́:ŋ] [prəláŋ]	프롤롱–	타 늘이다, 연장하다
prominent	[prámənənt]	프라머넌트	형 돌출한, 현저한, 눈에 띄는(=noticeable)
	He was a prominent scientist. 그는 대단한 과학자였다.		
promise	[prámis]	프라미스	명 약속, 계약 타자 약속하다
promising	[prámisiŋ]	프라미싱	형 유망한, 장래가 촉망되는
promote	[prəmóut]	프러모우트	타 진급시키다, 장려하다
promotion	[prəmóuʃən]	프러모우션	명 승진, 진급, 촉진
prompt	[prampt]	프람프트	형 신속한, 즉시의 타 촉진하다
pronounce	[prənáuns]	프러나운스	타자 발음하다, 선언하다
pronunciation	[prənʌ̀nsiéiʃən]	프러넌시에이션	명 발음, 발음법
proof	[pru:f]	프루–프	명 증명, 증거 형 ~에 견디는
propaganda	[pràpəgǽndə]	프라퍼갠더	명 선전, 선전활동
propagate	[prápəgèit]	프라퍼게이트	타자 선전하다, 보급하다
proper	[prápər]	프라퍼	형 적당한, 옳은, 타당한
property	[prápərti]	프라퍼티	명 재산, 소유물 (=possessions)
prophecy	[práfəsi]	프라퍼시	명 예언, 예언서

prophet	[práfit]	프라핏	명 예언자, 예고자
proportion	[prəpɔ́ːrʃən]	프러포－션	명 비율(=rate), 조화
proposal	[prəpóuzəl]	프러포우절	명 신청, 제안, 청혼
propose	[prəpóuz]	프러포우즈	타자 신청하다, 제안하다
proposition	[pràpəzíʃən]	프라퍼지션	명 제의, 제안, 주장
proprietor	[prəpráiətər]	프러프라이어터	명 소유자, 경영자
	Now he is a proprietor of a big restaurant. 그는 이제 큰 레스토랑의 경영자다.		
propriety	[prəpráiəti]	프러프라이어티	명 적당, 예의바름, 교양
prose	[prouz]	프로우즈	명 산문, 평범 형 단조로운, 평범한
prosecute	[prásikjùːt]	프라서큐－트	타 수행하다 자 기소하다
prospect	[práspekt] [prɔ́s-]	프라스펙트	명 경치, 전망, 예상 (=expectation)
prospective	[prəspéktiv]	프라스펙티브	형 예기된, 가망 있는, 장래의
prosper	[práspər]	프라스퍼	타자 번영하다, 성공시키다
prosperity	[praspérəti]	프라스페러티	명 번영, 성공, 행운
prosperous	[práspərəs]	프라스퍼러스	형 번영하는, 성공적인
protect	[prətékt]	프러텍트	타 지키다, 수호하다, 보호하다
protection	[prətékʃən]	프러텍션	명 보호, 방어
protective	[prətéktiv]	프러텍티브	형 보호하는, 보호무역의
protein	[próutiːn]	프로우틴－	명 단백질 형 단백질의

protest	[próutest]	프러테스트	타자 단언하다, 항의하다
protestant	[prátəstənt]	프라터스턴트	명 신교도 형 신교도의
proud	[praud]	프라우드	형 자랑스러운(=noble), 거만한
prove	[pru:v]	프루-브	타 입증하다 자 ~라고 판명되다
proverb	[právə:rb]	프러버-브	명 속담, 금언
provide	[prəváid]	프러바이드	타자 준비하다, 대비하다
provided	[prəváidid]	프러바이디드	접 만약, ~할 조건으로 (=providing) I will go there tomorrow provided the weather is fine. 내일 날씨가 맑으면 거기 갈 것이다.
providence	[právədəns]	프라버던스	명 섭리, 신의 뜻
province	[právins]	프라빈스	명 주(州), 성(省), 지역
provincial	[prəvínʃəl]	프러빈셜	형 주(州)의, 영토의 명 지방인
provision	[prəvíʒən]	프러비젼	명 준비, 공급
provocation	[pràvəkéiʃən]	프러버케이션	명 성나게 함, 자극, 도발
provoke	[prəvóuk]	프러보우크	타 성나게 하다, 유발시키다(=irritate)
prowl	[praul]	프라울	타자 (먹이를 찾아) 헤매다
prudence	[prú:dns]	프루-던스	명 사려, 분별, 신중, 검소
prudent	[prú:dnt]	프루-던트	형 조심성 있는, 신중한 (=careful)
prune	[pru:n]	프루-운	명 서양 자두 타 (나무를) 잘라내다

pry	[prai]	프라이	자 들여다보다, 꼬치꼬치 캐다
psychology	[saikáləʤi]	사이칼러쥐	명 심리학, 심리상태
	Tom knows something of psychology. 탐은 심리학을 좀 안다.		
public	[pʌ́blik]	퍼블릭	형 공공의, 공무의 명 국민, 공중
publication	[pʌ̀bləkéiʃən]	퍼블러케이션	명 발표, 출판(물), 간행
publicity	[pʌblísəti]	퍼블리서티	명 널리 알려짐, 선전
publish	[pʌ́bliʃ]	퍼블리쉬	타 발표하다, 출판하다
pudding	[púdiŋ]	푸딩	명 푸딩(과자 이름)
puff	[pʌf]	퍼프	명 훅 불기 타자 훅 불다
pull	[pul]	풀	타자 당기다, 끌다 명 당김
pulp	[pʌlp]	펄프	명 (복숭아 등의)과육, 펄프(제지원료)
pulse	[pʌls]	펄스	명 맥박, 고동 부 맥이 뛰다
pump	[pʌmp]	펌프	명 펌프 타자 펌프로 퍼내다
pumpkin	[pʌ́m*p*kin] [pʌ́ŋkin]	펌프킨	명 호박, 호박 줄기
punch	[pʌntʃ]	펀취	타 주먹으로 때리다, 구멍을 뚫다
punctual	[pʌ́ŋ*k*tʃuəl]	펑츄얼	형 시간을 엄수하는, 어김없는
punish	[pʌ́niʃ]	퍼니쉬	타 벌하다, 응징하다, 해치우다
punishment	[pʌ́niʃmənt]	퍼니쉬먼트	명 처벌, 징계, 형벌 (↔reward)
pupil	[pjú:pl]	퓨-펄	명 학생, 제자

puppet	[pʌ́pit]	퍼핏	명 작은 인형, 꼭두각시
puppy	[pʌ́pi]	퍼피	명 강아지, 애송이
purchase	[pə́:rtʃəs]	퍼-쳐스	타 사다, 노력하여 얻다 명 구입
pure	[pjuər]	퓨어	형 순수한, 순결한, 맑은 (↔impure)
purge	[pə:rdʒ]	퍼-쥐	타 깨끗이 하다, 제거하다 명 정화, 숙청
purify	[pjúərəfài]	퓨어러파이	타 순화하다, 정화하다
purity	[pjúərəti]	퓨어러티	명 청결, 순수, 깨끗함
purple	[pə́:rpl]	퍼-펄	명 자줏빛 형 자줏빛의
purpose	[pə́:rpəs]	퍼-퍼스	명 목적, 의도 타자 계획하다
	What's the purpose of your visit to Korea? 당신의 한국 방문 목적은 무엇인가요?		
purse	[pə:rs]	퍼-스	명 돈지갑, 핸드백
pursue	[pərsú:]	퍼수-	타자 추적하다, 쫓다, 계속하다
pursuit	[pərsú:t]	퍼수-트	명 추적, 추구, 종사
push	[puʃ]	푸쉬	명 밀기 타자 밀다, 밀고 나아가다
put	[put]	풋	타 놓다, 두다, 설치하다, 넣다
	put up with : ~을 참다, 견디다		
puzzle	[pʌ́zl]	퍼즐	명 난문제, 퀴즈 타자 당황시키다
pyramid	[pírəmìd]	피러미드	명 피라미드, 금자탑, (수학)각뿔

Q

quaint	[kweint]	퀘인트	형 기묘한, 색다른 (=unusual)
quake	[kweik]	퀘이크	자 흔들리다, 덜덜 떨다 명 진동
qualification	[kwɑ̀ləfikéiʃən]	콸러퍼케이션	명 자격(부여), 권한
qualify	[kwɑ́ləfài]	콸러파이	타자 자격을 주다, 자격을 얻다
quality	[kwɑ́ləti]	콸러티	명 질, 성질, 품질
quantity	[kwɑ́ntəti]	콴터티	명 양(量), 수량
quarrel	[kwɔ́:rəl]	쿼-럴	명 싸움, 말다툼 자 말다툼하다
quarrelsome	[kwɔ́:rəlsəm]	쿼-럴섬	형 싸움을 좋아하는, 시비조의
quart	[kwɔ:rt]	쿼-트	명 쿼트(액량의 단위 1.1리터)
quarter	[kwɔ́:rtər]	쿼-터	명 4분의1, 15분 타 4등분하다
quarterly	[kwɔ́:rtərli]	쿼-털리	형 연 4회의 부 연 4회로
queen	[kwi:n]	퀸-	명 왕비, 여왕 타자 여왕으로 삼다
queer	[kwiər]	퀴어	형 기묘한, 수상한(=odd) Queer rumors are in the air. 이상한 소문이 돌고 있다.
quench	[kwentʃ]	퀜취	타 억제하다, (불을) 끄다
quest	[kwest]	퀘스트	명 탐색, 원정(물) 타 탐색하다

N O P Q R S T U V W X Y Z

question	[kwéstʃən]	퀘스쳔	명 질문, 질의 타 질문하다
quick	[kwik]	퀵	형 빠른, 신속한, 조급한
	to the quick : 속살까지, 골수까지, 통렬히		
quickly	[kwíkli]	퀴클리	부 서둘러서, 급히
quicken	[kwíkən]	퀴컨	타자 빠르게 하다, 소생시키다
quiet	[kwáiət]	콰이엇	형 조용한, 고요한(↔noisy)
quietly	[kwáiətli]	콰이어틀리	부 조용하게, 살며시, 은밀히
quilt	[kwilt]	퀼트	명 누비이불 타 누비질하다
quit	[kwit]	큇	타 떠나다, 그만두다
quite	[kwait]	콰이트	부 완전히, 상당히, 꽤
	quite a few : 많은 수의		
quiver	[kwívər]	퀴버	타자 떨다, 떨게 하다 명 화살통
quote	[kwout]	쿼우트	타자 인용하다, (가격을)부르다

R

rabbit	[rǽbit]	래빗	명 (집)토끼
race	[reis]	레이스	명 경주, 경쟁 타자 경주하다
racial	[réiʃəl]	레이셜	형 인종의
racket	[rǽkit]	래킷	명 (테니스의)라켓; 소음
radar	[réidaːr]	레이다–	명 전파 탐지기, 레이다
radiant	[réidiənt]	레이디언트	형 빛나는, 밝은 (=shining)
radiate	[réidièit]	레이디에이트	타자 (빛, 열을) 방사하다
radiator	[réidièitər]	레이디에이터	명 스팀, 난방장치
radical	[rǽdikəl]	레디컬	형 급진적인, 근본적인, 철저한
radio	[réidiòu]	레이디오우	명 라디오, 무전기 타자 무선통신하다
radius	[réidiəs]	레이디어스	명 반지름, 반경, 범위
raft	[ræft]	래프트	명 뗏목, 구명보트
rag	[ræg]	랙	명 넝마, 누더기 The vagabond was dressed in rags. 방랑자는 누더기를 입고 있었다.
rage	[reidʒ]	레이쥐	명 격노, 분격 자 격노하다
ragged	[rǽgid]	레깃	형 남루한, 초라한, 찢어진

N O P Q R S T U V W X Y Z

R

raid	[reid]	레이드	명 습격, 급습 타자 습격하다
rail	[reil]	레일	명 가로대, 난간, 철도
railing	[réiliŋ]	레일링	명 철책, 난간
railroad	[réilroud]	레일로우드	명 철도 타 철도를 놓다
railway	[réilwei]	레일웨이	명 철도(=railroad)
rain	[rein]	레인	명 비, 강우 타자 비가 오다
rainbow	[réinbòu]	레인보우	명 무지개
raindrop	[réindràp]	레인드랍	명 빗방울
rainfall	[réinfɔ:l]	레인폴–	명 강우, 강수량
rainy	[réini]	레이니	형 비의, 비가 오는
raise	[reiz]	레이즈	타 일으키다, 세우다, 올리다
raisin	[réizn]	레이전	명 건포도
rake	[reik]	레이크	명 갈퀴, 쇠스랑
rally	[rǽli]	랠리	타자 다시 모으다 명 재집합
random	[rǽndəm]	랜덤	명 마구잡이 형 닥치는 대로의
	He took a random position. 그는 임의로 자리를 잡았다.		
range	[reindʒ]	레인쥐	명 줄, 범위, 산맥 타자 배열하다
rank	[ræŋk]	랭크	명 행렬, 계급 타자 나란히 서다
ransom	[rǽnsəm]	랜섬	명 몸값, 속죄 타 배상하다

rape	[reip]	래입	명 강간, 강탈 타 강간하다
rapid	[rǽpid]	래피드	형 신속한, 빠른, 신속한 (=fast)
rapidity	[rəpídəti]	러피더티	명 신속, 속도, 민첩
rapidly	[rǽpidii]	래피들리	부 신속하게, 빠르게, 곧
rapt	[ræpt]	랩트	형 넋을 잃은, 황홀한
rapture	[rǽptʃər]	랩쳐	명 큰 기쁨, 황홀
rare	[rɛər]	레어	형 드문, 진귀한, 설익은
rarely	[rɛ́ərli]	레얼리	부 드물게, 좀처럼, ~않다
rascal	[rǽskl]	래스컬	명 악당, 불량배
rash	[ræʃ]	래쉬	형 성급한, 분별없는 명 발진(發疹)
rat	[ræt]	랫	명 쥐
rate	[reit]	레이트	명 비율 타자 견적하다
	at the rate of : ~의 비율로		
rather	[rǽðər]	래더	부 오히려, 얼마간, 약간
ratify	[rǽtəfài]	래터파이	타 비준하다, 확인하다 (=accept)
ratio	[réiʃou]	레이쇼우	명 비율, 비례, 비
ration	[rǽʃən]	래션	명 할당량 타 급식하다
rational	[rǽʃənl]	래셔늘	형 이성적인, 합리적인
	Man is a rational being. 사람은 이성적인 존재다.		

N O P Q R S T U V W X Y Z

rattle	[rǽtl]	래틀	타자 달각달각 소리 나다 명 달각달각
ravage	[rǽvidʒ]	래비쥐	명 파괴, 황폐 타자 파괴하다
rave	[reiv]	레이브	타자 헛소리 하다, 소리치다
raven	[réivn]	레이번	명 갈까마귀 형 새까만
ravish	[rǽviʃ]	레비쉬	타 빼앗아가다, 강탈하다
raw	[rɔː]	로-	형 설익은, 날것의 명 날것
ray	[rei]	레이	명 광선, 빛 타자 방사하다
razor	[réizər]	레이저	명 전기면도기, 면도칼
reach	[riːtʃ]	리-취	타자 (손을) 뻗치다, 닿다 명 뻗침
react	[riǽkt]	리-액트	자 반작용하다, 재연하다
reaction	[riǽkʃən]	리-액션	명 반응, 반작용
read	[riːd]	리-드	타자 읽다, 독서하다, 낭독하다
reader	[ríːdər]	리-더	명 독자, 독서가
reading	[ríːdiŋ]	리-딩	명 읽기, 낭독, 독서
ready	[rédi]	레디	형 준비된, 즉석의 타 준비하다
readily	[rédəli]	레덜리	부 기꺼이(=willingly), 즉시, 쉽게 That work doesn't readily finish. 그 일은 좀처럼 마무리되지 않는다.
readiness	[rédinis]	레디니스	명 준비, 용이함, 신속
real	[ríːəl]	리-얼	형 실재하는, 현실의

really	[ríːəli]	리-얼리	부 실제로, 정말로
reality	[riǽləti]	리얼러티	명 현실, 실재, 현실성
realization	[rìːəlizéiʃən]	리-얼러제이션	명 실현, 현실화, 인식
realize	[ríːəlàiz]	리-얼라이즈	타 실현하다, 깨닫다, 실감하다
realm	[relm]	렐름	명 영토, 왕국, 범위
reap	[riːp]	리-입	타 베다, 베어들이다 (=harvest)
reappear	[rìːəpíər]	리-어피어	자 재등장하다, 재발하다
rear	[riər]	리어	타 기르다 명 뒤 형 배후의
reason	[ríːzn]	리-전	명 이유, 이성, 도리 타 추론하다
reasonable	[ríːzənəbl]	리-저너벌	형 합리적인, 분별 있는, 정당한
rebel	[rebə́l]	레벌	명 반역자, 반란군
rebellion	[ribéljən]	리벨리언	명 모반, 반란
rebellious	[ribéljəs]	리벨려스	형 반항적인, 완고한
rebuild	[riːbíld]	리-빌드	타 재건하다, 다시 세우다
rebuke	[ribjúːk]	리뷰-크	명 비난, 징계 타 질책하다
	Sarah was rebuked for being late. 새라는 지각해서 야단맞았다.		
recall	[rikɔ́ːl]	리콜-	타 다시 불러들이다, 소환하다
recede	[risíːd]	리시-드	자 물러나다, 퇴각하다 (=move back)
receipt	[risíːt]	리시-트	명 수령, 영수증 타 영수증을 떼다

receive	[risíːv]	리시-브	타 받다, 수령하다, 환영하다
receiver	[risíːvər]	리시-버	명 수취인, 수령인
recent	[ríːsnt]	리-선트	형 최근의, 새로운
recently	[ríːsntli]	리-선틀리	부 요사이, 최근에
reception	[risépʃən]	리셉션	명 환영회, 받는 것
recess	[risés] [ríːsəs]	리-세스	명 쉬는 시간, 휴식
reciprocal	[risíprəkəl]	리시프러컬	형 상호적인, 호혜적인, 답례의
recitation	[rèsətéiʃən]	레서테이션	명 낭송, 암송, 수업
recite	[risáit]	리사이트	타자 외다, 말하다, 낭독하다
reckless	[réklis]	레클리스	형 무모한, 개의치 않는
reckon	[rékən]	레컨	타자 세다, 계산하다 (=calculate)
recline	[rikláin]	리클라인	타자 기대다, 의지하다, 눕히다
recognition	[rèkəgníʃən]	레컥니션	명 인식, 승인, 인정
recognize	[rékəgnàiz]	레컥나이즈	타 인정하다, 승인하다
recollect	[rèkəlékt]	레컬렉트	타자 회상하다, 생각해내다

I recollect that the weather was hot and humid.
그때 무더웠던 날씨가 생각난다.

recollection	[rèkəlékʃən]	레컬렉션	명 회상, 기억, 기억력
recommend	[rèkəménd]	레커멘드	타 추천하다, 권고하다 (=suggest)

recompense	[rékəmpèns]	레컴펜스	명 보답, 답례 타 갚다, 배상하다
reconcile	[rékənsàil]	레컨사일	타 화해하다, 조화시키다 명 일치
reconstruct	[ri:kənstrʌ́kt]	리-컨스트럭트	타 재건하다, 개조하다
reconstruction	[ri:kənstrʌ́kʃən]	리-컨스트럭션	명 재건, 부흥, 개축
record	[rikɔ́:rd]	리코-드	타 기록하다, 녹음하다
	on the record : 공식적으로		
record	[rékərd]	레커드	명 기록, 경력, 이력
recover	[rikʌ́vər]	리커버	타자 회복하다, 되찾다 (=get back)
recovery	[rikʌ́vəri]	리커버리	명 회복, 완쾌, 되찾음
recreate	[rékrièit]	레크리에이트	타자 휴양시키다, 보양하다
recreation	[rèkriéiʃən]	레크리에이션	명 오락, 기분전환, 레크레이션
recruit	[rikrú:t]	리크루-트	타 신병을 모집하다, 고용하다
rectangle	[réktæŋgl]	렉탱걸	명 직사각형, 정방형
rectangular	[rektǽŋgjulər]	렉탱결러	형 직사각형의, 직각의
recur	[rikə́:r]	리커-	자 재발하다, 되돌아가다, 회상하다
red	[red]	레드	형 붉은, 피에 물든 명 빨강
redeem	[ridí:m]	리디-임	타 회복하다, 되찾다
redress	[rí:dres] [ridrés]	리-드레스	타 바로잡다, 배상하다
reduce	[ridjú:s]	리듀-스	타 축소하다, 줄이다 (↔increase)

Can you reduce the price?
가격을 할인해줄 수 있나요?

reduction	[ridʌ́kʃən]	리덕션	명 감소, 축소, 저하
reed	[riːd]	리-드	명 갈대, 갈대밭
reel	[riːl]	리-일	명 물레, 얼레 타 얼레에 감다
reestablish	[rìːistǽbliʃ]	리-에스태블리쉬	타 복직(복위)하다, 재건하다
refer	[rifə́ːr]	리퍼-	타자 참조하다, 위탁하다
reference	[réfərəns]	레퍼런스	명 참고, 참고자료, 언급
refine	[rifáin]	리파인	타자 세련하다, 정련하다
reflect	[riflékt]	리플렉트	타자 반사하다, 되튀기다, 비치다
reflection	[rifléкʃən]	리플렉션	명 반사(열), 반영, 반성
reform	[rifɔ́ːrm]	리-폼-	타자 개혁하다, 수정하다 명 개량
reformation	[rèfərméiʃən]	레퍼메이션	명 개정, 개혁, 혁신
refrain	[rifréin]	리프레인	자 삼가다, 자제하다 명 (노래의) 후렴
refresh	[rifréʃ]	리프레쉬	타자 맑게 하다, 새롭게 하다
refreshment	[rifréʃmənt]	리프레쉬먼트	명 원기회복, 휴양
refrigerator	[rifrídʒərèitər]	리프리져레이터	명 냉장고, 냉동기
refuge	[réfjuːdʒ]	레퓨-쥐	명 피난(처), 은신처, 보호물
refugee	[rèfjudʒíː]	레퓨쥐-	명 피난자, 망명자
refusal	[rifjúːzəl]	리퓨-절	명 거절, 사퇴, 거부 (=denial)

refuse	[rifjú:z]	리퓨-즈	타자 거절하다, 거부하다 (↔accept)
	What if I refuse to do it? 만일 제가 그걸 거절하면요?		
refute	[rifjú:t]	리퓨-트	타 논박하다, 잘못을 지적하다
regain	[rigéin]	리게인	타 되찾다, 회복하다
regal	[rí:gəl]	리-걸	형 국왕의, 국왕다운
regard	[rigɑ́:rd]	리가-드	타자 주시하다, 간주하다 명 주의
regarding	[rigɑ́:rdiŋ]	리가-딩	전 ~에 관하여는, ~점에서는
regardless	[rigɑ́:rdlis]	리가-들리스	형 무관심한 부 ~에 관계없이
regenerate	[ridʒénərèit]	리제너레이트	타 재생시키다, 재건하다
regime	[rəʒí:m]	레이지-임	명 정권, 정부
region	[rí:dʒən]	리-젼	명 지방, 지역, 범위
register	[rédʒistər]	레져스터	명 기록, 등록기 자 등록하다
registration	[rèdʒistréiʃən]	레져스트레이션	명 등기, 등록, 표시
regret	[rigrét]	리그렛	명 유감, 후회, 애도 타 후회하다
	She shed tears of regret. 그녀는 아쉬움의 눈물을 흘렸다.		
regular	[régjulər]	레결러	형 규칙적인, 조직적인 명 정규병
	keep regular hours : 규칙적인 생활을 하다		
regularly	[régjulərli]	레결러리	부 규칙적으로, 균형 있게
regularity	[règjulǽrəti]	레결레러티	명 규칙적임, 질서, 균형

regulate	[régjulèit]	레결레이트	타 조절하다, 규정하다
regulation	[règjuléiʃən]	레결레이션	명 규칙, 규정 형 규칙의, 규정된
rehearsal	[rihə́:rsəl]	리허-설	명 (연극, 음악의) 연습, 시연
rehearse	[rihə́:rs]	리허-스	타자 열거하다, (예행)연습하다
reign	[rein]	레인	명 통치, 지배 자 지배하다
rein	[rein]	레인	명 고삐, 구속(=control)
reinforce	[rì:infɔ́:rs]	리-인포-스	타 보강하다, 강화하다
reiterate	[ri:ítəreit]	리-이터레이트	타 되풀이하다, 반복하다
reject	[ridʒékt]	리젝트	타 물리치다, 거절하다
rejoice	[ridʒɔ́is]	리죠이스	타자 기뻐하다, 좋아하다
relate	[riléit]	릴레이트	타자 관련시키다, 관계가 있다
relation	[riléiʃən]	릴레이션	명 관계, 관련 (=connection)
relationship	[riléiʃənʃip]	릴레이션쉽	명 관계, 친척 관계
relative	[rélətiv]	렐러티브	형 비교상의, 상대적인
relax	[rilǽks]	릴랙스	자 쉬다, 긴장을 풀다 (=rest)
relay	[rí:lei]	릴-레이	명 교대자 타 바꿔놓다
release	[rilí:s]	릴리-스	명 해방, 석방 타 풀어놓다
relent	[rilént]	릴렌트	자 누그러지다, 상냥해지다
reliable	[riláiəbl]	릴라이어벌	형 신뢰할 수 있는, 확실한

	You are the only reliable one. 의지할 수 있는 건 당신뿐입니다.		
reliance	[riláiəns]	릴라이언스	명 신뢰, 신용, 신임
relic	[rélik]	렐릭	명 유물, 유품, 유적
relief	[rilí:f]	릴리-프	명 경감, 구출, 구원
relieve	[rilí:v]	릴리-브	타 구제하다, 제거하다, 경감하다
religion	[rilídʒən]	릴리젼	명 종교, 신앙, 종파
religious	[rilídʒəs]	릴리져스	형 종교적인, 경건한
relinquish	[rilíŋkwiʃ]	릴링퀴쉬	타 포기하다, 단념하다
relish	[réliʃ]	렐리쉬	명 풍미, 향기 타자 맛보다
reluctant	[rilʌ́ktənt]	릴럭턴트	형 마지못해 하는, 싫은
reluctance	[rilʌ́ktəns]	릴럭턴스	명 본의 아님, 꺼림, 싫음
rely	[rilái]	릴라이	자 의지하다, 신뢰하다 (=trust)
remain	[riméin]	리메인	자 남다, 살아남다, 머무르다
remainder	[riméindər]	리메인더	명 나머지, 잉여, 잔류자
remains	[riméinz]	리메인즈	명 잔고, 유골, 유적
remark	[rimɑ́:rk]	리마-크	명 주의, 관찰 타자 주목하다
remarkable	[rimɑ́:rkəbl]	리마-커벌	형 현저한, 비범한
	The battery car has made remarkable progress. 전기자동차는 놀라운 발전을 이루었다.		
remedy	[rémədi]	레머디	명 의약, 치료 타 치료하다

remember	[rimémbər]	리멤버	타자 생각해내다, 기억하다(↔forget)
remembrance	[rimémbrəns]	리멤브런스	명 기억, 회상, 추상
remind	[rimáind]	리마인드	타 생각나게 하다, 깨닫게 하다
remit	[rimít]	리밋	타자 경감하다, 송금하다, 용서하다
remnant	[rémnənt]	렘넌트	명 나머지, 찌꺼기, 우수리
remorse	[rimɔ́:rs]	리모-스	명 후회, 뉘우침, 자책(=regret)
remote	[rimóut]	리모우트	형 먼, 아득한, 먼 곳의
removal	[rimú:vəl]	리무-벌	명 이동, 제거, 해임
remove	[rimú:v]	리무-브	타자 옮기다, 없애다, 이사하다
renaissance	[rènəsɑ́:ns]	레너산-스	명 재생, 부흥, (R-)르네상스
renew	[rinjú:]	리뉴-	타 갱신하다, 새롭게 하다
renounce	[rináuns]	리나운스	타자 포기하다, 양도하다(=give up) My uncle has renounced drinking. 삼촌은 이제 술을 끊었다.
renown	[rináun]	리나운	명 명성, 유명
rent	[rent]	렌트	명 소작료, 방세 타자 세놓다
reorganize	[riɔ́:rgənàiz]	리-오-거나이즈	타 재편성하다, 개조하다
repair	[ripέər]	리페어	명 수선, 회복 타 수리하다
reparation	[rèpəréiʃən]	레퍼레이션	명 배상, 보상, 수리
repay	[ripéi]	리페이	타자 (돈을) 갚다, 보답하다

repeal	[ripí:l]	리피-일	명 폐지, 철폐 타 폐지하다
repeat	[ripí:t]	리피-트	명 반복, 되풀이 타 되풀이하다
repeating	[ripí:tiŋ]	리피-팅	형 반복하는, 연발하는
repel	[ripél]	리펠	타 격퇴하다, 물리치다, 반박하다
repent	[ripént]	리펜트	타 자 후회하다, 분해하다
repentance	[ripéntəns]	리펜턴스	명 후회, 뉘우침
repetition	[rèpətíʃən]	리퍼티션	명 반복, 재론, 되풀이
replace	[ripléis]	리플레이스	타 제자리에 놓다, 바꾸다
reply	[riplái]	리플라이	명 대답, 응답 타 자 대답하다
report	[ripɔ́:rt]	리포-트	명 보고, 공표 타 자 공표하다
reporter	[ripɔ́:rtər]	리포-터	명 통신원, 보고자
repose	[ripóuz]	리포우즈	타 자 휴식하다 명 휴식, 휴양
	Repose yourself for a while. 잠시 쉬세요.		
represent	[rèprizént]	레프리젠트	타 묘사하다, 표현하다
reproach	[ripróutʃ]	리프로우취	명 비난, 불명예 타 비난하다
reproduce	[riprədjú:s]	리-프러듀우스	타 재생하다, 복사하다
reproduction	[riprədʌ́kʃən]	리-프러덕션	명 재생, 재생산
reprove	[riprú:v]	리프루-브	타 비난하다, 꾸짖다
reptile	[réptil]	렙틸	형 파충류의 명 파충동물, 비열한 인간

republic	[ripʌ́blik]	리퍼블릭	명 공화국, 공화정체
republican	[ripʌ́blikən]	리퍼블리컨	형 공화국의, 공화주의의
repulse	[ripʌ́ls]	리펄스	명 격퇴, 거절 자 격퇴하다
reputation	[rèpjutéiʃən]	레퓨테이션	명 평판, 명성(=renown)
repute	[ripjúːt]	리퓨-트	명 호평, 명성
request	[rikwést]	리퀘스트	타 바라다, 요구하다 명 요구
require	[rikwáiər]	리콰이어	타 요구하다, 규정하다
requisite	[rékwəzit]	레쿼짓	형 필요한 명 필요조건
rescue	[réskjuː]	레스큐-	명 구조, 구출 타 구해내다
research	[risə́ːrtʃ, ríːsəːrtʃ]	리서-취	명 연구, 조사 자 연구하다
resemblance	[rizémbləns]	리젬블런스	명 유사성, 닮은 것
resemble	[rizémbl]	리젬벌	타 ~을 닮다
resent	[rizént]	리젠트	타 ~에 분개하다, 원망하다
resentment	[rizéntmənt]	리젠트먼트	명 분개, 원한
reservation	[rèzərvéiʃən]	레저베이션	명 보류, 예약
reserve	[rizə́ːrv]	리저-브	타 비축하다, 예약하다(=book)
reserved	[rizə́ːrvd]	리저-브드	형 예약된, 수줍어하는
reservoir	[rézərvwɑ̀ːr]	레저브와-	명 저장소, 저수지
reside	[rizáid]	리-자이드	자 살다, 존재하다

residence	[rézədəns]	레지던스	명 거주, 주재
resident	[rézədnt]	레지던트	형 거주하는 명 거주자, 의사 실습생
resign	[rizáin]	리자인	타자 단념하다, 그만두다 (=quit)
	His decision to resign surprised me. 그만두겠다는 그의 결심이 나를 놀라게 했다.		
resignation	[rèzignéiʃən]	레직네이션	명 사직, 체념
resist	[rizíst]	리지스트	타 저항하다, 방해하다
resistance	[rizístəns]	리지스턴스	명 저항, 반항
resolute	[rézəlù:t]	레절루–트	형 결심이 굳은, 단호한 (=determined)
resolution	[rèzəlú:ʃən]	레절루–션	명 결심, 과단
resolve	[rizálv]	리잘브	타자 해결하다, 결정하다 명 결심
resolved	[rizálvd]	리잘브드	형 결연한, 단호한
resort	[rizɔ́:rt]	리조–트	자 의지하다 명 행락지, 자주 모이는 곳
resound	[rizáund]	리자운드	타자 울리다, 울려퍼지다
resource	[rí:sɔ:rs]	리소–스	명 자원, 물자
respect	[rispékt]	리스펙트	명 존경, 존중 타 존경하다
respectful	[rispéktfəl]	리스펙트펄	형 정중한, 공손한, 예의 바른
	Be respectful to your customers. 고객들에게 정중하게 대하세요.		
respectfully	[rispéktfəli]	리스펙트펄리	부 정중하게, 공손히
respecting	[rispéktiŋ]	리스펙팅	전 ~에 관하여

N O P Q R S T U V W X Y Z

respectable	[rispéktəbl]	리스펙터벌	형 존경할 만한, 훌륭한
respective	[rispéktiv]	리스펙티브	형 각자의, 각각의
respectively	[rispéktivli]	리스펙티블리	부 각각, 각자 (=separately)
respiration	[rèspəréiʃən]	레스퍼레이션	명 호흡
respond	[rispánd]	리스판드	자 대답하다, 응하다 (=answer)
responsibility	[rispànsəbíləti]	리스판서빌러티	명 책임, 책무
responsible	[rispánsəbl]	리스판서벌	형 책임 있는, 책임져야 할
rest	[rest]	레스트	명 휴식; 나머지 자 쉬다
restaurant	[réstərənt]	레스터런트	명 식당, 음식점
restless	[réstərənt]	레스틀리스	형 침착하지 않은, 들떠 있는
restoration	[rèstəréiʃən]	레스터레이션	명 회복, 복구
restore	[ristɔ́ːr]	리스토–	타 본래대로 하다, 회복하다
restrain	[ristréin]	리–스트레인	타 억제하다, 방지하다 (=prevent)
restraint	[ristréint]	리–스트레인트	명 억제, 구속
restrict	[ristríkt]	리스트릭트	타 제한하다, 한정하다 Restrict your reply to yes or no. 예, 아니오로만 대답하시오.
restriction	[ristríkʃən]	리스트릭션	명 제한, 한정
result	[rizʌ́lt]	리절트	명 결과, 성과 자 ~의 결과로 생기다
resume	[rizúːm]	리쥬–움	타 되찾다, 점유하다

retail	[rí:teil]	리-테일	명 소매 형 소매의 부 소매로
retain	[ritéin]	리테인	타 유지하다, 보류하다
retard	[ritɑ́:rd]	리타-드	타자 늦게 하다, 늦추다
retire	[ritáiər]	리타이어	타자 물러나다, 퇴직하다
retirement	[ritáiərmənt]	리타이어먼트	명 퇴직, 은퇴
retort	[ritɔ́:rt]	리토-트	명 반박, 보복 타자 말대꾸하다
retreat	[ritrí:t]	리트리-트	명 퇴각, 후퇴(↔advance) 타자 물러나다
return	[ritə́:rn]	리터-언	타자 돌아가다, 돌려주다 명 복귀
reveal	[riví:l]	리비-일	타 누설하다, 나타내다 (↔conceal)
revel	[révəl]	레벌	명 술잔치 자 주연을 베풀다
revelation	[rèvəléiʃən]	레벌레이션	명 폭로, 누설
revenge	[rivéndʒ]	리벤쥐	명 복수, 원한 타자 보복하다
	I will revenge this insult someday. 이 굴욕은 언젠가 갚아줄 것이다.		
revenue	[révənjù:]	레버뉴-	명 (국가의) 세입, 수입
revere	[rivíər]	리비어	타 존경하다, 숭배하다
reverence	[révərəns]	레버런스	명 존경, 숭배 (=admiration)
reverend	[révərənd]	레버런드	형 존경할만한, 귀하신
reverse	[rivə́:rs]	리버-스	타자 거꾸로 하다 명 반대, 역
revert	[rivə́:rt]	리버-트	명 복귀 자 본래 상태로 돌아가다

N O P Q R S T U V W X Y Z

review	[rivjúː]	리뷰–	명 재조사, 복습 타자 검열하다
revise	[riváiz]	리바이즈	타 교정하다, 개정하다
revision	[rivíʒən]	리비전	명 개정, 교정
revival	[riváivəl]	리바이벌	명 부활, 부흥
revive	[riváiv]	리바이브	타자 부활하다, 회복시키다
revolt	[rivóult]	리보울트	명 반란 타자 반란을 일으키다
revolutionary	[rèvəlúːʃənèri]	레벌루–셔네리	형 혁명적인, 완전히 새로운
revolve	[rivɑ́lv]	리발브	타자 회전하다, 운행하다
revolver	[rivɑ́lvər]	리발버	명 (회전식)연발 권총
reward	[riwɔ́ːrd]	리워–드	명 보수, 사례금 타 보답하다
rhetoric	[rétərik]	레터릭	명 수사학, 웅변술
rheumatism	[rúːmətìzm]	루–머티점	명 류머티즘
rhyme	[raim]	라임	명 (시의) 운, 압운 타자 시를 짓다 Mouse is rhyme for house. mouse는 house의 운을 맞춘 것이다.
rhythm	[ríðm]	리덤	명 율동, 리듬
rib	[rib]	립	명 갈빗대, 갈비
ribbon	[ríbən]	리번	명 끈, 띠
rice	[rais]	라이스	명 쌀, 밥
rich	[ritʃ]	리취	형 부유한, 부자의

riches	[rítʃiz]	리취즈	명 부(富), 재산(=wealth)
rid	[rid]	릿	타 제거하다, 치우다
riddle	[rídl]	리들	명 수수께끼
ride	[raid]	라이드	타자 타다, 타고 가다
rider	[ráidər]	라이더	명 타는 사람, 기수
ridge	[ridʒ]	리쥐	명 산마루
ridicule	[rídikjùːl]	리디큘-	명 비웃음, 조롱 타 비웃다
ridiculous	[ridíkjuləs]	리디켤러스	형 우스꽝스러운, 바보 같은
rifle	[ráifl]	라이펄	명 소총, 라이플총 타 강탈하다
right	[rait]	라이트	형 옳은, 적절한, 우파의 명 정당성
rightly	[ráitli]	라이틀리	부 바르게, 공정하게
righteous	[ráitʃəs]	라이쳐스	형 바른, 공정한(=lawful)
righteousness	[ráitʃəsnis]	라이쳐스니스	명 정의, 공정
rightful	[ráitfəl]	라잇펄	형 올바른, 당연한
righthand	[ráithǽnd]	라잇핸드	형 오른쪽의, 심복의
rim	[rim]	림	명 가장자리 타 테두리를 붙이다
ring	[riŋ]	링	타자 울리다 명 바퀴, 고리
rinse	[rins]	린스	타 물에 헹구다 명 헹굼
riot	[ráiət]	라이엇	명 폭동, 소동 타자 폭동을 일으키다

ripe	[raip]	라입	형 익은, 원숙한
	The time is ripe for action. 행동을 일으킬 시기가 무르익었다.		
ripen	[ráipən]	라이펀	타자 익다, 익히다
rise	[raiz]	라이즈	자 일어서다, 오르다 명 상승, 기상
	rise in the world : 출세하다		
rising	[ráiziŋ]	라이징	형 올라가는, 오르막의
risk	[risk]	리스크	명 위험, 모험 타 위태롭게 하다
rite	[rait]	라이트	명 의식, 관습
rival	[ráivəl]	라이벌	명 경쟁상대, 적수 타자 경쟁하다
rivalry	[ráivəlri]	라이벌리	명 경쟁, 대항 (=competition)
river	[rívər]	리버	명 강, 내
rivet	[rívit]	리비트	명 대갈못, 리벳
road	[roud]	로우드	명 길, 도로
roadside	[róudsàid]	로우드사이드	명 길가 형 길가의
roam	[roum]	로움	타자 돌아다니다 명 배회
roar	[rɔːr]	로–	타자 포효하다, 외치다
roast	[roust]	로우스트	타자 굽다, 익히다 명 불고기 굽기
rob	[rab]	랍	타자 강탈하다, 빼앗다
robber	[rábər]	라버	명 도둑, 강도

robbery	[rábəri]	라버리	명 강탈, 약탈
robe	[roub]	로우브	명 길고 큰 겉옷 타자 입히다

The monk appeared in his robe.
스님은 예복 차림으로 나타났다.

robot	[róubət]	로우벗	명 인조인간
rock	[rak]	락	명 바위, 암석 타자 흔들다
rocket	[rákit]	라킷	명 로켓, 봉화
rocky	[ráki]	라키	형 바위의, 냉혹한
rod	[rad]	랏	명 긴 막대, 장대
rogue	[roug]	로욱	명 악한, 악당
role	[roul]	로울	명 구실, 역할
roll	[roul]	로울	타자 굴리다, 회전하다 명 회전; 명부
roll-call	[róulkɔ:l]	로울콜–	명 점호, 출석조사
roller	[róulər]	로울러	명 땅 고르는 기계
romance	[roumǽns]	로맨스	명 로맨스, 전기 소설, 꿈 이야기
romantic	[roumǽntik]	로맨틱	형 전기소설적인, 공상적인
roof	[ru:f]	루–프	명 지붕 타 지붕을 덮다
room	[ru:m]	루–움	명 방, 셋방, 공간 타자 방을 주다

make room : 자리를 양보하다, 장소를 만들다

rooster	[rú:stər]	루–스터	명 수탉

root	[ru:t]	루-트	명 뿌리, 밑둥 타자 뿌리박다
rope	[roup]	로프	명 밧줄, 새끼 타자 줄로 묶다
rose	[rouz]	로우즈	명 장미 형 장밋빛의 동 rise의 과거
rosy	[róuzi]	로우지	형 장밋빛의, 불그스름한
rot	[rat]	랏	타자 썩다, 썩히다 명 부패, 부식 Too much sugar will rot your teeth. 설탕을 지나치게 섭취하면 이가 썩는다.
rotate	[róuteit]	로우테이트	타자 회전하다, 순환하다 (=spin)
rotation	[routéiʃən]	로우테이션	명 회전, 교대
rotten	[rátn]	라튼	형 부패한, 불쾌한
rouge	[ru:ʒ]	루우즈	명 연지, 입술연지 타자 연지를 바르다
rough	[rʌf]	러프	형 거친 부 거칠게 명 거침
roughly	[rʌ́fli]	러플리	부 거칠게, 대강(=about)
round	[raund]	라운드	형 둥근 부 돌아서 전 ~의 주위에
rouse	[rauz]	라우즈	타자 일으키다, 깨우다 (=waken)
rout	[raut]	라우트	명 패배 타 패주시키다
route	[ru:t, raut]	루-트	명 길, 도로 자 발송하다
routine	[ru:tí:n]	루-틴-	명 상례적인 일 형 일상의
rove	[rouv]	로우브	타자 헤매다, 배회하다 명 방황 We roved through the department store. 우리는 백화점을 헤매고 다녔다.

rover	[róuvər]	로우버	명 배회자, 유랑자
row	[rou]	로우	명 열, 줄 타자 (배를) 젓다
royal	[rɔ́iəl]	로열	형 왕국의, 여왕의
royalty	[rɔ́iəlti]	로열티	명 왕위, 특허권 사용료
rub	[rʌb]	럽	타자 문지르다, 비비다 명 마찰
rubber	[rʌ́bər]	러버	명 고무 타 고무를 입히다
rubbish	[rʌ́biʃ]	러비쉬	명 쓰레기, 폐물(=trash)
ruby	[rú:bi]	루-비	명 홍옥, 루비 형 진홍색의
rudder	[rʌ́dər]	러더	명 (배, 비행기의)키, 방향타
ruddy	[rʌ́di]	러디	형 붉은, 혈색이 좋은
rude	[ru:d]	루-드	형 무례한, 거친
rudely	[rú:dli]	루-들리	부 거칠게, 버릇없이
ruffle	[rʌ́fl]	러펄	타자 물결을 일으키다, 뒤흔들다
rug	[rʌg]	럭	명 담요, 양탄자
rugged	[rʌ́gid]	러기드	형 울퉁불퉁한, 험악한
ruin	[rú:in]	루-인	명 파멸, 파산 타자 몰락시키다
rule	[ru:l]	룰-	명 규정, 규칙 타자 규정(지배)하다
ruler	[rú:lər]	룰-러	명 통치자, 지배자 (=leader)
ruling	[rú:liŋ]	룰-링	형 통치하는, 지배하는 명 지배

rumble	[rʌ́mbl]	럼벌	명 우르르 소리 자 우렁우렁 울리다

I heard the rumble of distant thunder.
멀리서 천둥소리가 들렸다.

rumor	[rú:mər]	루-머	명 소문, 세평 타 소문내다
run	[rʌn]	런	타자 달리다, 운영하다 명 달림, 뛰기

in the long run : 마침내, 결국엔

runaway	[rʌnəwéi]	런어웨이	명 도망(자) 형 도망한
runner	[rʌ́nər]	러너	명 달리는 사람, 경주자
running	[rʌ́niŋ]	러닝	명 달리기, 경주 형 달리는, 흐르는
runway	[rʌ́nwèi]	런웨이	명 활주로
rural	[rúərəl]	루어럴	형 시골의, 전원의
rush	[rʌʃ]	러쉬	타자 돌진하다 명 돌진, 분주
Russia	[rʌ́ʃə]	러셔	명 러시아, 소련
Russian	[rʌ́ʃən]	러션	형 러시아의 명 러시아 사람(말)
rust	[rʌst]	러스트	명 녹(슨 빛), 녹병 타자 녹슬다
rustle	[rʌ́sl]	러슬	자 바스락 소리(가 나다)
rusty	[rʌ́sti]	러스티	형 녹슨, 녹이 난
ruthless	[rú:θlis]	루-쓸리스	형 무정한, 잔인한 (=cruel)
rye	[rai]	라이	명 호밀, 쌀보리

S

단어	발음기호	한글 발음	뜻
sabotage	[sǽbətὰːʒ]	새버타–지	명 태업, 방해
sack	[sæk]	색	명 큰 자루, 부대 타 자루에 넣다
sacred	[séikrid]	세이크리드	형 신성한, 신을 모신 (=holy)
sacrifice	[sǽkrəfàis]	새크러파이스	명 제물, 희생 타자 희생하다
sad	[sæd]	새드	형 슬픈, 슬퍼하는
sadly	[sǽdli]	새들리	부 슬프게, 애처롭게
sadness	[sǽdnis]	새드니스	명 슬픔, 비애(=grief)
saddle	[sǽdl]	새들	명 안장 타자 안장을 얹다
safe	[seif]	세이프	형 안전한, 무사한 명 금고
safely	[séifli]	세이플리	부 안전하게, 무사히
safeguard	[séifgaːrd]	세이프가–드	명 보호, 호위 타 보호하다
safety	[séifti]	세이프티	명 안전, 무사 We have to keep satety rules in swimming. 수영할 때는 안전수칙을 지켜야 한다.
sage	[seidʒ]	세이지	형 현명한, 슬기로운 명 성인, 현인
sail	[seil]	세일	명 돛, 돛배 타자 범주(항해)하다
sailboat	[séilbòut]	세일보우트	명 돛단배, 범선

N O P Q R S T U V W X Y Z

sailor	[séilər]	세일러	명 선원, 수부
saint	[seint]	세인트	명 성인, 성자
sake	[seik]	세이크	명 위함, 목적, 이유
	for the sake of : ~을 위하여		
salad	[sǽləd]	샐러드	명 샐러드, 생채소
salary	[sǽləri]	샐러리	명 봉급, 급료 타 봉급을 주다
sale	[seil]	세일	명 판매, 팔기
salesman	[seilzmæn]	세일즈먼	명 점원, 외교원
salmon	[sǽmən]	새먼	명 연어 형 연어 살빛의
salon	[səlάn]	설란	명 살롱, 객실
salt	[sɔːlt]	솔-트	명 소금, 식염 동 소금 치다
salutation	[sæljutéiʃən]	샐려테이션	명 인사(의 말)
salute	[səlúːt]	설루-트	명 인사, 경례 자 인사하다
salvation	[sælvéiʃən]	샐베이션	명 구조, 구제
	We must bring salvation back. 우리의 구원을 회복시켜야 해.		
same	[seim]	세임	형 같은, 동일한 부 마찬가지로
sample	[sǽmpl]	샘펄	명 견본, 표본 타 샘플을 뽑다
sanction	[sǽŋkʃən]	생션	명 인가, 재가 타 인가하다
sanctuary	[sǽŋktʃuèri]	생츄에리	명 신전, 성당, 신성한 곳

sand	[sænd]	샌드	명 모래, 모래알 타 모래를 뿌리다
sandal	[sǽndl]	샌들	명 샌들, 짚신 모양의 신발
sandwich	[sǽndwitʃ]	샌드위치	명 샌드위치 타 사이에 끼다
sandy	[sǽndi]	샌디	형 모래 빛의, 모래땅의
sane	[sein]	세인	형 본정신의, 분별 있는
sang	[sæŋ]	생	동 sing(노래하다)의 과거
sanitary	[sǽnətèri]	새너테리	형 위생상의, 청결한
sap	[sæp]	샙	명 수액, 기운 타 수액을 짜내다
sapphire	[sǽfaiər]	새파이어	명 청옥, 사파이어
sarcasm	[sɑ́:rkæzm]	사-캐즘	명 비꼼, 풍자, 빈정거림
	He spoke with a sort of sarcasm in his voice. 그는 다소 비꼬는 목소리로 말했다.		
sardine	[sa:rdí:n]	사-디-인	명 정어리
Satan	[séitn]	세이턴	명 사탄, 마왕
satellite	[sǽtəlàit]	새털라이트	명 위성, 위성국
satin	[sǽtn]	새턴	명 새틴, 수자
satire	[sǽtaiər]	새타이어	명 풍자(문학)
satisfaction	[sætisfǽkʃən]	새티스팩션	명 만족(을 주는 것)
satisfactory	[sætisfǽktəri]	새티스팩터리	형 더할 나위 없는, 만족한
satisfy	[sǽtisfài]	새티스파이	타 만족시키다, 채우다 (=fulfill)

단어	발음기호	한글 발음	뜻
Saturday	[sǽtərdèi]	새터데이	명 토요일(약어 Sat.)
Saturn	[sǽtərn]	새턴–	명 농사의 신, 토성
sauce	[sɔːs]	소–스	명 소스, 양념 타 소스를 치다
saucer	[sɔ́ːsər]	소–서	명 받침 접시, 화분 받침
saucy	[sɔ́ːsi]	소–시	형 건방진, 멋진
sausage	[sɔ́ːsidʒ]	소–시쥐	명 소시지, 순대
savage	[sǽvidʒ]	새비쥐	형 야만적인, 미개한 명 야만인
save	[seiv]	세이브	타자 건지다, 저축하다, 생략하다
saving	[séiviŋ]	세이빙	형 절약하는 명 구조 전 ~외에
savior	[séivjər]	세이비어	명 구조자, 구세주
saw	[sɔː]	소–	명 톱, 격언 타자 톱으로 자르다
say	[sei]	세이	타자 말하다, 표현하다 명 말함 It goes without saying that she is happy. 그녀가 행복한 것은 말할 나위도 없다
saying	[séiiŋ]	세이잉	명 격언, 속담
scald	[skɔːld]	스콜–드	명 화상 타 (끓는 물에) 화상을 입히다
scale	[skeil]	스케일	명 눈금, 저울눈 타자 재다
scalp	[skælp]	스캘프	명 머릿가죽, 전리품 타 혹평하다
scan	[skæn]	스캔	타 자세히 살피다
scandal	[skǽndl]	스캔들	명 추문, 의혹, 치욕

scant	[skænt]	스캔트	형 부족한, 불충분한 타 결핍하다
scanty	[skǽnti]	스캔티	형 부족한, 모자라는
scar	[ska:r]	스카–	명 상처, 흉터 타자 상처를 남기다
scarce	[skɛərs]	스케어즈	형 모자라는, 부족한
scarcely	[skɛ́ərsli]	스케어슬리	부 겨우, 거의(=rarely)
scarcity	[skɛ́ərsəti]	스케어시티	명 결핍, 부족
scare	[skɛər]	스케어	타자 위협하다, 겁먹다 명 공포
scarf	[ska:rf]	스카–프	명 스카프, 목도리
scarlet	[skɑ́:rlit]	스칼–릿	명 진홍색, 주홍 형 진홍색의
scatter	[skǽtər]	스캐터	타 흩뿌리다, 쫓아버리다
scene	[si:n]	씬–	명 (사건 따위의) 장면 make a scene : 소동을 벌이다
scenery	[sí:nəri]	씨–너리	명 무대 배경, 경치 The beauty of the scenery was magnificent. 그 경치의 아름다움은 엄청났다.
scent	[sent]	센트	타 냄새 맡다 명 향기(=fragrance)
schedule	[skédʒu:l]	스케줄	명 일람표, 스케줄 타 스케줄을 짜다
scheme	[ski:m]	스킴–	명 설계, 계획 타자 계획하다
scholar	[skɑ́lər]	스칼러	명 학자, 장학생
scholarship	[skɑ́lərʃip]	스칼러쉽	명 학식, 장학금

school	[sku:l]	스쿨–	명 학교, 연구소 타 교육하다
schoolboy	[skú:lbɔi]	스쿨–보이	명 남학생
schoolgirl	[skú:lgə̀:rl]	스쿨–거–얼	명 여학생
schoolhouse	[skú:lhàus]	스쿨–하우스	명 교사(校舍)
schoolmaster	[skú:lmæ̀stər]	스쿨–매스터	명 교장, (남자)교사
science	[sáiəns]	사이언스	명 학문, (자연)과학
scientific	[sàiəntífik]	사이언티픽	형 과학의, 과학적인
scientist	[sáiəntist]	사이언티스트	명 과학자
scissors	[sízərz]	시저즈	명 가위
scoff	[skɔ:f]	스코–프	타자 비웃다, 조롱하다
scold	[skould]	스코울드	타자 꾸짖다, 야단치다
scoop	[sku:p]	스쿠–프	명 작은 삽, 부삽 타 푸다
scope	[skoup]	스코웁	명 범위, 영역(=range)
scorch	[skɔ:rtʃ]	스코–치	타자 그슬리다 명 그슬림
	I scorched my pants with the iron. 다리미질 하다가 바지를 태우고 말았다.		
score	[skɔ:r]	스코–	명 득점, 성적, 20 타자 새기다
scorn	[skɔ:rn]	스콘–	명 경멸, 웃음거리 타자 경멸하다
scornful	[skɔ́:rnfəl]	스콘–펄	형 경멸적인, 깔보는
Scotch	[skatʃ]	스카취	형 스코틀랜드의 (=Scottish)

scoundrel	[skáundrəl]	스카운드럴	명 악당, 깡패(=villain)
scourge	[skəːrdʒ]	스커-쥐	명 하늘의 응징, 천벌 타 매질하다
scout	[skaut]	스카웃	명 정찰기(병) 타자 정찰하다
scramble	[skrǽmbl]	스크램벌	타자 기다, 기어오르다
scrap	[skræp]	스크랩	명 조각, 부스러기 타 폐기하다
scrapbook	[skrǽpbuk]	스크랩북	명 오려붙이는 책, 스크랩북
scrape	[skreip]	스크레이프	타자 할퀴다, 긁다 명 문지름
scratch	[skrætʃ]	스크래치	타자 할퀴다, 문지르다 명 긁기 Scratch my back I will scratch yours. 오는 정이 있어야 가는 정이 있다.
scream	[skriːm]	스크림-	타자 악 소리치다 명 비명
screech	[skriːtʃ]	스크리-취	명 날카로운 소리 타자 끽 소리내다
screen	[skriːn]	스크린-	명 병풍, 막 타 가리다
screw	[skruː]	스크루-	명 나사, 추진기 타 비틀어 죄다
script	[skript]	스크립트	명 손으로 쓴 글
scripture	[skríptʃər]	스크립쳐	명 경전, 성전
scroll	[skroul]	스크로울	명 족자, 두루마리
scrub	[skrʌb]	스크럽	타자 비벼 빨다, 문질러 씻다
sculptor	[skʌ́lptər]	스컬프터	명 조각가
sculpture	[skʌ́lptʃər]	스컬프쳐	명 조각 타 조각하다

sea	[siː]	씨-	명 바다, 큰 물결
seal	[siːl]	씰-	명 바다표범, 강치 타 날인하다
seam	[siːm]	씸-	명 솔기, 이은 곳 타자 꿰매다
seaman	[síːmən]	씨-먼	명 뱃사람, 선원
seaport	[síːpɔːrt]	씨-포-트	명 항구, 항구도시
search	[səːrtʃ]	서-취	타자 탐색하다, 뒤지다 명 수색
searchlight	[səːrtʃlàit]	서-취라이트	명 탐조등
seashore	[síːʃɔːr]	씨-쇼-	명 해안, 해변
seasick	[síːsik]	씨-식	형 뱃멀미하는
	When I get on a small boat, I am seasick. 나는 작은 배에 타면 뱃멀미를 한다.		
seaside	[síːsaid]	씨-사이드	명 바닷가 형 해변의
season	[síːzn]	씨-즌	명 계절, 철 타자 익히다
seat	[siːt]	씨-트	명 좌석, 자리 타 앉게 하다
seaweed	[síːwiːd]	씨-위-드	명 해초, 바닷말
seclude	[siklúːd]	씨클루-드	타 격리하다, 분리하다 (=isolate)
second	[sékənd]	세컨드	형 제2의 명 두 번째, 초
	second to none : 누구에게도 못하지 않은, 최고의		
secondary	[sékəndèri]	세컨더리	형 제2위의, 2류의 명 둘째 사람
secondhand	[sékəndhænd]	세컨핸드	형 간접의, 중고의

secondly	[sékəndli]	세컨들리	부 둘째로, 다음에
secrecy	[sí:krisi]	씨-크러시	명 비밀성, 비밀엄수
secret	[sí:krit]	씨-크릿	형 비밀의, 숨은 명 비밀
secretary	[sékrətèri]	세크러테리	명 비서(관), 서기(관)
sect	[sekt]	섹트	명 종파, 분파
section	[sékʃən]	섹션	명 부분, 절 타 구분하다
secular	[sékjulər]	세큘러	형 세속의, 비종교적인
secure	[sikjúər]	씨큐어	형 안전한, 보증한 타자 안전히 하다
	When you are with me, I feel secure. 네가 내 곁에 있으면 나는 든든해.		
security	[sikjúərəti]	씨큐어리티	명 안전, 안심
see	[si:]	씨-	타자 보다, 만나다
seed	[si:d]	씨-드	명 씨, 열매 타자 씨를 뿌리다
seedling	[sí:dliŋ]	씨-들링	명 묘목, 어린 나무
seeing	[sí:iŋ]	씨-잉	명 보기, 보는 것 접전 ~이므로
seek	[si:k]	씨-크	타자 찾다, 구하다
seem	[si:m]	씨-임	자 보이다, ~같이 생각되다
seesaw	[sí:sɔ̀:]	씨-소-	명 시소 놀이, 변동
segment	[ségmənt]	섹먼트	명 단편, 조각 타자 분열하다
seize	[si:z]	씨-즈	타자 잡다, 압류하다

N O P Q R S T U V W X Y Z

S

seldom	[séldəm]	셀덤	부 드물게, 좀처럼 (=rarely)
select	[silékt]	실렉트	타 선택하다, 뽑다 형 뽑아낸
selection	[silékʃən]	실렉션	명 선택, 선발(=choice)
self	[self]	셀프	명 자신, 자기 형 단일의
selfish	[sélfiʃ]	셀피쉬	형 이기적인, 자기 본위의
sell	[sel]	셀	타자 팔다, 팔리다 명 판매
semblance	[sémbləns]	셈블런스	명 유사, 외관

He was excuted without even the semblance of a fair trial.
그는 공정한 재판 비슷한 것도 없이 처형되었다.

senator	[sénətər]	세너터	명 원로원 의원, 상원의원
send	[send]	센드	타자 보내다, 발송하다
senior	[síːnjər]	씨-녀	형 나이 많은, 연상의 명 선배
sensation	[senséiʃən]	센세이션	명 감각, 느낌, 선풍적 관심
sensational	[senséiʃənl]	센세이셔널	형 지각의, 감동적인
sense	[sens]	센스	명 감각(기관), 관능

make sense : 사리에 맞다

senseless	[sénslis]	센슬리스	형 무감각한, 어리석은
sensibility	[sènsəbíləti]	센서빌러티	명 감도, 감각력
sensible	[sénsəbl]	센서벌	형 느낄 정도의, 분별 있는(↔foolish)
sensitive	[sénsətiv]	센서티브	형 민감한, 예민한

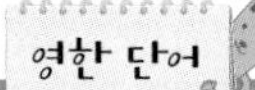

sentence	[séntəns]	센텐스	명 문장, 판결
sentiment	[séntəmənt]	센터먼트	명 감정, 감격
sentimental	[sèntəméntl]	센티멘틀	형 정적인, 다감한
separate	[sépərèit]	세퍼레이트	타자 가르다, 떼다 명 나눠진 물건
separately	[sépərətli]	세퍼리틀리	부 따로따로, 하나하나
separation	[sèpəréiʃən]	세퍼레이션	명 분리, 이탈 (=breaking)
September	[septémbər]	셉템버	명 9월(약어 Sep.)
sequence	[síːkwəns]	씨-퀀스	명 연속, 연쇄
serenade	[sèrənéid]	세러네이드	명 소야곡, 세레나데
serene	[səríːn]	씨리-인	형 맑게 갠, 고요한 She has a lovely serene face. 그녀는 사랑스럽고 평온한 표정을 하고 있었다.
sergeant	[sɑ́ːrdʒənt]	서-전트	명 하사, 중사
series	[síəriːz]	씨어리-즈	명 연속, 계열
serious	[síəriəs]	씨어리어스	형 엄숙한, 진지한, 중요한(=major)
sermon	[sə́ːrmən]	서-먼	명 설교, 훈계
serpent	[sə́ːrpənt]	서-펀트	명 뱀, 음흉한 사람
servant	[sə́ːrvənt]	서-번트	명 하인, 고용인
serve	[səːrv]	서-브	타자 ~을 섬기다 명 서브 serve one's time : 임기(형기)를 마치다

service	[sə́ːrvis]	서-비스	명 봉사, 근무
session	[séʃən]	세션	명 개회, 학기
set	[set]	셋	타자 놓다, 두다 명 한 벌 형 고정된
setting	[sétiŋ]	세팅	명 둠, 놓음, 환경
settle	[sétl]	세틀	타자 정착하다, 고정시키다
settlement	[sétlmənt]	세틀먼트	명 결말, 해결, 정주
seven	[sévən]	세번	명 7, 일곱 형 7의, 일곱의
seventeen	[sèvəntíːn]	세번티-인	명 17 형 17의
seventeenth	[sèvəntíːnθ]	세번티-인쓰	명 제17, 17분의 1 형 제17의
seventh	[sévənθ]	세번쓰	명 제7, 일곱째 형 제7의
seventy	[sévənti]	세번티	명 70 형 70의
seventieth	[sévəntiəθ]	세번티이쓰	명 제70, 70분의 1 형 제70의
sever	[sévər]	세버	타 분리(절단)하다 자 끊다(=cut)
several	[sévərəl]	세버럴	형 몇몇의, 몇 개의
	Several men, several minds. 십인십색.		
severe	[sivíər]	씨비어	형 호된, 모진(=strict)
severity	[səvérəti]	씨베러티	명 격렬, 엄격
sew	[sou]	소우	타자 꿰매다, 박다
sewing	[sóuiŋ]	소우잉	명 재봉, 재봉업

sex	[seks]	섹스	명 성(性), 성별
shabby	[ʃǽbi]	쉐비	형 초라한, 입어 낡은
shade	[ʃeid]	쉐이드	명 그늘, 응달 타자 빛을 가리다
shadow	[ʃǽdou]	쉐도우	명 그림자, 유령, 미행자
shadowy	[ʃǽdoui]	쉐도우이	형 그림자 있는, 희미한
shady	[ʃéidi]	쉐이디	형 그늘이 있는, 응달의
shaft	[ʃæft]	쉐프트	명 손잡이, 창자루
shaggy	[ʃǽgi]	쉐기	형 털 많은 명 눈썹
shake	[ʃeik]	쉐이크	타자 떨다, 흔들다 명 진동, 떨림
	shake hands : 악수하다		
shall	[ʃəl, ʃǽl]	쉘	조 ~시키다, ~일 것이다
shallow	[ʃǽlou]	쉘로우	형 얕은, 천박한 타자 얕게 하다
shame	[ʃeim]	쉐임	명 수치심 타 부끄럽게 하다
	Shame on you. 부끄러운 줄 알아라.		
shameful	[ʃéimfəl]	쉐임펄	형 부끄러운, 창피한
shape	[ʃeip]	쉐이프	명 모양, 외형 타자 모양 짓다
share	[ʃεər]	쉐어	명 몫, 할당 타 공유하다
shark	[ʃaːrk]	샤-크	명 상어, 사기꾼 타자 사기 치다
sharp	[ʃaːrp]	샤-프	형 날카로운, 급격한, 뾰족한(↔blunt),

N O P Q R S T U V W X Y Z

S

sharpen	[ʃɑ́ːrpən]	샤-펀	타 자 날카롭게 하다, 갈다
shatter	[ʃǽtər]	섀터	타 자 부수다, 박살내다 명 파편
shave	[ʃeiv]	쉐이브	타 자 (수염을) 깎다 명 면도
shawl	[ʃɔːl]	쇼-올	명 숄(부인이 어깨에 걸치는 것)
she	[ʃiː; ʃíː]	쉬-	대 그 여자(는, 가) 명 여자, 암컷
shear	[ʃiər]	쉬어	타 자 (가위로) 잘라내다, 베다
shed	[ʃed]	쉐드	명 헛간, 창고 타 발산하다
sheep	[ʃiːp]	쉽-	명 양, 양피, 신자들
sheer	[ʃiər]	쉬어	형 순전한, 순수한
	A disaster was avoided by sheer luck. 순전히 운 덕분에 재난을 모면했다.		
sheet	[ʃiːt]	쉬-트	명 시트, 홑이불
shelf	[ʃelf]	쉘프	명 선반, 시렁
shell	[ʃel]	쉘	명 껍데기 타 자 껍질을 벗기다
shellfish	[ʃelfiʃ]	쉘피쉬	명 조개, 갑각류
shelter	[ʃéltər]	쉘터	명 은신처, 피난처 타 자 보호하다
shepherd	[ʃépərd]	쉐퍼드	명 양치기 타 (양을) 지키다
sheriff	[ʃérif]	쉐리프	명 (영국) 주(州)장관, 보안관
shield	[ʃiːld]	쉴-드	명 방패, 보호물 타 옹호하다
shift	[ʃift]	쉬프트	타 자 바꾸다 명 변경, 근무조

shimmer	[ʃímər]	쉬머	타자 가물가물 비치다 명 희미한 빛
shin	[ʃin]	쉰	명 앞정강이 타자 기어오르다
shine	[ʃain]	샤인	타자 빛나다, 비추다
shiny	[ʃáini]	샤이니	형 빛나는, 번쩍이는
ship	[ʃip]	쉽	명 배, 함(艦) 타자 운반하다
shipment	[ʃípmənt]	쉽먼트	명 선적, 배에 실음
shipwreck	[ʃiprek]	쉽렉	명 파선, 난파 타자 파선하다
shirt	[ʃəːrt]	셔–트	명 와이셔츠, 셔츠
shiver	[ʃívər]	쉬버	명 떨림, 전율 타자 떨다
	I shivered because of the cold. 감기 때문에 몸이 떨렸다.		
shock	[ʃak]	샥	명 타격, 충격 타자 충격을 주다
shoe	[ʃuː]	슈–	명 신, 구두
shoot	[ʃuːt]	슛–	타자 발사하다, 쏘다 명 사격
shop	[ʃap]	샵	명 가게, 공장 자 물건을 사다
shopkeeper	[ʃapkíːpər]	샵키–퍼	명 가게 주인, 소매상인
shopping	[ʃápiŋ]	샤핑	명 물건사기, 쇼핑
shore	[ʃɔːr]	쇼–	명 (강, 호수의) 언덕, 해안
short	[ʃɔːrt]	쇼–트	형 짧은, 간결한(=brief)
	to be short : 짧게 말하면		

N O P Q R S T U V W X Y Z

shortage	[ʃɔ́:rtidʒ]	쇼-티쥐	명 결핍, 부족 (=deficiency)
shorten	[ʃɔ́:rtn]	쇼-튼	타자 짧게 하다, 짧아지다
shortsighted	[ʃɔ́:rtnsáitid]	숏사이티드	형 근시의, 선견지명이 없는
shot	[ʃat]	샷	명 포성, 발포, 던지기
should	[ʃud]	슈드	조 shall의 과거, ~할(일) 것이다
shoulder	[ʃóuldər]	쇼울더	명 어깨 타자 어깨에 메다
shout	[ʃaut]	샤우트	타자 외치다, 고함치다
shove	[ʃʌv]	셔브	타자 밀다, 떠밀다 명 찌름
shovel	[ʃʌ́vəl]	셔벌	명 삽, 부삽 타 삽으로 푸다
show	[ʃou]	쇼우	타자 보이다, 알리다
shower	[ʃáuər]	샤워	명 소나기 타자 소나기로 적시다
shrewd	[ʃru:d]	쉬루-드	형 기민한, 빈틈없는 (=clever) Alice is a shrewd woman of marketing. 앨리스는 마케팅 분야에 영리한 여자다.
shriek	[ʃri:k]	쉬리-크	명 비명 자 비명을 지르다
shrill	[ʃril]	쉬릴	형 날카로운 명 날카로운 소리
shrine	[ʃrain]	쉬라인	명 신전, 성당 타 사당에 모시다
shrink	[ʃriŋk]	쉬링크	자 줄어들다, 오그라들다 명 수축
shrub	[ʃrʌb]	쉬럽	명 관목(=bush)
shrug	[ʃrʌg]	쉬럭	타자 어깨를 으쓱하다(불찬성, 곤혹스러움)

shudder	[ʃʌ́dər]	셔더	명 몸서리 자 떨다, 오싹하다
shuffle	[ʃʌ́fl]	셔플	타자 뒤섞다 명 끄는 걸음
shun	[ʃʌn]	션	타 피하다(=avoid), 싫어하다
shut	[ʃʌt]	셧	타자 닫히다, 닫다 명 닫음
shutter	[ʃʌ́tər]	셔터	명 덧문, 겉문 타 덧문을 달다
shy	[ʃai]	샤이	형 수줍어하는 자 뒷걸음질 치다
sick	[sik]	씩	형 아픈, 병난
sicken	[síkən]	씨컨	타자 병나게 하다, 구역질나게 하다
sickness	[síknis]	씩니스	명 병, 역겨움(=disease)
side	[said]	사이드	명 곁, 측 형 변두리의 자 편들다
	side by side : 옆으로 나란히		
sidewalk	[sáidwɔːk]	사이드워-크	명 보도, 인도
siege	[siːdʒ]	씨-쥐	명 포위 공격, 공성(攻城)
sieve	[siv]	씨브	명 체 타 체질하다, 거르다
sift	[sift]	씨프트	타자 체질하다, 체를 빠져 내리다
sigh	[sai]	사이	명 탄식, 한숨 자 한숨 쉬다
sight	[sait]	사이트	명 시력, 시각 타 보다
	Out of sight, out of mind. 안 보면 마음도 멀어진다.		
sign	[sain]	사인	명 부호, 표시 타자 표시하다

signal	[sígnəl]	씩늘	명 신호 동 신호를 보내다
signature	[sígnətʃər]	씩너쳐	명 서명하기
significant	[signífikənt]	씩니피컨트	형 중요한, 상당한
signify	[sígnəfài]	씩너파이	타자 표시하다, 의미하다
silence	[sáiləns]	사일런스	명 침묵 감 쉬! 타 침묵시키다
silent	[sáilənt]	사일런트	형 무언의, 침묵의
silk	[silk]	실크	명 비단, 견사
silken	[sílkən]	실컨	형 비단의, 비단 같은
silkworm	[sílkwə̀:rm]	실크워–엄	명 누에
silly	[síli]	실리	형 분별없는, 바보 같은 명 바보
silver	[sílvər]	실버	명 은 형 은색의 타 은을 입히다
silvery	[sílvəri]	실버리	형 은과 같은, 은빛의
similar	[símələr]	시멀러	형 유사한, 비슷한
	The symptoms are similar to the flu. 증상은 독감과 유사하다.		
simple	[símpl]	심펄	형 수월한, 간단한 명 단일체
simplicity	[simplísəti]	심플리서티	명 단순, 간단
simplify	[símpləfài]	심플러파이	타 단일하게 하다, 간단하게 하다
simply	[símpli]	심플리	부 단순히, 소박하게
simultaneous	[sàiməltéiniəs]	사이멀테이녀스	형 동시의, ~와 동시에 일어나는

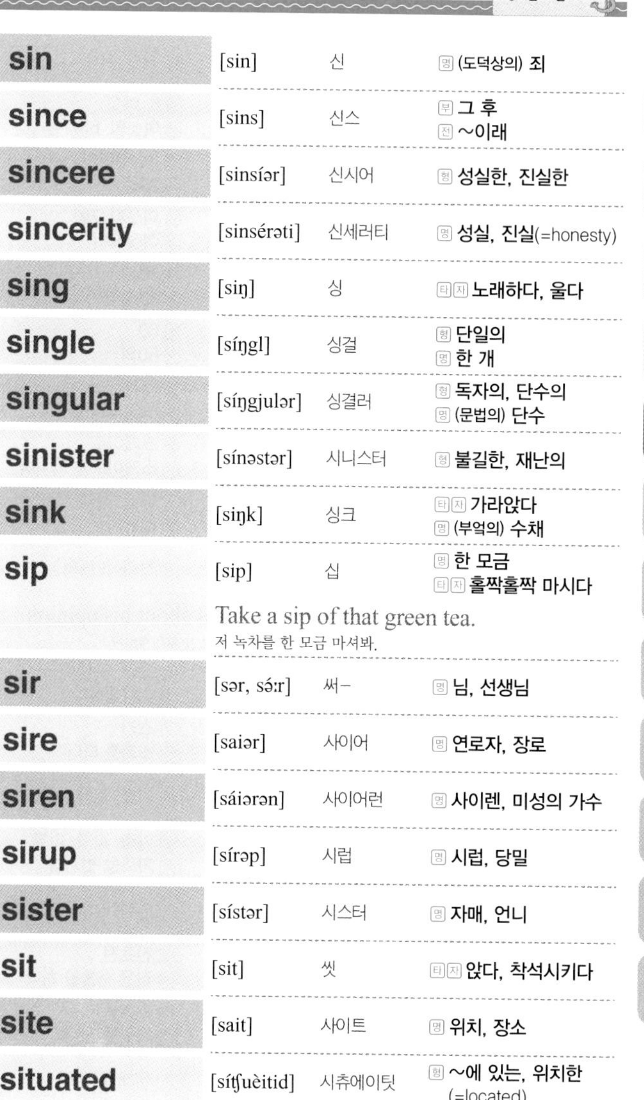

sin	[sin]	신	명 (도덕상의) 죄
since	[sins]	신스	부 그 후 전 ~이래
sincere	[sinsíər]	신시어	형 성실한, 진실한
sincerity	[sinsérəti]	신세러티	명 성실, 진실(=honesty)
sing	[siŋ]	싱	타 자 노래하다, 울다
single	[síŋgl]	싱걸	형 단일의 명 한 개
singular	[síŋgjulər]	싱결러	형 독자의, 단수의 명 (문법의) 단수
sinister	[sínəstər]	시니스터	형 불길한, 재난의
sink	[siŋk]	싱크	타 자 가라앉다 명 (부엌의) 수채
sip	[sip]	십	명 한 모금 타 자 홀짝홀짝 마시다 Take a sip of that green tea. 저 녹차를 한 모금 마셔봐.
sir	[sər, sə́ːr]	써–	명 님, 선생님
sire	[saiər]	사이어	명 연로자, 장로
siren	[sáiərən]	사이어런	명 사이렌, 미성의 가수
sirup	[sírəp]	시럽	명 시럽, 당밀
sister	[sístər]	시스터	명 자매, 언니
sit	[sit]	씻	타 자 앉다, 착석시키다
site	[sait]	사이트	명 위치, 장소
situated	[sítʃuèitid]	시츄에이팃	형 ~에 있는, 위치한 (=located)

situation	[sìtʃuéiʃən]	시츄에이션	명 위치, 장소
six	[siks]	식스	명 6, 여섯 형 여섯의, 6의
sixteen	[sìkstíːn]	식스티-인	명 16, 열여섯 형 16의
sixth	[siksθ]	식스쓰	명 여섯째, 제6 형 여섯째의
sixtieth	[síkstiəθ]	식스티이쓰	명 제60 형 제60의
sixty	[síksti]	식스티	명 60 형 60의
size	[saiz]	사이즈	명 크기 타 ~의 크기를 재다
skate	[skeit]	스케이트	명 스케이트 자 스케이트를 지치다
skeleton	[skélətn]	스켈러튼	명 해골, 골격 형 해골의
skeptical	[sképtikəl]	스켑티컬	형 회의적인, 의심하는 Experts are skeptical about his opinion. 그의 의견에 대해서는 전문가들이 회의적이다.
sketch	[sketʃ]	스케취	명 초안, 사생화 타자 사생하다
ski	[skiː]	스키-	명 스키 자 스키를 타다
skill	[skil]	스킬	명 기술, 기량, 숙련
skin	[skin]	스킨	명 가죽, 피혁, 피부 타 가죽을 벗기다
skip	[skip]	스킵	타자 뛰다, 줄넘기하다
skirmish	[skə́ːrmiʃ]	스커-미쉬	명 전초전 자 작은 충돌을 하다
skirt	[skəːrt]	스커-트	명 스커트 타 자락을 달다
skull	[skʌl]	스컬	명 두개골, 머리

sky	[skai]	스카이	명 하늘, 천국
skyscraper	[skáiskrèipər]	스카이스크레이퍼	명 마천루, 초고층건물
slack	[slæk]	슬랙	형 느슨한, 해이한 명 느슨해짐, 불경기
slam	[slæm]	슬램	명 쾅 하는 소리 타자 쾅 닫다
slander	[slǽndər]	슬랜더	명 중상, 욕 타 비방하다
slang	[slæŋ]	슬랭	명 속어, 전문어 자 속어를 쓰다
slant	[slænt]	스랜트	명 경사, 비탈 타자 경사지다
slap	[slæp]	슬랩	명 손바닥으로 침 부 철썩 때리다
slash	[slæʃ]	슬래쉬	명 휙 내리쳐 벰 타 깊숙이 베다 The master slashed a slave with a whip. 주인은 채찍으로 노예를 후려갈겼다.
slate	[sleit]	슬레이트	명 슬레이트, 점판암
slaughter	[slɔ́:tər]	슬로-터	명 도살, 학살 타 학살하다
slave	[sleiv]	슬레이브	명 노예 자 노예처럼 일하다
slavery	[sléivəri]	슬레이버리	명 노예의 신분, 노예상태
slay	[slei]	슬레이	타 끔찍하게 죽이다, 학살하다
sled	[sled]	슬레드	명 썰매 타자 썰매로 가다
sleep	[sli:p]	슬립	타자 자다, 묵다 명 수면
sleeping	[slí:piŋ]	슬리-핑	명 잠, 수면 형 자는, 수면용의
sleepy	[slí:pi]	슬리-피	형 졸린, 졸음이 오는 듯한

sleet	[sli:t]	슬리-트	명 진눈깨비 타자 진눈깨비가 내리다
sleeve	[sli:v]	슬리-브	명 소매 타 소매를 달다
sleigh	[slei]	슬레이	명 (대형) 썰매 타자 썰매로 가다
slender	[sléndər]	슬렌더	형 가느다란, 홀쭉한 (=thin)
slice	[slais]	슬라이스	명 한 조각, 한 점 타자 나누다
slide	[slaid]	슬라이드	타자 미끄러지다 명 활주
slight	[slait]	슬라이트	형 근소한 명 경멸 타자 얕보다
slim	[slim]	슬림	형 홀쭉한, 빈약한 타자 홀쭉해지다
sling	[sliŋ]	슬링	명 새총, 투석기 타자 던지다
slip	[slip]	슬립	자 미끄러지다 명 미끄러짐; 종이쪽지
	I filled out the withdrawal slip. 나는 인출용지를 작성했다.		
slipper	[slípər]	슬리퍼	명 실내용 신, 슬리퍼
slippery	[slípəri]	슬리퍼리	형 미끄러운, 믿을 수 없는
slit	[slit]	슬릿	명 아귀, 틈새 타 틈을 만들다
slogan	[slóugən]	슬로우건	명 함성, 표어(=motto)
slope	[sloup]	슬로우프	명 경사, 비탈 타자 비탈지다
slow	[slou]	슬로우	형 더딘 부 느리게 타자 느리게 하다
slowly	[slóuli]	슬로울리	부 천천히, 늦게
slumber	[slʌ́mbər]	슬럼버	명 잠, 선잠 타자 잠자다

slump	[slʌmp]	슬럼프	명 폭락, 떨어짐 자 폭락하다
sly	[slai]	슬라이	형 교활한, 음흉한
smack	[smæk]	스맥	명 찰싹 때리기
small	[smɔ:l]	스몰-	명 소량 형 작은 부 작게, 잘게
smart	[sma:rt]	스마-트	형 날렵한, 똑똑한 명 격통
smash	[smæʃ]	스매쉬	명 분쇄, 파탄 타자 박살내다
smear	[smiər]	스미어	명 얼룩 타자 더럽히다 (=soil), 바르다
smell	[smel]	스멜	타자 냄새 맡다 명 후각, 냄새
smile	[smail]	스마일	명 미소, 방긋거림 자 미소짓다
smith	[smiθ]	스미쓰	명 대장장이, 금속 세공장
smog	[smag]	스막	명 스모그, 연기
smoke	[smouk]	스모욱	명 연기, 흡연 타자 담배를 피우다
smoking	[smóukiŋ]	스모우킹	명 흡연, 그을림
	Smoking is not allowed in the flight. 기내에서 흡연은 금지된다.		
smooth	[smu:ð]	스무-드	형 미끄러운, 순조로운 타자 반반하게 하다
smother	[smʌ́ðər]	스머더	타 질식시키다 명 자욱한 연기
smuggle	[smʌ́gl]	스머걸	타자 밀수(입/출)하다, 밀항하다
snail	[sneil]	스네일	명 달팽이, 굼벵이
snake	[sneik]	스네익	명 뱀, 음흉한 사람

N O P Q R S T U V W X Y Z

S

snap	[snæp]	스냅	타자 덥석 물다, 똑 부러지다
snare	[snεər]	스네어	명 덫, 함정 타 덫에 걸리게 하다
snatch	[snætʃ]	스내취	타 와락 붙잡다, 낚아채다(=catch)
sneak	[sni:k]	스니-크	자 몰래 달아나다 명 몰래함
sneeze	[sni:z]	스니-즈	명 재채기 자 재채기하다
sniff	[snif]	스니프	타자 코로 들이쉬다, 킁킁 냄새 맡다
snore	[snɔ:r]	스노-	명 코골 타자 코를 골다
snort	[snɔ:rt]	스노-트	타자 (말이) 콧김을 뿜다
snow	[snou]	스노우	명 눈, 적설 타자 눈이 내리다
snowy	[snóui]	스노우이	형 눈 내리는, 눈 같은, 순백의
so	[sou:, sə]	소우	부 그렇게, 그대로 감 설마, 그래 so to say : 말하자면
soak	[souk]	소욱	타자 담그다, 적시다
soap	[soup]	소웁	명 비누 타자 비누를 칠하다
soar	[sɔ:r]	소-	자 높이 날다, 치솟다 Oil prices soared overnight. 하룻밤 사이에 석유값이 치솟았다.
sob	[sab]	삽	타자 흐느끼다, 흐느껴 울다
sober	[sóubər]	소우버	형 취하지 않은 타자 술이 깨다
so-called	[sóu:kɔ́:ld]	소우콜-드	형 이른바, 소위

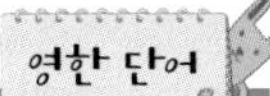

soccer	[sákər]	사커	명 사커, 축구
social	[sóuʃəl]	소우셜	형 사회의, 사회적인
socialism	[sóuʃəlìzm]	소우셜리점	명 사회주의, 국가사회주의
society	[səsáiəti]	서사이어티	명 사회, 사교계
sock	[sak]	삭	명 짧은 양말, 속스
socket	[sákit]	사킷	명 소케트 타 소케트에 끼우다
sod	[sad]	삿	명 잔디, 뗏장 타 잔디로 덮다
soda	[sóudə]	소우더	명 소다, 소다수
sofa	[sóufə]	소우퍼	명 소파, 긴 안락의자
soft	[sɔːft]	소프트	형 부드러운, 유연한 (↔hard, rough)
soften	[sɔ́ːfən]	소펀	타 자 부드럽게 하다
soil	[sɔil]	소일	명 흙, 땅 타 자 더럽히다
sojourn	[sóudʒəːrn]	소우저-언	명 체류, 머무름 자 체류하다
	Where is your place of sojourn? 당신의 체류지는 어디인가요?		
soldier	[sóuldʒər]	소울져	명 군인, 하사관 자 군대에 복무하다
sole	[soul]	소울	형 유일한, 독점적인
solemn	[sáləm]	살럼	형 진지한, 엄숙한 (=serious)
solemnity	[səlémnəti]	설렘너티	명 엄숙, 장엄
solicit	[səlísit]	설리시트	타 자 간청하다(=ask for), 권유하다

solid	[sɑ́lid]	살리드	형 고체의, 단단한
solitary	[sɑ́lətèri]	살리터리	형 혼자의, 단독의 명 독신자
solitude	[sɑ́lətjù:d]	살리튜-드	명 고독, 외로움 (=loneliness)
solo	[sóulou]	소울로우	명 독주(곡), 독무대
solution	[səlú:ʃən]	설류션	명 해결, 해명
solve	[salv]	살브	타 해결하다, 설명하다
somber	[sɑ́mbər]	삼버	형 어둠침침한, 음침한
	Jessica is in a somber mood. 제시카는 기분이 우울하다.		
some	[səm, sʌ́m]	섬	형 어느, 어떤 대 어떤 사람들
somebody	[sʌ́mbɑ̀di, sʌ́mbədi]	섬바디	대 어떤 사람 명 누군가
somehow	[sʌ́mhàu]	섬하우	부 어떻게든지
someone	[sʌ́mwʌn, -wən]	섬원	대 어떤 사람, 누군가 (=somebody)
something	[sʌ́mθiŋ]	섬씽	대 얼마간, 다소 명 무언가
sometime	[sʌ́mtàim]	섬타임	부 언젠가, 조만간
sometimes	[sʌ́mtàimz]	섬타임즈	부 때때로, 이따금
somewhat	[sʌ́m*h*wʌ̀t, sʌ́m*h*wət]	섬왓	부 얼마간, 다소 명 얼마쯤
somewhere	[sʌ́mhwɛər]	섬웨어	부 어딘가에, 어디론가
son	[sʌn]	선	명 아들, 자손
song	[sɔ́:ŋ]	송	명 노래, 곡

soon	[su:n]	순–	부 이윽고, 이내
	as soon as : ~하자마자		
soot	[sut]	수트	명 그을음, 검댕
soothe	[su:ð]	수–드	타 위로하다, 진정시키다
sore	[sɔ:r]	소–	형 아픈, 슬픈(=painful)
sorrow	[sárou]	사로우	명 슬픔, 비탄 자 슬퍼하다
sorry	[sári, sɔ́:ri]	사리	형 유감스러운, 미안한
sort	[sɔ:rt]	소–트	명 종류, 분류 타 분류하다
SOS	[ésòués]	에스오우에스	명 (무전)조난신호, 위급호출
soul	[soul]	소울	명 영혼, 정신
sound	[saund]	사운드	명 소리 타자 소리가 나다
soup	[su:p]	수–프	명 수프, 고깃국
sour	[sauər]	사워	형 시큼한, 불쾌한 명 신 것
source	[sɔ:rs]	소–스	명 근원, 원천
	Tourism is a source of forein exchange. 관광업은 외화를 얻는 수단이다.		
south	[sauθ]	사우쓰	명 남쪽 형 남향의 부 남으로
southeast	[sàuθí:st; sàuí:st]	사우씨–스트	명 남동지방 형 남동의 부 남동에
southern	[sʌ́ðərn]	써던	형 남쪽의, 남쪽에 있는 명 남향
southwest	[sàuθwést; sàuwést]	사우쓰웨스트	명 남서지방 형 남서의 부 남서로

N O P Q R **S** T U V W X Y Z

S

sovereign	[sάvərin]	사버린	명 군주, 원수 형 주권이 있는
sow	[sou]	소우	타자 씨를 뿌리다 명 (다 큰) 암돼지
space	[speis]	스페이스	명 공간, 우주 타자 간격을 두다
spacecraft	[spéiskræft]	스페이스크래프트	명 우주선
spacious	[spéiʃəs]	스페이셔스	형 넓은, 널찍한(=large)
spade	[speid]	스페이드	명 가래, 삽 타 가래로 파다
Spain	[spein]	스페인	명 스페인
span	[spæn]	스팬	명 한뼘 타 뼘으로 재다
Spaniard	[spǽnjərd]	스패녀드	명 스페인 사람
Spanish	[spǽniʃ]	스패니쉬	명 스페인말 형 스페인의
spank	[spæŋk]	스팽크	명 철썩 때림 타 냅다 갈기다
spare	[spεər]	스페어	타자 아끼다, 떼어 주다 형 여분의
spark	[spa:rk]	스파-크	명 불꽃, 불똥 타자 불꽃을 튀기다
sparkle	[spά:rkl]	스파-컬	명 불티, 섬광 타자 번쩍이다 The water sparkled in the sun. 물에 해가 비쳐 반짝였다.
sparrow	[spǽrou]	스패로우	명 참새
speak	[spi:k]	스피-크	타자 말하다, 지껄이다 generally speaking : 일반적으로 말하면
spear	[spiər]	스피어	명 창 타자 창으로 찌르다

specialize	[spéʃəlàiz]	스페셜라이즈	타자 전공하다, 전문으로 다루다
specially	[spéʃəli]	스페셜리	부 특별히, 일부러
species	[spíːʃiːz]	스피-쉬즈	명 (생물의) 종, 종류
specific	[spisífik]	스피시픽	형 특수한, 특정한 (=particular)
specify	[spésəfài]	스페서파이	타 구체적으로 쓰다
specimen	[spésəmən]	스페서먼	명 견본, 표본
specious	[spíːʃəs]	스피-셔스	형 허울좋은, 그럴듯한
speck	[spek]	스펙	명 (작은) 점, 반점 타 반점을 붙이다
speckle	[spékl]	스펙컬	명 작은 반점 타 반점을 붙이다
spectacle	[spéktəkl]	스펙터컬	명 미관, 장관
spectacular	[spektǽkjulər]	스펙태결러	형 구경거리의, 눈부신
spectator	[spékteitər]	스펙테이터	명 구경꾼(=onlooker), 목격자
	The spectators applauded the performance. 관객들은 공연에 박수를 보냈다.		
specter	[spéktər]	스펙터	명 유령, 환영
spectrum	[spéktrəm]	스펙트럼	명 스펙트럼, 분광
speculate	[spékjulèit]	스페결레이트	자 사색하다 타 ~의 투기를 하다
speculative	[spékjulèitiv]	스페결레이티브	형 사색적인, 명상적인
speech	[spiːtʃ]	스피-취	명 말, 언어, 연설

speed	[spi:d]	스피-드	명 속도, 속력 타자 급히 가다
speedy	[spí:di]	스피-디	형 신속한, 재빠른 (=swift)
spell	[spel]	스펠	타자 철자하다 명 주문, 마력
spelling	[spéliŋ]	스펠링	명 철자(법)
spend	[spend]	스펜드	타자 소비하다, 낭비하다
sphere	[sfiər]	스피어	명 구(球), 공 모양, 활동 범위
sphinx	[sfiŋks]	스핑크스	명 스핑크스
spice	[spais]	스파이스	명 조미료, 양념 타 양념을 치다
spider	[spáidər]	스파이더	명 거미, 삼발이
spike	[spaik]	스파이크	명 큰 못, 스파이크
spill	[spil]	스필	타자 엎지르다, 흘리다
	Mr. Park spilled coffee on my skirt. 박씨는 내 치마에 커피를 흘렸다.		
spin	[spin]	스핀	타자 (실을) 잣다, 방적하다
spinach	[spínitʃ]	스피니취	명 시금치, 군더더기
spindle	[spíndl]	스핀들	명 방추, 가락
spine	[spain]	스파인	명 등뼈, 척주
spiral	[spáiərəl]	스파이어럴	형 나선형의 명 나선, 소용돌이
spire	[spaiər]	스파이어	명 뾰족탑, 원추형 타자 쑥 내밀다
spirit	[spírit]	스피릿	명 정신, 영혼 타 북돋다

spiritual	[spíritʃuəl]	스피리츄얼	형 정신적인, 영적인 (↔physical)
spit	[spit]	스핏	타자 토하다, 뱉다 명 침
spite	[spait]	스파잇	명 악의, 심술 타 괴롭히다
splash	[splæʃ]	스플래쉬	타자 (흙탕물을) 튀기다 명 튀김, 첨벙
splendid	[spléndid]	스플렌디드	형 장한, 빛나는
splendor	[spléndər]	스플렌더	명 광휘, 광채
split	[split]	스플릿	자 분열시키다 형 쪼개진
spoil	[spɔil]	스포일	타자 망치다, 상하다
spokesman	[spóuksmən]	스포욱스먼	명 대변인
sponge	[spʌndʒ]	스펀쥐	명 해면, 스폰지
sponsor	[spánsər]	스판서	명 보증인, 광고주 타 보증하다
spontaneous	[spantéiniəs]	스판테이녀스	형 자발적인, 자연히 일어나는
	A spontaneous fire started in the hay. 건초에서 저절로 불이 났다.		
spool	[spu:l]	스푸-울	명 실패, 감는 틀 타 실패에 감다
spoon	[spu:n]	스푸-운	명 숟가락 타자 숟가락으로 뜨다
sport	[spɔ:rt]	스포-트	명 운동, 경기, 오락
sportsman	[spɔ́:rtsmən]	스포-츠먼	명 운동가, 사냥꾼
spot	[spat]	스팟	명 점, 반점 타 오점을 찍다
spouse	[spaus, spauz]	스파우스	명 배우자, 부부

N O P Q R S T U V W X Y Z

spout	[spaut]	스파웃	타자 내뿜다 명 (주전자)주둥이
spray	[sprei]	스프레이	명 물보라 타자 물보라를 일으키다
spread	[spred]	스프레드	타자 펴다, 늘이다 명 퍼짐, 폭
spring	[spriŋ]	스프링	명 봄, 용수철, 샘 타자 싹트다
sprinkle	[spríŋkl]	스프링컬	타자 (물, 재 따위를) 끼얹다, 뿌리다
sprout	[spraut]	스프라우트	명 새싹, 발육 타자 싹이 트다
spun	[spʌn]	스푼	동 spin(방적하다)의 과거(분사)
spur	[spəːr]	스퍼–	명 박차, 격려 타자 격려하다
	What spurred you to go there? 무슨 자극을 받아 거길 갔니?		
spurn	[spəːrn]	스퍼–언	타자 내쫓다, 경멸하다 명 거절
spy	[spai]	스파이	명 스파이, 간첩 타자 정탐하다
squad	[skwad]	스콰드	명 (군의) 반, 분대
squadron	[skwádrən]	스콰드런	명 기병중대, 소함대
square	[skwɛər]	스퀘어	명 정사각형 형 네모의, 사각의
squash	[skwaʃ]	스콰쉬	타자 으깨다
squat	[skwat]	스콰트	자 웅크리다, 쭈그리다
squeal	[skwiːl]	스퀼–	타자 비명을 지르다 명 비명
squeeze	[skwiːz]	스퀴–즈	명 꼭 쥠 타자 굳게 쥐다, 압착되다
squirrel	[skwə́ːrəl]	스쿼–럴	명 다람쥐(가죽)

stab	[stæb]	스탭	타자 찌르다, 해치다
stability	[stəbíləti]	스터빌러티	명 안정, 영구불변 (=steadiness)
stable	[stéibl]	스테이블	명 가축우리 타자 마구간에 넣다
stack	[stæk]	스택	명 (건초, 밀집 따위의) 더미
stadium	[stéidiəm]	스테이디엄	명 경기장, 경주장
staff	[stæf]	스태프	명 직원; 막대기
stag	[stæg]	스택	명 수사슴, 거세한 수컷
stage	[steidʒ]	스테이쥐	명 무대, 극장 타자 상영하다
stair	[stɛər]	스테어	명 계단, 사다리의 한 단
staircase	[stέərkèis]	스테어케이스	명 계단
stake	[steik]	스테이크	명 말뚝, 화형용 기둥 타 말뚝에 매다
stale	[steil]	스테일	형 신선하지 않은, 진부한(=old)
	In the small room the air was stale. 작은 방에 공기는 탁했다.		
stalk	[stɔːk]	스톡-	명 줄기, 대 타 활보하다
stall	[stɔːl]	스톨-	명 축사, 마구간, 매점
stammer	[stǽmər]	스테머	타자 말을 더듬다, 더듬거리다
stamp	[stæmp]	스탬프	명 도장, 우표
stand	[stænd]	스탠드	타자 서다, 세우다
standard	[stǽndərd]	스탠더드	명 표준, 규격 형 표준의

standing	[stǽndiŋ]	스탠딩	형 서있는, 선채로의
standpoint	[stǽndpɔ̀int]	스탠드포인트	명 입장, 견지
staple	[stéipl]	스테이펄	명 제책침, 중요 상품, 주성분
star	[sta:r]	스타-	명 별, 항성, 운명, 별모양의 것
stare	[stɛər]	스테어	타자 응시하다(=gaze) 명 응시
stark	[sta:rk]	스타-크	형 뻣뻣해진, 경직된
starry	[stá:ri]	스타-리	형 별의, 별이 많은
start	[sta:rt]	스타-트	타자 시작하다 명 출발
startle	[stá:rtl]	스타-틀	타자 깜짝 놀라게 하다
	She was startled to hear of their divorce. 그녀는 그들의 이혼 얘기를 듣고 놀랐다.		
starvation	[sta:rvéiʃən]	스타-베이션	명 굶주림, 아사
starve	[sta:rv]	스타-브	타자 굶주리다, 굶겨 죽이다
state	[steit]	스테이트	명 상태, 신분
stately	[stéitli]	스테이틀리	형 위엄 있는, 장엄한
statement	[stéitmənt]	스테이트먼트	명 진술, 성명(서)
statesman	[stéitsmən]	스테이츠먼	명 정치가, 경세가
station	[stéiʃən]	스테이션	명 (철도)역, 위치
stationary	[stéiʃənèri]	스테이셔네리	형 정지한, 고정된 (=fixed)
stationery	[stéiʃənèri]	스테이셔너리	명 문방구, 문구

statistics	[stətístiks]	스터티스틱스	명 통계학, 통계(표)
statue	[stǽtʃuː]	스태츄–	명 상, 조상
stature	[stǽtʃər]	스태쳐	명 신장, 성장
status	[stéitəs]	스테이터스	명 상태, 지위
statute	[stǽtʃuːt]	스태츄–트	명 법령, 규칙
stay	[stei]	스테이	타자 머무르다, 버티다 명 체류
steadfast	[stédfæ̀st]	스텟패스트	형 착실한, 불변의 (=faithful)
steady	[stédi]	스테디	형 고정된 타자 확고하게 하다
steak	[steik]	스테익	명 불고기
steal	[stiːl]	스틸–	타자 훔치다, 절취하다
steam	[stiːm]	스팀–	명 증기, 스팀
steel	[stiːl]	스틸–	명 강철, 철강제품 형 강철로 만든
steep	[stiːp]	스티–프	형 가파른, 터무니없는 타 담그다
	The road ahead will be long, our climb will be steep. 갈 길은 멀고 오를 산은 가파를 것이다.		
steeple	[stíːpl]	스티–플	명 (교회의) 뾰족탑
steer	[stiər]	스티어	타자 키를 잡다, 조종하다
stem	[stem]	스템	명 (식물의) 줄기 타자 줄기를 떼다
step	[step]	스텝	명 걸음, 일보 타자 걷다, 나아가다

S

step by step : 한 걸음씩, 착실하게

stern	[stəːrn]	스터-언	형 엄격한, 준엄한 명 고물
stew	[stjuː]	스튜-	타자 약한 불로 끓이다
steward	[stjúːərd]	스튜-어드	명 집사, 승무원
stewardess	[stjúːərdis]	스튜-어디스	명 여자집사, 스튜어디스
stick	[stik]	스틱	명 막대기 타자 찌르다, 매질하다
sticky	[stíki]	스티키	형 끈적끈적한, 점착성의
stiff	[stif]	스티프	형 뻣뻣한, 굳은
stiffen	[stífən]	스티펀	타자 뻣뻣하게 하다, 강화하다
stifle	[stáifl]	스타이펄	타자 질식시키다, 억누르다(=choke)
still	[stil]	스틸	부 아직도 형 정지한, 고요한
stimulate	[stímjulèit]	스티멸레이트	타자 자극이 되다, 자극하다
stimulus	[stímjuləs]	스티멸러스	명 흥분제, 자극
	That will be proper stimulus for me. 그건 내게 적절한 자극이 될 거다.		
sting	[stiŋ]	스팅	타자 쏘다, 찌르다 명 찌름
stir	[stəːr]	스터-	타자 움직이다, 휘젓다, 일으키다
stitch	[stitʃ]	스티취	명 한 코 타자 꿰매다
stock	[stak]	스탁	명 줄기, 나무 밑둥
stocking	[stákiŋ]	스타킹	명 스타킹, 긴 양말

stomach	[stʌ́mək]	스터먹	명 위, 복부
stone	[stoun]	스토운	명 돌맹이 형 돌의
stony	[stóuni]	스토우니	형 돌 같은, 돌이 많은
stool	[stu:l]	스툴–	명 (등이 없는) 의자, 발판
stoop	[stu:p]	스툽–	타 자 몸을 굽히다 명 구부림
stop	[stap]	스탑	타 자 멈추다, 세우다 명 멈춤
storage	[stɔ́:ridʒ]	스토–리쥐	명 보관, 저장
store	[stɔ:r]	스토–	명 가게, 저장 타 저축하다
storehouse	[stɔ́:rhàus]	스토–하우스	명 창고
stork	[stɔ:rk]	스토–크	명 황새
storm	[stɔ:rm]	스톰–	명 폭풍우 타 자 모진 바람이 불다
stormy	[stɔ́:rmi]	스토–미	형 폭풍우의, 날씨가 험악한
story	[stɔ́:ri]	스토–리	명 소설, 이야기
stout	[staut]	스타우트	형 살찐, 뚱뚱한, 튼튼한 (=strong) Our company made a stout ship. 우리 회사는 튼튼한 배를 한 척 만들었다.
stove	[stouv]	스토–브	명 난로, 난방기
straight	[streit]	스트레잇	형 똑바른, 직선의 부 똑바로
straighten	[stréitn]	스트레이튼	타 자 정리하다
straightforward	[strèitfɔ́:rwərd]	스트레잇포워드	형 부 똑바로, 솔직한(하게)

strain	[strein]	스트레인	타자 팽팽하게 하다 명 긴장
strait	[streit]	스트레잇	형 좁은, 엄중한 명 해협, 궁핍
strange	[streindʒ]	스트레인쥐	형 묘한, 이상한 부 묘하게
stranger	[stréindʒər]	스트레인져	명 낯선 사람, 외국인
strap	[stræp]	스트랩	명 가죽 끈 타 끈으로 묶다
strategy	[strǽtədʒi]	스트래티쥐	명 병법, 전략, 전술 (=tactics)
straw	[strɔː]	스트로-	명 짚, 밀짚
stray	[strei]	스트레이	자 방황하다, 길을 잃다 형 길 잃은
streak	[striːk]	스트리-크	명 줄무늬, 줄 타자 줄을 긋다
stream	[striːm]	스트림-	명 개울, 시내 타자 흐르다
street	[striːt]	스트릿-	명 거리, 차도
strength	[streŋkθ]	스트랭쓰	명 힘, 세기
strengthen	[stréŋkθən]	스트랭선	타자 강하게 하다, 강해지다
strenuous	[strénjuəs]	스트레녀스	형 분투하는, 열렬한
	I have made strenuous efforts to support my family. 가족을 부양하기 위해 나는 무진 노력을 해왔다.		
stress	[stres]	스트레스	명 모진 시련, 압박 타 강조하다
stretch	[stretʃ]	스트레취	타자 뻗치다, 펴다
strict	[strikt]	스트릭트	형 엄격한, 정확한

stride	[straid]	스트라이드	타자 큰 걸음으로 걷다 명 활보
strife	[straif]	스트라입	명 다툼, 싸움
strike	[straik]	스트라익	타자 두드리다, 때리다 명 타격, 파업
string	[striŋ]	스트링	명 실, 끈 타자 실에 꿰다
strip	[strip]	스트립	타자 벗기다 명 작은 조각
stripe	[straip]	스트라입	명 줄무늬
strive	[straiv]	스트라입	자 애쓰다, 노력하다
stroke	[strouk]	스트로욱	명 휘두름, 타격 타 쓰다듬다
stroll	[stroul]	스트로울	타자 산책하다, 방랑하다
strong	[strɔːŋ]	스트롱	형 강대한, 튼튼한
stronghold	[strɔ́ŋhòuld]	스트롱호울드	명 요새, 본거지 (=fortress)
structure	[strʌ́ktʃər]	스트럭쳐	명 구조, 조직
struggle	[strʌ́gl]	스트러걸	자 버둥거리다 명 노력, 고투
strut	[strʌt]	스트럿	자 점잔빼며 걷다
stub	[stʌb]	스텁	명 그루터기, 토막 타 뽑다, 파내다
stubborn	[stʌ́bərn]	스터번	형 완고한, 말 안 듣는
	She is too stubborn to admit her faults. 그녀는 너무 완고해서 잘못을 인정하지 못한다.		
student	[stjúːdənt]	스튜-던트	명 학생, 연구가
studio	[stjúːdiòu]	스튜-디오우	명 (화가, 사진사의)일터, 스튜디오

study	[stʌ́di]	스터디	명 공부, 학문, 서재 타자 연구하다
stuff	[stʌf]	스터프	명 재료, 물건 타자 채워 넣다
stumble	[stʌ́mbl]	스텀벌	타자 비틀거리다, 넘어가다
stump	[stʌmp]	스텀프	명 그루터기
stun	[stʌn]	스턴	타 (때려서) 기절시키다
stupid	[stjúːpid]	스투-핏	형 어리석은, 우둔한
sturdy	[stə́ːrdi]	스터-디	형 억센, 튼튼한(=firm)
stutter	[stʌ́tər]	스터터	자 말을 더듬다, 더듬거리다
style	[stail]	스타일	명 형(型), 문체, 양식
subdue	[səbdjúː]	섭듀-	타 정복하다, 위압하다(=conquer)
subject	[sʌ́bdʒikt]	섭쥑트	명 과목, 화제, 주어
subjective	[səbdʒéktiv]	셉젝티브	형 주관적인(↔objective), (문법)주어의
sublime	[səbláim]	섭라임	형 고상한, 숭고한(=noble)
submarine	[sʌ́bməríːn]	섭머리-인	명 잠수함 형 해저의
submerge	[səbmə́ːrdʒ]	섭머-쥐	타자 물속에 가라앉히다, 잠수하다
submission	[səbmíʃən]	섭미션	명 복종, 순종
	I don't like to force people into submission. 나는 사람들을 강제로 복종시키는 게 싫다.		
submit	[səbmít]	섭밋	타자 복종시키다, 제출하다
subordinate	[səbɔ́ːrdənət]	서보-더닛	형 하위의, 종속적인 명 부하

subscribe	[səbskráib]	섭스크라입	타자 기부하다, 승낙하다
subscription	[səbskrípʃən]	섭스크립션	명 정기구독, 예약
subsequent	[sʌ́bsikwənt]	섭시퀀트	형 뒤의, 다음의
subside	[səbsáid]	섭사이드	자 가라앉다, 침전하다
subsist	[səbsíst]	섭시스트	타자 생존하다, 부양하다
substance	[sʌ́bstəns]	섭스턴스	명 물질(=material), 물체
substantial	[səbstǽnʃəl]	섭스텐셜	형 실제적인, 튼튼한 (=solid), 중요한
substitute	[sʌ́bstətjù:t]	섭스티튜-트	명 대리인, 대용품 타자 대용하다
subtle	[sʌ́tl]	서틀	형 포착하기 어려운, 미묘한
subtract	[səbtrǽkt]	섭트렉트	타 빼다, 감하다
suburb	[sʌ́bə:rb]	서법-	명 교외, 변두리
subway	[sʌ́bwèi]	섭웨이	명 지하도, 지하철
succeed	[səksí:d]	석시-드	타자 성공하다, 출세하다
success	[səksés]	석세스	명 성공, 행운(↔failure)
successful	[səksésfəl]	석세스펄	형 성공한, 행운의
succession	[səkséʃən]	석세션	명 연속, 계승
	His life was a succession of failures. 그의 인생은 실패의 연속이었다.		
successive	[səksésiv]	석세시브	형 연속적인, 잇따른
such	[sətʃ, sʌ́tʃ]	서취	형 이러한, 그러한 대 이와 같은

N O P Q R S T U V W X Y Z

S

suck	[sʌk]	썩	타자 빨다, 흡수하다 명 빨판
sudden	[sʌ́dn]	서든	형 갑작스러운, 별안간의 명 돌연
sue	[su:]	수-	타자 고소하다, 소송을 제기하다
suffer	[sʌ́fər]	서퍼	타자 당하다, 겪다
suffering	[sʌ́fəriŋ]	서퍼링	명 고통, 괴로움
suffice	[səfáis]	서파이스	타자 충분하다, 만족시키다
sufficient	[səfíʃənt]	서피션트	형 충분한, 넉넉한 (=enough)
suffix	[sʌ́fiks]	서픽스	명 추가물 타 첨부하다
suffocate	[sʌ́fəkèit]	서퍼케이트	타자 숨을 막다, 질식하다
sugar	[ʃúgər]	슈거	명 설탕
suggest	[səgdʒést]	서제스트	타 암시하다, 제안하다
suggestion	[səgdʒéstʃən]	서제스쳔	명 제안, 암시, 시사
suicide	[sjú:əsàid]	슈-어사이드	명 자살, 자멸
suit	[su:t]	수-트	명 소송, 고소 타자 ~에 알맞다
suitable	[sú:təbl]	수-터벌	형 적당한, 어울리는
suitcase	[sú:tkeis]	수-트케이스	명 소형 여행가방
suite	[swi:t]	스위-트	명 호텔 특실, 수행원
sulfur	[sʌ́lfər]	설퍼	명 유황 형 유황색의
sullen	[sʌ́lən]	설런	형 음침한, 불쾌한

Don't speak in a sullen manner.
퉁명스럽게 말하지 마라.

sultan	[sʌ́ltən]	설턴	명 회교국 군주
sultry	[sʌ́ltri]	설트리	형 무더운, 정열적인
sum	[sʌm]	섬	명 합계 타자 합계하다
summary	[sʌ́məri]	써머리	형 개략의, 간결한 명 요약
summer	[sʌ́mər]	써머	명 여름 형 여름의 타 피서하다
summit	[sʌ́mit]	써밋	명 정상, 절정(=peak)
summon	[sʌ́mən]	써먼	타 호출하다, 소환하다
sun	[sʌn]	썬	명 태양, 햇빛 타자 햇볕에 쬐다
sunbeam	[sʌ́nbi:m]	썬비-임	명 햇빛, 광선
Sunday	[sʌ́ndei] [-di]	썬데이	명 일요일(약칭 Sun.)
sundry	[sʌ́ndri]	썬드리	형 잡다한, 갖가지의
sunlight	[sʌ́nlait]	썬라잇	명 일광, 햇빛
sunny	[sʌ́ni]	써니	형 볕 잘 드는, 양지바른
sunrise	[sʌ́nràiz]	썬라이즈	명 해돋이, 해뜰녘
sunset	[sʌ́nsèt]	썬셋	명 해거름, 일몰
sunshine	[sʌ́nʃain]	썬샤인	명 햇볕, 양지
superb	[supə́:rb]	수펍-	형 장렬한, 화려한 (=wonderful)
superficial	[sù:pərfíʃəl]	수-퍼피셜	형 표면의, 피상적인

S

	I have just a superficial knowledge of history. 나는 역사 분야에 피상적인 지식밖에 없다.		
superfluous	[supə́:rfluəs]	수-퍼플루어스	형 여분의, 불필요한
superior	[səpíəriər]	서피어리어	형 우수한, 뛰어난
superstition	[sù:pərstíʃən]	수-퍼스티션	명 미신, 맹신
supervise	[sú:pərvàiz]	수-퍼바이즈	타 감독하다, 관리하다 명 감독
supper	[sʌ́pər]	서퍼	명 저녁식사, 만찬
supplement	[sʌ́pləmənt]	서플러먼트	명 보충, 추가 타 부록을 달다
supply	[səplái]	서플라이	타 공급하다, 지급하다 명 공급
support	[səpɔ́:rt]	서포-트	타 지지하다, 지탱하다 (=boost)
suppose	[səpóuz]	서포우즈	타 상상하다, 가정하다
suppress	[səprés]	서프레스	타 억누르다, 참다
supremacy	[səpréməsi]	서프레머시	명 최상, 주권
supreme	[sjuprí:m]	수프림-	형 최고의, 가장 중요한
sure	[ʃuər]	슈어	형 확실한, 자신 있는
surely	[ʃúərli]	슈얼리	부 확실히, 안전하게
surface	[sə́:rfis]	서-피스	명 외부, 표면
surge	[sə:rdʒ]	서-쥐	자 파도치다, 물결치다 명 큰 파도
surgeon	[sə́:rdʒən]	서-전	명 외과의사, 군의관
surgery	[sə́:rdʒəri]	서-져리	명 외과(의술), 수술실

surmise	[sərmáiz]	서마이즈	명 추측, 추량 타자 짐작하다
	His surmise proved correct. 그의 추측은 정확한 것으로 드러났다.		
surmount	[sərmáunt]	서마운드	타 오르다, 극복하다 (=overcome)
surname	[sə́:rnèim]	서-네임	명 성(姓), 별명
surpass	[sərpǽs]	서패스	타 ~을 능가하다, 보다 뛰어나다
surplus	[sə́:rplʌs]	서-플러스	명 여분, 과잉 형 여분의
surprise	[sərpráiz]	서프라이즈	명 놀람, 경악 타 놀라게 하다
surrender	[səréndər]	서렌더	타자 넘겨주다, 항복하다 명 항복
surround	[səráund]	서라운드	타 둘러싸다, 에워싸다
survey	[sərvéi]	서-베이	타자 바라보다, 조사하다 (=examine)
survive	[sərváiv]	서바이브	타자 살아남다, 오래 살다
susceptible	[səséptəbl]	서셉터벌	형 민감한, 예민하게 느끼는
suspect	[səspékt]	서스펙트	타 알아채다, 수상히 여기다
suspend	[səspénd]	서스펜드	타자 공중에 매달다, 정지하다
suspense	[səspéns]	서스펜스	명 걱정, 불안, 초조
suspension	[səspénʃən]	서스펜션	명 걸침, 매달림
	The suspension bridge is 3 miles above. 현수교는 3마일 상류에 있다.		
suspicion	[səspíʃən]	서스피션	명 느낌, 의심
suspicious	[səspíʃəs]	서스피셔스	형 의심스러운, 의심하는

sustain	[səstéin]	서스테인	타 버티다, 유지하다
swallow	[swálou]	스왈로우	타자 삼키다, 참다 명 제비
swamp	[swamp]	스왐프	명 늪, 습지 타 물에 잠기게 하다
swan	[swan]	스완	명 백조
swarm	[swɔːrm]	스웜-	명 (곤충의) 큰 떼, 무리
sway	[swei]	스웨이	타자 흔들리다, 동요하다 명 흔들림
swear	[swɛər]	스웨어	타자 맹세하다, 선서하다
sweat	[swet]	스웻	명 땀 타자 땀을 흘리다
sweep	[swiːp]	스윕-	타자 청소하다 명 청소, 일소
sweet	[swiːt]	스윗-	형 상냥한, 달콤한 (↔bitter)
sweeten	[swíːtn]	스위-튼	타자 달게 하다, 향기롭게 하다
swell	[swel]	스웰	타자 부풀다 명 팽창, 증대
swift	[swift]	스위프트	형 빠른, 날랜 부 신속하게
swim	[swim]	스윔	타자 헤엄치다, 뜨다 명 수영
swine	[swain]	스와인	명 돼지, 탐욕자
swing	[swiŋ]	스윙	타자 흔들거리다 명 동요, 흔들림
swirl	[swəːrl]	스월-	타자 소용돌이치다 명 소용돌이
Swiss	[swis]	스위스	형 스위스의 명 스위스 사람
switch	[switʃ]	스위취	명 스위치 타자 스위치를 틀다

Switzerland	[swítsərlənd]	스윗철런드	명 스위스
sword	[sɔːrd]	소어드	명 검, 칼
symbol	[símbəl]	심벌	명 상징, 표상 부 상징하다
sympathetic	[sìmpəθétik]	심퍼쎄틱	형 동정심이 있는, 공감하는
sympathize	[símpəθàiz]	심퍼싸이즈	자 동정하다, 동의하다

Don't expect me to sympathize with you.
내가 당신에게 동감해주길 기대하지 마세요.

sympathy	[símpəθi]	심퍼씨	명 동정, 연민 (=compassion)
symphony	[símfəni]	심퍼니	명 심포니, 교향곡
symptom	[sím*p*təm]	심프텀	명 징후, 증상
syndicate	[síndikət]	신디킷	명 기업연합, 신디케이트
synonym	[sínənim]	시너님	명 동의어, 표시어
syrup	[sírəp]	시럽	명 시럽, 당밀
system	[sístəm]	시스템	명 조직, 체계
systematic	[sìstəmǽtik]	시스터매틱	형 조직적인, 규칙적인

N O P Q R S T U V W X Y Z

| 영어 필수 단어 |

T

table	[téibl]	테이벌	명 테이블, 탁자
tablet	[tǽblit]	테이블릿	명 (나무, 돌) 평판, 명판
tack	[tæk]	택	명 (납작한) 못, 압정
tackle	[tǽkl]	테컬	명 도구, 연장 타자 ~을 다루다
tact	[tækt]	택트	명 솜씨, 요령
tactics	[tǽktiks]	택틱스	명 전술, 병법
tadpole	[tǽdpòul]	탯포울	명 올챙이
tag	[tæg]	택	명 물표, 꼬리표
tail	[teil]	테일	명 꼬리, 꽁지 타자 꼬리를 달다
tailor	[téilər]	테일러	명 재봉사, 재단사
taint	[teint]	테인트	타자 더럽히다, 오염하다 명 얼룩
take	[teik]	테이크	타자 취하다, 잡다, 얻다
	Take it easy. 걱정하지마. 마음 편히 먹어.		
tale	[teil]	테일	명 이야기, 설화(=story)
talent	[tǽlənt]	탤런트	명 재능, 수완
talk	[tɔːk]	토-크	타자 말하다 명 담화, 이야기

tall	[tɔ:l]	톨-	형 (키가) 큰, 높은
tame	[teim]	테임	형 길든, 길들인 타자 길들이다
tan	[tæn]	텐	타자 가죽을 무두질하다
tank	[tæŋk]	탱크	명 (물, 가스 등의) 탱크, 전차
tap	[tæp]	탭	명 꼭지 타자 가볍게 두드리다
tape	[teip]	테이프	명 납작한 끈, 줄자 타 테이프를 묶다
tapestry	[tǽpəstri]	테피스트리	명 수를 놓은 두꺼운 천
tardy	[tɑ́:rdi]	타-디	형 느린, 더딘
target	[tɑ́:rgit]	타-깃	명 과녁, 목표
tariff	[tǽrif]	테리프	명 관세(율), 요금표
tart	[ta:rt]	타-트	형 신, 신랄한(=bitter)
task	[tæsk]	태스크	명 일, 직무 타 혹사하다
taste	[teist]	테이스트	타자 맛보다, 맛이 나다 명 맛, 미각
	This cake tastes nice. 이 케이크는 맛이 좋다.		
taught	[tɔ:t]	토-트	동 teach(가르치다)의 과거(분사)
tax	[tæks]	택스	명 세금, 무거운 짐 타 과세하다
taxation	[tækséiʃən]	택세이션	명 과세, 세수
taxi	[tǽksi]	택시	명 택시 타자 택시로 가다
tea	[ti:]	티-	명 차, 홍차

teach	[tiːtʃ]	티-취	타자 가르치다, 교육하다
teacher	[tíːtʃər]	티-쳐	명 선생, 교사
team	[tiːm]	팀-	명 팀, 조, 작업조
tear	[tiər]	티어	명 눈물, 비애
tear	[tɛər]	테어	타자 부수다, 찢다 명 째진 곳
tease	[tiːz]	티-즈	타 괴롭히다, 놀려대다
technical	[téknikəl]	텍니컬	형 공업의, 기술적인
technique	[tekníːk]	텍닉-	명 기법, 기교
tedious	[tíːdiəs]	티-디어스	형 지루한, 장황한(=dull)
	The ceremony was both long and tedious. 행사는 길고 지루했다.		
teem	[tiːm]	팀-	자 충만하다, 풍부하다
telephone	[téləfòun]	텔러포운	명 전화(기) 타자 전화로 말하다
telescope	[téləskòup]	텔러스코웁	명 망원경
television	[téləvìʒən]	텔러비젼	명 텔레비전
tell	[tel]	텔	타자 말하다, 이야기하다, 표현하다
temper	[témpər]	템퍼	명 기질, 기분, 침착
temperament	[témpərəmənt]	템퍼러먼트	명 기질, 성품 (=character)
temperance	[témpərəns]	템퍼런스	명 절제, 자제
temperate	[témpərət]	템퍼릿	형 절제하는, 온화한

temperature	[témpərətʃər]	템퍼러쳐	명 온도, 체온
tempest	[témpist]	템피스트	명 사나운 비바람, 폭풍우
temple	[témpl]	탬펄	명 성당, 신전
temporary	[témpərèri]	템퍼레리	형 일시적인, 덧없는 (↔permanent)
tempt	[tempt]	템트	타 유혹하다, ~할 기분이 나게 하다
temptation	[temptéiʃən]	템테이션	명 유혹(물)
ten	[ten]	텐	명 10 형 10의
tenacious	[tənéiʃəs]	터내이셔스	명 완강한, 끈질긴 (=unyielding) She is tenacious of her rights. 그녀는 끈질기게 자기 권리를 주장한다.
tenant	[ténənt]	테넌트	명 차지인, 거주자
tend	[tend]	텐드	타자 ~의 경향이 있다, 돌보다
tendency	[téndənsi]	텐던시	명 경향, 풍조
tender	[téndər]	텐더	형 상냥한, 부드러운
tennis	[ténis]	테니스	명 정구, 테니스
tenor	[ténər]	테너	명 테너가수
tense	[tens]	텐스	형 팽팽한, 긴장한
tension	[ténʃən]	텐션	명 팽팽함, 긴장 (=pressure)
tent	[tent]	텐트	명 텐트 타자 천막으로 덮다
tenth	[tenθ]	텐쓰	명 제10 형 제10의

N O P Q R S T U V W X Y Z

term	[tə:rm]	텀–	명 기한, 임기, 용어, 친교관계(~s)
terminal	[tə́:rmənl]	터–머널	형 끝의, 밑단의 명 종점
terminate	[tə́:rmənèit]	터–머네이트	타자 끝내다, 다하다
terrace	[térəs]	테러스	명 단지, 높은 지대
terrible	[térəbl]	테러벌	형 무서운, 무시무시한 (=severe)
terrify	[térəfài]	테러파이	타 겁나게 하다, 놀라게 하다
territory	[térətɔ̀:ri]	테러토–리	명 영토, 판도
terror	[térər]	테러	명 공포, 무서움
test	[test]	테스트	명 시험, 검사 타 시험하다
testament	[téstəmənt]	테스터먼트	명 유언, 유서
testify	[téstəfài]	테스터파이	타자 증명하다, 입증하다
testimony	[téstəmòuni]	테스터머니	명 증언, 증거
text	[tekst]	텍스트	명 본문, 원문
textbook	[tékstbùk]	텍스트북	명 교과서
texture	[tékstʃər]	텍스쳐	명 천, 감
than	[ðən; ðǽn]	댄	접전 ~보다, ~이외의
thank	[θæŋk]	쌩크	타 감사하다 명 감사, 사례
thankful	[θǽŋkfəl]	쌩크펄	형 감사의, 고마워하는
that	[ðǽt]	댓	대 저것, 그것 명 그, 저

the	[ðə]	더	관 그, 저, 예(例)의 부 그만큼, 더
	The sooner, the better. 빠를수록 좋다.		
theater	[θíːətər]	씨어터	명 극장, 강당
theft	[θeft]	쎄프트	명 도둑질, 절도
their	[ðər; ðɛ́ər]	데어	대 그들의(they의 소유격)
theirs	[ðɛərz]	데어즈	대 그들의 것(their의 소유 대명사)
them	[ðəm, ðém]	뎀	대 그들(they의 목적격)
theme	[θiːm]	씨-임	명 논지, 화제
themselves	[ðəmsélvz]	덤셀브즈	대 그들 자신
then	[ðen]	덴	부 그때, 그 당시
thence	[ðens]	덴스	부 그러므로, 거기서부터
theory	[θíːəri]	씨어리	명 학설, 이론
there	[ðər; ðɛ́ər]	데어	부 그 곳에, 거기에서
thereafter	[ðɛərǽftər]	데어랩터	부 그 뒤에, 그 이후
thereby	[ðɛərbái]	데어바이	부 그것에 의해서, 그것으로
therefore	ðɛ́ərfɔːr	데어포-	부 그러므로(=so), 그 결과(로서)
	Therefore I listened to a lot of music. 그래서 나는 많은 노래를 들었다.		
thermometer	[θərmάmətər]	써마미터	명 온도계, 체온기
these	[ðiːz]	디-즈	대 이(것)들 형 이(것)들의

T

they	[ðei]	데이	대 he, she, it의 복수, 그들(은)
thick	[θik]	씩	형 두꺼운 부 진하게, 굵게
thicken	[θíkən]	씩컨	타자 두껍게 하다, 두꺼워지다
thicket	[θíkit]	씨킷	명 덤불, 잡목
thickness	[θíknis]	씩니스	명 두터움, 진함
thief	[θi:f]	씨-프	명 도둑, 절도(복수 thieves)
thigh	[θai]	싸이	명 넓적다리, 가랑이
thin	[θin]	씬	형 얇은, 홀쭉한 타자 얇게 하다
thing	[θiŋ]	씽	명 물건, 물체
think	[θiŋk]	씽크	타자 생각하다, 상상하다
third	[θə:rd]	써-드	명 제3, 세번째 형 제3의
thirst	[θə:rst]	써-스트	명 목마름, 갈증 자 열망하다
	I'm dying of thirst. 목이 말라서 죽을 지경이다.		
thirsty	[θə́:rsti]	써-스티	형 목마른, 건조한
thirteen	[θə̀:rtí:n]	써-티-인	명 13 형 13의
thirtieth	[θə́:rtiəθ]	써-티이쓰	명 제30 형 제30의
thirty	[θə́:rti]	써-티	명 30 형 30의
this	[ðis]	디스	대 이것, 이 물건 형 이것의
thorn	[θɔ:rn]	쏘-온	명 (식물의) 가시, 고통

thorough	[θə́:rou]	써-로우	형 충분한, 철저한
those	[ðouz]	도우즈	형 그들의 대 그들, that의 복수
though	[ðou]	도우	접 ~이나, ~이지만 (=even if)
thought	[θɔ:t]	쏘-트	명 사고, 생각 동 think의 과거
thoughtful	[θɔ́:tfəl]	소-트펄	형 사려 깊은, 주의 깊은
thoughtless	[θɔ́:tlis]	쏘-틀리스	형 분별없는, 경솔한 (↔thoughtful)
thousand	[θáuzənd]	싸우전드	명 1000, 천 형 1000의
	A thousand thanks. 정말 감사합니다.		
thrash	[θræʃ]	쓰래쉬	타자 채찍질하다, 타작하다
thread	[θred]	쓰레드	명 실, 섬유 타자 실을 꿰다
threat	[θret]	쓰렛	명 위험, 협박
threaten	[θrétn]	쓰레튼	타자 위협하다, 예고하다
three	[θri:]	쓰리-	명 3, 셋 형 3의
thresh	[θreʃ]	쓰레쉬	타 타작하다, 때리다 명 탈곡기
threshold	[θréʃhould]	쓰레숄드	명 문지방, 문간
thrift	[θrift]	쓰리프트	명 검약, 절약
thrifty	[θrífti]	쓰리프티	형 절약하는, 검소한 (=economical)
thrill	[θril]	쓰릴	명 전율, 감동 타자 오싹하게 하다
thrive	[θraiv]	쓰라이브	자 성공하다, 번영하다

throat	[θrout]	쓰로우트	명 목구멍, 기관
throb	[θrab]	쓰랍	명 고동, 맥박 자 두근거리다
throne	[θroun]	쓰로운	명 왕좌, 옥좌 타 즉위시키다
throng	[θrɔ:ŋ]	쓰롱	명 군중 타자 떼지어 모이다
through	[θru:]	쓰루-	전 ~을 통하여 부 통해서 형 끝난
throughout	[θru:áut]	쓰루-아웃	부 도처에, 처음부터 끝까지 전 ~동안
throw	[θrou]	쓰로우	타자 던지다, 발사하다 명 던지기
thrust	[θrʌst]	스러스트	타자 밀다, 밀어내다 명 밀기
thumb	[θʌm]	썸	명 엄지손가락 타 만지작거리다
thump	[θʌmp]	썸프	명 탁 때림 타자 탁 때리다, (심장이) 뛰다 He thumped on the wall. 그는 벽을 쿵하고 때렸다.
thunder	[θʌ́ndər]	썬더	명 벼락, 천둥 타자 천둥치다
thunderbolt	[θʌ́ndərbòult]	썬더보울트	명 낙뢰, 벼락
Thursday	[θə́:rzdei, -di]	써-즈데이	명 목요일(약어 Thur.)
thus	[ðʌ́s]	더스	부 이와 같이, 이렇게
thwart	[θwɔ:rt]	쓰워-트	타 방해하다, 저지하다 (=block)
tick	[tik]	틱	명 똑딱 소리 타자 똑딱소리 내다
ticket	[tíkit]	티킷	명 표, 승차권
tickle	[tíkl]	티컬	타자 간질이다 명 간지러움

tide	[taid]	타이드	명 조수, 조류 타자 극복하다
tidings	[táidiŋz]	타이딩즈	명 통지, 소식(=news)
tidy	[táidi]	타이디	형 말쑥한, 정연한 타자 정돈하다
tie	[tai]	타이	타자 매다, 동이다 명 매듭
tiger	[táigər]	타이거	명 범, 호랑이
tight	[tait]	타이트	형 탄탄한, 견고한 부 단단히
tighten	[táitn]	타이튼	타자 바싹 죄다, 단단하게 하다
tile	[tail]	타일	명 기와, 타일 타 기와를 이다
till	[təl, tíl]	틸	전 ~까지 접 ~할 때까지 타자 갈다
tilt	[tilt]	틸트	타자 기울다, 기울이다 명 경사
timber	[tímbər]	팀버	명 재목, 용재
time	[taim]	타임	명 때, 시간 at the same time : 동시에
timid	[tímid]	티미드	형 겁 많은, 겁에 질린 (=scared)
tin	[tin]	틴	명 주석, 양철 형 주석으로 만든
tinge	[tindʒ]	틴쥐	명 엷은 색 타 엷게 물들이다 My hair started to show tinges of grey. 내 머리가 허연 색깔로 바뀌기 시작했다.
tingle	[tíŋgl]	팅걸	자 욱신거리다 명 욱신거림
tint	[tint]	틴트	명 색조, 희미한 색 타 착색하다

tiny	[táini]	타이니	형 아주 작은, 몹시 작은 (↔huge)
tip	[tip]	팁	명 끝, 첨단
tiptoe	[típtòu]	팁토우	명 발끝 자 발끝으로 걷다
tire	[taiər]	타이어	타 자 피로하게 하다 명 타이어
tired	[taiərd]	타이어드	형 피로한, 싫증난
tireless	[táiərlis]	타이어리스	형 지치지 않는
tissue	[tíʃuː]	티슈-	명 (생물의) 조직
title	[táitl]	타이틀	명 표제, 제목
to	[tu, tə; túː]	투-	전 ~으로, ~에
toad	[toud]	토우드	명 두꺼비, 경멸스러운 인물
toast	[toust]	토우스트	명 구운 빵 타 자 축배를 들다
tobacco	[təbǽkou]	터배코우	명 담배
today	[tədéi]	터데이	타 자 오늘, 금일
toe	[tou]	토우	명 발가락, 돌출부 This sock has a hole in the toe. 이 양말은 발가락 부분에 구멍이 났다.
together	[təgéðər]	터게더	부 함께, 동반해서
toil	[tɔil]	토일	명 수고, 노고 자 수고하다
toilet	[tɔ́ilit]	토일릿	명 화장, 복장, 화장실
token	[tóukən]	토우컨	명 표, 상징

told	[tould]	토울드	동 tell의 과거(분사)
tolerable	[tálərəbl]	탈러러벌	형 참을 수 있는, 견딜 수 있는
tolerate	[tálərèit]	탈러레이트	타 참다, 견디다(=bear)
toll	[toul]	토울	명 종소리, 통행세
tomato	[təméitou]	터메이토우	명 토마토
tomb	[tu:m]	투-움	명 무덤, 묘 타 매장하다
tomorrow	[təmɔ́:rou, təmárou]	터모-로우	부명 내일, 미래
ton	[tʌn]	턴	명 톤(중량 1,000㎏)
tone	[toun]	토운	명 가락, 음(조) 타자 가락을 붙이다
tongs	[tɔ:ŋz]	통즈	명 부젓가락, 집게
tongue	[tʌŋ]	텅	명 혀, 말
tonight	[tənáit]	터나잇	부명 오늘밤
too	[tu:]	투-	부 ~도, 또한; 너무 ~하다
tool	[tu:l]	투-울	명 도구, 공구
tooth	[tu:θ]	투-쓰	명 이, 치아 Doctor, a decayed tooth aches awfully. 의사선생님, 충치가 몹시 아파요.
top	[tap]	탑	명 꼭대기, 정상
topic	[tápik]	타픽	명 화제, 논제(=subject)
torch	[tɔ:rtʃ]	토-취	명 횃불

torment	[tɔːrmént]	토-멘트	명 고통, 가책 타 괴롭히다
torpedo	[tɔːrpíːdou]	토-피-도우	명 수뢰, 어뢰
torrent	[tɔ́ːrənt]	토-런트	명 급류, 억수같이 쏟아짐
tortoise	[tɔ́ːrtəs]	토-터스	명 거북이, 느림보
torture	[tɔ́ːrtʃər]	토-쳐	명 고문, 고통 타 고통을 주다
	He confessed under torture. 그는 고문을 당하여 자백을 했다.		
toss	[tɔːs]	토-스	타자 던져 올리다 명 던지기
total	[tóutl]	토우틀	명 총계 형 전체의 타자 합계하다
totter	[tátər]	타터	자 비틀거리다 명 비틀거림
touch	[tʌtʃ]	터취	타자 대다, 닿다 명 접촉
	keep in touch with : ~와 연락을 유지하다		
tough	[tʌf]	터프	형 강인한, 완고한 (↔tender)
tour	[tuər]	투어	명 관광, 여행 타자 주유하다
tourist	[túərist]	투어리스트	명 여행가, 관광객
tournament	[túərnəmənt]	투어-너먼트	명 시합, 경기
tow	[tou]	토우	명 예인선 타 밧줄로 끌다
toward	[tɔːrd, təwɔ́ːd]	토-어드	전 ~의 쪽으로, ~에 대하여
towel	[táuəl]	타월	명 수건, 타월
tower	[táuər]	타워	명 탑, 성루 자 우뚝 솟다

town	[taun]	타운	명 읍, 소도시
toy	[tɔi]	토이	명 장난감, 노리개 자 장난하다
trace	[treis]	추레이스	명 발자국, 흔적 타자 추적하다
track	[træk]	추랙	명 흔적 타 ~에 발자국을 남기다
tract	[trækt]	추랙트	명 넓은 토지, 지역
tractor	[trǽktər]	추렉터	명 끄는 도구, 견인차
trade	[treid]	추레이드	명 상업, 장사(=business) 타자 장사하다 I am a novice in the wrting trade. 나는 문필계에서는 초보자다.
trader	[tréidər]	추레이더	명 상인, 무역업자
tradition	[trədíʃən]	추러디션	명 전설, 구전
traffic	[trǽfik]	추래픽	명 교통, 왕래 타자 왕래하다
tragedy	[trǽdʒədi]	추래져디	명 비극, 참사 (↔comedy)
tragic	[trǽdʒik]	추래직	형 비극의, 비참한
trail	[treil]	추레일	타자 질질 끌다 명 지나간 자국
train	[trein]	추레인	타자 훈련하다, 길들이다 명 열차
training	[tréiniŋ]	추레이닝	명 훈련, 교련
trait	[treit]	추레이트	명 특색, 특징
traitor	[tréitər]	추레이터	명 반역자, 배반자
tramp	[træmp]	추램프	타자 방랑하다, 쿵쿵 걷다

trample	[trǽmpl]	추램펄	타자 짓밟다, 학대하다
tranquil	[trǽŋkwil]	추랭퀼	형 평온한, 고요한 (=calm)
transact	[trænsǽkt]	추랜색트	타자 처리하다, 거래하다
transfer	[trænsfə́:r, trænsfə́:]	추랜스퍼–	명 전환, 이동 타자 옮기다
transform	[trænsfɔ́:rm]	추랜스포–옴	타 변형시키다, 바꾸다
transient	[trǽnʃənt]	추랜션트	형 일시적인, 덧없는 (=temporary)
transit	[trǽnsit, -zit]	추랜짓	명 통과, 통행 타 횡단하다
transition	[trænzíʃən]	추랜지션	명 변이, 변천
translate	[trænsléit, trænzléit]	추랜슬레이트	타자 번역하다, 해석하다
transmit	[trænsmít]	추랜스미트	타 보내다, 발송하다
	The information was transmitted to your computer. 정보는 당신 컴퓨터로 전송되었다.		
transparent	[trænspέərənt]	추랜스페어런트	형 투명한, 명료한
transport	[trænspɔ́:rt]	추랜스포–트	타 수송하다, 유형에 처하다
transportation	[trænspərtéiʃən]	추랜스퍼테이션	명 수송, 운송기관
trap	[træp]	추랩	명 덫, 함정 타자 덫을 놓다
travel	[trǽvəl]	추래블	타자 여행하다, 지나가다 명 여행
traverse	[trǽvə:rs]	추래버–스	타자 가로지르다, 관통하다(=pass across)
tray	[trei]	추레이	명 쟁반, 얕은 접시
treachery	[trétʃəri]	추레쳐리	명 배신, 배반

tread	[tred]	추레드	타자 밟다, 걷다 명 밟기
treason	[tríːzn]	추리-즌	명 반역(죄), 불신
treasure	[tréʒər]	추레저	명 보배, 보물 타 진귀하게 여기다
treasury	[tréʒəri]	추레저리	명 금고, 국고
treat	[triːt]	추릿-	타자 취급하다, 다루다 명 접대
treaty	[tríːti]	추리-티	명 조약, 협정
tree	[triː]	추리	명 나무, 수목
tremble	[trémbl]	추렘벌	명 떨림 타자 떨다, 진동하다(=shake)
tremendous	[triméndəs]	추리멘더스	형 무서운, 무시무시한
tremulous	[trémjuləs]	추리뮬러스	형 떨리는, 후들거리는
trench	[trentʃ]	추렌취	명 도랑, 참호 타 참호를 파다
trend	[trend]	추렌드	명 방향, 경향 자 향하다, 기울다
trespass	[tréspəs]	추레스퍼스	명 침입, 침해 자 침입하다
	I saw him trespass into the ship. 나는 그가 그 배 안으로 잠입하는 것을 봤다.		
trial	[tráiəl]	추라이얼	명 재판, 시험
triangle	[tráiæŋgl]	추라이앵걸	명 삼각형, 3인조
tribe	[traib]	추라입	명 부족, 종족
tributary	[tríbjutèri]	추리뷰터리	형 공물을 바치는, 종속적인
tribute	[tríbjuːt]	추리뷰-트	명 공물, 조세

trick	[trik]	추릭	명 묘기, 재주 타자 속이다
trickle	[tríkl]	추리컬	타자 똑똑 떨어지다, 조르륵 흐르다
trifle	[tráifl]	추라이펄	명 소량, 조금 형 하찮은, 사소한
trillion	[tríljən]	추릴련	명 조(兆), 백만의 제곱
trim	[trim]	추림	형 말쑥한 타자 손질하다
trinity	[trínəti]	추리니티	명 삼위일체(T~), 3인조
trip	[trip]	추립	명 여행, 소풍 타자 여행하다
triple	[trípl]	추리펄	형 3배의, 세 겹의 명 3배, 3루타
triumph	[tráiəmf]	추라이엄프	명 개선, 승리 자 이기다
triumphant	[traiʌ́mfənt]	추라이엄펀트	형 승리를 거둔, 의기양양한
trivial	[tríviəl]	추리비얼	형 하찮은, 보잘것없는 I'm not interested in such trivial matters. 나는 그런 사소한 문제에는 관심이 없다.
trolley	[tráli]	추랄리	명 손수레, 고가 이동활차
troop	[tru:p]	추룹-	명 떼, 대(隊) 타자 모이다
trophy	[tróufi]	추로우피	명 전리품, 전승기념물
tropic	[trápik]	추라픽	명 회귀선, 열대
tropical	[trápikəl]	추라피컬	형 열대의, 열대적인
trot	[trat]	추랏	명 빠른 걸음 타자 빨리 걷다
trouble	[trʌ́bl]	추러벌	명 걱정, 근심 타자 괴롭히다

trousers	[tráuzər]	추라우저즈	명 바지
trout	[traut]	추라웃	명 (물고기) 송어
truck	[trʌk]	추럭	명 화물자동차, 추럭
trudge	[trʌdʒ]	추러쥐	자 무겁게 터벅터벅 걷다
true	[tru:]	추루–	형 정말의, 진실의 명 진실
truly	[trú:li]	추루–리	부 참으로, 성실히
trumpet	[trʌ́mpit]	추럼핏	명 트럼펫, 나팔 타 자 나팔 불다
trunk	[trʌŋk]	추렁크	명 줄기, 몸통, 트렁크
trust	[trʌst]	추러스트	명 신용, 신임 타 자 신뢰하다
trustee	[trʌstí:]	추러스티–	명 보관인, 수탁자
trusty	[trʌ́sti]	추러스티	형 믿을 수 있는, 확실한 (=faithful)
truth	[tru:θ]	추루–쓰	명 진리, 진실
try	[trai]	추라이	타 자 해보다, 시도하다 명 시도
tub	[tʌb]	텁	명 통, 물통 타 자 목욕하다
tube	[tju:b]	튭–	명 관, 튜브
tuck	[tʌk]	턱	타 자 걷어 올리다, 밀어넣다 I tucked my white shirt in my pants. 나는 와이셔츠 밑단을 바지에 집어넣었다.
Tuesday	[tjú:zdei]	튜–즈데이	명 화요일(약어 Tues.)
tug	[tʌg]	턱	타 잡아당기다, 끌다 명 힘껏 당김

tulip	[tjú:lip]	튜-립	명 튤립
tumble	[tʌ́mbl]	텀벌	타자 넘어지다, 뒹굴다 명 전락
tumult	[tjú:məlt]	튜-멀트	명 소동, 떠들썩함
tune	[tju:n]	튜-운	명 곡조, 멜로디 타 음조를 맞추다
tunnel	[tʌ́nl]	터널	명 터널, 지하도 타자 굴을 파다
turban	[tə́:rbən]	터-번	명 터번
turbulent	[tə́:rbjulənt]	터-별런트	형 (파도, 바람이) 거친, 사나운(=violent) Turbulent seas kept us from sailing. 바다가 거칠어서 우리는 항해를 나가지 못했다.
turf	[tə:rf]	터-프	명 잔디, 뗏장 타 잔디를 심다
turkey	[tə́:rki]	터-키	명 칠면조
turn	[tə:rn]	터-언	타자 돌리다, 켜다 명 회전
turtle	[tə́:rtl]	터-틀	명 바다거북
tutor	[tjú:tər]	튜-터	명 가정교사 타자 (개인적) 지도하다
twelfth	[twelfθ]	트웰프쓰	명 제12 형 제12의
twelve	[twelv]	트웰브	명 12 형 12의, 12절판
twenty	[twénti]	트웬티	명 20 형 20의
twice	[twais]	퇴이스	부 두 번, 2회
twig	[twig]	튀그	명 잔가지, 가는 가지
twilight	[twáilàit]	퇴일라이트	명 황혼, 땅거미

twin	[twin]	튄	형 쌍둥이의 명 쌍둥이 중의 하나
twine	[twain]	톼인	명 꼰 실 타자 꼬다, 얽히게 하다
twinkle	[twíŋkl]	튕컬	타자 반짝반짝 빛나다 명 반짝임
twist	[twist]	튀스트	타자 비틀다, 뒤틀다 명 꼬임
twitch	[twitʃ]	튀취	타자 홱 잡아당기다 명 홱 잡아챔
twitter	[twítər]	튀터	명 지저귐 타자 지저귀다
two	[tuː]	투-	명 2, 두 개 형 2의, 두 개의
type	[taip]	타입	명 형(型), 전형 타 타이핑하다
typhoid	[táifɔid]	타이포이드	형 장티푸스의 명 장티푸스
typhoon	[taifúːn]	타이푼-	명 태풍
typical	[típikəl]	티피컬	형 대표적인, 모범적인
typist	[táipist]	타이피스트	명 타자수
tyranny	[tírəni]	티러니	명 전제정치, 압제, 학정
tyrant	[táiərənt]	타이어런트	명 폭군, 전제군주 (=dictator) I can't understand why they respect the tyrant. 나는 그들이 왜 독재자를 존경하는지 이해할 수 없다.

| 영어 필수 단어 |

U

ugly	[ʌ́gli]	어글리	형 추한, 보기 싫은
ultimate	[ʌ́ltəmət]	얼터밋	형 최후의, 마지막의 (=last)
umbrella	[ʌmbrélə]	엄브렐러	명 우산
umpire	[ʌ́mpaiər]	엄파이어	명 (경기의) 심판 타자 심판하다
unable	[ʌnéibl]	어네이벌	형 ~할 수 없는, 연약한
unanimous	[ju:nǽnəməs]	유-내너머스	형 만장일치의, 이구동성의
	He won the match by unanimous decision. 그는 심판 전원일치로 시합을 이겼다.		
unaware	[ʌnəwɛ́ər]	어너웨어	형 눈치 채지 못하는, 알지 못하는
unbearable	[ʌnbɛ́ərəbl]	언베어러벌	형 참을 수 없는, 견딜 수 없는
uncertain	[ʌnsə́:rtn]	언서-튼	형 의심스러운, 불안한 (=doubtful)
uncle	[ʌŋkl]	엉클	명 삼촌, 작은아버지, 이모부
unclean	[ʌnklí:n]	언클린-	형 불결한, 더러운
uncommon	[ʌnkámən]	언카먼	형 진귀한, 드문(=rare)
unconscious	[ʌnkánʃəs]	언칸셔스	형 무의식의, 부지중의
uncover	[ʌnkʌ́vər]	언커버	타자 뚜껑을 열다, 폭로하다
under	[ʌ́ndər]	언더	전 ~의 아래에 부 아래에

undergo	[ʌndərgóu]	언더고우	타 받다, 당하다
underground	[ʌ́ndərgraund]	언더그라운드	형 지하의, 비밀의 명 지하도
underline	[ʌ́ndərlàin]	언더라인	타 ~에 밑줄을 긋다 명 밑줄
underneath	[ʌ̀ndərní:θ]	언더니-쓰	전 ~의 밑에 부 아래에 명 하부
understand	[ʌ̀ndərstǽnd]	언더스탠드	타자 이해하다, 알아듣다
undertake	[ʌ̀ndərtéik]	언더테이크	타 떠맡다, 인수하다
underwear	[ʌ́ndərwɛər]	언더웨어	명 내의, 속옷
underworld	[ʌ́ndərwə̀:rld]	언더월-드	명 지하, 지옥
undesirable	[ʌndizáiərəbl]	언디자이어러벌	형 탐탁치 않은, 바람직하지 못한
undisturbed	[ʌndistə́:rbd]	언디스터-브드	형 조용한, 방해되지 않는
undo	[ʌndú]	언두-	타 원상태로 돌리다, 취소하다, 열어보다 Please undo the present box. 선물 상자를 열어보세요.
undone	[ʌndʌ́n]	언던	형 끝러진 동 undo(취소하다)의 과거분사
undress	[ʌndres]	언드레스	타자 옷을 벗기다
uneasy	[ʌní:zi]	언이-지	형 불안한, 거북한
unemployed	[ʌ́nimplɔ́id]	언임플로이드	형 일이 없는, 실직한
unequal	[ʌní:kwəl]	언이-퀄	형 같지 않은, 부동의
unfinished	[ʌnfíniʃt]	언피니쉬트	형 미완성의, 완전치 못한
unfold	[ʌnfóuld]	언포울드	타 (접은 물건을)펴다, 열다

U

unfortunate	[ʌnfɔ́:rtʃənət]	언포-쳐닛	형 불행한(=unlucky) 명 불운한 사람
ungrateful	[ʌngréitfəl]	언그레잇펄	형 은혜를 모르는, 애쓴 보람 없는
unhappy	[ʌnhǽpi]	언해피	형 불행한, 비참한
uniform	[jú:nəfɔ̀:rm]	유-니폼-	형 한결같은, 똑같은 명 제복
unimportant	[ʌnimpɔ́:rtənt]	언임포-턴트	형 중요하지 않은, 보잘것없는
union	[jú:njən]	유-니언	명 결합, 동맹
unique	[ju:ní:k]	유-니-크	형 유일의, 특이한 (=unusual)
unit	[jú:nit]	유-닛	명 한 개, 한 사람
unite	[ju:náit]	유-나이트	타자 일치하다, 결합하다 We must unite with each other. 우리는 서로 뭉쳐야 한다.
united	[ju:náitid]	유-나이팃	형 결합한, 일치된
unity	[jú:nəti]	유-너티	명 단일, 통일
universal	[jù:nəvə́:rsəl]	유-너버-설	형 우주의, 보편적인 (=general)
universe	[jú:nəvə̀:rs]	유-너버-스	명 우주, 만물
university	[jù:nəvə́:rsəti]	유-너버-서티	명 종합대학
unkind	[ʌnkáind]	언카인드	형 불친절한, 냉혹한
unknown	[ʌnnóun]	언노운	형 알 수 없는, 미지의
unless	[ʌnlés]	언레스	접 만약 ~이 아니면, ~외에는
unlike	[ʌnláik]	언라이크	형 다른 부 다르게 전 ~와 같지 않고

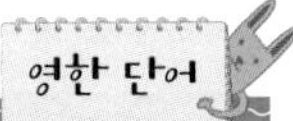

unlikely	[ʌnláikli]	언라이클리	형 가망 없는, 있을 것 같지 않은
unlimited	[ʌnlímitid]	언리미팃	형 끝없는, 무한한 (=infinite)
unload	[ʌnlóud]	언로우드	타 자 (짐을) 부리다, 내리다
unlock	[ʌnlák]	언락	타 자 자물쇠를 열다, 털어놓다
unlucky	[ʌnlʌ́ki]	언러키	형 불행한, 불운한
unnatural	[ʌnnǽtʃərəl]	언내쳐럴	형 부자연스러운, 보통이 아닌
unnecessary	[ʌnnésəsèri]	언네서세리	형 불필요한, 무익한
unpleasant	[ʌnplézənt]	언플레전트	형 불쾌한, 불친절한 (=unkind)
unprecedented	[ʌnprésidəntid]	언프레서덴티드	형 전례 없는, 신기한
unreasonable	[ʌnrí:zənəbl]	언리-저너벌	형 부조리한, 터무니없는

unreasonable — That price is a little unreasonable.
그 가격은 좀 말이 안되네요.

unrest	[ʌnrést]	언레스트	명 불안, 불온(상태)
unsettled	[ʌnsétld]	언세틀드	형 미해결의, 불안정한 (=changeable)
untie	[ʌntái]	언타이	타 (매듭을) 풀다, 해방하다
until	[ʌntíl]	언틸	전 ~까지 접 ~때까지
untrue	[ʌntrú:]	언추루-	형 진실이 아닌, 허위의
unusual	[ʌnjú:ʒuəl]	언유-주얼	형 보통이 아닌, 진기한
unwilling	[ʌnwíliŋ]	언윌링	형 본의가 아닌, 마음 내키지 않는
unworthy	[ʌnwə́:rði]	언워-디	형 가치 없는, 하찮은

up	[ʌp]	업	부 위로 전 ~의 위에 형 올라간
	ups and downs : 흥망성쇠, 기복		
uphold	[ʌphóuld]	업호올드	타 후원하다, 올리다
upland	[ʌ́plənd]	업런드	명 고지, 산지 형 고지에 사는
uplift	[ʌplíft]	업리프트	타 들어 올리다, 높이다
upon	[əpán] [əpɔ́:n]	어판	전 ~의 위에(=on)
upper	[ʌ́pər]	어퍼	형 위의, 상부의
upright	[ʌpràit]	업라이트	형 곧은, 곧게 선 (=vertical)
uproar	[ʌprɔ̀:r]	업로오	명 큰 소란, 소동
uproot	[ʌprú:t]	업루-트	타 뿌리째 뽑다, 근절시키다
upset	[ʌpsét]	업셋	명 전복 타자 뒤집어엎다, 걱정하다
	Don't upset yourself about that. 그런 일로 걱정하지마.		
upside	[ʌ́psaid]	업사이드	명 위쪽, 상부
upstairs	[ʌpstέərz]	업스테어즈	부 2층에, 위층에 형 2층의
upward	[ʌ́pwərd]	업워드	형 상승하는, 향상하는
urchin	[ə́:rtʃin]	어-췬	명 개구쟁이, 선머슴
urge	[ə:rdʒ]	어-쥐	타 몰아내다, 재촉하다 명 자극
urgent	[ə́:rdʒənt]	어전트	형 긴급의, 중요한 (=imminent)
urine	[júərin]	유어린	명 소변

us	[əs] [əs:]	어스	대 we(우리)의 목적격. 우리에게
usage	[jú:sidʒ]	유-시쥐	명 사용법, 어법
use	[ju:z]	유-스	명 사용, 이용 타 사용하다
used	[ju:st]	유-스트	형 익숙한, 중고의 조 ~하곤 했다(~ to)
useful	[jú:sfəl]	유-스펄	형 유용한, 편리한
useless	[jú:slis]	유-슬리스	형 쓸모없는, 무익한
user	[jú:zər]	유저	명 사용자
usher	[ʌʃər]	어셔	명 안내인, 수위 타 안내하다
usual	[jú:ʒuəl]	유-주얼	형 보통의, 평소의
usually	[jú:ʒuəli]	유-주얼리	부 보통, 언제나
utensil	[ju:ténsəl]	유-텐설	명 가정용품, 용구
utility	[ju:tíləti]	유-틸러티	명 유용(성), 공익사업
utilize	[jú:təlàiz]	유-털라이즈	타 이용하다, 활용하다(=use)
utmost	[ʌ́tmòust]	엇모우스트	형 최대의, 가장 먼 명 최대한도 The matter needs to be handled with the utmost care. 그 문제는 최대한 주의해서 다뤄야 한다.
utter	[ʌ́tər]	어터	형 철저한, 온전한 타 말하다
utterly	[ʌ́tərli]	어털리	부 완전히, 전부

N O P Q R S T **U** V W X Y Z

| 영어 필수 단어 |

V

vacancy	[véikənsi]	베이컨시	명 공허, 빈자리
vacant	[véikənt]	베이컨트	형 공허한, 빈(=empty)
vacation	[veikéiʃən]	베이케이션	명 휴가, 방학 자 휴가를 얻다
vacuum	[vækjuəm]	베큐엄	명 진공, 빈 곳
vagabond	[vægəbànd]	배거반드	명 방랑자, 불량배 형 방랑하는
vagrant	[véigrənt]	베익런트	형 방랑하는, 떠도는
vague	[veig]	베이그	형 애매한, 분명치 않은
	I have a vague memory of meeting the actress. 그 여배우를 만난 희미한 기억이 있다.		
vain	[vein]	베인	형 쓸데없는, 헛된 (=useless)
valiant	[væljənt]	밸련트	형 용감한, 씩씩한
valley	[væli]	밸리	명 골짜기, 계곡
valuable	[væljuəbl]	밸류어벌	형 소중한, 값비싼
valuation	[væljuéiʃən]	밸류에이션	명 평가, 가치판단
value	[vælju:]	밸류-	명 가치, 값어치 타 평가하다
vanish	[væniʃ]	배니쉬	자 사라지다, 자취를 감추다(=disappear)
vanity	[vænəti]	배너티	명 공허, 무가치

vanquish	[vǽŋkwiʃ]	뱅퀴쉬	타 정복하다, ~에 이기다(=defeat)
vapor	[véipər]	베이퍼	명 증기, 수증기
variable	[vέəriəbl]	베어리어벌	형 변하기 쉬운, 일정치 않은
variation	[vεəriéiʃən]	베어리에이션	명 변화, 변동
variety	[vəráiəti]	버라이어티	명 다양성, 잡동사니, 변화
various	[vέəriəs]	베어리어스	형 다른, 여러 가지의
varnish	[vá:rniʃ]	바니-쉬	명 속임, 겉치레 타 니스 칠하다
vary	[vέəri]	베어리	타자 바꾸다, 변하다
vase	[veis]	베이스	명 꽃병, 병
vast	[væst]	베스트	형 거대한, 광대한
vegetable	[védʒətəbl]	베쥐터블	명 푸성귀, 야채 형 식물의
	I'll have a vegetable salad. 저는 야채샐러드를 먹겠습니다.		
vegetation	[vèdʒətéiʃən]	베쥐테이션	형 식물의 성장, 식물
vehement	[ví:əmənt]	비-어먼트	형 간절한, 열렬한(=violent)
vehicle	[ví:ikl] [ví:hikl]	비-컬	명 차량, 탈 것
veil	[veil]	베일	명 베일, 면사포
vein	[vein]	베인	명 정맥, 혈관
velocity	[vəlάsəti]	벌라서티	명 속력, 빠르기
velvet	[vélvit]	벨빗	명 우단, 비로드 형 우단과 같은

venerable	[vénərəbl]	베너러벌	형 존경할 만한, 존엄한
vengeance	[véndʒəns]	벤젼스	명 복수, 원수 갚기 (=avenge)
venom	[vénəm]	베넘	명 (뱀, 곤충의) 독
ventilate	[véntəlèit]	벤털레이트	타 환기하다, 정화하다
venture	[véntʃər]	벤쳐	명 모험 타자 감히 하다
Venus	[víːnəs]	비-너스	명 비너스(미의 여신), 금성
verb	[vəːrb]	버-브	명 (문법) 동사
verdict	[vəːrdikt]	버-딕트	명 (배심원의) 답신, 평결
verge	[vəːrdʒ]	버-쥐	명 끝, 가장자리 자 ~에 직면하다
verify	[vérəfài]	베러파이	타 확인하다, 입증하다
verse	[vəːrs]	버-스	명 시(詩), 운문
version	[vəːrʒən]	버-젼	명 설명, 변형, 판
vertical	[vəːrtikəl]	버-티컬	형 수직의, 세로의 (↔horizontal) Keep away from the vertical cliff! 수직 절벽에 접근하지 마세요!
very	[véri]	베리	부 대단히, 매우 형 참된
vessel	[vésəl]	베설	명 용기, 그릇, 선박
vest	[vest]	베스트	명 조끼, 속옷 타자 옷을 입히다
veteran	[vétərən]	베터런	명 노장, 베테랑
veto	[víːtou]	비-토우	명 거부권, 부인권 타 거부하다

vex	[veks]	벡스	타 화(짜증)나게 하다
vibrate	[váibreit]	바이브레이트	타자 떨다, 진동시키다
vibration	[vaibréiʃən]	바이브레이션	명 진동, 떨림
vice	[vais]	바이스	명 악덕(↔virtue), 악습 접 부, 차석의
vicinity	[visínəti]	비시너티	명 근처, 근방
vicious	[víʃəs]	비셔스	형 사악한, 악덕의
victim	[víktim]	빅팀	명 희생(자), 피해자
victor	[víktər]	빅터	명 승리자, 정복자 형 승리의
victory	[víktəri]	빅터리	명 승리, 극복
view	[vjuː]	뷰-	명 경치, 시력(=sight)
vigilance	[vídʒələns]	비절런스	명 경계, 조심 (=watchfulness)
	We have to raise the level of our vigilance. 우리는 경계 수준을 높여야 한다.		
vigor	[vígər]	비거	명 활력, 원기
vigorous	[vígərəs]	비거러스	형 활기가 있는, 힘찬
villa	[vílə]	빌러	명 별장, 교외주택
village	[vílidʒ]	빌리쥐	명 마을, 촌(락)
villain	[vílən]	빌런	명 악한, 악인
vine	[vain]	바인	명 포도나무, 덩굴 식품
vinegar	[vínəgər]	비니거	명 초, 식초

V

vineyard	[vínjərd]	비녀드	명 포도밭, 포도원
violate	[váiəlèit]	바이얼레이트	타 (법률, 규칙을) 위반하다
violence	[váiələns]	바이얼런스	명 맹렬, 폭력(=ferocity)
violent	[váiələnt]	바이얼런트	형 과격한, 맹렬한
violet	[váiəlit]	바이얼릿	명 제비꽃, 보랏빛 형 보랏빛의
violin	[vàiəlín]	바이얼린	명 바이올린, 현악기
viper	[váipər]	바이퍼	명 독사, 살무사
virgin	[və́:rdʒin]	버-쥔	명 처녀, 아가씨 형 처녀의
virtue	[və́:rtʃu:]	버-츄-	명 선행, 장점, 미덕 (↔vice)
	Patience is a virtue. 인내는 미덕이다.		
visible	[vízəbl]	비저벌	형 눈에 보이는, 명백한
vision	[víʒən]	비젼	명 시력, 시각
visit	[vízit]	비짓	타자 방문하다 명 방문, 견학
visitor	[vízitər]	비지터	명 방문자, 문병객
visual	[víʒuəl]	비쥬얼	형 시각의, 눈에 보이는
vital	[váitl]	바이틀	형 생명의, 생명이 있는
vitality	[vaitǽləti]	바이탤러티	명 생명력, 활력
vitamin	[váitəmin]	바이터민	명 비타민
vivid	[vívid]	비비드	형 선명한, 산뜻한

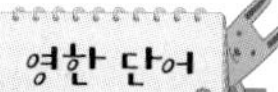

vocabulary	[voukǽbjulèri]	보우케별레리	명 어휘, 용어
vocal	[vóukəl]	보우컬	형 소리의, 음성의
vogue	[voug]	보우그	명 유행, 인기
voice	[vɔis]	보이스	명 목소리, 음성 타 목소리를 내다
void	[vɔid]	보이드	형 빈, 공허한 명 공허
volcanic	[valkǽnik]	발캐닉	형 화산의, 화산이 있는
volcano	[valkéinou]	발케이노우	명 화산
volley	[váli]	발리	명 일제사격, 연발
volleyball	[válibɔ̀:l]	발리볼-	명 배구
volume	[válju:m]	발륨-	명 권, 책, 음량, 부피
voluntary	[válәntèri]	발런터리	형 자발적인, 임의의
volunteer	[vàləntíər]	발런티어	명 자원봉사자, 지원자 타자 지원하다
vomit	[vámit]	바밋	타자 토하다, 분출하다
vote	[vout]	보우트	명 표결, 투표 타자 투표하다 The press can influence the vote. 언론은 선거에 영향을 미칠 수 있다.
vow	[vau]	바우	명 맹세, 서약 타자 맹세하다
voyage	[vɔ́iidʒ]	보이이쥐	명 항해, 항공여행 타자 항해하다
vulgar	[vʌ́lgər]	벌거	형 저속한, 야비한

| 영어 필수 단어 |

W

wade	[weid]	웨이드	타 자 (강물을) 걸어서 건너가다
wag	[wæg]	왝	타 자 흔들다, 움직이다
wage	[weidʒ]	웨이쥐	명 급여 타 (전쟁, 투쟁을) 수행하다
wagon	[wǽgən]	왜건	명 4륜의 짐마차, 화차
wail	[weil]	웨일	타 자 울부짖다, 통곡하다
waist	[weist]	웨이스트	명 허리
wait	[weit]	웨이트	타 자 기다리다, 대기하다
waiting-room	[wéitiŋ ruːm]	웨이팅루-움	명 대기실
wake	[weik]	웨이크	타 자 깨다, 일어나다
	Don't wake a sleeping lion. 잠자는 사자를 깨우지 마라.		
walk	[wɔːk]	워-	타 자 걷다, 산책하다 명 산보
wall	[wɔːl]	월-	명 벽, 담 타 담을 싸다
wallet	[wálit]	왈릿	명 지갑, 돈주머니
walnut	[wɔ́ːlnʌ́t]	월-넛	명 호두, 호두색
wander	[wándər]	완더	자 헤매다, 방황하다, 빗나가다(=stray)
wane	[wein]	웨인	자 이지러지다, 작아지다 명 쇠퇴

want	[want] [wɔ:nt]	원트	타자 원하다, ~가 부족하다
war	[wɔ:r]	워-	명 전쟁, 싸움 자 전쟁하다
ward	[wɔ:rd]	워-드	명 감시, 감독 타 보호하다
warden	[wɔ́:rdn]	워-든	명 감시인, 문지기
ware	[wεər]	웨어	명 제품, 상품
warehouse	[wέərhàus]	웨어하우스	명 창고, 도매상
warfare	[wɔ́:rfεər]	워-페어	명 전쟁, 교전(=combat)
warm	[wɔ:rm]	워-엄	형 따뜻한 타자 따뜻하게 하다
warn	[wɔ:rn]	워-언	타 경고하다, 주의하다
warrant	[wɔ́:rənt]	워런트	명 근거, 보증 타 보증하다
	The facts warrant my believing him. 사실들은 내가 그를 신뢰함을 증명한다.		
warrior	[wɔ́:riər]	워리어	명 군인, 용사
warship	[wɔ́:rʃìp]	워-쉽	명 군함
wary	[wέəri]	웨어리	형 주의 깊은, 세심한
was	[wəz] [wʌ́z]	워즈	동 be의 1, 3인칭 단수 과거형
wash	[waʃ] [wɔ:ʃ]	와쉬	타자 씻다, 빨다 명 세탁
washing	[wáʃiŋ] [wɔ́:ʃiŋ]	와싱	명 빨래, 세탁
waste	[weist]	웨이스트	타자 낭비하다 명 낭비, 쓰레기
wasteful	[wéistfəl]	웨이스트펄	형 낭비하는, 사치스러운

watch	[watʃ]	와취	명 휴대용 시계 타자 주시하다
water	[wɔ́:tər] [wɑ́tər]	워-터	명 물, 곤경 타자 물을 주다
waterfall	[wɔ́:tərfɔ:l]	워-터폴-	명 폭포, 늘어진 것
waterproof	[wɔ́:tərpru:f]	워터프루-프	명 방수포, 방수복 형 방수의
waterway	[wɔ́:tərwèi]	워-터웨이	명 운하, 수로
watery	[wɔ́:təri]	워-터리	형 물의, 물이 많은
wave	[weiv]	웨이브	명 물결, 파도 타자 물결치다
waver	[wéivər]	웨이버	자 흔들리다, 너울거리다
wax	[wæks]	왝스	명 밀초 타 밀을 바르다
way	[wei]	웨이	명 길, 도로
	Do it in your own way. 당신이 원하는 방식으로 해보세요.		
we	[wi]	위-	대 우리는, 우리가
weak	[wi:k]	위-크	형 약한, 힘없는
weaken	[wí:kən]	위-컨	타자 약하게 하다, 쇠약해지다
wealth	[welθ]	웰쓰	명 부, 재산(=fortune)
wealthy	[wélθi]	웰씨	형 유복한, 풍부한
weapon	[wépən]	웨펀	명 무기, 병기
wear	[wɛər]	웨어	타자 입다, 걸치다 명 착용
weary	[wíəri]	위어리	형 피로한, 지친

단어	발음기호	발음	뜻
weather	[wéðər]	웨더	명 일기, 날씨 타자 풍화하다
weave	[wiːv]	위-브	타자 짜다, 엮다
web	[web]	웹	명 거미줄
wed	[wed]	웨드	타자 결합하다, 결혼하다
wedding	[wédiŋ]	웨딩	명 결혼, 결혼식
wedge	[wedʒ]	웨쥐	명 쐐기 타 쐐기로 쪼개다
Wednesday	[wénzdei]	웬즈데이	명 수요일(약어 Wed.)
weed	[wiːd]	위-드	명 잡초, 해초 타자 잡초를 뽑다
week	[wiːk]	위-크	명 주, 일주일
weekday	[wíːkdeì]	위-크데이	명 평일 형 평일의
weekend	[wíːkènd]	위-켄드	명 주말 형 주말의
weekly	[wíːkli]	위-클리	형 1주간의 부 매주 명 주간지
weep	[wiːp]	위-프	타자 울다, 슬퍼하다
weigh	[wei]	웨이	타자 저울에 달다, 무게를 달다
weight	[weit]	웨이트	명 무게, 체중 타 무겁게 하다
weird	[wiərd]	위어드	형 불가사의한, 수상한 (=strange)
welcome	[wélkəm]	웰컴	명 환영 형 환영받는 타 환영하다
	You are welcome. 별 말씀을요.(천만에요)		
welfare	[wélfɛər]	웰페어	명 복지사업, 복리

N O P Q R S T U V W X Y Z

well	[wel]	웰	명 샘 부 잘, 훌륭히 형 건강한 감 글쎄
west	[west]	웨스트	명 서쪽 형 서쪽의 부 서쪽에
western	[wéstərn]	웨스턴	형 서부지방의, 서양의
wet	[wet]	웻	형 젖은, 축축한 타자 젖다
whale	[*h*weil]	웨일	명 고래, 거대한 사람
wharf	[*h*wɔːrf]	워-프	명 부두, 선창
what	[*h*wət]	왓	대 어떤 것, 얼마 형 무슨, 어떤
	What's the matter? 무슨 일입니까?(웬일입니까?)		
whatever	[*h*wʌtévər] [*h*watévər]	와레버	대 (~하는) 것은 무엇이나 형 어떤 ~이라도
wheat	[*h*wiːt]	위-트	명 밀, 곡식
wheel	[*h*wiːl]	위-일	명 바퀴, 수레바퀴
when	[*h*wən]	웬	부 언제 접 ~할 때 대 언제
whenever	[*h*wenévər]	웨네버	부 ~할 때에는 언제든지
where	[*h*wɛər]	웨어	부 어디에, 어느 위치에 명 장소
whereas	[*h*wɛərǽz]	웨어래즈	접 ~인 까닭에, ~을 고려하면
wherever	[*h*wɛərévər]	웨어레버	부 어디에, ~하는 곳은 어디든
whether	[*h*wéðər]	웨더	접 ~인지 어떤지, ~인지 또는
which	[*h*witʃ]	위치	대 어느 것, 어느 쪽 형 어느 쪽의
whichever	[*h*wìtʃévər]	위체버	대형 어느 ~이든지, ~어느 것(이나)

whiff	[*h*wif]	위프	명 한번 불기
while	[*h*wail]	와일	명 때, 시간 접 ~하는 동안에
whim	[*h*wim]	윔	명 일시적 기분, 변덕
whine	[*h*wain]	와인	타자 애처롭게 울다
whip	[*h*wip]	윕	명 매, 채찍질 타자 채찍질하다
whirl	[*h*wəːrl]	월–	타자 빙빙 돌리다 명 회전, 선회
whirlwind	[*h*wə́ːrlwìnd]	월–윈드	명 회오리바람
whisker	[wískər]	위스커	명 구레나룻, (고양이의)수염
whisper	[*h*wíspər]	위스퍼	타자 속삭이다 명 속삭임
	She dropped her voice to a whisper. 그녀는 목소리를 낮춰 속삭였다.		
whistle	[*h*wísl]	위슬	타자 휘파람을 불다 명 휘파람, 호각
white	[*h*wait]	와이트	형 흰, 백색의 명 흰옷
whiten	[*h*wáitn]	와이튼	타자 희게 하다, 표백하다
who	[huː]	후–	대 누구, 어떤 사람
whoever	[huːévər]	후–에버	대 ~하는 사람은 누구든지
whole	[houl]	호울	형 전체의, 전부의 명 전부
wholesale	[hóulseil]	호울세일	명 도매 형 도매의
wholly	[hóulli]	호울리	부 아주, 완전히
whom	[huːm]	훔–	대 누구를, who(누구)의 목적격

whose	[hu:z]	후즈	대 누구의(who의 소유대명사)
why	[*h*wai]	와이	부 왜, 어째서 명 이유
wicked	[wíkid]	위키드	형 나쁜, 사악한(=evil)
wide	[waid]	와이드	형 폭이 넓은(↔narrow)
widow	[wídou]	위도우	명 미망인, 과부
width	[widθ]	윗쓰	명 넓이, 폭
wield	[wi:ld]	윌-드	타 (칼, 권력)을 휘두르다
wife	[waif]	와이프	명 처, 아내
wig	[wig]	위그	명 가발, 머리칼 타 가발을 씌우다
wild	[waild]	와일드	형 야생의, 야만의, 난폭한
wilderness	[wíldərnis]	윌더니스	명 황야, 황무지
will	[wəl, wil]	윌	조 ~할 것이다 명 의지, 결의
	Any knife will do. 아무 칼이나 괜찮다.		
willful	[wílfəl]	윌펄	형 계획적인, 고집 센(=stubborn)
willing	[wíliŋ]	윌링	형 기꺼이~하는, 자진해서 하는
willow	[wílou]	윌로우	명 버드나무
win	[win]	윈	타자 획득하다, 이기다 명 승리
wind	[wind]	윈드	명 바람, 강풍 타 바람에 쐬다
wind	[waind]	와인드	타자 감다, 휘감기다

windmill	[wíndmìl]	윈드밀	명 풍차
window	[wíndou]	윈도우	명 창, 창구
windy	[wíndi]	윈디	형 바람이 센, 말뿐인
wine	[wain]	와인	명 포도주, 과실주
wing	[wiŋ]	윙	명 날개 타 날개를 달다
wink	[wiŋk]	윙크	타자 눈을 깜박이다 명 눈짓
winner	[wínər]	위너	명 승리자, 우승자
winter	[wíntər]	윈터	명 겨울, 만년 타자 겨울을 나다
wipe	[waip]	와입	타 닦다, 훔치다 명 닦기
wire	[waiər]	와이어	명 철사, 전선 타자 철사로 묶다
wireless	[wáiərlis]	와이얼리스	형 무선의, 전선의 명 무선, 라디오
wiry	[wáiəri]	와이어리	형 철사 같은, 뻣뻣한
wisdom	[wízdəm]	위즈덤	명 지혜, 현명
wise	[waiz]	와이즈	형 현명한, 분별 있는 I think you made a wise decision. 난 자네가 지혜로운 결정을 했다고 생각하네.
wish	[wiʃ]	위쉬	타 (현실과 반대를)소망하다 명 소망
wistful	[wístfəl]	위스트펄	형 탐나는 듯한, 생각에 잠긴
wit	[wit]	위트	명 기지, 재치
witch	[witʃ]	위취	명 마녀, 무당

with	[wəð] [wəθ]	위드	전 ~와 함께, ~의 속에
withdraw	[wiðdrɔ́:] [wiθ-]	위드로-	타자 물러서게 하다, 회수하다
wither	[wíðər]	위더	타자 시들다, 쇠퇴시키다
withhold	[wiðhóuld]	윗호울드	타 보류하다, 억누르다
within	[wiðín] [wiθín]	위딘	전 ~의 속에, ~ 이내에 부 안에
without	[wiðáut] [wiθáut]	위다웃	전 ~없이, ~하지 않고
	Without his advice, I would have failed. 그의 충고가 없었다면 나는 실패했을 것이다.		
withstand	[wiðstǽnd] [wiθ-]	윗스탠드	타 거역하다, 저항하다 (=resist)
witness	[wítnis]	윗니스	명 증인 타자 목격하다, 증언하다
witty	[wíti]	위티	형 재치 있는, 재담을 잘 하는
wizard	[wízərd]	위저드	명 (남자) 마술사, 요술쟁이
woe	[wou]	워우	명 비애, 고뇌
woke	[wouk]	워욱	동 wake(깨우다)의 과거
wolf	[wulf]	울프	명 이리(동물), 탐욕스런 사람
woman	[wúmən]	우먼	명 부인, 여자
won	[wʌn]	원	동 win(이기다, 얻다)의 과거
wonder	[wʌ́ndər]	원더	명 놀라움, 경이 타자 놀라다
wonderful	[wʌ́ndərfəl]	원더펄	형 놀라운, 불가사의한
wont	[wɔ:nt] [wount]	원-트	형 버릇처럼 된 명 습관, 풍습

단어	발음기호	발음	뜻
woo	[wu:]	우-	타 구혼하다, 조르다 (=court)
wood	[wud] [woud]	우드	명 숲, 수풀
wooden	[wúdn]	우든	형 나무의, 나무로 만든
wool	[wul]	울	명 양털, 털실
woolen	[wúlən]	울런	형 양털의, 양모로 된 명 모직물
word	[wə:rd]	워-드	명 말, 단어
work	[wə:rk]	웍-	명 일, 작업 타자 일하다
worker	[wə́:rkər]	워-커	명 일손, 일꾼
working	[wə́:rkiŋ]	워-킹	명 일, 노동 형 일하는
workshop	[wə́:rkʃàp]	워-크샵	명 작업장, 공장
world	[wə:rld]	월-드	명 세상, 지구, 현세
worldly	[wə́:rldli]	월-들리	형 속세의, 현세의
	He is lacking in worldly wisdom. 그는 처세가 서툴다.		
worm	[wə:rm]	웜-	명 벌레(지렁이, 구더기 류)
worry	[wə́:ri]	워-리	타자 괴롭히다, 걱정하다
worse	[wə:rs]	워-스	형 더 나쁜 부 더욱 나쁘게
worship	[wə́:rʃip]	워-십	명 숭배, 경모 타자 숭배하다
worst	[wə:rst]	워-스트	형 가장 나쁜 부 가장 나쁘게
worth	[wə:rθ]	워-쓰	명 가치 타 ~만큼 값어치가 있는

단어	발음기호	발음	뜻
worthy	[wə́:rði]	워-디	형 가치 있는, 훌륭한 명 명사, 훌륭한 사람
would	[wəd] [wúd]	웃	조 will의 과거, ~할 것이다
wound	[wu:nd]	운-드	명 부상, 상처 타 상처 입히다
wrap	[ræp]	랩	타자 싸다, 덮다 명 어깨걸이
wrath	[ræθ]	래쓰	명 격노, 복수
wreath	[ri:θ]	리-쓰	명 화환, 동그라미
wreck	[rek]	렉	명 파멸, 난파 타자 파괴하다(=destroy)
wrench	[rentʃ]	렌취	명 비틀림 타 잡아떼다, 비틀다
wrest	[rest]	레스트	타 비틀다, 억지로 빼앗다
wrestle	[résl]	레슬	타자 레슬링을 하다 명 레슬링
wretch	[retʃ]	레취	명 불운한 사람, 비열한 사람
wretched	[rétʃid]	레취드	명 불운한, 비참한 (=miserable)
wrinkle	[ríŋkl]	링컬	명 주름 타자 주름지다
wrist	[rist]	리스트	명 손목
	I sprained my wrist playing tennis. 나는 테니스 하다가 손목을 삐었다.		
write	[rait]	라이트	타자 쓰다, 저작하다
writing	[ráitiŋ]	라이팅	명 씀, 필적
written	[rítn]	리튼	동 write의 과거분사 형 문자로 쓴
wrong	[rɔ́:ŋ]	렁-	형 나쁜, 그릇된 명 악, 부정 부 잘못하여

X

Xmas	[krísməs] [éksməs]	크리스머스	명 크리스마스 (=Christmas)
X-ray	[eksrei]	엑스레이	타 X선으로 검사하다 형 X선의
xylophone	[záiləfòun]	자일러포운	명 목금, 실로폰

| 영어 필수 단어 |

Y

yacht	[jat]	얏	명 요트, 쾌속정 자 경주를 하다
Yankee	[jǽŋki]	옝키	명 양키, 미국 사람 형 미국 북부사람의
yard	[jaːrd]	야-드	명 울안, 마당
yarn	[jaːrn]	얀-	명 뜨개질, 방적사
yawn	[jɔːn]	욘-	타자 하품하다 명 하품, 틈
	He rubbed his eyes and yawned. 그는 눈을 비비고 하품을 했다.		
yea	[jei]	예이	부 그렇다, 그렇지 명 찬성, 긍정
year	[jiər]	이어	명 년, 해
	all the year round : 1년 내내		
yearly	[jíərli]	이얼리	형 연 1회의, 매년의
yearn	[jəːrn]	여-언	자 동경하다, 갈망하다
yeast	[jiːst]	이-스트	명 이스트, 효모
yell	[jel]	옐	타자 고함치다, 외치다 명 고함
yellow	[jélou]	옐로우	형 황색의 명 황색, 노란 옷
yes	[jes]	예스	부 예, 네, 그렇습니다.
yesterday	[jéstərdèi]	예스터데이	명부 어제, 어저께

yet	[jet]	옛	부 아직, 지금까지 접 그러나
yield	[ji:ld]	이-일드	타자 산출하다, 주다 명 산출
yoke	[jouk]	요우크	명 멍에 타자 멍에를 씌우다
you	[ju] [jə]	유-	대 당신, 너, 자네
	Are you there? 여보세요? 들려요? (전화)		
young	[jʌŋ]	영	형 젊은, 어린 명 (동물의) 새끼
youngster	[jʌ́ŋstər]	영스터	명 어린이, 젊은이
your	[jər] [júər]	유어	대 you의 소유격, 당신(들)의
yours	[juərz]	유어즈	대 당신의 것, 댁내
yourself	[juərsélf]	유어셀프	대 당신 자신
	Help yourself to the cake. 케익을 마음껏 드세요.		
yourselves	[jɔ:rsélvz]	유어셀브즈	대 당신들 자신(yourself의 복수)
youth	[ju:θ]	유-쓰	명 젊음, 청춘
youthful	[jú:θfəl]	유-쓰펄	형 젊은, 젊음이 넘치는

N O P Q R S T U V W X Y Z

| 영어 필수 단어 |

Z

zeal	[zi:l]	지-일	명 열심, 열정(=passion)
zealous	[zéləs]	젤러스	형 열심인, 열광적인
zebra	[zí:brə]	지-브러	명 얼룩말
zenith	[zí:niθ]	지-니쓰	명 절정, 정점(=peak)
zero	[zíərou]	지어로우	명 제로, 영점
zest	[zest]	제스트	명 풍미, 묘미
zigzag	[zígzæg]	직잭	형 지그재그의 부 Z자형의
zinc	[ziŋk]	징크	명 아연
zipper	[zípər]	지퍼	명 지퍼, 자크(=fastener)
zone	[zoun]	조운	명 띠, 지대 타자 따로 두르다
zip code	[zípkòud]	집 코드	명 (미국) 우편번호
zoo	[zu:]	주-	명 동물원 Where should I get off for the zoo? 동물원 가려면 어디서 내려야 하나요?
zoology	[zouάlədʒi]	조우알러쥐	명 동물학
zoom	[zu:m]	주-움	동 급상승하다

| SECTION 02 |

한국어 + 영어 단어

ㄱ

가게	**store** 스토어 **shop** 샵
가격	**price** 프라이스 **value** 밸류
가격표	**price tag** 프라이스택
가결(하다)	**approval** 어프루벌 **approve** 어프룹
가공(하다)	**processing** 프러세싱 **process** 프러세스
가구	**furniture** 퍼니춰
가까스로	**barely** 베얼리 **narrowly** 내로울리
가깝다	**near** 니어 **close to** 클로우즈 투
가끔	**sometimes** 썸타임즈 **occasionally** 어캐이저널리
가난	**poverty** 퍼버티 **destitute** 데스티튜트
가냘프다	**slim** 슬림 **slender** 슬렌더
가늘다	**thin** 딘 **slim** 슬림
가능성	**possibility** 파서빌리티
가능하다	**possible** 파서블
가다	**go** 고우 **wear** 웨어 이 가방은 오래 간다. This bag wear well.
가두다	**shut in** 셧인

가득	**fully** 풀리
가라앉다	**sink** 씽크 **go down** 고우다운
가랑비	**light rain** 라잇 레인
가렵다	**itchy** 이취
가로	**width** 윗쓰 **breadth** 브레쓰
가로등	**street lamp** 스트릿 램프
가로막다	**interrupt** 인터럽트 **block** 블락
가로수	**roadside trees** 로드사이드 추리즈
가로지르다	**cross** 크로스 **go across** 고우 어크로스
가로채다	**snatch** 스내취
가루	**powder** 파우더
가르다	**divide** 디바이드 **separate** 세퍼레잇
가르치다	**teach** 티치 **instruct** 인스트럭트
가리다	**hide** 하이드 **disguise** 디스가이즈
가리비	**scallop** 스칼럽
가리키다	**point to** 포인터 **indicate** 인디케이트
가마 (머리)	**hair whirl** 헤어 훨
가면	**mask** 마스크 **disguise** 디스가이즈
가명	**assumed name** 어숨드 네임
가문	**one's family** 원스 페밀리

	좋은 가문 good family background
가뭄	**drought** 드라웃
가발	**wig** 윅
가방	**bag** 백 [소형] **briefcase** 브립케이스 [서류용]
가볍다	**light** 라잇 **slight** 슬라잇
가사(家事)	**housework** 하우스워크
가사(歌詞)	**lyrics** 리릭스
가상의	**imaginary** 이매지너리 **fictitious** 픽티셔스
가소롭다	**ridiculous** 리디큘러스
가속	**acceleration** 엑셀러레이션
가수	**singer** 싱어
가스	**gas** 개스
가스레인지	**gas stove** 개스토브
가슴	**breast** 브레스트 **chest** 체스트
가습기	**humidifier** 휴미디파이어
가시	**thorn** 쏜
가업	**family business** 페밀리 비즈니스
가열(하다)	**heating** 히팅 **heat** 히트
가엾다	**pitiable** 피티어블 **poor** 푸어
가옥	**house** 하우스 **building** 빌딩

가운데	**the middle** 더 미들 **the center** 더 센터
가위	**scissors** 씨저즈
가위바위보	**rock-paper-scissors** 락 페이퍼 씨저즈
가을	**autumn** 오텀 **fall** 폴
가이드	**guide** 가이드
가입(하다)	**joining** 조이닝 **enter** 엔터
가장(家長)	**the head of a family** 더 헤드 어버 페밀리
가장(假裝)	**disguise** 디스가이즈
가장	**most** 모스트 **extremely** 익스트림리
가장자리	**edge** 에지 **brink** 브링크
가전제품	**electric appliances** 일렉트릭 어플라이언시즈
가정(家庭)	**home** 홈 **family** 페밀리 가정환경 home environment
가정(假定)	**supposition** 서포지션
가져오다	**bring** 브링
가족	**family** 페밀리
가죽	**skin** 스킨 **leather** 레더
가지(나무)	**branch** 브랜취 **bough** 바우
가지(채소)	**eggplant** 엑플랜트
가지다	**have** 햅 **take** 테익 **possess** 퍼제스

ㄱ

가짜	**imitation** 이미테이션 **counterfeit** 카운터핏
가차 없는	**ruthless** 루슬리스
가축	**livestock** 라이브스톡
가치	**value** 밸류 **worth** 워쓰
가톨릭교	**Catholicism** 커살러시즘
가해자	**assailant** 어쎄일런트
가혹하다	**severe** 씨뷔어 **brutal** 브루털
각(各)	**each** 이치 **every** 에브리
각(角)	**angle** 앵글
각각	**respectively** 리스펙팁리
각박하다	**coldhearted** 코울드하티드 **unkind** 언카인드
각본	**play** 플레이 **drama** 드라머 **scenario** 씨네어리오우
각오하다	**be ready for** 비 레디 포
각자	**each one** 이치 원 각자부담 합시다. Let's go Dutch.
각축전	**hot contest** 핫 컨테스트
간	**liver** 리붜
간격	**space** 스페이스 **interval** 인터벌
간결	**brevity** 브레버티

간결한	**concise** 컨사이스
간과하다	**overlook** 오버룩 **miss** 미쓰
간단한	**simple** 씸플 **easy** 이지
간략한	**brief** 브립
간병(하다)	**nursing** 너싱 / **nurse** 너스 **look after** 룩애프터
간부	**managing staff** 매니쥥 스탭
간사하다	**sly** 슬라이 **cunning** 커닝
간선도로	**highway** 하이웨이
간섭	**intervention** 인터벤션
간식	**refreshments** 리프레쉬먼츠 **snack** 스낵
간신히	**barely** 베얼리 **narrowly** 내로울리
간염	**hepatitis** 헤파티티스
간장	**soy sauce** 소이소스
간접	**indirectness** 인다이렉트니스
간조	**ebb** 엡
간주곡	**intermezzo** 인터메초우
간주하다	**consider ... as** 컨시더 애즈
간지럽다	**feel a tickle** 필어 틱클
간질이다	**tickle** 티클

ㄱ

간첩	**spy** 스파이 **secret agent** 씨크릿 에이전트
간판	**signboard** 사인보드
간호(하다)	**nursing** 너싱 **nurse** 너스
간호사	**nurse** 너스
같히다	**be confined** 비 컨파인드
갈다	**grind** 그라인드(가루) **whet** 휏(칼) **plow** 플로우(밭)
갈대	**reed** 리드 사람은 생각하는 갈대다. Man is a thinking reed.
갈등	**conflict** 컨플릭트 **discord** 디스코드
갈라지다	**crack** 크랙 **split** 스플릿
갈매기	**seagull** 씨걸
갈비	**ribs** 립스
갈색	**brown** 브라운
갈아타다	**transfer** 추랜스퍼 **change cars** 체인지 카즈
갈채	**cheers** 치어즈 **applause** 어플로즈
갈치	**scabbard fish** 스캐버드 피쉬
감(柿)	**persimmon** 퍼시먼
감(感)	**feeling** 필링
감가상각	**depreciation** 디프리쉬에이션

감각	**sense** 센스 **feeling** 필링
감격	**deep emotion** 딥 이모우션 감격스러운 장면 dramatic [touching] scene
감기	**cold** 코울드 **flu** 플루
감다	**wind** 와인드 **roll** 롤
감독(하다)	**supervision** 수퍼비전 **supervise** 수퍼바이즈
감동시키다	**move** 무브 **touch** 터취
감동적인	**moving** 무빙 **impressive** 임프레시브
감미롭다	**sweet** 스윗 **mellow** 멜로우
감사(監査)	**inspection** 인스펙션
감사(하다)	**thanks** 쌩스 **gratitude** 그래티튜드 / **thank** 쌩크 감사의 표시 token of gratitude
감상(感想)	**impression** 임프레션
감상(鑑賞)	**appreciation** 어프리쉬에이션
감상(感傷)	**sentimentality** 센티먼털리티
감상적인	**sentimental** 센티멘털
감세	**tax reduction** 텍스 리덕션
감소(하다)	**decrease** 디크리즈
감속하다	**slow down** 슬로우다운

감수(甘受)	**submission** 섭미션
감수성(感受性)	**sensibility** 센서빌리티
감시(하다)	**lookout** 루카웃 **watch** 워치
감염	**infection** 인펙션 **contagion** 컨테이전
감염되다	**be infected** 비 인펙티드
감옥	**prison** 프리즌
감자	**potato** 포테이토우
감전	**electric shock** 일렉트릭 쇼크
감점	**demerit mark** 디메리트 마크
감정	**feeling** 필링 **emotion** 이모우션
감정적	**emotional** 이모우셔널
감촉	**touch** 터치 **feel** 필
감추다	**hide** 하이드 **conceal** 컨실
감탄(하다)	**admiration** 어드머레이션 **admire** 어드마이어
감행하다	**dare** 데어 **carry out** 캐리아웃
감히	**boldly** 볼들리 **daringly** 데어링리
갑갑한	**stifling** 스타이플링 **stuffy** 스터피
갑옷	**armor** 아머
갑자기	**suddenly** 써든리 **abruptly** 업럽틀리
갑판	**deck** 덱

값	**price** 프라이스 **value** 밸류
값싼	**cheap** 칩 **low priced** 로우 프라이스드
값진	**valuable** 밸류어블 **worthy** 워씨
갓	**fresh from** 프레쉬 프럼 고등학교를 갓 졸업한 소녀 a girl fresh from high school
강	**river** 리버
강낭콩	**kidney bean** 킷니 빈
강당	**hall** 홀 **auditorium** 오디토리움
강도	**robber** 라버 **burglar** 버글러
강력한	**strong** 스트롱 **powerful** 파워펄
강박관념	**obsession** 업세션
강사	**lecturer** 렉춰러 **instructor** 인스트럭터
강습	**course** 코스
강아지	**puppy** 퍼피
강연(하다)	**lecture** 렉춰
강요하다	**force** 포스 **compel** 컴펠
강제(하다)	**compulsion** 컴펄전 **compel** 컴펠
강조(하다)	**emphasis** 엠퍼시스 **emphasize** 엠퍼사이즈
강좌	**lecture** 렉춰
강철	**steel** 스틸

ㄱ

강타	**heavy blow** 헤비 블로 **slug** 슬럭
강하다	**strong** 스트롱 **powerful** 파워펄
강화(講和)	**peace** 피스 강화조약을 체결하다 enter into a peace treaty
강화하다	**strengthen** 스트렝슨
갖추다	**get it ready** 게릿레디 **equip** 이큅
같다	**same** 세임 **be equal to** 비 이퀄 투 **similar** 씨밀러
갚다	**pay back** 페이백 **compensate for** 컴펜세잇 포
개	**dog** 독
개과천선	**repentance** 리펜턴스
개구리	**frog** 프록
개구쟁이	**urchin** 어친
개그	**gag** 객
개나리	**forsythia** 포시씨아
개념	**general idea** 제너럴 아이디어 **concept** 컨셉
개다 [날씨]	**clear up** 클리어럽
개다 [접다]	**fold up** 폴덥
개량(하다)	**improvement** 임프루브먼트 **reform** 리폼
개막(하다)	**the opening** 디 오프닝 **open** 오픈

개미	**ant** 앤트
개발	**development** 디벨롭먼트
개방	**opening** 오프닝
개봉(하다)	**release** 릴리스(영화)
개선(하다)	**improvement** 임프루브먼트 **improve** 임프루브
개설하다	**set up** 셋업 **establish** 이스태블리쉬
개성	**personality** 퍼스널리티
개시(하다)	**start** 스타트 **beginning** 비기닝 / **begin** 비긴
개업	**starting a business** 스타팅 어 비즈니스
개인	**individual** 인디비주얼 개인 사정 때문에 for some personal reasons
개인주의	**individualism** 인디비주얼리즘
개입	**intervention** 인터벤션
개정	**revision** 리비전 **amendment** 어멘드먼트
개정판	**revised edition** 리바이즈드 에디션
개조하다	**remodel** 리마들
개찰구	**ticket gate** 티킷 게이트
개척(하다)	**cultivation** 컬티베이션 **open up** 오픈 업
개척자	**pioneer** 파이어니어
개최하다	**hold** 홀드 **open** 오픈

개통되다	**be opened to traffic** 비 오픈드 투 트래픽
개혁하다	**reform** 리폼
개회(하다)	**opening of a meeting** 오프닝 어버 미팅 **open** 오픈
개회식	**opening ceremony** 오프닝 세레머니
객관성	**objectivity** 업젝티비티
객관적인	**objective** 업젝티브
객석	**seat** 씨트 **stand** 스탠드
객실	**room** 룸 **parlor** 팔러
갱신(하다)	**renewal** 리뉴얼 **renew** 리뉴
거꾸로	**upside down** 업사이드 다운 **headlong** 헤들롱
거대한	**huge** 휴쥐 **gigantic** 자이갠틱
거두다	**collect** 컬렉트 **gather** 게더
거래(하다)	**transaction** 트렌섹션 **transact** 트렌섹트
거르다	**omit** 오밋 **skip** 스킵 **filter** 필터(여과)
거름	**manure** 머뉴어
거리	**distance** 디스턴스 거리를 두다 keep at a distance
거만한	**arrogance** 애러건트 **insolent** 인설런트
거머리	**leech** 리취

거무스름하다	**blackish** 블래키쉬
거물	**leading figure** 리딩 피겨 **big shot** 빅샷
거미	**spider** 스파이더
거부(하다)	**denial** 디나이얼 **deny** 디나이
거부(巨富)	**millionaire** 밀리어네어
거부반응	**rejection** 리젝션
거북	**tortoise** 토터스 **turtle** 터틀
거스름돈	**change** 체인지
거실	**living room** 리빙룸
거역하다	**oppose** 어포우즈 **go against** 고우 어겐스트
거울	**mirror** 미러 **glass** 글래스
거의	**about** 어바웃 **roughly** 러프리
거인	**giant** 자이언트
거장	**great master** 그레잇 매스터
거절하다	**reject** 리젝트 **refuse** 리퓨즈
거주(하다)	**dwelling** 드웰링 **reside** 리자이드
거주자	**resident** 레지던트 **inhabitant** 인해비턴트
거지	**beggar** 베거
거짓	**lie** 라이 **falsehood** 폴스훗
거짓말쟁이	**liar** 라이러

거짓말하다	**tell a lie** 텔 어 라이
거칠다	**rough** 러프 **coarse** 코어스
거품	**bubble** 버블 **foam** 폼
거행하다	**hold** 홀드 **perform** 퍼폼
걱정(하다)	**anxiety** 앵자이어티 **worry** 워리
건강	**health** 헬쓰
건강보험	**health insurance** 헬쓰 인슈어런스
건강진단	**health checkup** 헬쓰 첵컵
건강하다	**healthy** 헬씨 **sound** 사운드
건너다	**cross** 크로스 **go over** 고우오버
건너편	**the opposite side** 디 어퍼짓 사이드
건널목	**crossing** 크로싱
건네다	**hand** 핸드 **deliver** 딜리버
건드리다	**touch** 터치 **provoke** 프러보우크
건물	**building** 빌딩
건반	**keyboard** 키보드
건방짐	**insolence** 인설런스 건방진 태도 arrogant attitude
건배(하다)	**toast** 토스트 **drink a toast to** 드링커 토스투

건설	**construction** 컨스추럭션 건설 중인 be under construction
건성의	**absent-minded** 엡슨트마인딧
건장한	**sturdy** 스터디 **stout** 스타웃
건재하다	**be well** 비 웰 **be in good health** 비인 굿 헬스
건전지	**dry battery** 드라이배터리
건전한	**sound** 사운드 **wholesome** 호울섬
건조한	**dry** 드라이
건지다	**take** 테이크 **pick up** 픽업
건축	**building** 빌딩 **construction** 컨스트럭션
건포도	**raisin** 레이진
걷다	**walk** 워크 **go on foot** 고우온 풋
걷어 올리다	**turn up** 턴 업 **roll up** 롤업
걸다	**hang** 행 **suspend** 써스펜드 **bet** 벳(돈을)
걸레	**dustcloth** 더스트클로스
걸리다	**get caught in** 겟 코트 인 [잡히다] **hang on** 행온
걸음	**walking** 워킹 **step** 스텝
걸작	**masterpiece** 매스터피스
걸치다	**lay over** 레이오버 **put on** 풋언

ㄱ

검은	**black** 블랙 **dark** 닥
검도	**swordsmanship** 소어즈맨쉽
검문(하다)	**checkup** 체컵 **inspect** 인스펙트
검사(檢事)	**public prosecutor** 퍼블릭 프러시큐터
검사(檢査)	**examination** 익재미네이션 **test** 테스트
검색	**search** 서취
검소한	**simple** 씸플 **frugal** 프루걸 검소한 생활 frugal living
검역	**quarantine** 쿼런틴
검열	**inspection** 인스펙션 **censorship** 센서쉽
검정	**black** 블랙
검진	**medical examination** 메디컬 익제미네이션
검찰	**prosecution** 프러시큐션
검토	**examination** 익재미네이션 **study** 스터디
겁나다	**be scared** 비 스캐어드
겁 많은	**cowardly** 카워들리 **timid** 티미드
겁쟁이	**coward** 카워드
겉	**outside** 아웃사이드 **surface** 서피스
겉치레	**outward show** 아웃워드 쇼우
게	**crab** 크랩

게다가	**moreover** 모어오버 **besides** 비사이즈
게시	**notice** 노우티스 **bulletin** 불리턴
게시판	**notice board** 노우티스 보드
게양하다	**hoist** 호이스트
게으르다	**lazy** 레이지 **idle** 아이들
게으름뱅이	**lazy person** 레이지 퍼슨
게을리하다	**neglect** 니글렉트
게재(하다)	**publication** 퍼블리케이션 **publish** 퍼블리쉬
겨냥	**aim** 에임
겨드랑이	**armpit** 암핏
겨루다	**compete** 컴피트
겨우	**barely** 베얼리
겨울	**winter** 윈터
겨자	**mustard** 머스타드
격	**standing** 스탠딩 **status** 스테이터스 격이 오르다[내리다] rise [fall] in rank
격려하다	**encourage** 인커리지
격렬하다	**violent** 바이얼런트 **intense** 인텐스
격언	**proverb** 프라버브 **maxim** 맥심
격차	**difference** 디퍼런스 **gap** 갭

ㄱ ㄴ ㄷ ㄹ ㅁ ㅂ ㅅ ㅇ ㅈ ㅊ ㅋ ㅌ ㅍ ㅎ

ㄱ

격투(하다)	**grapple** 그래플 **fight** 파이트
격투기	**combatant sports** 컴배턴트 스포츠
겪다	**go through** 고우 스루 **undergo** 언더고우
견고하다	**solid** 솔리드 **firm** 펌
견본	**sample** 샘플
견습	**apprenticeship** 어프렌티스쉽
견실한	**steady** 스테디 **reliable** 릴라이어블
견인차	**wrecker** 렉커 **tow truck** 토우 트럭
견적	**estimate** 에스티메이트
견직물	**silk goods** 실크 굿즈
견학하다	**observe** 옵저브 **visit** 비짓
견해	**opinion** 오피년 **view** 뷰 그는 나와 견해가 다르다. He disagree with me.
결과	**result** 리절트 **consequence** 칸시퀀스
결국	**after all** 애프터올 **in the end** 인디엔드
결근(하다)	**absence** 앱슨스 **be absent** 비 앱슨트
결단(하다)	**decision** 디시전 **decide** 디사이드
결렬(되다)	**breakdown** 브레이크다운 **come to a rupture** 컴투어 럽춰
결론	**conclusion** 컨클루전

결백	**innocence** 이너슨스 **purity** 퓨리티
결산	**settlement of accounts** 세틀먼트 어브 어카운츠
결석하다	**be absent from** 비 앱슨트 프럼
결승전	**the finals** 더 화이널즈
결실	**fruition** 푸루션
결심(하다)	**determination** 디터미네이션 **decide** 디사이드
결재	**sanction** 생션
결점	**fault** 폴트 **weak point** 위크 포인트
결정(決定)	**decision** 디시전 **determination** 디터미네이션
결제(하다)	**settlement** 세틀먼트 **settle** 세틀
결코	**never** 네버 **by no means** 바이 노우 민즈
결핍(되다)	**shortage** 쇼티지 **lack** 렉
결합(하다)	**combination** 컴비네이션 **union** 유니언 / **unite** 유나이트
결핵	**tuberculosis** 튜버켤로우시스
결혼	**wedding** 웨딩 결혼기념일 wedding anniversary
결혼식	**wedding ceremony** 웨딩 세러머니
겸손	**modesty** 마디스티 **humility** 휴밀리티

ㄱ ㄴ ㄷ ㄹ ㅁ ㅂ ㅅ ㅇ ㅈ ㅊ ㅋ ㅌ ㅍ ㅎ

겸손한	**modest** 마디스트 **humble** 험블
겸하다	**combine with** 컴바인 윗
겹치다	**pile up** 파일 업 **overlap** 오버랩
경계(境界)	**boundary** 바운더리 **border** 보더
경계(하다)	**caution** 코션 **guard against** 가드 어겐스트
경고	**warning** 워닝 **caution** 코션
경과하다	**pass** 패스 **go by** 고우바이
경기(景氣)	**the times** 더 타임즈 **business** 비즈니스
경기(競技)	**competition** 캄퍼티션
경력	**career** 커리어
경련	**spasm** 스패점 **cramp** 크램프
경례	**salute** 설루트 **bow** 바우
경로	**course** 코스 **route** 루트
경리	**accounting** 어카운팅
경마	**horse racing** 호스 레이싱
경매	**auction** 옥션
경멸(하다)	**contempt** 컨템트 **despise** 디스파이즈
경박한	**frivolous** 프리벌러스
경범죄	**minor offense** 마이너 오펜스

경보(警報)	**warning** 워닝 **alarm** 얼람
경비(經費)	**expenses** 익스펜시즈 **costs** 코스츠
경비(하다)	**defense** 디펜스 **guard** 가드
경비원	**security guard** 씨큐리티 가드
경사(傾斜)	**slope** 슬로웁 **inclination** 인클러네이션
경사스럽다	**joyous** 조이어스 **happy** 해피
경사진	**slant** 슬랜트 **oblique** 업리크
경솔하다	**rash** 래쉬 **careless** 케얼리스
경시하다	**make light of** 메이크 라이트 어브
경영	**management** 매니지먼트
경영자	**manager** 매니저
경우	**case** 케이스 **occasion** 어케이전
경유(輕油)	**light oil** 라잇 오일
경유하여	**by way of** 바이 웨이 어브 **via** 바이어
경의	**respect** 리스펙트 **esteem** 이스팀 경의를 표하다 pay respects
경이	**wonder** 원더
경쟁(하다)	**competition** 캄퍼티션 / **compete** 컴피트 **contend** 컨텐드
경쟁력	**competitive power** 컴페터티브 파워

ㄱ ㄴ ㄷ ㄹ ㅁ ㅂ ㅅ ㅇ ㅈ ㅊ ㅋ ㅌ ㅍ ㅎ

ㄱ

경제	**economy** 이카너미 **finance** 파이낸스
경제적인	**economical** 이커나미컬
경제학	**economics** 이커나믹스
경주(하다)	**race** 레이스 **run a race** 러너 레이스
경찰	**the police** 더 펄리스
경찰서	**police station** 펄리스테이션
경첩	**hinge** 힌쥐
경축일	**national holiday** 내셔널 할러데이
경치	**scenery** 씨너리 **view** 뷰
경쾌한	**airy** 에어리 **light** 라잇
경품	**premium** 프리미엄
경향	**tendency** 텐던시
경험(하다)	**experience** 익스피리언스 다양한 경험을 쌓다 gain various experience
경호원	**bodyguard** 바디가드
곁	**side** 사이드
곁들이다	**garnish** 가니쉬
계곡	**valley** 밸리
계급	**class** 클래스 **rank** 랭크
계기	**chance** 챈스 **opportunity** 아퍼튜니티

계단	**stairs** 스테어즈
계란	**egg** 엑
계란후라이	**sunny-side up** 써니사이드 업
계략	**trick** 추릭 **stratagem** 스츠레터점
계모	**stepmother** 스텝마더
계산(하다)	**calculation** 컬큘레이션 **calculate** 컬큘레이트
계산기	**calculator** 컬큘레이터
계산서	**bill** 빌
계속(하다)	**sequel** 씨퀄 **continue** 컨티뉴 **last** 래스트
계승(하다)	**succession** 석세션 **succeed to** 석시드 투
계승자	**successor** 석세서
계약(하다)	**contract** 컨추랙트
계약금	**deposit** 디파짓
계절	**season** 시즌
계좌	**bank account** 뱅크 어카운트 계좌번호 the number of the account
계층	**class** 클래스 **stratum** 스트레이텀
계획(하다)	**plan** 플랜 **project** 프러젝트 / **make a plan** 메이커 플랜
고가(高價)	**high price** 하이 프라이스
고개(언덕)	**ridge** 리쥐 **pass** 패스

ㄱ

고개(머리)	**the head** 더 헤드
고객	**customer** 커스터머 **client** 클라이언트
고구마	**sweet potato** 스윗 포테이토우
고귀한	**noble** 노우블 **valuable** 밸류어블
고급	**high-class** 하이클래스
고기	**flesh** 플레쉬 **meat** 미트
고기잡이	**fishing** 피싱
고난	**suffering** 서퍼링 **distress** 디스트레스
고달프다	**weary** 위어리 **tired** 타이어드
고도	**altitude** 앨터튜드
고독하다	**solitary** 살리테리 **lonely** 로운리
고동	**beat** 비트 **pulsation** 펄세이션
고드름	**icicle** 아이씨컬 고드름이 매달려 있다 Icicles are hanging.
고등어	**mackerel** 맥커럴
고등학교	**high school** 하이스쿨
고래	**whale** 웨일
고려(하다)	**consideration** 컨시더레이션 **consider** 컨시더
고령	**advanced age** 어드밴스드 에이지

고리	**circle** 써클 **ring** 링
고릴라	**gorilla** 거릴러
고립(되다)	**isolation** 아이솔레이션 **be isolated** 비 아이솔레이팃
고막	**eardrum** 이어드럼
고맙다	**thankful** 쌩크펄 **grateful** 그레잇펄
고매하다	**noble** 노우블 **lofty** 로프티
고무	**rubber** 러버
고문(顧問)	**adviser** 어드바이저 **counselor** 카운슬러
고문(하다)	**torture** 토춰
고민하다	**suffer from** 써퍼 프럼
고발(하다)	**accusation** 어큐제이션 **accuse** 어큐즈
고백(하다)	**confession** 컨페션 / **tell** 텔 **confess** 컨페스 사랑의 고백 declaration of love
고비	**peak** 피크 **climax** 클라이맥스
고삐	**rein** 레인 **bridle** 브라이들
고상하다	**noble** 노우블 **dignified** 딕니파이드
고생(하다)	**troubles** 트러블즈 **work hard** 웍 하드
고소공포증	**acrophobia** 애크로포우비어
고소하다 [맛]	**tasty** 테이스티 **fragrant** 프렉런트

ㄱ ㄴ ㄷ ㄹ ㅁ ㅂ ㅅ ㅇ ㅈ ㅊ ㅋ ㅌ ㅍ ㅎ

고속	**high speed** 하이 스피드
고속도로	**expressway** 익스프레스웨이
고속버스	**intercity bus services** 인터시티 버스 서비스
고아	**orphan** 올펀
고안(하다)	**device** 디봐이스 **devise** 디봐이즈
고양이	**cat** 캣
고요	**stillness** 스틸니스 **silence** 사일런스 폭풍 전의 고요 the silence before a storm
고용	**employment** 엠플로이먼트 **employ** 엠플로이
고용인	**employee** 엠플로이
고용주	**employer** 엠플로이어
고원	**plateau** 플레토우
고유의	**peculiar to** 피큘리어 투
고음	**high tone** 하이톤
고의	**intention** 인텐션 **purpose** 퍼퍼스
고자질하다	**tell tales** 텔 테일즈
고장	**breakdown** 브레익다운 **trouble** 트러블
고장 나다	**break down** 브레익 다운
고전(苦戰)	**hard fight** 하드 파이트

고전(古典)	**classic** 클래식
고정(시키다)	**fixation** 픽세이션 **fix** 픽스
고조	**elation** 일레이션 **uplift** 업리프트
고집(하다)	**persistence** 퍼시스턴스 **persist** 퍼시스트
고집 센	**tenacious** 터네이셔스 **obstinate** 압스터닛
고찰(하다)	**consideration** 컨시더레이션 **consider** 컨시더
고체	**solid** 솔리드
고추	**red pepper** 레드페퍼
고층빌딩	**high rise** 하이라이즈 **skyscraper** 스카이스크래이퍼
고치다	**correct** 커렉트 **reform** 리폼 **repair** 리페어 **mend** 멘드
고통	**pain** 페인 **pang** 팽
고통스럽다	**tormenting** 토멘팅 **painful** 페인펄
고향	**home** 홈 **hometown** 홈타운
고혈압	**high blood pressure** 하이 블럿 프레셔
곡(曲)	**tune** 튠 **melody** 멜로디
곡괭이	**pickax** 픽엑스
곡물	**grain** 그레인 **cereals** 씨리얼즈
곡선	**curve** 커브

ㄱ

곡예	**acrobatics** 애크러베틱스
곡해(하다)	**distortion** 디스토션 **distort** 디스토트
곤란	**difficulty** 디프컬티 **trouble** 추러블 곤란을 극복하다 overcome difficulties
곤충	**insect** 인섹트
곧	**soon** 순 **at once** 엣 원스 **immediately** 이미디에이틀리
곧다	**straight** 스트레이트 **upright** 업라이트
골 [스포츠]	**goal** 골
골격	**frame** 프레임 **build** 빌드
골동품	**curio** 큐어리오우 **antique** 앤티크
골목	**alley** 앨리 **bystreet** 바이스트릿
골인하다	**reach the goal** 리치 더 고울
골절	**fracture** 프렉춰
골키퍼	**goalkeeper** 고울키퍼
골판지	**corrugated cardboard** 코러게이티드 카드보드
골프장	**golf links** 골프 링크스
곪다	**fester** 페스터 **mature** 머추어
곰	**bear** 베어
곰곰이	**slowly and carefully** 슬로울리 앤 캐어펄리

곰팡이	**mold** 몰드
곱다	**beautiful** 뷰티펄 **sweet** 스윗
곱셈	**multiplication** 멀티플리케이션
곱슬머리	**curly hair** 컬리 헤어
곱하다	**multiply** 멀터플라이
곳	**place** 플레이스 **spot** 스팟
공	**ball** 볼
공간	**space** 스페이스 **room** 룸
공갈	**threat** 스레트 **blackmail** 블랙메일
공감(하다)	**sympathy** 심퍼씨 **sympathize** 심퍼싸이즈
공개하다	**open ~ to the public** 오픈 투더 퍼블릭
공격하다	**attack** 어택 **assault** 어쏠트
공고(公告)	**public announcement** 퍼블릭 어나운스먼트
공공	**public** 퍼블릭 **common** 커먼
공공시설	**public facilities** 퍼블릭 퍼씰리티즈
공공연하게	**openly** 오픈리 **publicly** 퍼블릭리
공공요금	**public utility charges** 퍼블릭 유틸리티 차쥐즈
공교롭게도	**unexpectedly** 언익스펙티들리 **accidentally** 엑시덴털리
공구	**tool** 툴 **implement** 임플먼트

공군	**air force** 에어 포스
공급(하다)	**supply** 서플라이
공기	**air** 에어
공동	**joint** 조인트 **cooperation** 코우아퍼레이션
공들여	**laboriously** 레이버리어슬리
공략(하다)	**conquer** 콩쿼 **conquest** 콩퀘스트 **capture** 캡쳐
공룡	**dinosaur** 다이너소어
공립	**public** 퍼블릭
공무	**official duties** 오피셜 듀티즈
공무원	**public officer** 퍼블릭 오피서 **public servant** 퍼블릭 써번트
공백	**blank** 블랭크
공모	**complicity** 컴플리서티
공범자	**accomplice** 어컴플리스
공복(空腹)	**hunger** 헝거
공부(하다)	**study** 스터디 **work** 워크
공사(工事)	**work** 워크 **construction** 컨스트럭션
공산주의	**communism** 커뮤니즘
공상(하다)	**daydream** 데이드림 **fancy** 펜시
공석	**vacant seat** 베이컨트 씨트 **vacancy** 베이컨시

공손하게	**politely** 펄라이틀리 **courteously** 커티어슬리
공습	**air raid** 에어 레이드
공식	**formality** 포멀리티 **formula** 포뮬리 [수학]
공식적인	**official** 오피셜
공업	**industry** 인더스트리 공업단지 industrial complex
공예	**craft** 크래프트
공원	**park** 파크
공인하다	**officially recognize** 오피셜리 레컥나이즈
공작(孔雀)	**peacock** 피칵
공작하다	**maneuver** 머뉴버
공장	**factory** 펙터리 **plant** 플랜트
공적(功績)	**exploit** 엑스플로이트
공정(工程)	**the progress of work** 더 프라그레스 어브 워크
공정한	**just** 저스트 **fair** 페어
공제(하다)	**deduction** 디덕션 **deduct** 디덕트
공존(하다)	**coexistence** 코익지스턴스 **coexist** 코익지스트
공주	**princess** 프린세스
공중도덕	**public morality** 퍼블릭 모럴리티
공중전화	**pay phone** 페이 폰

ㄱ

공터	**unoccupied ground** 언아큐파이드 그라운드
공통의	**common** 커먼
공통점	**point in common** 포인트 인 커먼
공평한	**fair** 페어 **impartial** 임파셜
공포	**fear** 피어 **fright** 프라이트 **terror** 테러
공학	**engineering** 엔지니어링
공항	**airport** 에어포트
공해(公害)	**pollution** 펄루션
공헌(하다)	**contribution** 컨트리뷰션 **contribute to** 컨트리뷰트 투
공화국	**republic** 리퍼블릭
공황	**panic** 패닉
과(科)	**family** 페밀리 [생물] **department** 디파트먼트 [학과]
과(課)	**section** 섹션 **division** 디비전
과거	**the past** 더 패스트
과로	**overwork** 오우버워크
과목	**subject** 섭젝트
과묵한	**reticent** 레터선트 **taciturn** 태시턴
과반수	**majority** 머조리티
과세	**taxation** 텍세이션

과수원	**fruit farm** 프루트 팜 **orchard** 오처드
과시하다	**show off** 쇼우 오프 **display** 디스플레이
과식	**overeating** 오우버이팅
과실(過失)	**fault** 폴트 **error** 에러
과일	**fruit** 프루트
과잉	**excess** 익세스 **surplus** 서플러스
과자	**confectionery** 컨펙셔너리 **cake** 케익
과장(課長)	**section manager** 섹션 매니저
과장(하다)	**exaggeration** 익제저레이션 **overstate** 오버스테이트
과정	**course** 코스
과제	**subject** 섭젝트 **theme** 씸
과즙	**fruit juice** 프루트 주스
과학	**science** 사이언스
과학자	**scientist** 사이언티스트
관(棺)	**coffin** 커휜
관(管)	**tube** 튜브 **pipe** 파입
관객	**spectator** 스펙테이터
관계	**relation** 릴레이션
관공서	**government offices** 가버먼트 오피시즈

ㄱ

관광	**sightseeing** 사이트씨잉
관광객	**tourist** 투어리스트
관광버스	**sightseeing bus** 사이트씨잉 버스
관념	**idea** 아이디어 **conception** 컨셉션
관념적	**conceptual** 컨셉추얼
관대한	**tolerant** 탈러런트 **generous** 제너러스
관련(되다)	**relation** 릴레이션 **be related to** 비 릴레이팃 투
관례	**custom** 커스텀 **usual practice** 유주얼 프랙티스 관례를 따르다 observe the custom
관료	**government official** 가버먼트 오피셜 **bureaucrat** 뷰러크랫
관리(管理)	**management** 매니지먼트
관리직	**administrative post** 엇미니스트레이팁 포스트
관상(觀相)	**physiognomy** 피지악너미
관세	**customs** 커스텀즈 **duty** 듀티
관심	**concern** 컨선 **interest** 인터레스트
관심 있는	**be interested in** 비 인터레스팃 인
관여(하다)	**participation** 파티시페이션 **participate** 파티시페이트
관자놀이	**temple** 템플
관절	**joint** 조인트

관절염	**arthritis** 아쓰라이티스
관점	**viewpoint** 뷰포인트
관제탑	**control tower** 컨트롤 타워
관중	**spectator** 스펙테이터 **audience** 오디언스
관찰(하다)	**observation** 옵저베이션 **observe** 옵저브
관통하다	**pierce** 피어스 **penetrate** 페네트레이트
관하여	**on** 온 **about** 어바웃
관할	**jurisdiction** 주리스딕션 관할 구역 district of jurisdiction
관행	**custom** 커스텀 **practice** 프렉티스
관현악단	**orchestra** 오케스트라
광경	**spectacle** 스펙터클 **scene** 씬
광고	**advertisement** 애드버타이즈먼트 **commercial** 커머셜(TV의)
광고지	**leaflet** 리프릿 **handbill** 핸빌
광대뼈	**cheekbone** 칙본
광대한	**vast** 붸스트 **immense** 이멘스
광물	**mineral** 미네럴
광산	**mine** 마인
광선	**ray** 레이 **beam** 빔
광업	**mining** 마이닝

ㄱ

광장	**square** 스퀘어 **open space** 오픈 스페이스
광택	**luster** 러스터 **gloss** 글로스
광학	**optics** 옵틱스
괜찮다	**fair** 페어 **not so bad** 낫 소우 뱃
괴로움	**anxiety** 앵자이어티 **worry** 워리 **pain** 페인
괴롭다	**painful** 페인펄 **hard** 하드
괴롭히다	**torment** 토먼트 **worry** 워리
괴물	**monster** 먼스터
굉장한	**wonderful** 원더펄 **great** 그레잇
교과서	**textbook** 텍스트북
교내	**in the school** 인 더 스쿨 **on campus** 온 캠퍼스
교단	**platform** 플렛펌 교단에 서다 stand on the platform
교대(하다)	**shift** 쉬프트 **take turns** 테익 턴즈
교도소	**prison** 프리즌
교류	**interchange** 인터체인지
교묘한	**skillful** 스킬펄 **dexterous** 덱스터러스
교미(하다)	**copulation** 코펄레이션 **mate** 메잇
교사	**teacher** 티처
교섭(하다)	**negotiation** 니고우쉬에이션 **negotiate** 니고우쉬에잇

교수	**professor** 프로페서
교실	**classroom** 클래스룸
교양	**culture** 컬춰 **education** 에주케이션
교외	**suburb** 서법
교육(하다)	**education** 에주케이션 **educate** 에주케이트
교장	**principal** 프린서펄
교재	**teaching material** 티칭 머티리얼
교제(하다)	**association** 어소시에이션 **keep company with** 킵 컴퍼니 위드
교차하다	**cross** 크로스 **intersect** 인터섹트
교차점	**crossing** 크로싱 **crossroads** 크로스로즈
교체하다	**replace** 리플레이스
교통	**traffic** 트래픽
교통사고	**traffic accident** 트레픽 엑시던트
교통표지	**traffic sign** 트래픽 사인
교향곡	**symphony** 심포니
교환(하다)	**exchange** 익스체인지
교활한	**cunning** 커닝 **sly** 슬라이
교회	**church** 처취
교훈	**lesson** 레슨

ㄱ

구(區)	**ward** 워드 **district** 디스트릭트
구간	**section** 섹션
구걸	**begging** 베깅
구경(하다)	**sight-seeing** 사이트씨잉 **look at** 룩앳
구경거리	**sight** 사잇 **spectacle** 스펙터클
구경꾼	**spectator** 스펙테이터
구급차	**ambulance** 앰뷸런스
구내	**premises** 프레미시스
구더기	**worm** 웜 **maggot** 매것
구독	**subscription** 섭스크립션
구두	**shoe** 슈
구두(口頭)	**oral** 오럴 **verbal** 버벌
구두약	**shoe polish** 슈 폴리쉬
구두쇠	**miser** 마이저 **stingy man** 스틴쥐 맨
구레나룻	**whiskers** 위스커즈
구르다	**roll** 로울
구름	**cloud** 클라우드
구매(하다)	**purchase** 퍼처스 **buy** 바이
구멍	**hole** 호울 **opening** 오프닝
구별(하다)	**distinction** 디스팅션 **distinguish** 디스팅귀쉬

구부러지다	**bend** 벤드 **curve** 커브
구부리다	**bend** 벤드 **twist** 트위스트
구분(區分)	**partition** 파티션 **division** 디비전
구상(하다)	**conception** 컨셉션 **shape one's ideas** 쉐입 원스 아이디어즈
구석	**nook** 누크 **corner** 코너 구석구석까지 every nook and cranny
구성(하다)	**composition** 컴포지션 **compose** 컴포우즈
구성원	**constituent** 컨스티츄언트
구술시험	**oral examination** 오럴 익제미네이션
구식	**old style** 올드 스타일
구실	**pretext** 프리텍스트 **excuse** 익스큐즈
구역	**area** 에어리어 **zone** 존
구역질	**nausea** 노시어
구원(하다)	**relief** 릴리프 **rescue** 레스큐
9월	**September** 셉템버
구인	**job offer** 잡 오퍼
구입(하다)	**purchase** 퍼춰스 **buy** 바이
구제(하다)	**relief** 릴리프 **aid** 에이드
구조(構造)	**structure** 스츠럭처

구조(하다)	**rescue** 레스큐 **save** 세이브
구조조정	**restructuring** 리스트럭춰링
구직활동	**job hunting** 잡 헌팅
구차하다	**poor** 푸어 **trivial** 추리비얼 **humiliating** 휴밀리에이팅
구체적인	**concrete** 컨크리트
구충제	**vermifuge** 버머퓨쥐
구토(하다)	**vomiting** 붜미팅 **vomit** 붜밋
구(救)하다	**save** 세이브 **rescue** 레스큐
구혼(하다)	**proposal** 프러포우절 **propose** 프러포우즈
국가(國家)	**nation** 내이션 **state** 스테이트
국가원수	**sovereign** 사버린
국경	**frontier** 프런티어
국경일	**national holiday** 내셔널 할러데이
국교	**diplomatic relations** 디플로매틱 릴레이션즈
국기(國旗)	**national flag** 내셔널 플렉
국내	**domestic** 더메스틱 국내선 항공노선 the domestic air service
국력	**national strength** 내셔널 스트렝스
국립	**national** 내셔널 **state** 스테이트

국민	**nation** 네이션 **people** 피플
국방	**national defense** 내셔널 디펜스
국보	**national treasure** 내셔널 추레저
국산	**domestic** 도메스틱 **home products** 홈 프라덕츠
국어	**the national language** 더 내셔널 랭귀지
국자	**ladle** 래들
국적	**nationality** 내셔널리티
국제	**international** 인터내셔널 국제결혼 international marriage
국제선	**international air service** 인터내셔널 에어 서비스
국화	**chrysanthemum** 크리센서멈
국회	**National Assembly** 내셔널 어셈블리 **Diet** 다이엇
국회의원	**lawmaker** 로메이커
군(郡)	**county** 카운티
군대	**army** 아미 **troops** 추룹스 **forces** 포시즈
군사정권	**military regime** 밀리터리 레이짐
군인	**soldier** 솔저 **serviceman** 서비스맨
군주	**monarch** 마너크 **sovereign** 사버린
군중	**crowd** 크라우드

굳다	**harden** 하든
굴	**oyster** 오이스터
굴뚝	**chimney** 췸니
굴절	**bending** 벤딩 **refraction** 리프렉션(빛)
굵기	**thickness** 씩니스
굵다	**big** 빅 **thick** 씩
굶주리다	**go hungry** 고우 헝그리 **starve** 스타브
굽다	**roast** 로스트
굽히다	**bend** 벤드 **stoop** 스툽
궁리(하다)	**deliberation** 딜리버레이션 **think over** 씽크 오버
궁전	**palace** 팰리스
궁지	**difficult situation** 디프컬트 시추에이션
~권(책)	**volume** 볼륨 **copy** 카피
권력	**power** 파워 **authority** 오쏘리티
권리	**right** 롸잇 **privilege** 프리빌리지 권리와 의무 rights and duties
권위	**authority** 오쏘리티
권유(하다)	**invitation** 인바이테이션 **induce** 인듀스
권총	**pistol** 피스톨 **revolver** 리볼버 **gun** 건

권태	**weariness** 위어리니스 **ennui** 안위
권하다	**advise** 어드바이즈
권한	**competence** 캄퍼턴스
궤도	**orbit** 오빗
귀	**ear** 이어
귀가하다	**return home** 리턴 홈
귀걸이	**pierced earrings** 피어스트 이어링즈
귀금속	**precious metals** 프레셔스 메탈즈
귀뚜라미	**cricket** 크리켓
귀마개	**ear plugs** 이어플럭스
귀신	**ghost** 고스트 **demon** 디먼
귀여워하다	**love** 러브 **pet** 펫 **caress** 커레스
귀여운	**lovely** 러블리 **charming** 차밍
귀족	**noble** 노우블 **aristocrat** 아리스토크래트
귀중품	**valuables** 밸류어블즈
귀중한	**precious** 프레셔스 **valuable** 밸류어블
귀찮은	**troublesome** 추러블섬
귀향	**homecoming** 홈커밍
규모	**scale** 스케일
규율	**order** 오더 **discipline** 디시플린

규정	**regulation** 레귤레이션
규칙적인	**regular** 레귤러
균열	**crack** 크랙
균형	**balance** 밸런스 균형을 잡다 keep one's balance
귤	**tangerine** 탠저린
그	**that** 댓
그들	**they** 데이
그 외	**and so on** 앤 소우온
그것	**it** 잇 **that** 댓
그네	**swing** 스윙
그녀	**she** 쉬
그늘	**shade** 쉐이드
그늘지다	**darken** 다큰
그때까지	**till then** 틸 덴
그래서	**and** 앤드 **then** 덴
그래프	**graph** 그래프
그램	**gram** 그램
그러나	**but** 벗 **however** 하우에버
그러면	**if so** 입소우 **in that case** 인댓 케이스

그러므로	**because** 비코즈 **so** 소우
그럭저럭	**somehow** 섬하우 **barely** 베얼리
그런	**such** 서취
그런데	**by the way** 바이더 웨이
그로부터	**since then** 신스 덴
그룹	**group** 그룹 **team** 팀
그릇	**vessel** 베슬 **container** 컨테이너
그리고	**and** 앤
그리다	**draw** 드로 **paint** 페인트
그리워하다	**long for** 롱포 **miss** 미쓰
그릴	**grill** 그릴
그림	**picture** 픽춰 **figure** 피겨 그림의 떡 prize beyond one's reach
그림물감	**paints** 페인츠 **colors** 컬러즈
그림자	**shadow** 쉐도우 **silhouette** 실루엣
그림책	**picture book** 픽처 북
그만두다	**resign** 리자인 **leave** 리브 **stop** 스탑
그물	**net** 넷
그밖에	**besides** 비사이즈 **else** 엘스
그저께	**the day before yesterday** 더 데이 비포 예스터데이

ㄱ

그쪽	**that way** 댓웨이 **there** 데어
극단적인	**extreme** 익스트림 **excessive** 익세시브
극동	**the Far East** 더 파 이스트
극락	**paradise** 패러다이스
극복하다	**overcome** 오버컴 **get over** 겟 오버
극작가	**dramatist** 드라마티스트 **playwright** 플레이롸이트
극장 [연극]	**theater** 씨어터
극장 [영화]	**cinema theater** 시네마 씨어터
극한	**limit** 리밋 **extremity** 익스트리미티 극한상황에서 in the extreme situation
극히	**extremely** 익스트림리
근거	**foundation** 파운데이션 **ground** 그라운드
근거하다	**be based on** 비 베이스드 온
근력	**muscular power** 머스큘러 파워
근면한	**industrious** 인더스트리어스 **diligent** 딜리전트
근무(하다)	**service** 서비스 **serve** 서브 **work** 워크
근본	**foundation** 파운데이션
근본적인	**basic** 베이직 **fundamental** 펀더멘틀
근성	**nature** 네이춰
근시의	**short-sighted** 숏사이트

근원	**origin** 어리진 **source** 소스
근육	**muscle** 머슬
근육통	**muscle pain** 머슬 페인
근절(하다)	**eradication** 이레디케이션 **eradicate** 이레디케이트
근처	**neighborhood** 네이버훗 **nearby** 니어바이
근하신년	**Happy New Year** 해피 뉴 이어
글	**writings** 라이팅즈 **sentence** 센텐스
글자	**letter** 레터 **character** 캐릭터
글피	**two days after tomorrow** 투데이즈 애프터 터머로우
긁다	**scratch** 스크래치 **rake** 레이크 긁어 부스럼 waking a sleeping dog
금	**crack** 크랙
금(金)	**gold** 골드
금고	**safe** 세이프 **vault** 볼트
금괴	**lump of gold** 럼프 어브 골드 **gold bar** 골드바
금리	**interest rates** 인터레스트 레이츠
금메달	**gold medal** 골드 메덜
금발	**fair hair** 페어 헤어 **blond** 블론드 [남자] **blonde** 블론드 [여자]
금붕어	**goldfish** 골드피시

금성	**Venus** 비너스
금세	**in an instant** 이넌 인스턴트
금속	**metal** 메털
금액	**amount** 어마운트 **sum** 썸
금연(하다)	**No Smoking** 노우 스모킹 **give up smoking** 기브업 스모킹
금연석	**nonsmoking seat** 넌스모킹 씨트
금요일	**Friday** 프라이데이
금욕	**stoicism** 스토이시즘
금전	**money** 머니 금전감각 sense of money values
금지(하다)	**prohibition** 프러히비션 **prohibit** 프러히빗
금하다	**forbid** 포빗 **prohibit** 프러히빗
급격한	**sudden** 서든 **abrupt** 업럽트
급등(하다)	**sudden rise** 서든 라이즈 **jump** 점프
급료	**pay** 페이 **salary** 샐러리
급변	**sudden change** 서든 체인지
급성	**acute** 어큐트
급소	**vital part** 바이털 파트 **vulnerable spot** 벌너러블 스팟
급속한	**rapid** 레피드 **prompt** 프럼프트

급수	**water supply** 워러 서플라이
급식	**school lunch** 스쿨런치
급여	**salary** 셀러리 **pay** 페이
급진적인	**radical** 레디컬
급한	**urgent** 어전트 **imminent** 이머넌트 급한 용무로 on urgent business
급행열차	**express train** 익스프레스 추레인
긍정(하다)	**affirmation** 어퍼메이션 **affirm** 어펌
기(氣)	**vigor** 비거 **energy** 에너지 **spirit** 스피릿
기간	**period** 피리어드 **term** 텀
기계	**machine** 머신 **apparatus** 어패러터스
기관	**engine** 엔진 **machine** 머신
기관지	**bronchus** 브랑커스
기관지염	**bronchitis** 브랑카이티스
기교	**technique** 테크닉 **art** 아트
기구(氣球)	**balloon** 벌룬
기구(器具)	**utensil** 유텐실 **implement** 임플먼트
기권	**abstention** 앱스텐션[투표] **abandonment** 어밴던먼트
기근	**famine** 페민
기금	**fund** 펀드

기꺼이	**with pleasure** 위드 플레저
기껏해야	**at most** 앳 모스트
기념	**commemoration** 커메머레이션
기념일	**memorial day** 메모리얼 데이
기능	**function** 펑션
기다	**crawl** 크롤 **creep** 크립
기다리다	**wait** 웨이트
기대(하다)	**expectation** 익스펙테이션 **hope** 호우프 **expect** 익스펙트
기대다	**lean on** 린 온
기도	**prayer** 프레이어
기독교	**Christianity** 크리스채니티
기독교신자	**Christian** 크리스천
기둥	**pillar** 필러 **post** 포스트
기록(하다)	**record** 레커드 이전 기록을 깨다 break the former record
기르다	**cultivate** 컬티베이트 **foster** 포스터 **raise** 레이즈 **grow** 그로우
기름	**oil** 오일
기린	**giraffe** 지라프
기말시험	**term-end examination** 텀엔드 익제미네이션

기묘하다	**strange** 스트레인지 **queer** 퀴어
기민한	**smart** 스마트 **quick** 퀵
기반	**base** 베이스 **foundation** 파운데이션
기발하다	**novel** 나벌 **eccentric** 익센추릭
기법	**technique** 테크닉
기본	**basis** 베이시스 **standard** 스탠더드
기본적인	**basic** 베이직 **fundamental** 펀더멘틀
기부(하다)	**donation** 도우네이션 **donate** 도우네이트
기분	**feeling** 필링 **mood** 무드
기뻐하다	**be glad** 비 글래드 **be pleased** 비 플리즈드
기쁘게 하다	**please** 플리즈 **delight** 딜라이트
기쁘다	**happy** 해피 **delightful** 딜라이트펄
기쁨	**joy** 조이 **delight** 딜라이트
기사(記事)	**article** 아티클
기사(技師)	**engineer** 엔지니어
기색	**air** 에어 **look** 룩
기생충	**parasite** 패러사이트
기소(하다)	**prosecution** 프러시큐션 **prosecute** 프러시큐트
기숙사	**dormitory** 도미터리

ㄱ

기술	**technique** 테크닉 **technology** 테크놀로지 기술 제휴 technical tie-up
기술(하다)	**description** 디스크립션 **describe** 디스크라이브
기아	**hunger** 헝거
기압	**atmospheric pressure** 앳모스피어릭 프러셔
기억(하다)	**memory** 메머리 **memorize** 메머라이즈
기억력	**memory** 메머리
기업	**enterprise** 엔터프라이즈
기업가	**entrepreneur** 앙트러프러너
기온	**temperature** 템퍼러춰
기와	**tile** 타일
기울다	**lean** 린 **incline** 인클라인
기원(起源)	**origin** 오리진
기입하다	**write in** 롸이트 인
기자	**reporter** 리포터 **newswriter** 뉴즈라이터
기저귀	**diaper** 다이어퍼
기적	**miracle** 미러클 **wonder** 원더
기적적인	**miraculous** 미러큘러스
기절(하다)	**fainting** 페인팅 **faint** 페인트
기준	**standard** 스탠더드 **basis** 베이시스

기증(하다)	**donation** 도우네이션 **donate** 도우네이트
기지	**base** 베이스
기진맥진한	**exhausted** 익조스티드
기차	**train** 트레인
기체	**gaseous body** 개시어스 바디 **gas** 개스
기초	**base** 베이스 **foundation** 파운데이션
기초적인	**fundamental** 펀더멘털 **basic** 베이식
기침	**cough** 코프
기침약	**cough remedy** 코프 레머디
기타	**guitar** 기타
기특한	**laudable** 로더블
기한	**term** 텀 **deadline** 데드라인
기호(嗜好)	**taste** 테이스트
기호(記號)	**mark** 마크 **sign** 사인
기혼의	**married** 매리드
기회	**opportunity** 오퍼튜니티 **chance** 챈스 기회를 잡다 seize an opportunity
기획(하다)	**plan** 플랜 **project** 프러젝트
기후	**climate** 클라이밋 **weather** 웨더
긴급	**emergency** 이머전시

ㄱ

긴장(하는)	**tension** 텐션 **nervous** 너버스
긴축	**retrenchment** 리트렌치먼트
길	**way** 웨이 **road** 로드 길을 잃다 lose one's way
길다	**long** 롱
길이	**length** 렝스
김	**steam** 스팀 **vapor** 베이퍼
깁스	**plaster cast** 플래스터 캐스트
깊다	**deep** 딥 **profound** 프러파운드
깊어지다	**deepen** 디픈
깊이	**depth** 뎁스
까다롭다	**difficult** 디피컬트 **complicated** 컴플리케이팃
까마귀	**crow** 크로우
~까지	**to** 투 **as far as** 애즈 파 애즈
까칠하다	**rough** 러프 **coarse** 코어스
깎아주다	**discount** 디스카운트
깔끔한	**tidy** 타이디 **clean** 클린
깔다	**lay** 레이 **spread** 스프레드
깔보다	**despise** 디스파이즈
깜박이다	**wink** 윙크 **blink** 블링크

깜빡이	**blinker** 블링커
깡통	**tin** 틴 **can** 캔
깨	**sesame** 세서미
깨끗한	**clean** 클린
깨닫다	**realize** 리얼라이즈 **notice** 노우티스
깨뜨리다	**tear** 테어 **break** 브레익
꺼내다	**draw out** 드로 아웃 **take out** 테이크 아웃
꺼림칙하다	**feel uneasy** 필 언이지
꺾다	**break** 브레익 **snap** 스냅
껌	**chewing gum** 추잉검
껍질	**skin** 스킨 **bark** 바크 **peel** 필 오렌지 껍질을 벗기다 peel an orange
껴안다	**hold ... in one's arms** 홀드 인 원스 암즈
꼬리	**tail** 테일
꼬집다	**pinch** 핀치 **nip** 닙
꼭 [반드시]	**surely** 슈어리 **certainly** 서튼리
꼭두각시	**puppet** 퍼핏
꼴사나운	**ugly** 어글리 **indecent** 인디슨트
꼴찌	**the last** 더 래스트
꼼꼼한	**exact** 익젝트 **methodical** 메소디컬

ㄱ

꽃	**flower** 플라워
꽃다발	**bouquet** 부케
꽃병	**vase** 베이스
꽃잎	**petal** 페털
꽃집	**flower shop** 플라워 샵
꽤	**fairly** 페어리 **pretty** 프리티
꾀병	**feigned illness** 페인드 일니스
꾸다	**borrow** 바로우 **rent** 렌트
꾸러미	**package** 패키지 **parcel** 파슬
꾸미다	**decorate** 데코레이트 **ornament** 오너먼트
꾸짖다	**scold** 스콜드 **blame** 블레임 **reproach** 리프로치
꿀	**honey** 허니
꿀벌	**honeybee** 허니비
꿈	**dream** 드림
꿩	**pheasant** 페전트
꿰매다	**sew** 소우 **stitch** 스티치
끄다	**put out** 풋아웃 **extinguish** 익스팅기쉬
끈	**string** 스트링 **cord** 코드
끈기	**patience** 페이션스

끈기있는	**patient** 페이션트 **tenacious** 터네이셔스 **persistent** 퍼시스턴트
끈적끈적한	**sticky** 스티키
끊다	**cut off** 컷오프
끊어지다	**cease** 씨즈 **break** 브레익 **stop** 스탑
끌어당기다	**pull** 풀 **draw** 드로 **attract** 어추렉트
끓다	**boil** 보일 **seethe** 씨스
끔찍하다	**terrible** 테러블 **cruel** 크루얼
끝	**bounds** 바운즈 **limits** 리미츠 **the end** 디 엔드
끝나다	**end** 엔드 **close** 클로우즈 **be completed** 비 컴플리티드
끝내다	**finish** 피니쉬
끼얹다	**pour on** 포어온
끼워 넣다	**insert** 인서트
끼이다	**get between** 겟 비튄
낌새	**delicate signs** 델리킷 사인즈

| 영어 필수 단어 |

ㄴ

나	**I** 아이
나가다	**go out** 고우 아웃 **get out** 게라웃
나그네	**traveler** 추레벌러 **visitor** 비지터
나누다	**divide** 디바이드 **part** 파트 **share with** 쉐어 위드
나눗셈	**division** 디비전
나눠주다	**distribute** 디스트리뷰트
나라	**country** 컨추리 **nation** 내이션
나르다	**carry** 캐리 **convey** 컨베이
나른하다	**languid** 랭귀드 **dull** 덜
나머지	**the rest** 더 레스트
나무	**tree** 추리 나무그늘 the shade of a tree
나무라다	**scold** 스콜드 **blame** 블레임
나물	**greens** 그린즈 **green stuff** 그린 스텁
나뭇잎	**leaf** 리프
나방	**moth** 모쓰
나비	**butterfly** 버터플라이

나비넥타이	**bow tie** 보우타이
나빠지다	**go wrong** 고우 렁
나쁘다	**bad** 뱃 **naughty** 노티
나사	**screw** 스크루
나아가다	**go forward** 고우 포워드 **advance** 어드밴스
나오다	**come out** 컴 아우트
나이	**age** 에이지 나잇값도 못하다 be thoughtless for one's age
나이 먹다	**grow old** 그로우 올드
나일론	**nylon** 나일런
나중에	**later** 레이터
나체	**naked body** 네이키드 바디 **nudity** 누디티
나침반	**compass** 컴퍼스
나타나다	**come out** 컴아웃 **appear** 어피어
나태한	**lazy** 레이지 **idle** 아이들
나팔	**trumpet** 트럼펫
나팔꽃	**morning-glory** 모닝글로리
나프탈렌	**naphthalene** 내프설린
낙관(하다)	**optimism** 옵티미즘 **be optimistic** 비 옵티미스틱
낙관적인	**optimistic** 옵티미스틱

ㄱ ㄴ ㄷ ㄹ ㅁ ㅂ ㅅ ㅇ ㅈ ㅊ ㅋ ㅌ ㅍ ㅎ

낙담하다	**lose heart** 루즈 하트
낙뢰	**the falling of a thunderbolt** 더 폴링 어버 썬더볼트
낙서(하다)	**graffiti** 그래피티 **scribble** 스크리블
낙엽	**fallen leaf** 폴른 리프
낙오(하다)	**straggling** 스트러글링 **drop out of** 드랍 아우러브
낙오자	**dropout** 드랍아웃
낙원	**paradise** 패러다이스
낙제(하다)	**failure** 페일려 **fail** 페일
낙타	**camel** 캐멀
낙태(하다)	**abortion** 어보션 **cause abortion** 코즈 어보션
낙하(하다)	**drop** 드랍 **fall** 폴
낙하산	**parachute** 패러슈트
낚다	**fish** 피쉬
낚시	**fishing** 피쉉
낚싯대	**fishing rod** 피싱 로드
난간	**handrail** 핸드레일
난국	**difficult situation** 디피컬트 시추에이션
난로	**fireplace** 파이어플레이스
난민	**refugees** 레퓨지즈 난민 구조 refugee aid

난방	**heating** 히팅
난소	**ovary** 오버리
난시	**astigmatism** 애스틱미티즘
난자	**egg** 엑 **ovum** 오범
난잡한	**disorderly** 디스오더리 **lewd** 루드
난처한	**embarrassed** 임배러스트 **annoyed** 어노이드
난초	**orchid** 오키드
난치병	**incurable disease** 인큐어러블 디지즈
난투	**confused fight** 컨퓨즈드 파이트
난파	**shipwreck** 쉽렉
난폭	**violence** 바이얼런스
난폭운전	**reckless driving** 레클리스 드라이빙
난폭한	**violent** 바이얼런트 **rough** 러프
난해하다	**difficult** 디피컬트 **hard** 하드
날	**edge** 에지 **blade** 블레이드
날개	**wing** 윙
날개깃	**feather** 페더 **plume** 플룸
날것	**uncooked food** 언쿡드 푸드
날다	**fly** 플라이 **soar** 소어
날리다	**fly** 플라이 **blow off** 블로우 오프

날씨	**weather** 웨더
날씬한	**slim** 슬림
날아가다	**fly away** 플라이 어웨이
날인(하다)	**seal** 씰
날조	**fabrication** 패브리케이션
날짜	**day** 데이 **date** 데이트
날카롭다	**sharp** 샵 **pointed** 포인티드
날품팔이	**day laborer** 데이 레이버러
남	**others** 아더즈 **other people** 아더 피플 남의 일 other people's affairs
남극	**the South Pole** 서 사우스 포울
남기다	**leave behind** 리브 비하인드 **save** 세이브
남녀	**man and woman** 맨 앤 우먼 남녀노소를 불문하고 without distinction of age or sex
남다	**remain** 리매인 **stay** 스테이
남동생	**(younger) brother** (영거) 브라더
남부	**the southern part** 더 서던 파트
남성	**the male** 더 메일 **man** 맨
남성적인	**manly** 맨리
남용(하다)	**abuse** 어뷰즈 **overuse** 오버유즈

남자	**man** 맨 **male** 메일
남장	**male attire** 메일 어타이어
남쪽	**the south** 더 사우쓰
남편	**husband** 허즈번드
납 [금속]	**lead** 리드
납(蠟)	**wax** 왁스
납기	**the delivery date** 더 딜리버리 데이트
납득하다	**be convinced** 비 컨빈스드
납세	**payment of taxes** 페이먼트 어브 텍시즈
납작한	**flat** 플랫
납치(하다)	**kidnaping** 킷냅핑 **hijack** 하이잭
납품	**delivery of goods** 딜리버리 어브 굿즈 납품전표 delivery statement
낫다 [호전]	**get well** 겟 웰 **recover from** 리커버 프럼
낫다 [우세]	**preferable** 프리퍼러블 **better** 베터
낭독(하다)	**reading** 리딩 **read** 리드
낭만적인	**romantic** 로맨틱
낭비(하다)	**waste** 웨이스트
낭패	**failure** 페일려 **frustration** 프러스트레이션
낮	**daytime** 데이타임

낮다	**low** 로우 **humble** 험블
낮잠	**afternoon nap** 애프터눈 냅
낮추다	**lower** 로우어 **drop** 드랍 **get down** 겟 다운
낯설다	**strange** 스트레인지 **unfamiliar** 언퍼밀리어
낯익다	**familiar** 퍼밀리어 **well-known** 웰노운
낳다	**bear** 베어 **give birth to** 기브버쓰 투
내각	**Cabinet** 캐비닛 **Ministry** 미니스트리
내과의사	**physician** 피지션
내구성	**durability** 듀러빌리티
내기	**betting** 베팅 **gambling** 갬블링
내년	**next year** 넥스트 이어
내놓다	**take out** 테이크 아웃 **let go** 렛 고우
내다	**put out** 풋 아웃 **show** 쇼우
내던지다	**throw out** 스로우 아웃
내려가다	**fall** 폴 **come down** 컴 다운
내리다 [탈것에서]	**get off** 겟오프 **get out of** 겟아우러브
내리다[낮추다]	**lower** 라우어 **take down** 테익 다운
내면	**inside** 인사이드
내밀다	**hold out** 홀드 아웃
내버리다	**throw away** 스로우 어웨이

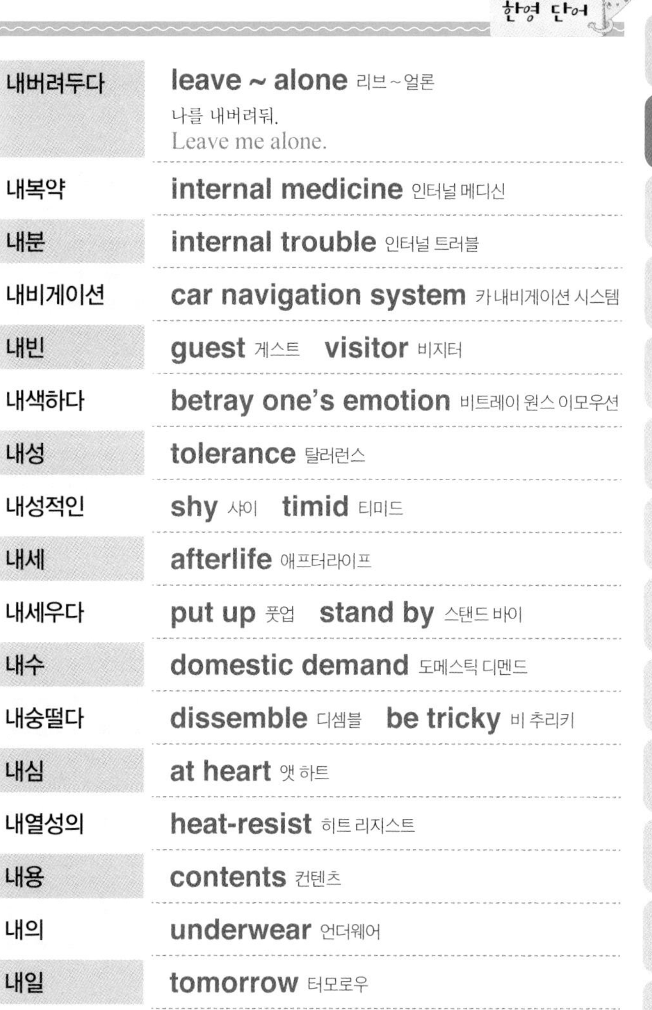

내버려두다	**leave ~ alone** 리브 ~ 얼론 나를 내버려둬. Leave me alone.
내복약	**internal medicine** 인터널 메디신
내분	**internal trouble** 인터널 트러블
내비게이션	**car navigation system** 카 내비게이션 시스템
내빈	**guest** 게스트 **visitor** 비지터
내색하다	**betray one's emotion** 비트레이 원스 이모우션
내성	**tolerance** 탈러런스
내성적인	**shy** 샤이 **timid** 티미드
내세	**afterlife** 애프터라이프
내세우다	**put up** 풋업 **stand by** 스탠드 바이
내수	**domestic demand** 도메스틱 디멘드
내숭떨다	**dissemble** 디셈블 **be tricky** 비 추리키
내심	**at heart** 앳 하트
내열성의	**heat-resist** 히트 리지스트
내용	**contents** 컨텐츠
내의	**underwear** 언더웨어
내일	**tomorrow** 터모로우
내장	**the internal organs** 디 인터널 오건스
내적	**inner** 이너 **internal** 인터널

내정(內政)	**domestic affairs** 도메스틱 어페어즈 내정간섭 intervention in domestic affairs
내조	**internal aid** 인터널 에이드
내쫓다	**expel** 익스펠 **drive out** 드라이브 아웃
냄비	**pan** 팬
냄새	**smell** 스멜 **odor** 오더
냄새 맡다	**smell** 스멜 **sniff** 스니프 불쾌한 냄새가 나다 stink, smell bad
냉각(하다)	**refrigeration** 리프리제레이션 **cool** 쿨
냉기	**chill** 칠
냉난방	**air conditioning** 에어컨디셔닝
냉담한	**cold** 콜드 **indifferent** 인디퍼런트
냉대하다	**treat coldly** 트리트 콜드리
냉동(하다)	**freezing** 프리징 **freeze** 프리즈
냉방	**air conditioning** 에어 컨디셔닝
냉장고	**refrigerator** 리프리제레이터
냉정한	**cool** 쿨 **calm** 캄
냉혹(하다)	**cruelty** 크루얼티 **cruel** 크루얼
너	**you** 유
너구리	**raccoon dog** 래쿤독

너그럽다	**generous** 제너러스 **tolerant** 탈러런트
넉넉하다	**enough** 이넙 **ample** 앰플 **plentiful** 플렌티펄
넌센스	**nonsense** 넌센스
널다	**spread out** 스프레드 아웃 **stretch** 스트레치
널빤지	**board** 보드
넓다	**wide** 와이드 **broad** 브로드
넓이	**width** 윗쓰(폭) **area** 에어리어(면적)
넓적다리	**thigh** 싸이
넓히다	**widen** 와이든 **broaden** 브로든
넘겨주다	**hand over** 핸드오버 **pass over** 패스오버
넘다	**exceed** 익시드 **pass** 패스
넘어지다	**tumble down** 텀블다운 **fall** 폴
넘치다	**overflow** 오버플로우 **flood** 플러드
넣다	**put in** 풋 인 **pack in** 팩인
네덜란드	**Holland** 홀랜드 **the Netherlands** 더 네덜런즈
네모	**square** 스퀘어 **four cornered** 포 코너드
넥타이	**necktie** 넥타이 **tie** 타이
녀석	**fellow** 펠로우 **guy** 가이
노(櫓)	**oar** 오어 **paddle** 패들

ㄴ

노골적인	**plain** 플레인 **outspoken** 아웃스포큰 노골적인 표현 straightforward expression
노년	**old age** 올드 에이지
노동(하다)	**labor** 레이버 **work** 워크
노동시간	**working hours** 워킹아워즈
노동자	**laborer** 레이버러 **worker** 워커
노동조합	**labor union** 레이버 유니언
노랑색	**yellow** 옐로우
노래(하다)	**song** 쏭 **sing** 씽
노래방	**karaoke** 카라오케
노려보다	**glare at** 글레어 엣
노력	**effort** 에퍼트 **endeavor** 인데버
노력하다	**make an effort** 메이컨 에포트 **try hard** 추라이 하드
노리다	**aim at** 에임 앳
노리개	**plaything** 플레이씽 **toy** 토이
노사	**labor and management** 레이버 앤 매니지먼트
노선	**route** 루트 **line** 라인
노안	**farsightedness** 파사이티드니스
노여움	**anger** 앵거 **rage** 레이지 노여움을 사다 arouse one's anger

노예	**slave** 슬레이브
노이로제	**neurosis** 뉴어로우시스
노인	**old man** 올드맨 **the aged** 디 에이지드
노점	**stall** 스톨 **booth** 부쓰
노출(하다)	**exposure** 익스포저 **expose** 익스포우즈
노코멘트	**No comment** 노우 코멘트
노크(하다)	**knock** 녹
노트	**notebook** 노트북
노파	**old woman** 올드 우먼
노하우	**know-how** 노우하우
노화(하다)	**aging** 에이징 **age** 에이지
노후한	**timeworn** 타임원
녹	**rust** 러스트
녹다	**melt** 멜트 **dissolve** 디절브 **thaw** 쏘-
녹색	**green** 그린
녹슬다	**go rusty** 고우러스티
녹음(하다)	**recording** 레코딩 **record** 레코드
녹차	**green tea** 그린티
녹화(錄畵)	**videotape recording** 비디오테입 레코딩 녹화방송을 하다 broadcast by electrical transcription

논	**rice field** 라이스 필드
논리	**logic** 라직
논리적인	**logical** 라지컬
논문	**essay** 엣세이
논스톱	**non-stop** 넌스탑
논의	**argument** 아규먼트 **discussion** 디스커션
논쟁하다	**argue** 아규 **dispute** 디스퓨트
놀다	**amuse oneself** 어뮤즈 원셀프 **play** 플레이
놀라게 하다	**surprise** 서프라이즈 **astonish** 어스타니시
놀라다	**be surprised** 비 서프라이즈드
놀람	**surprise** 서프라이즈 **wonder** 원더
놀리다 [장난]	**make fun of** 메이크 펀 어브 **tease** 티즈
놀리다 [움직임]	**move** 무브
농가	**farmhouse** 팜하우스
농구	**basketball** 배스킷볼
농담	**joke** 조우크 **jest** 제스트 **fun** 펀
농담하다	**tell a joke** 텔 어 조우크
농도	**density** 덴서티
농민	**peasant** 페전트 **farmer** 파머
농산물	**farm product** 팜 프러덕트

농아자(聾啞者)	**deaf-mute** 데프뮤트
농업	**agriculture** 애그리컬춰
농장	**farm** 팜 **plantation** 플렌테이션
농촌	**farm village** 팜 빌리지
농축(하다)	**concentration** 컨센트레이션 **condense** 컨덴스
농후한	**thick** 씩 **dense** 덴스
높다	**high** 하이 **tall** 톨
높아지다	**rise** 라이즈
높이	**height** 하이트 **altitude** 앨티튜드
높이다	**raise** 레이즈
놓다	**place** 플레이스 **lay down** 레이 다운
놓아주다	**let go** 렛 고우 **set free** 셋 프리
놓치다	**miss** 미스 **lose** 루즈
뇌	**brain** 브레인 뇌리를 떠나지 않다 linger in one's mind
뇌물	**bribery** 브라이버리 **bribe** 브라이브
뇌진탕	**concussion of the brain** 컨커션 어브 더 브레인
누구	**who** 후 **somebody** 섬바디 [불특정인]
누군가	**someone** 썸원 **somebody** 썸바디

ㄴ

누나	**elder sister** 엘더 시스터
누르다	**push** 푸시 **press** 프레스
누름단추	**push button** 푸시버튼
누설하다	**leak out** 리크 아웃
누에	**silkworm** 실크웜
누적(되다)	**accumulation** 어큐멀레이션 **accumulate** 어큐멀레이트
누차	**repeatedly** 리피티들리 **over and over** 오버 앤 오버
눈(眼)	**eye** 아이 눈 감다 close one's eyes
눈(雪)	**snow** 스노우
눈(芽)	**bud** 버드 **sprout** 스프라우트
눈가리개	**blindfold** 블라인드폴드
눈금	**scale** 스케일 **sign** 사인 **mark** 마크
눈꺼풀	**eyelid** 아이리드
눈곱	**eye mucus** 아이 머커스
눈동자	**pupil** 퓨필
눈물	**tears** 티어즈
눈물겹다	**tearful** 티어펄 **touching** 터칭
눈부시다	**glaring** 글레어링 **brilliant** 브릴련트

눈사태	**avalanche** 애벌란쉬
눈썹	**eyebrow** 아이브라우
눈엣가시	**eyesore** 아이소어
눈치	**tact** 택트 **sense** 센스 **quick wit** 퀵 위트
눈치 채다	**become aware** 비컴 어웨어
눕다	**lie down** 라이 다운
뉘앙스	**nuance** 뉘앙스
뉘우치다	**regret** 리그렛 **repent of** 리펜트 어브
뉴스	**news** 뉴즈
느끼다	**feel** 필 **be aware of** 비 어웨어 러브
느끼하다	**greasy** 그리지 **fatty** 패티
느낌	**feeling** 필링 **impression** 임프레션 좋은 느낌을 주다 impress a person favorably
느리다	**sluggish** 슬러기쉬 **slow** 슬로우
느슨하게 하다	**loosen** 루슨 **unfasten** 언패슨
느슨한	**loose** 루스
늑골	**rib** 립
늑대	**wolf** 울프
늘다	**increase** 인크리즈 **gain** 게인

ㄴ

늘어놓다	**put things in order** 풋 씽즈 인 오더 **arrange** 어레인지
늘어서다	**line up** 라인업
늙다	**grow old** 그로우 올드
능가(하다)	**surpass** 서패스
능동성	**activity** 액티비티
능동적인	**active** 액티브
능력	**ability** 어빌리티 **capacity** 커패서티
능률	**efficiency** 이피션시
능률적인	**efficient** 이피션트
능숙한	**proficient** 프라피션트 **skillful** 스킬펄
능숙함	**skill** 스킬 **proficiency** 프라피션시
늦다	**be late for** 비 레잇 포 **be delayed** 비 딜레이드
늦잠 자다	**oversleep** 오버슬립
늦추다	**loosen** 루슨 **slow down** 슬로우 다운
늪	**marsh** 마쉬 **bog** 복
니스	**varnish** 바니쉬
니코틴	**nicotine** 니코틴
니트웨어	**knitwear** 니트웨어

ㄷ

다가가다	**go near** 고우 니어 **approach** 어프로치
다가오다	**approach** 어프로치 **draw near** 드로 니어 [날짜]
다국적	**multinational** 멀티내셔널
다니다	**commute to** 커뮤투 **attend** 어텐드
다다음주	**the week after next** 더 위크 애프터 넥스트
다듬다	**trim** 트림 **refine** 리파인
다락	**garret** 개럿 **attic** 애틱
다람쥐	**squirrel** 스쿼럴
다루다	**handle** 핸들 **treat** 추릿
다르다	**differ from** 디퍼 프럼
다름없다	**be the same** 비더 세임 **be alike** 비 얼라이크
다리(脚)	**leg** 렉 다리를 꼬다 cross one's legs
다리(橋)	**bridge** 브리지
다리미	**iron** 아이언
다만	**but** 벗 **however** 하우에버
다발	**bundle** 번들 **bunch** 번치

ㄷ

다방면의	**many-sided** 매니사이딧 **all-around** 올어라운드
다소	**somewhat** 썸왓 **a little** 어 리틀
다수	**majority** 머저리티
다수결	**decision by majority** 디시전 바이 머저리티
다스	**dozen** 더즌
다스리다	**rule** 룰 **govern** 거번
다시	**again** 어겐 **once more** 원스 모어
다시마	**kelp** 켈프 **tangle** 탱글
다시 하다	**try again** 추라이 어겐
다운로드(하다)	**download** 다운로드
다음	**the next** 더 넥스트 **following** 팔로잉 다음 기회에 in the next time
다음날	**the next day** 더 넥스트 데이
다이빙	**diving** 다이빙
다이아몬드	**diamond** 다이어먼드
다이어트	**diet** 다이엇
다채로운	**multicolored** 멀티컬러드 **various** 베리어스
다큐멘터리	**documentary** 다켜멘터리
다투다	**fight** 파이트 **quarrel** 쿼럴
다툼	**trouble** 트러블

다행	**good fortune** 굿포춘
다혈질	**sanguine character** 생귄 캐릭터
닦다	**polish** 팔리쉬 **wipe** 와이프
단거리	**short distance** 숏 디스턴스
단결	**union** 유니언 **cooperation** 코오퍼레이션
단계	**step** 스텝 **stage** 스테이지
단골	**customer** 커스터머 **frequenter** 프리퀜터
단기	**short term** 숏텀
단념하다	**give up** 기법 **abandon** 어밴던
단단하다	**hard** 하드 **solid** 솔리드
단독	**individual** 인디비주얼 **single** 싱글
단련	**temper** 템퍼 [금속] **training** 트레이닝 [심신]
단면	**section** 섹션 **phase** 페이즈
단발	**bobbed hair** 밥드 헤어 단발머리 소녀 a girl with bobbed hair
단백질	**protein** 프로테인
단서	**clue** 클루
단속하다	**control** 컨트롤 **regulate** 레귤레이트
단순하다	**plain** 플레인 **simple** 심플
단식하다	**fast** 패스트

단어	**word** 워드
단언(하다)	**assertion** 어서션 **assert** 어서트
단위	**unit** 유닛
단절	**extinction** 익스팅션 **severance** 세버런스
단점	**defect** 디펙트 **shortcoming** 숏커밍
단정(斷定)하다	**conclusion** 컨클루전 **conclude** 컨클루드
단정(端正)하다	**decent** 디슨트 **neat** 니트
단조로운	**monotonous** 모노터너스 **dull** 덜
단지(團地)	**housing complex** 하우징 콤플렉스 아파트 단지 apartment complex
단체	**party** 파티 **organization** 오거나이제이션
단추	**button** 버튼
단축(하다)	**curtailment** 커테일먼트 **shorten** 쇼튼
단풍	**red leaves** 레드 리브즈 **maple** 메이플
단호히	**resolutely** 레절루틀리 **firmly** 펌리
닫다	**shut** 셧 **close** 클로우즈
달	**moon** 문 [천체] **month** 먼쓰 [기간]
달걀	**egg** 엑
달다 [맛]	**sweet** 스윗 **sugary** 슈거리
달라붙다	**stick to** 스틱투 **cling to** 클링투

달래다	**calm** 캄 **soothe** 수쓰
달려들다	**jump at** 점프 앳
달력	**calendar** 캘린더
달리다	**run** 런 **dash** 대쉬
달밤	**moonlight night** 문라잇 나이트
달성하다	**accomplish** 어컴플리시 **achieve** 어취브
달팽이	**snail** 스네일
달하다	**reach** 리치 **arrive at** 어라이브 앳
닭	**fowl** 파울 **chicken** 치킨
닭고기	**chicken** 치킨
닮다	**resemble** 리젬블 **be alike** 비 얼라이크
닳다	**wear out** 웨어라웃
담	**wall** 월 **fence** 펜스
담그다	**soak in** 소우킨 **dip in** 디핀
담당(하다)	**take charge of** 테익 차쥐 어브
담당자	**person-in-charge** 퍼슨인차쥐
담박한	**frank** 프랭크 **light** 라이트
담배(피우다)	**tobacco** 터배코우 **smoke** 스모욱 담배를 끊다 quit smoking
담보	**mortgage** 모기지

ㄱ ㄴ ㄷ ㄹ ㅁ ㅂ ㅅ ㅇ ㅈ ㅊ ㅋ ㅌ ㅍ ㅎ

ㄷ

담화(하다)	**conversation** 컨버세이션 **talk** 토크
답	**answer** 앤서 **reply** 리플라이
답답하다	**gloomy** 글루미 **oppressive** 오프레시브
당(黨)	**party** 파티
당구	**billiard** 빌리어드
당국	**the authority** 디 오쏘리티
당근	**carrot** 캐럿
당기다	**draw** 드로 **pull** 풀
당나귀	**ass** 애스 **donkey** 동키
당뇨병	**diabetes** 다이어비티스
당당하다	**stately** 스테잇리 **dignified** 딕니파이드
당번	**being on duty** 빙 온 듀티
당분간	**for the time being** 포더 타임 빙
당시	**at that time** 앳 댓 타임
당신	**you** 유
당연한	**proper** 프라퍼 **just** 저스트 **natural** 내추럴 당연한 일 a matter of course
당원	**party member** 파티멤버
당일	**on that day** 온댓 데이
당장	**at once** 앳 원스

당첨(되다)	**prize winning** 프라이즈 위닝 **win a prize** 윈어 프라이즈
당하다	**meet with** 미트 위드 **encounter** 인카운터
당혹	**embarrassment** 임배러스먼트 **confusion** 컨퓨전
닻	**anchor** 앵커
닿다	**reach** 리치 **touch** 터치
대(對)	**versus** 버서스
대강	**outline** 아웃라인 **roughly** 러프리
대개	**generally** 제너럴리
대결(하다)	**confrontation** 컨프런테이션 **confront** 컨프런트
대규모	**large-scale** 라지 스케일
대금	**price** 프라이스 **cost** 코스트
대기	**atmosphere** 앳모스피어 대기오염 air pollution
대나무	**bamboo** 뱀부
대다	**put** 풋 **apply** 어플라이 **lay** 레이
대다수	**a large majority** 어 라지 머저리티
대단하다	**wonderful** 원더풀 **great** 그레잇
대담한	**bold** 볼드 **daring** 데어링

대답	**answer** 앤서 **reply** 리플라이
대등한	**equal** 이퀄 **even** 이븐
대략	**outline** 아웃라인 **about** 어바웃
대량	**mass** 매스 **large quantities** 라지 퀀터티즈 대량생산 구조 the structure of mass production
대령	**colonel** 커널[육군] **captain** 캡틴[해군] **flight colonel** 플라잇 커널[공군]
대륙	**continent** 컨티넌트
대리	**agency** 에이전시 **proxy** 프락시
대리석	**marble** 마블
대립(하다)	**opposition** 오퍼지션 **oppose** 어포우즈
대마	**marijuana** 매러화너
대머리	**bald head** 볼드헤드
대면하다	**meet** 미트 **face** 페이스
대범한	**generous** 제너러스 **magnanimous** 맥내니머스
대법원	**the Supreme Court** 더 수프림 코트
대변	**feces** 피시즈
대본	**playbook** 플레이북 **script** 스크립트
대부	**loan** 론 **credit** 크레딧
대부분	**most** 모우스트 **the greater part** 더 그레이터 파트

대비(하다)	**provision** 프라비전 **prepare** 프리페어
대사(大使)	**ambassador** 앰버서더
대사(臺詞)	**speech** 스피치 **dialogue** 다이얼로그
대사관	**embassy** 엠버시
대상	**target** 타깃
대서양	**the Atlantic** 디 애틀랜틱
대세	**the general trend** 더 제너럴 트렌드
대신하다	**replace** 리플레이스
대안	**alternative** 올터너티브
대야	**tub** 텁 **washtub** 워쉬텁
대용품	**substitution** 섭스티튜션
대우(하다)	**treatment** 추리트먼트 **treat** 추리트
대응	**correspondence** 커레스판던스
대인관계	**personal relations** 퍼스널 릴레이션즈
대장(隊長)	**commander** 커맨더 **captain** 캡틴
대장(大腸)	**the large intestine** 더 라지 인테스틴
대전하다	**fight with** 파이트 위드 대전 성적 win-loss records
대접하다	**entertain** 엔터테인 **treat** 추리트
대조(하다)	**contrast** 칸추래스트

대조적인	**contrasting** 칸추래스팅
대중	**the masses** 더 매시즈 **the general public** 더 제너럴 퍼블릭
대지(垈地)	**site** 사이트 **ground** 그라운드
대차대조표	**balance sheet** 밸런스 쉬트
대책	**measures** 매저즈
대추(나무)	**jujube** 주주브
대출	**loan** 론
대통령	**president** 프레이지던트
대패	**plane** 플레인
대포	**gun** 건 **cannon** 캐넌
대표	**representative** 리프리젠터티브
대표이사	**representative director** 리프리젠터티브 디렉터
대표하다	**represent** 리프리젠트
대피하다	**take shelter** 테이크 쉘터
대하다	**face** 페이스 **confront** 컨프런트 친절하게 대하다 act kindly toward a person
대학	**university** 유니버시티 **college** 칼리지
대학생	**university student** 유니버시티 스튜던트
대학원	**graduate school** 그레주잇 스쿨

대합	**clam** 클램
대합실	**waiting room** 웨이팅 룸
대항	**opposition** 오퍼지션 **rivalry** 라이벌리
대행하다	**act for** 액트 포
대형	**big** 빅 **large** 라지
대화	**conversation** 칸버세이션 **dialogue** 다이얼로그
대회	**rally** 랠리 **general meeting** 제너럴 미팅
댁	**your house** 유어 하우스 **you** 유
더	**more** 모어
더 낫다	**better** 베터
더듬다	**search** 써치 **look for** 룩포
더러움	**dirt** 더트 **stain** 스테인
더러워지다	**become dirty** 비컴 더티
더럽다	**dirty** 더티 **soiled** 소일드
더불어	**together** 투게더 **with** 위드
더욱 더	**still more** 스틸모어 **further** 퍼더
더위	**heat** 히트 **hot weather** 핫 웨더
더하다	**add to** 애드 투
덕택	**help** 헬프 **favor** 페이버 당신의 친절 덕택에 thanks to your kindness

던지다	**throw** 드로우 **cast** 캐스트
덤	**addition** 애디션 **extra** 엑스트러
덤비다	**go at** 고우앳 **turn upon** 턴어판
덥다	**hot** 핫 **sultry** 설트리
덧니	**snaggle-tooth** 스내글투쓰
덧셈	**addition** 어디션
덧없다	**transient** 트랜션트 **ephemeral** 이페머럴
덩굴	**vine** 봐인
덩어리	**lump** 럼프 **mass** 매스
덫	**trap** 추랩 덫을 놓다 set[lay] a trap
덮개	**cover** 커버 **covering** 커버링
덮다	**cover** 커버 **hide** 하이드
덮치다	**attack** 어택
데다	**burn** 번 **get burned** 겟번드
데려가다	**take a person with** 테이크어퍼슨위드
데모	**demonstration** 데먼스트레이션
데뷔(하다)	**debut** 데뷔
데생	**drawing** 드로잉 **sketch** 스케치
데스크	**desk** 데스크

데이터	**data** 데이터
데이트(하다)	**date (with)** 데이트 (위드)
데쳐지다	**be boiled** 비 보일드
도(度)	**degree** 디그리
도구	**instrument** 인스추루먼트 **tool** 툴
도금(하다)	**gilding** 길딩 / **plate** 플레이트 **gild** 길드
도깨비	**bogy** 보기 **monster** 먼스터
도끼	**ax** 액스 **hatchet** 해칫
도난	**robbery** 라버리 도난경보기 burglar alarm
도넛	**doughnut** 도우넛
도달(하다)	**arrival** 어라이벌 **arrive** 어라이브
도대체	**what on earth** 왓 온 어쓰
도덕	**morality** 모럴리티
도도하다	**arrogant** 애러건트 **proud** 프라우드
도둑	**thief** 씨프 **burglar** 버글러
도둑질	**theft** 쎄프트
도로	**road** 로드 도로교통법 the Road Traffic Control Law
도마	**cutting board** 커팅 보드

도마뱀	**lizard** 리저드
도망(가다)	**escape** 이스케이프 **run away** 런어웨이 **flee** 플리
도매가	**wholesale price** 호울세일 프라이스
도면	**drawing** 드로잉
도무지	**uttery** 어터리 **entirely** 엔타이어리 **at all** 앳 올
도미노	**domino** 다머노우
도박	**gambling** 갬블링
도보	**walking** 워킹
도서관	**library** 라이브러리
도시	**city** 시티 **town** 타운
도시락	**a packed lunch** 어 팩트 런치
도안	**design** 디자인
도약(하다)	**jump** 점프 **leap** 리프
도와주다	**help** 헬프 **give aid** 기브 에이드
도움	**help** 헬프 **aid** 에이드
도움이 되다	**be useful** 비 유스펄
도입(하다)	**introduction** 인추러덕션 **introduce** 인추러듀스
도자기	**pottery** 파터리 **ceramics** 시레믹스

도장(圖章)	**seal** 씰 **stamp** 스템프
도장(塗裝)	**painting** 페인팅 **coating** 코우팅
도저히	**not at all** 나래돌
도전(하다)	**challenge** 첼린지 **defy** 디파이
도전자	**challenger** 첼린저
도중	**on the way** 온더 웨이 ~에서 도중하차하다 stop over at
도착하다	**arrive at** 어라이브 엣
도청	**wire-tapping** 와이어태핑
도취(되다)	**intoxication** 인탁시케이션 **be fascinated** 비 페서네이티드
도토리	**acorn** 에이콘
도표	**chart** 차트
도피하다	**escape** 이스케이프 **fly** 플라이 현실도피 escape from reality
도형	**figure** 피규어 **diagram** 다이어그램
도화선	**fuse** 퓨즈
독	**poison** 포이전 **venom** 베넘
독립(하다)	**independence** 인디펜던스 **become independent** 비컴 인디펜던트 독립선언 declaration of independence

ㄱ ㄴ ㄷ ㄹ ㅁ ㅂ ㅅ ㅇ ㅈ ㅊ ㅋ ㅌ ㅍ ㅎ

독방	**single room** 싱글룸
독사	**venomous snake** 베노머스 스네이크
독서(하다)	**reading** 리딩 **read** 리드
독선	**self-righteousness** 셀프라이처스니스
독설	**spiteful tongue** 스파잇풀 텅
독수리	**eagle** 이글
독신	**unmarried person** 언매리드 퍼슨
독일	**Germany** 저머니
독일어	**German** 저먼
독자(獨子)	**only child** 온리 차일드
독자(讀者)	**reader** 리더
독재(자)	**dictatorship** 딕테이터쉽 **dictator** 딕테이터
독점(하다)	**monopoly** 모나펄리 **monopolize** 모나펄라이즈
독창(하다)	**vocal solo** 보컬 솔로 **sing a solo** 싱어 솔로
독창적	**creative** 크리에이티브 **original** 어리저널
독촉하다	**press** 프레스 **urge** 어지
독촉장	**reminder** 리마인더
독특한	**unique** 유니크 **peculiar** 피큘리어
독학하다	**teach oneself** 티치 원셀프

독해력	**reading ability** 리딩 어빌러티
돈	**money** 머니 돈을 모으다 save money
돈까스	**pork cutlet** 포크커틀릿
돋보기	**magnifying glass** 맥니파잉 글래스
돌	**stone** 스톤
돌고래	**dolphin** 돌핀
돌다	**turn round** 턴라운드 **spin** 스핀
돌려보내다	**send away** 센드 어웨이
돌리다	**turn** 턴 **spin** 스핀
돌발적인	**unexpected** 언익스펙티드 **sudden** 서든
돌보다	**look after** 룩 애프터 **take care** 테익케어
돌아가다	**go back** 고우 백 **return** 리턴
돌아가시다	**pass away** 패스 어웨이
돌아옴	**return** 리턴
돌연변이	**mutation** 뮤테이션
돌출하다	**stick out** 스틱 아웃 **project** 프러젝트
돌파하다	**break through** 브레익 스루
돔	**dome** 도움
돕다	**help** 헬프 **assist** 어시스트

ㄷ

동(銅)	**copper** 카퍼
동감	**agreement** 어그리먼트
동거하다	**live with** 리브 위드
동격	**the same rank** 더 세임 랭크
동경(하다)	**yearning** 여닝 / **aspire to** 어스파이어 투 **long for** 롱 퍼
동굴	**cave** 캐이브
동그라미	**circle** 서클 **ring** 링
동급생	**classmate** 클래스메이트
동기(動機)	**motive** 모티브
동남아시아	**Southeast Asia** 사우스이스트 에이저
동등	**equality** 이퀄리티
동등하다	**equal** 이퀄 **equivalent** 이퀴벌런트 회원을 동등하게 취급하다 treat the members equally
동료	**colleague** 컬리그
동맥	**artery** 아터리
동맹(하다)	**alliance** 얼라이언스 **ally with** 얼라이 위드
동메달	**bronze medal** 브런즈 메덜
동면	**hibernation** 하이버네이션
동물	**animal** 애니멀

동물원	**zoo** 주
동반자	**company** 컴퍼니 **companion** 컴패니언
동반하다	**acompany** 어컴퍼니 **go with** 고우 위드
동봉하다	**enclose** 인클로우즈
동부	**the eastern part** 디 이스턴 파트
동사하다	**be frozen to death** 비 프로즌 투 데스
동상	**bronze statue** 브론즈 스태추
동성	**the same sex** 더 세임 섹스
동성애	**homosexuality** 호모섹수얼리티
동시	**the same time** 더 세임 타임 동시통역 simultaneous interpretation
동시대의	**contemporary** 컨템퍼러리
동양	**the East** 디 이스트 **the Orient** 디 오리엔트
동요하다	**be agitated** 비 애지테이티드
동원(하다)	**mobilization** 모빌리제이션 **mobilize** 모빌라이즈
동의하다	**agree with** 어그리 위드 **consent** 컨센트
동의어	**synonym** 시너님
동일	**identity** 아이덴터티
동작	**action** 액션
동점	**draw** 드로 **tie** 타이

동정(하다)	**sympathy** 심퍼시 **sympathize** 심퍼사이즈
동정(童貞)	**chastity** 체스터티
동조(하다)	**alignment** 얼라인먼트 **align** 얼라인
동지(同志)	**comrade** 캄래드
동질	**homogeneity** 호모지니어티
동쪽	**the east** 디 이스트
동창생	**alumnus** 얼럼너스
동창회	**reunion** 리유니언
동포	**brethren** 브레스린
동행(하다)	**companion** 컴패니언 **go together** 고우 투게더
동화(同化)	**assimilation** 어씨멀레이션
동화(童話)	**fairy tale** 페어리테일
돛	**sail** 세일 **canvas** 캔버스
돛단배	**sail boat** 세일 보우트
돼지	**pig** 픽 **swine** 스와인
돼지고기	**pork** 포크
되는대로	**at random** 앳 랜덤 되는대로 대답하다 make a random answer
되다	**become** 비컴 **grow** 그로우
되도록	**if possible** 이프 파서블

되돌리다	**return** 리턴
되돌아가다	**return** 리턴 **come back** 컴백
되풀이(하다)	**repetition** 리피티션 **repeat** 리피트
되찾다	**take back** 테이크 백 **recover** 리커버
된장국	**bean paste soup** 빈 페이스트 수프
두개골	**skull** 스컬
두건	**hood** 후드
두근거리다	**beat** 비트 **throb** 스랍
두꺼비	**toad** 토우드
두꺼운	**thick** 씩
두께	**thickness** 씩니스
두뇌	**brain** 브레인 **intellect** 인털렉트
두다	**put** 풋 **place** 플레이스 **lay** 레이
두더지	**mole** 모울
두드러기	**nettle rash** 네틀 래쉬 **hives** 하이브즈
두드리다	**strike** 스트라이크 **hit** 히트
두목	**boss** 보스 **chief** 췹
두부	**bean curd** 빈커드
두통	**headache** 헤데이크
둔하다	**dull** 덜 **blunt** 블런트

둘	**two** 투
둘러대다	**cook up an excuse** 쿡어펀 익스큐즈
둘러보다	**look about** 룩어바웃
둘러싸다	**surround** 서라운드 **enclose** 인클로우즈 숲으로 둘러싸인 호수 a lake encircled with woods
둥글다	**round** 라운드 **circular** 서큘러
둥지	**nest** 네스트
뒤	**the back** 더 백 **after** 애프터
뒤돌아보다	**turn round** 턴 라운드 **look back** 룩 백
뒤바꾸다	**reverse** 리버스
뒤(떨어)지다	**fall behind** 폴 비하인드
뒤지다 [수색]	**ransack** 랜색
뒤집다	**reverse** 리버스 **upset** 업셋
뒤쪽	**the back** 더 백
뒷골목	**back street** 백스트릿
뒷맛	**aftertaste** 애프터테이스트
듀엣	**duet** 듀엣
드나들다	**go in and out** 고우 인 앤 아웃
드디어	**at last** 앳래스트 **finally** 파이널리
드라마	**drama** 드러머

드라이버	**screwdriver** 스크류드라이버
드라이브(하다)	**drive** 드라이브
드라이클리닝	**dry cleaning** 드라이크리닝
드러내다	**expose** 익스포우즈 **bare** 베어
드러눕다	**lie down** 라이다운
드레스	**dress** 드레스
드레싱	**dressing** 드레싱
드리다	**give** 기브 **present** 프리젠트
드물다	**rare** 레어 **uncommon** 언커먼
드물게	**rarely** 레얼리 **seldom** 셀덤
득	**profit** 프라핏 **gain** 게인
득점(하다)	**score** 스코어
듣다	**hear** 히어 **listen to** 리슨투 친구의 충고를 듣다 take advice from a friend
들것	**stretcher** 스트레처
들다	**put up** 풋업 **lift** 리프트 **hold** 홀드
들르다	**call at** 콜앳
들리다	**be heard** 비 허드 **be audible** 비 오더블
들어가다	**enter** 엔터 **go in** 고우인
들어 올리다	**lift** 리프트 **raise** 레이즈

들이마시다	**breathe in** 브리쓰 인 **inhale** 인헤일
들판	**field** 필드
등	**the back** 더 백
등급	**class** 클래스 **grade** 그래이드
등대	**lighthouse** 라잇하우스
등록(하다)	**register** 리지스터 등록상표 registered trademark
등본	**certified copy** 서티파이드 카피
등뼈	**the backbone** 더 백보운
등산	**mountain climbing** 마운틴 클라이밍
등심살	**fillet** 필렛
등장하다	**enter the stage** 엔터 더 스테이지 **appear** 어피어 등장인물 cast of characters
디스크	**disk** 디스크
디자이너	**designer** 디자이너
디지털	**digital** 디지털
딜레마	**dilemma** 딜레마
따다	**pick** 픽 **pluck** 플럭
따뜻하다	**warm** 웜 **cordial** 코절
따뜻해지다	**get warm** 겟 왐

따라가다	**follow** 팔로우 **accompany** 어컴퍼니
따라잡다	**overtake** 오버테이크 **catch up** 캐치업
따라서	**accordingly** 어코딩리 **so** 소우
따로	**separate** 세퍼릿 **respective** 리스펙티브
따르다	**follow** 팔로우 **conform to** 컨펌 투
따분하다	**boring** 보어링 **tedious** 티디어스
따옴표	**quotation mark** 코테이션 마크
따위	**and so on** 앤 소우 온 **et cetera** 에세트라
따지다	**count** 카운트 **blame** 블레임
딱따구리	**woodpecker** 우드페커
딱딱하다	**hard** 하드 **strict** 스트릭트
딸	**daughter** 도터
딸기	**strawberry** 스트로베리
딸꾹질	**hiccup** 히컵
땀(나다)	**sweat** 스웻
땅	**the earth** 디 어쓰 **the ground** 더 그라운드
땅콩	**peanut** 피넛
때	**time** 타임 **hour** 아우어 때가 무르익으면 when the time ripens
때 [더러움]	**dirt** 더트 **filth** 필쓰

ㄱ ㄴ ㄷ ㄹ ㅁ ㅂ ㅅ ㅇ ㅈ ㅊ ㅋ ㅌ ㅍ ㅎ

때때로	**sometimes** 섬타임즈 **from time to time** 프럼 타임 투 타임
때리다	**strike** 스트라이크 **beat** 비트
떠나다	**depart** 디파트 **leave** 리브
떠돌다	**drift** 드리프트 **float** 플로우트
떠들다	**make a noise** 메이커 노이즈 **clamor** 클래머
떠맡다	**take on** 테이컨 **take over** 테이크 오버
떠오르다	**rise to the surface** 라이즈 투 더 서피스 **occur to one** 어커 투 원
떡	**rice cake** 라이스케익
떨다	**shake** 쉐이크 **tremble with** 추렘블 위드
떨리다	**tremble** 추렘블 **shiver** 쉬버
떨어뜨리다	**drop** 드랍 **let fall** 렛 폴
떨어지다	**drop** 드랍 **come down** 컴 다운 **fail** 페일 셔츠에서 단추가 떨어지다 a button comes off the shirt
떳떳하다	**honorable** 아너러블 **fair** 페어
떼	**group** 그룹 **crowd** 크라우드
떼다	**separate** 세퍼레이트 **detach** 디테취
또는	**or** 오어
똑똑하다	**clear** 클리어 **clever** 클레버
똑똑히	**clearly** 클리어리

똥	**excrement** 엑스크리먼트 **shit** 쉿
뚜껑	**lid** 리드
뚜렷이	**remarkably** 리마커블리
뚫다	**punch** 펀치 **perforate** 퍼포레잇
뛰다	**jump** 점프 **leap** 리프
뛰어나다	**surpass** 서패스 **excel** 엑셀
뛰어들다	**jump into** 점프 인투 **dive into** 다이브 인투
뛰어오르다	**spring up** 스프링 업 **leap** 리프
뜨거운	**hot** 핫 **heated** 히티드
뜨개바늘	**knitting needle** 니팅 니들
뜨다	**float** 플로우트 **rise** 라이즈
뜯다	**tear off** 테어로프 **bite** 바이트
뜻	**will** 윌 **intention** 인텐션 **meaning** 미닝
뜻밖의	**unexpected** 언익스펙티드
뜻하다	**aim at** 에임 엣 **intend** 인텐드 **mean** 민
띠	**belt** 벨트 **sash** 새쉬

| 영어 필수 단어 |

ㄹ

라면	**instant noodles** 인스턴트 누들즈
라벨	**label** 레이블
라이벌	**rival** 라이벌
라이터	**lighter** 라이터
라켓	**racket** 래킷
락음악	**rock music** 락뮤직
랭킹	**ranking** 랭킹
러시아	**Russia** 러셔
러시아워	**rush hour** 러시 아워
럭비	**rugby** 럭비
레귤러	**regular** 레귤러
레버	**lever** 레버
레벨	**level** 레벌
레스토랑	**restaurant** 레스터런트
레슨	**lesson** 레슨
레이더	**radar** 레이더
레이스 [경주]	**race** 레이스

레이스 [옷]	**lace** 레이스
레이아웃	**layout** 레이아웃
레이저	**laser** 레이저 레이저프린터 laser beam printer
레임덕	**lame duck** 레임덕
레저	**leisure** 리저
레즈비언	**lesbian** 레즈비언
레코드	**record** 레커드 **disk** 디스크
레퍼토리	**repertory** 리퍼터리
렌즈	**lens** 렌즈
렌터카	**rental car** 렌털카
로맨스	**romance** 로우맨스
로맨틱한	**romantic** 로우맨틱
로봇	**robot** 로우벗
로비	**lobby** 로비
로션	**lotion** 로션
로열젤리	**royal jelly** 로열젤리
로열티	**royalty** 로열티
로켓	**rocket** 라킷
로터리	**rotary** 로터리 **roundabout** 라운드어바웃

ㄹ

로테이션	**rotation** 로우테이션
로프	**rope** 로우프
론	**loan** 론
루비	**ruby** 루비
루키	**rookie** 루키
루트	**route** 루트 **channel** 채널
룰	**rule** 룰
룸	**room** 룸
류머티즘	**rheumatism** 류머티즘
리그	**league** 리그
리더	**leader** 리더
리더십	**leadership** 리더쉽
리드하다	**lead** 리드
리듬	**rhythm** 리듬
리모컨	**remote control** 리모트 컨추롤
리무진	**limousine** 리무진
리본	**ribbon** 리본
리사이틀	**recital** 리사이틀
리스	**lease** 리스
리스크	**risk** 리스크

리스트	**list** 리스트
리어카	**trailer** 트레일러 **cart** 카트
리얼리티	**reality** 리얼리티
리조트	**resort** 리조트
리퀘스트	**request** 리퀘스트
리터	**liter** 리터
리포트	**report** 리포트
리프트	**lift** 리프트
리필	**refill** 리필
리허설	**rehearsal** 리허설
린스(하다)	**rinse** 린스
릴레이	**relay** 릴레이
립싱크	**lip-sync** 립싱크
링크	**rink** 링크 [스케이트장] **links** 링크스 [골프장]

마감(하다)	**closing** 클로우징 **finish** 피니시
마개	**stopper** 스토퍼 **plug** 플럭
마냥	**endlessly** 엔들리슬리 **to the full** 투더 풀
마네킹	**manikin** 매니킨
마녀	**witch** 위치
마늘	**garlic** 갈릭
마니아	**maniac** 매니액
마당	**yard** 야드 **court** 코트
마디	**joint** 조인트 **knuckle** 너클
마라톤	**marathon** 매러산
마력	**horsepower** 호스파워
마루	**floor** 플로어 **bed** 베드
마르다	**dry** 드라이 **get dry** 겟 드라이
마름모	**rhombus** 람버스 **lozenge** 라진쥐
마리화나	**marijuana** 매러화너
마마보이	**mother complex** 머더 캄플렉스
마무리	**finish** 피니쉬 **completion** 컴플리션

마법	**magic** 매직
마비(되다)	**paralysis** 패럴리시스 **be paralyzed** 비 패럴라이즈드
마사지(하다)	**massage** 매사지
마술사	**magician** 매지션
마스코트	**mascot** 매스컷
마스크	**mask** 매스크
마시다	**drink** 드링크 **take** 테이크 **sip** 십
마약	**narcotic** 나카틱 **drug** 드럭 마약중독 drug addiction
마요네즈	**mayonnaise** 메이어네이즈
마우스	**mouse** 마우스
마운드	**mound** 마운드
마을	**village** 빌리지 **hamlet** 햄릿
마음	**mind** 마인드 **heart** 하트
마음먹다	**make up one's mind to** 메이크업 원스 마인드 투 **decide to** 디사이드 투
마이너스	**minus** 마이너스
마이크	**microphone** 마이크로폰
마주보다	**face each other** 페이스 이치 아더
마주치다	**come across** 컴 어크로스

ㄱ ㄴ ㄷ ㄹ ㅁ ㅂ ㅅ ㅇ ㅈ ㅊ ㅋ ㅌ ㅍ ㅎ

마지막	**the last** 더 라스트 **the end** 디 엔드
마지 못해	**reluctantly** 릴럭턴틀리
마진	**margin** 마진
마찬가지	**sameness** 세임니스 그 침묵은 승낙이나 마찬가지다. The silence amounts to a consent.
마찰(하다)	**friction** 프릭션 **rub against** 럽 어겐스트
마취	**anesthesia** 애너스씨저
마치	**like** 라이크 **just as** 저스트 애즈 **as if** 애즈 이프
마치다	**finish** 피니쉬 **complete** 컴플리트
마침내	**at last** 앳 래스트
마케팅	**marketing** 마케팅
막내	**the last-born** 더 라스트본
막다 [방어]	**defend** 디펜드 **protect** 프러텍트
막다 [차단]	**stop** 스톱 **block** 블록
막다른 곳	**dead end** 데드엔드
막대한	**vast** 베스트 **immense** 이멘스
막연하다	**vague** 베이그 **obscure** 업스큐어
막차	**the last bus [train]** 더 라스트 버스 [트레인]
막히다	**be closed** 비 크로우즈드
만(萬)	**ten thousand** 텐 싸우전드

만개한	**in full blossom** 인 풀 블러섬
만기	**expiration** 엑스퍼레이션
만끽하다	**enjoy fully** 인조이 풀리
만나다	**meet** 미트 **come together** 컴 투게더
만년(晩年)	**later years** 레이터 이어즈
만년필	**fountain pen** 파운틴펜
만능의	**all-powerful** 올 파워펄 **omnipotent** 옴니포턴트
만두	**dumpling** 덤플링
만들다	**make** 메이크 **produce** 프러듀스 **create** 크리에잇 배 만드는 법 how to make a boat
만류하다	**detain** 디테인 **hold back** 홀드 백
만만치 않다	**tough** 터프 **formidable** 포머더블
만무하다	**impossible** 임파서블 **unbelievable** 언빌리버블
만물	**all things** 올 씽즈
만보계	**pedometer** 피다미터
만성	**chronicity** 크라니서티
만세	**hurrah** 후레이 **cheers** 치어스
만약	**if** 이프 **provided** 프러바이디드 **in case** 인 케이스
만연하다	**prevail** 프리베일 **spread** 스프레드

ㄱ ㄴ ㄷ ㄹ ㅁ ㅂ ㅅ ㅇ ㅈ ㅊ ㅋ ㅌ ㅍ ㅎ

ㅁ

만원(滿員)	**no vacancy** 노우 베이컨시
만장일치	**unanimous consent** 유네너머스 컨센트
만점	**perfect marks** 퍼펙트 막스
만족(시키다)	**satisfaction** 새티스팩션 **satisfy** 새티스파이
만족스러운	**satisfactory** 새티스팩터리
만지다	**touch** 터치 **feel** 필
만찬	**dinner** 디너
~만큼	**so ... as** 소우 애즈 나는 너만큼 크지 않다. I am not so tall as you.
만행	**brutality** 브루털리티 **atrocity** 어트라서티
만화	**cartoon** 카툰 **comics** 카믹스
많다	**many** 매니 **a lot of** 어 랏어브
말(馬)	**horse** 호스
말(言)	**words** 워즈 **speech** 스피치
말괄량이	**tomboy** 톰보이
말기	**last stage** 래스트 스테이지
말다툼	**dispute** 디스퓨트 **quarrel** 쿼럴
말대꾸하다	**answer back** 앤서백 **retort** 리토트
말뚝	**stake** 스테이크 **pile** 파일
말려들다	**be involved** 비 인발브드

말리다(만류)	**dissuade** 디쉐이드
말리다(건조)	**make dry** 메이크 드라이
말버릇	**one's way of talking** 원스 웨이 어브 토킹
말을 걸다	**speak to** 스피크 투 **address** 어드레스
말없는	**taciturn** 태시턴 **silent** 사일런트
말하다	**say** 세이 **tell** 텔 말하자면 so to speak
맑다	**clean** 클린 **pure** 퓨어
맑음	**fine weather** 파인 웨더
맛	**taste** 테이스트
맛보다	**taste** 테이스트 **relish** 렐리쉬
맛있다	**delicious** 딜리셔스 **savory** 세이버리
망명(하다)	**exile** 엑사일 **seek refuge** 씨크 레퓨지
망보다	**keep watch** 킵 워취
망상	**delusion** 델루전
망설이다	**hesitate** 헤저테이트 망설이지 않고 without hesitation
망원경	**telescope** 텔리스코우프
망측하다	**foul** 파울 **indecent** 인디슨트
망치	**hammer** 해머

망하다	**perish** 페리쉬 **go to ruin** 고우 투 루인
맞다 [적합]	**be right** 비 라이트 **be correct** 비 커렉트 **suit** 수트
맞벌이	**double-income** 더블인컴
맞붙다	**wrestle with** 레슬 위드
맞서다	**face** 페이스 **confront** 컨프런트
맞은 편	**opposite side** 어퍼짓 사이드
맞이하다	**meet** 미트 **welcome** 웰컴
맞장구치다	**chime in** 차임 인
맞추다	**assemble** 어셈블 **set adjust** 셋 어저스트
맞히다	**hit** 히트 **guess right** 게스 라잇
맡기다	**leave** 리브 **entrust** 인추러스트
맡다	**keep** 킵 **take charge of** 테익 차지 어브
매너	**manners** 매너즈
매너리즘	**mannerism** 매너리즘
매년	**every year** 에브리 이어
매니저	**manager** 매니저
매니큐어	**manicure** 매니큐어
매다	**tie** 타이 **fasten** 패슨
매달	**every month** 에브리 먼쓰

매달다	**hang** 행 **suspend** 서스펜드
매듭(짓다)	**knot** 낫 **conclude** 컨클루드 **settle** 세틀
매력	**charm** 참
매력적인	**charming** 차밍
매료하다	**fascinate** 패서네이트
매립	**reclamation** 레클러메이션 매립지 reclaimed land
매매(하다)	**dealing** 딜링 **deal in** 딜린
매미	**cicada** 시케이더
매번	**every time** 에브리 타임
매상	**sales** 세일즈 **selling** 셀링
매수하다	**buy up** 바이 업 **bribe** 브라이브 [뇌물로]
매실	**plum** 플럼
매우	**very** 베리 **greatly** 그레이틀리
매일	**everyday** 에브리데이
매장(하다)	**burial** 베리얼 **bury** 베리
매점	**stall** 스톨 **stand** 스탠드
매정한	**cruel** 크루얼 **hardhearted** 하드하티드
매진	**sellout** 셀아웃 **SOLD OUT** 솔드 아웃 [게시]
매체	**medium** 미디엄

매춘	**prostitution** 프라스터튜션
매춘부	**prostitute** 프라스터튜트
매출	**selling** 셀링 **sale** 세일
매혹하다	**bewitch** 비위치 **enchant** 인챈트
맥	**pulse** 펄스
맥주	**beer** 비어
맨발	**bare feet** 베어 피트
맨살	**bare skin** 베어 스킨
맵다	**hot** 핫 **spicy** 스파이시
맹렬한	**violent** 바이얼런트 **furious** 퓨리어스
맹세하다	**vow** 봐우 **swear** 스웨어
맹수	**fierce animal** 피어스 애니멀
맹신하다	**believe blindly** 빌리브 블라인드리
맹장(염)	**appendix** 어펜딕스 **appendicitis** 어펜더사이티스
맺다	**tie** 타이 [매듭] **bear** 베어 [열매] **close** 클로우즈 [종료] 그와 관계를 맺다 enter into relation with him
머리	**head** 헤드
머리 감다	**wash one's hair** 와쉬 원스 헤어
머리말	**preface** 프레피스
머리카락	**hair** 헤어

머물다	**stay at** 스테이 엣
머스터드	**mustard** 머스타드
머플러	**muffler** 머플러
먹다	**eat** 이트 **have** 해브 **take** 테이크
먹어치우다	**eat up** 이트 업
먹이	**food** 푸드 **prey** 프레이
먼지	**dust** 더스트 **dirt** 더트
멀다	**far** 파 **distant** 디스턴트
멀리하다	**keep away** 킵 어웨이
멈추다	**stop** 스탑 **halt** 홀트
멋	**stylishness** 스타일리시니스 **elegance** 엘레건스 멋을 부리다(옷을 잘 입다) dress smartly
멋있다	**neat** 니트 **cool** 쿨
멋쟁이	**dandy** 댄디 **dude** 두드
멍	**bruise** 브루즈
멎다	**hold up** 홀드 업 **stop** 스탑
메뉴	**menu** 메뉴
메달	**medal** 메덜
메뚜기	**grasshopper** 그래스하퍼 **locust** 로커스트
메모(하다)	**note** 노우트 **write down** 롸이트 다운

메밀	**buckwheat** 벅휘트
메슥거리다	**feel sick** 필 식
메시지	**message** 메시지
메아리	**echo** 에코우
메우다	**fill in** 필 인 **fill up** 필 업
메추라기	**quail** 퀘일
메커니즘	**mechanism** 메커니즘
멘스	**menses** 멘시즈
멜로디	**melody** 멜로디
멤버	**member** 멤버
며느리	**daughter-in-law** 도터인로
며칠	**how many days** 하우 매니 데이즈 **a few days** 어 퓨 데이즈 오늘은 며칠입니까? What date is today?
면	**cotton** 카튼
면담하다	**talk** 토크 **interview** 인터뷰
면도	**shaving** 쉐이빙
면세점	**duty-free shop** 듀티프리 샵
면역	**immunity** 이뮤니티
면적	**area** 에어리어

면접	**interview** 인터뷰
면제(하다)	**exemption** 익젬션 **exempt** 익젬트
면직(되다)	**dismissal** 디스미설
면하다	**escape** 이스케이프 **avoid** 어보이드
면허	**license** 라이선스
면회(하다)	**meeting** 미팅 / **see** 씨 **meet** 미트 면회사절 No visitors allowed.
멸망하다	**fall down** 폴 다운 **perish** 페리쉬
명가	**distinguished family** 디스팅귀시드 페밀리
명곡	**famous piece of music** 페이머스 피스 어브 뮤직
명랑한	**cheerful** 치어풀 **bright** 브라이트
명령	**instruction** 인스트럭션 **order** 오더
명령하다	**order** 오더 **command** 커맨드
명료한	**clear** 클리어 **plain** 플레인
명물	**special product** 스페셜 프러덕트
명백하다	**obvious** 아비어스 **clear** 클리어
명부	**list of names** 리스트 어브 네임즈
명상(하다)	**meditation** 메디테이션 **meditate** 메디테이트
명성	**fame** 페임 **reputation** 레퓨테이션
명세	**details** 디테일즈

ㄱ ㄴ ㄷ ㄹ ㅁ ㅂ ㅅ ㅇ ㅈ ㅊ ㅋ ㅌ ㅍ ㅎ

ㅁ

명세서	**detailed statement** 디테일드 스테이트먼트
명소	**noted place** 노우티드 플레이스
명심하다	**bear in mind** 베어 인 마인드
명예	**honor** 아너 **fame** 페임 내 명예를 회복하다 vindicate my honor
명의(名義)	**name** 네임
명인	**master** 매스터 **expert** 엑스퍼트
명작	**masterpiece** 매스터피스
명중(하다)	**hit** 히트
명찰	**name tag** 네임택
명칭	**name** 네임 **title** 타이틀
명쾌한	**clear** 클리어 **lucid** 루시드
명하다	**order** 오더
명함	**business card** 비즈니스 카드
몇	**how many** 하우 매니 [수] **how much** 하우 머취 [양]
모교	**alma mater** 앨머 메이터
모금	**fund raising** 펀드 레이징
모기	**mosquito** 모스키토우
모니터	**monitor** 마니터

모닥불	**bonfire** 반파이어
모델	**model** 마들
모독(하다)	**profanity** 프러페너티 **profane** 프러페인
모두	**all** 올 **entirely** 인타이어리
모래	**sand** 샌드
모래시계	**sandglass** 샌드글래스
모레	**the day after tomorrow** 더 데이 애프터 터머로우
모르다	**do not know** 두낫 노우 **be ignorant of** 비 익노런트 어브 나도 모르게 inspite of myself
모바일	**mobile** 모바일
모발	**hair** 헤어
모방(하다)	**imitation** 이미테이션 **imitate** 이미테이트
모범	**example** 익젬플 **model** 마들
모색	**groping** 그로우핑
모서리	**corner** 코너
모순	**contradiction** 컨트라딕션
모습	**figure** 피겨 **appearance** 어피어런스 **shape** 쉐입
모시다	**attend upon** 어텐드 어판
모양	**pattern** 패턴 **design** 디자인

모여들다	**swarm** 스웜 **crowd** 크라우드
모욕	**insult** 인설트 **contempt** 컨템트
모욕하다	**humiliate** 휴밀리에잇 **insult** 인설트
모으다	**gather** 게더 **collect** 컬렉트 **put together** 풋 투게더
모이다	**gather** 게더 **come together** 컴 투게더
모임	**meeting** 미팅 **party** 파티
모자	**hat** 햇 **cap** 캡
모자라다	**be short of** 비 숏 어브
모자이크	**mosaic** 모우제이익
모조	**imitation** 이미테이션
모직물	**woolen goods** 울런 굿즈
모질다	**ruthless** 루슬리스 **harsh** 하쉬 **fierce** 피어스 모진 시련을 참다 endure bitter ordeals
모집(하다)	**invitation** 인바이테이션 **invite** 인바이트
모친	**mother** 머더
모터	**motor** 모터
모피	**fur** 퍼
모험(하다)	**adventure** 어드벤춰 **take risk** 테익 리스크
모형	**model** 마들

목	**neck** 넥 **throat** 스로우트
목걸이	**necklace** 네클리스
목격(하다)	**observation** 압저베이션 **witness** 위트니스
목격자	**eyewitness** 아이위트니스
목록	**list** 리스트 **catalog** 캐털록
목발	**crutches** 크러취즈
목사	**pastor** 패스터 **minister** 미니스터
목수	**carpenter** 카펜터
목숨	**life** 라이프 목숨을 걸다 risk one's life
목요일	**Thursday** 써즈데이
목욕탕	**bath** 배쓰 **bathhouse** 배쓰하우스
목욕하다	**take a bath** 테이커 배쓰
목장	**pasture** 패스춰 **ranch** 랜치
목재	**wood** 우드 **lumber** 럼버
목적	**object** 업젝트 **purpose** 퍼퍼스
목적지	**destination** 데스터네이션
목차	**contents** 컨텐츠
목표	**aim** 에임 **target** 타깃
몫	**share** 쉐어

몰두	**preoccupation** 프리아큐페이션
몰락(하다)	**falling down** 폴링 다운 **be ruined** 비 루인드
몰수(하다)	**confiscation** 컨피스케이션 **take away** 테이크 어웨이
몰아넣다	**drive... into** 드라이브 인투
몸	**body** 바디
몸짓	**gesture** 제스춰
몸통	**body** 바디 **trunk** 트렁크
몹시	**very** 베리 **extremely** 익스트림리
못	**nail** 네일 **callus** 캘러스 [피부의]
묘(墓)	**grave** 그레이브 **tomb** 툼
묘기	**wonderful skill** 원더풀 스킬
묘미	**charm** 참 **beauty** 뷰티
묘사(하다)	**description** 디스크립션 **describe** 디스크라이브
묘안	**good idea** 굿 아이디어
묘지	**graveyard** 그레입야드
묘하다	**queer** 퀴어 **strange** 스트레인지
무	**radish** 레디쉬
무(無)	**nothing** 낫씽 **nil** 닐
무겁다	**heavy** 헤비

무게	**weight** 웨이트 무게중심 the center of gravity
무관	**irrelevance** 이렐러번스
무관심	**indifference** 인디퍼런스
무기(武器)	**arms** 암즈 **weapon** 웨펀
무기력한	**inactive** 인액티브 **lazy** 레이지
무기한	**indefinite** 인데퍼닛
무난한	**safe** 세이프 **passable** 페서블
무너뜨리다	**pull down** 풀 다운 **break** 브레이크
무너지다	**crumble** 크럼블 **collapse** 컬렙스
무능한	**incompetent** 인캄퍼턴트 **good-for-nothing** 굿포나씽
무늬	**pattern** 패턴 **design** 디자인
무대	**stage** 스테이지 무대장치 stage setting
무덥다	**sultry** 설트리 **hot and stuffy** 핫 앤 스터피
무드	**mood** 무드
무뚝뚝한	**unsociable** 언소셔블
무력(武力)	**military force** 밀리터리 포스
무례	**impoliteness** 임펄라이트니스

ㅁ

무례한	**impolite** 임펄라이트
무료	**free** 프리
무릎(꿇다)	**knee** 니 **lap** 랩 / **kneel down** 닐 다운
무리한	**unreasonable** 언리즈너블
무명의	**nameless** 네임리스 **unknown** 언노운
무모한	**reckless** 렉리스
무분별	**indiscretion** 인디스크리션
무사	**warrior** 워리어
무사히	**safely** 세이프리 **in peace** 인 피스
무상(無償)	**gratis** 그레이티스 **voluntary** 발런터리
무색	**colorless** 컬러리스
무서워하다	**fear** 피어 **be scared at** 비 스캐어드 앳
무선	**wireless** 와이어리스
무섭다	**fearful** 피어펄 **awful** 오펄
무성하다	**thick** 씩 **dense** 덴스
무수한	**innumerable** 이뉴머러블
무승부	**draw** 드로 **tie** 타이
무시(하다)	**ignorance** 익노어런스 **ignore** 익노어
무신경한	**insensible** 인센서블
무신론	**atheism** 에이시즘

무심코	**unintentionally** 언인텐셔널리 **casually** 캐주얼리
무언	**silence** 사일런스
무엇	**what** 왓
무역	**trade** 트레이드 **commerce** 커머스 무역 자유화 liberalization of trade
무용	**dance** 댄스
무용지물	**useless thing** 유즐리스 씽
무의미하다	**meaningless** 미닝리스
무의식	**unconsciousness** 언칸쉬어스니스
무인도	**desert island** 데저트 아일런드
무일푼	**penniless** 페니리스
무임승차	**free ride** 프리 라이드
무자비하다	**merciless** 머시리스 **ruthless** 루슬리스
무장(하다)	**armament** 아머먼트 **arm** 암
무장해제	**disarmament** 디스아머먼트
무제한	**free** 프리 **unrestricted** 언리스트릭티드
무조건	**unconditional** 언컨디셔널
무좀	**athlete's foot** 어슬레츠 풋
무죄	**innocence** 이너슨스

무지(한)	**ignorance** 익노런스 **ignorant** 익노런트
무지개	**rainbow** 레인보우
무직의	**jobless** 잡리스 **unemployed** 언엠플로이드
무찌르다	**beat** 비트 **defeat** 디피트
무책임	**irresponsibility** 이리스판서빌리티
무책임한	**irresponsible** 이리스판서블
무첨가	**additive-free** 애더티브프리
무한(하다)	**infinity** 인피니티 **infinite** 인피니트
무해	**harmless** 함리스
무효(의)	**invalidity** 인벌리더티 **invalid** 인벌리드
묵다	**stay at** 스테이 앳
묵묵히	**silently** 사일런트리
묵비권	**the right of silence** 더 롸잇 어브 사일런스
묵인	**tacit consent** 태싯 컨센트
묶다	**tie** 타이 **bind** 바인드
문	**gate** 게이트 **door** 도어
문맥	**context** 컨텍스트
문맹	**illiteracy** 일리터러시
문명	**civilization** 시빌라이제이션 문명 사회 civilized society

문방구	**stationery** 스테이셔느리
문법	**grammar** 그래마
문병	**visit to a sick person** 비지투어 식 퍼슨
문서	**document** 다큐먼트
문신	**tattoo** 태투
문어	**octopus** 악터퍼스
문의(하다)	**inquiry** 인콰이어리 **inquire** 인콰이어
문자	**letter** 레터
문자메시지	**texting** 텍스팅
문장	**sentence** 센텐스
문제	**question** 퀘스천 **problem** 프라블럼 문제를 풀다 solve the problem
문지르다	**rub** 럽 **chafe** 체이프
문패	**doorplate** 도어플레이트
문학	**literature** 리터러춰
문화	**culture** 컬춰
문화적인	**cultural** 컬추럴
묻다 [질문]	**ask** 애스크 **inquire** 인콰이어
묻다 [매장]	**bury** 베리 **inter** 인터
묻다 [붙다]	**be smeared** 비 스미어드

물	**water** 워터
물가(物價)	**prices** 프라이시즈
물가	**waterside** 워터사이드
물건	**article** 아티클 **goods** 굿즈
물고기	**fish** 피쉬
물구나무서기	**handstand** 핸드스탠드
물다	**bite** 바이트 **snap** 스냅
물들이다	**dye** 다이 **color** 컬러
물러나다	**retreat** 리추리트 **go back** 고우 백
물려받다	**succeed to** 석시드 투
물론	**of course** 업 코스
물류	**distribution** 디스트리뷰션
물리	**physics** 피직스
물리치다	**drive back** 드라이브 백
물물교환(하다)	**barter** 바터
물방울	**waterdrop** 워터드랍 물방울무늬 polka dots
물색하다	**look for** 룩 포 **search for** 서치 포
물음표	**question mark** 퀘스천 마크
물질	**matter** 매터 **substance** 섭스턴스

물질적인	**material** 머티어리얼
물집	**blister** 블리스터
물체	**object** 압직트
물통	**water bottle** 워터 바틀 **canteen** 캔틴
물품	**article** 아티클 **goods** 굿즈
묽게 하다	**thin** 씬 **dilute** 다일루트
묽은	**watery** 워터리 **diluted** 다일루티드
뭉치다	**lump** 럼프 **mass** 매스 **unite** 유나이트
뭔가	**something** 썸씽
뮤지컬	**musical** 뮤지컬
미	**beauty** 뷰티
미각	**taste** 테이스트 **palate** 팰리트
미개하다	**primitive** 프리머티브 **savage** 새비지
미국인	**American** 어메리컨
미궁	**labyrinth** 레비린쓰
미꾸라지	**loach** 로우치
미끄러지다	**slip** 슬립 **slide** 슬라이드 **glide** 글라이드
미끼	**bait** 베이트 **lure** 루어
미나리	**dropwort** 드랍워트
미남	**handsome man** 핸섬맨

ㄱ ㄴ ㄷ ㄹ ㅁ ㅂ ㅅ ㅇ ㅈ ㅊ ㅋ ㅌ ㅍ ㅎ

ㅁ

미네랄	**mineral** 미네럴
미녀	**beauty** 뷰티 **belle** 벨
미니스커트	**miniskirt** 미니스커트
미덕	**virtue** 버추
미디어	**media** 미디어
미래	**future** 퓨처 **time to come** 타임 투컴 미래의 내 남편 my future husband
미련	**attachment** 어태취먼트 **regret** 리그렛
미로	**maze** 메이즈
미리	**beforehand** 비포핸드 **in advance** 인 어드밴스
미만	**under** 언더 **less than** 레스댄
미망인	**widow** 위도우
미모	**beauty** 뷰티 **good looks** 굿룩스
미묘한	**delicate** 델리킷 **subtle** 서틀
미사일	**missile** 미슬
미생물	**microorganism** 마이크로오개니즘
미성년	**minority** 마이너리티
미소(짓다)	**smile** 스마일 **smile at** 스마일 앳
미숙하다	**inexperienced** 이닉스피리언스트 **unripe** 언라이프

미술	**art** 아트 **the fine arts** 더 파인 아츠
미스	**Miss** 미쓰
미스터리	**mystery** 미스터리
미식가	**gourmet** 궈메이
미신	**superstition** 수퍼스티션 미신을 믿는 사람 superstitious person
미아	**lost child** 로스트 차일드
미역	**seaweed** 씨위드
미열	**slight fever** 슬라이트 피버
미완성	**unfinished** 언피니쉬트
미용(실)	**beauty** 뷰티 **beauty salon** 뷰티 설란
미움	**hatred** 헤이트리드
미워하다	**hate** 헤이트 **detest** 디테스트
미라	**mummy** 머미
미인	**beauty** 뷰티 **belle** 벨
미정의	**undecided** 언디사이디드
미지근하다	**tepid** 테피드 **lukewarm** 루크왐
미지수	**unknown quantity** 언노운 콴터티
미치다 [정신]	**go mad** 고우 매드 **get crazy** 겟 크레이지
미치다 [도달]	**reach** 리치 **amount to** 어마운트 투

미터	**meter** 미터
미학	**aesthetics** 애스쎄틱스
미해결의	**unsolved** 언살브드 **pending** 펜딩
미행(하다)	**shadowing** 섀도우잉 **trail** 트레일
미혼의	**unmarried** 언매리드 **single** 싱글
미화(美化)	**beautification** 뷰티피케이션
믹서	**blender** 블렌더
민간의	**private** 프라이빗 **civil** 시빌
민간인	**civilian** 씨빌리언
민감한	**sensitive** 센서티브
민들레	**dandelion** 댄더라이언
민박	**tourist home** 투어리스트 홈
민속	**folk customs** 포크 커스텀즈
민요	**folk song** 포크 송
민족	**race** 레이스 **nation** 내이션
민주국가	**democratic state** 데모크래틱 스테이트
민주주의	**democracy** 디마크러시
민주화	**democratization** 디마크러티제이션
민중	**people** 피플 **public** 퍼블릭
민첩한	**nimble** 님블 **prompt** 프람프트 **agile** 에절

믿다	**believe** 빌리브 **trust** 추러스트
믿음	**faith** 페이쓰 **trust** 추러스트
믿음직한	**reliable** 릴라이어블
밀	**wheat** 위트
밀가루	**flour** 플라우어
밀고하다	**inform against** 인폼 어겐스트
밀다	**push** 푸쉬 **thrust** 스러스트
밀도	**density** 덴서티
밀리미터	**millimeter** 밀리미터
밀림	**jungle** 정글 **dense forest** 덴스 포리스트
밀수(하다)	**smuggling** 스머글링 **smuggle** 스머글
밀월	**honeymoon** 허니문
밀접한	**close** 클로우즈 **intimate** 인티밋 **near** 니어
밀집하다	**crowd together** 크라우드 투게더
밀크셰이크	**milk shake** 밀크쉐이크
밀폐하다	**close up tight** 클로우즈 업 타이트
밀회	**clandestine meeting** 클렌데스턴 미팅
미운	**hateful** 헤이트펄 **detestable** 디테스터블
및	**and** 앤 **as well as** 애즈 웰 애즈
밑	**the base** 더 베이스 **the bottom** 더 바텀

| 영어 필수 단어 |

ㅂ

바겐세일	**bargain sale** 바긴 세일
바구니	**basket** 배스킷 **cage** 케이지
바깥	**outdoors** 아웃도어즈
바깥쪽	**outside** 아웃사이드
바꾸다	**exchange** 익스체인지 **replace** 리플레이스
바나나	**banana** 버내너
바늘	**needle** 니들
바닐라	**vanilla** 버닐러
바다	**sea** 씨 **ocean** 오우션
바다낚시	**sea fishing** 씨 피싱
바닥	**floor** 플로어 **bottom** 바텀
바닷가	**beach** 비치 **seashore** 씨쇼어
바둑	**go** 고
바라다	**want** 원트 **wish** 위시
바람	**wind** 윈드 **breeze** 브리즈
바람 [충동]	**motive** 모티브 **impetus** 임페터스
바람직하다	**desirable** 디자이어러블

바래다	**discolor** 디스컬러 **fade** 페이드
바로	**just** 저스트 **exactly** 익잭트리 바로 정각에 exactly on time
바로미터	**barometer** 버라머터
바로잡다	**make straight** 메이크 스트레이트 **correct** 커렉트
바르다	**upright** 업라이트 **true** 추루
바르다 [칠함]	**apply** 어플라이 **paint** 페인트
바보	**idiot** 이디엇 **fool** 풀
바비큐	**barbecue** 바비큐
바쁘다	**busy** 비지 **pressing** 프레싱
바위	**rock** 락
바이러스	**virus** 바이러스
바이어	**buyer** 바이어
바이올린	**violin** 바이얼린
바지	**trousers** 트라우저스
바치다	**give** 기브 **offer** 오퍼 **present** 프리젠트
바코드	**bar code** 바코우드
바퀴벌레	**cockroach** 칵로우치
박다	**drive into** 드라이브 인투 **sew** 소우 [재봉]
박람회	**exhibition** 엑시비션

박력	**force** 포스 **drive** 드라이브
박물관	**museum** 뮤지엄
박사	**doctor** 닥터 **expert** 엑스퍼트
박수갈채	**applause** 어플로즈 **cheers** 치어즈
박쥐	**bat** 뱃
박해(하다)	**persecution** 퍼시큐션 **persecute** 퍼시큐트
밖	**outside** 아웃사이드
반(半)	**half** 해프
반(班)	**class** 클래스 **group** 그룹 **party** 파티
반감	**antipathy** 앤티퍼시 **dislike** 디스라이크
반격(하다)	**counterattack** 카운터어택
반경	**radius** 레이디어스
반달	**half-moon** 해프문
반대(하다)	**opposition** 어퍼지션 **oppose** 어포우즈
반대의	**reverse** 리버스 **contrary** 컨추러리
반도	**peninsula** 페닌슐러
반도체	**semiconductor** 세미컨덕터
반드시	**surely** 슈얼리 **without fail** 위다웃 페일
반딧불이	**firefly** 파이어플라이
반란	**revolt** 리볼트

반론하다	**argue against** 아규 어겐스트
반목	**antagonism** 앤태거니즘
반바지	**shorts** 쇼츠 **pants** 팬츠
반발(하다)	**repulse** 리펄스 **repel** 리펠
반복	**repetition** 리피티션 **refrain** 리프레인
반복하다	**repeat** 리피트
반사(하다)	**reflex** 리플렉스 **reflect** 리플렉트
반성(하다)	**reflection** 리플렉션 **reflect on** 리플렉트 언
반액	**half the price** 해프 더 프라이스 반액할인 half-price discount
반역(하다)	**rebellion** 리벨리언 **rebel** 레벌
반영(하다)	**reflection** 리플렉션 **reflect** 리플렉트
반응(하다)	**reaction** 리액션 **respond** 리스판드
반작용	**reaction** 리액션
반점	**spot** 스팟 **speck** 스펙
반죽하다	**knead** 니드
반지	**ring** 링
반짝거리다	**glitter** 글리터 **gleam** 글림
반찬	**dish** 디쉬
반창고	**plaster** 플래스터

반칙	**foul** 파울
반품	**returned goods** 리턴드 굿즈
반하다 [사랑]	**fall in love with** 폴 인 러브 위드
반(反)하다	**go against** 고우 어겐스트
반항	**resistance** 리지스턴스
반항적인	**defiant** 디파이언트 **rebellious** 레벌리어스
반환(하다)	**return** 리턴
받다	**get** 겟 **receive** 리시브
받아들이다	**accept** 억셉트 **take** 테이크
받아쓰기	**dictation** 딕테이션
받침대	**stand** 스탠드 **pedestal** 피데스털
발	**foot** 푸트 [사람] **paw** 포 [동물]
발가락	**toe** 토우
발견(하다)	**discovery** 디스커버리 **discover** 디스커버
발견되다	**be found** 비 파운드
발군의	**outstanding** 아웃스탠딩
발굴(하다)	**excavation** 엑스커베이션 **excavate** 엑스커베이트
발끝	**tiptoe** 팁토우
발달(하다)	**development** 디벨롭먼트 **develop** 디벨롭
발뒤꿈치	**heel** 힐

발라드	**ballad** 밸러드
발랄하다	**sprightly** 스프라이틀리 **lively** 라이블리
발레	**ballet** 밸레이
발명(하다)	**invention** 인벤션 **invent** 인벤트
발명가	**inventor** 인벤터
발목	**ankle** 앵클
발사하다	**fire** 파이어 **shoot** 슛
발산(하다)	**emission** 에미션 **emit** 에미트
발생(하다)	**outbreak** 아웃브레이크 **birth** 버쓰 **occur** 어커
발송하다	**send out** 센드 아웃
발언하다	**utter** 어터 **speak** 스피크
발언권	**the right to speak** 더 라잇 투 스피크 발언권을 얻다 get the right to speak
발육(하다)	**growth** 그로우쓰 **grow** 그로우
발음(하다)	**pronunciation** 프러넌시에이션 **pronounce** 프러나운스
발작	**fit** 핏 **attack** 어택
발전(發電)하다	**generate electricity** 제너레이트 일렉트리서티
발전(하다)	**development** 디벨롭먼트 **develop** 디벨롭
발전적인	**developmental** 디벨롭멘털
발족	**inauguration** 인오규레이션

발주(하다)	**order** 오더
발췌(하다)	**extract** 익스트랙트
발코니	**balcony** 밸커니
발판	**footstool** 풋스툴 **scaffold** 스캐폴드
발표(하다)	**announce** 어나운스
발하다	**give off** 기브 오프 **emit** 이미트
발행(하다)	**publication** 퍼블리케이션 **issue** 이슈
발행부수	**circulation** 서큘레이션
발휘(하다)	**display** 디스플레이 **show** 쇼우
밝다	**bright** 브라이트 **light** 라이트
밝히다	**brighten** 브라이튼 **make clear** 메익 클리어
밟다	**step** 스텝 **tread** 트레드
밤(夜)	**night** 나잇 **evening** 이브닝
밤(栗)	**chestnut** 체스넛
밤새도록	**all night** 올 나잇 독서로 밤을 새우다 sit up all night over a book
밤중	**midnight** 미드나잇
밥	**rice** 라이스
방	**room** 룸
방관하다	**stand by** 스탠드 바이

방광	**bladder** 블래더
방귀	**fart** 파트
방랑(하다)	**wander** 완더
방문객	**visitor** 비지터
방문하다	**call at** 콜엣 **visit** 비지트
방법	**way** 웨이 **method** 메소드
방부제	**preservative** 프리저베이티브
방석	**cushion** 쿠션
방송(하다)	**broadcast** 브로드캐스트
방송국	**broadcasting station** 브로드캐스팅 스테이션
방송프로	**program** 프로그램
방수	**waterproof** 워터프룹
방심하다	**be off one's guard** 비 오프 원스 가드
방아쇠	**trigger** 트리거 방아쇠를 당기다 pull the trigger
방어(하다)	**defense** 디펜스 **defend** 디펜드
방영하다	**televise** 텔리바이즈
방울	**bell** 벨
방위	**direction** 디렉션
방음	**soundproof** 사운드프룹 방음장치 soundproof device

방지(하다)	**prevent** 프리벤트
방충제	**insecticide** 인섹티사이드
방치하다	**leave... alone** 리브 얼론 **neglect** 니글렉트
방침	**course** 코스 **policy** 팔러시
방패	**shield** 쉴드
방해(하다)	**hindrance** 힌드런스 **disturb** 디스터브
방해물	**nuisance** 뉴이선스
방향	**direction** 디렉션 **side** 사이드
밭	**field** 필드 밭을 갈다 cultivate the field
배(梨)	**pear** 페어
배(倍)	**twice** 트와이스 **double** 더블
배(腹)	**belly** 벨리
배(船)	**boat** 보우트 **ship** 쉽
배 멀미	**seasickness** 씨식니스
배경	**background** 백그라운드
배관	**piping** 파이핑
배구	**volleyball** 발리볼
배급하다	**distribute** 디스트리뷰트 **supply** 서플라이
배꼽	**navel** 내이벌

배달(하다)	**delivery** 딜리버리 **deliver** 딜리버
배당	**dividend** 디비던드
배드민턴	**badminton** 뱃민턴
배려	**care** 케어 **consideration** 컨시더레이션
배반하다	**betray** 비추레이
배상(하다)	**compensation** 컴펜세이션 **compensate** 컴펜세이트
배서(하다)	**endorsement** 인도스먼트 **endorse** 인도스
배설(하다)	**excretion** 익스크리션 **excrete** 익스크리트
배수(排水)	**drainage** 드레이니지 배수공사 drainage works
배양하다	**cultivate** 컬티베이트
배역	**cast** 캐스트
배열(하다)	**arrangement** 어레인지먼트 **arrange** 어레인지
배영	**backstroke** 백스트로우크
배우	**actor** 액터 [남자] **actress** 액추리스 [여자]
배우다	**learn** 런 **take lessons** 테익 레슨즈
배우자	**spouse** 스파우스
배제(하다)	**exclusion** 익스클루전 **exclude** 익스클루드
배지	**badge** 배쥐

ㅂ

배짱	**courage** 커리지 **pluck** 플럭
배추	**Chinese cabbage** 차이니즈 캐비지
배치(하다)	**arrangement** 어레인지먼트 **arrange** 어레인지
배타적	**exclusive** 익스클루시브
배터리	**battery** 배터리
배턴	**baton** 배턴 배턴터치 baton passing
배포(하다)	**distribution** 디스트리뷰션 **distribute** 디스트리뷰트
배후	**background** 백그라운드
백	**hundred** 헌드러드
백과사전	**encyclopedia** 인사이클로피디어
백만	**million** 밀리언
백만장자	**millionaire** 밀리어네어
백발	**gray hair** 그레이 헤어
백분율	**percentage** 퍼센티지
백신	**vaccine** 백신
백업	**backup** 백업
백일몽	**daydream** 데이드림
백조	**swan** 스완
백지	**blank paper** 블랭크 페이퍼

백합	**lily** 릴리
백혈구	**white blood cell** 와이트 블럿 셀
백화점	**department store** 디파트먼트 스토어
밴드	**band** 밴드[악대] **belt** 벨트[띠]
밸런스	**balance** 밸런스
밸브	**valve** 밸브
뱀	**snake** 스네이크 **serpent** 서펜트
뱃사람	**sailor** 세일러 **seaman** 씨맨
버너	**burner** 버너
버드나무	**willow** 윌로우
버릇	**habit** 해빗 버릇없는 아이 ill-bred boy
버리다	**throw away** 쓰로우 어웨이 **dump** 덤프
버섯	**mushroom** 머쉬룸
버스	**bus** 버스
버스정류장	**bus stop** 버스탑
버저	**buzzer** 버저
버전	**version** 버전
버찌	**cherry** 체리
버터	**butter** 버터

버티다	**bear** 베어 **maintain** 메인테인
벅차다	**be beyond one's power** 비 비연드 원스 파워
번갈아서	**alternately** 올터니틀리
번개	**lightning** 라이트닝
번거롭다	**confused** 컨퓨즈드 **troublesome** 트러블섬
번데기	**pupa** 퓨퍼
번복하다	**reverse** 리버스 **change** 체인지
번식(하다)	**reproduction** 리프러덕션 **breed** 브리드
번역(하다)	**translation** 트랜슬레이션 **translate into** 트랜스레이트 인투
번역가	**translator** 트랜슬레이터
번영하다	**prosper** 프라스퍼 **flourish** 플러리쉬
번잡한	**complicated** 컴플리케이팃 **bustling** 버슬링
번지다	**blot** 블랏 **spread** 스프레드
번호	**number** 넘버
번화가	**busy street** 비지 스트릿
벌(罰)	**punishment** 퍼니쉬먼트 **penalty** 페널티
벌(蜂)	**bee** 비
벌금	**fine** 파인 벌금을 부과하다 impose a fine

벌다	**make a profit** 메이크 어 프라핏 **gain** 게인
벌레	**insect** 인섹트
벌써	**already** 올레디
벌집	**beehive** 비하이브
범람(하다)	**flood** 플러드 **overflow** 오버플로우
범위	**limit** 리미트 **sphere** 스피어
범인(犯人)	**offender** 오펜더 **criminal** 크리미널
범죄(자)	**crime** 크라임 **criminal** 크리미널
범주	**category** 케터거리
범퍼	**bumper** 범퍼
범하다	**commit** 커밋 **violate** 바이얼레이트
범행	**crime** 크라임 **offense** 오펜스
법	**law** 로 **rule** 룰
법안	**bill** 빌 법안을 통과시키다 pass a bill
법인	**juridical person** 주어리디컬 퍼슨
법정	**court** 코트
벗겨지다	**come off** 컴 오프
벗기다	**take off** 테익오프 **tear** 테어
벗다	**put off** 풋 오프

벗어나다	**get through** 겟 스루
벚꽃	**cherry blossom** 체리 블라섬
베개	**pillow** 필로우
베끼다	**copy** 카피 **transcribe** 추랜스크라이브
베다	**cut** 컷 **slice** 슬라이스
베란다	**veranda** 버랜더
베스트셀러	**best seller** 베스트 셀러
베어 먹다	**nibble** 니블
베이다	**get cut** 겟 컷
베이지색	**beige** 베이쥐
베일	**veil** 베일
베테랑	**veteran** 베터런 **expert** 엑스퍼트
베풀다	**give** 기브 **bestow** 비스토우 은혜를 베풀다 do a person a favor
벤치	**bench** 벤취
벨	**bell** 벨
벨트	**belt** 벨트
벼	**rice plant** 라이스 플랜트
벼락	**thunderbolt** 썬더볼트
벼락부자	**new rich** 뉴 리치 **upstart** 업스타트

벽	**wall** 월 **partition** 파티션
벽돌	**brick** 브릭
벽보	**bill** 빌 **wall poster** 월 포스터
벽시계	**wall clock** 월 클락
벽지	**wallpaper** 월페이퍼
벽화	**mural painting** 뮤어럴 페인팅
변경(하다)	**change** 체인지
변덕	**whim** 윔 **caprice** 커프리스
변덕스러운	**whimsical** 윔지컬 **capricious** 커프리셔스
변덕쟁이	**caprice** 커프리스
변두리	**outskirts** 아웃스커츠
변명(하다)	**excuse** 익스큐즈 **explain** 익스플레인
변변치 못한	**coarse** 코스 **humble** 험블
변비	**constipation** 컨스티페이션
변상	**compensation** 컴펜세이션
변소	**lavatory** 러바토리 **toilet** 토일럿
변신(하다)	**transformation** 트랜스포메이션 **transform** 트랜스폼
변심	**change of mind** 체인지 어브 마인드
변장(하다)	**disguise** 디스가이즈

변제(하다)	**repayment** 리페이먼트 **pay back** 페이 백
변천(하다)	**transition** 트랜지션 **undergo changes** 언더고우 체인지즈
변태	**abnormality** 앱노멀리티 변태적인 심리 abnormal mentality
변하다	**change** 체인지 **turn into** 턴 인투
변호(하다)	**defense** 디펜스 **defend** 디펜드
변호사	**lawyer** 로여 **attorney** 어토니
별	**star** 스타
별관	**annex** 어넥스
별명	**nickname** 닉네임 **alias** 앨리어스
별자리	**constellation** 컨스털레이션
별장	**villa** 빌러
별점	**horoscope** 호로스코우프
병(瓶)	**bottle** 바틀
병(病)	**sickness** 식니스 **disease** 디지즈 병으로 눕다 be ill in bed
병균	**germ** 점 **virus** 바이러스
병력	**military force** 밀리터리 포스
병사	**soldier** 솔저

병신	**deformity** 디포머티 **fool** 풀
병아리	**chick** 췩
병약한	**weak** 위크 **sickly** 식리
병원	**hospital** 하스피틀
병행하다	**go side by side** 고우 사이드 바이 사이드
볕	**sunshine** 썬샤인 **the sun** 더 썬
보건	**health** 헬쓰 **hygiene** 하이진
보고(하다)	**report** 리포트 **inform** 인폼
보관(하다)	**storage** 스토리지 / **keep** 킵 **store** 스토어
보급(하다)	**spread** 스프레드 **diffuse** 디퓨즈
보내다	**send** 센드 **hand over** 핸드 오버
보너스	**bonus** 보우너스
보다	**see** 씨 **look at** 룩 앳 **observe** 옵저브
보답하다	**repay** 리페이 **reward** 리워드 그녀의 친절에 대한 보답으로 in return for her kindness
보도(報道)하다	**report** 리포트 **inform** 인폼
보디가드	**bodyguard** 보디가드
보따리	**pack** 팩 **bundle** 번들
보라색	**purple** 퍼플 **violet** 바이얼릿
보류(하다)	**reservation** 리저베이션 **reserve** 리저브

ㅂ

보름달	**full moon** 풀 문
보리	**barley** 발리
보모	**nurse** 너스
보물	**treasure** 추레저
보복(하다)	**retaliation** 리텔리에이션 **retaliate** 리텔리에이트
보살피다	**take care of** 테익 케어러브 **look after** 룩 애프터
보살핌	**care** 케어 **aid** 에이드
보상(하다)	**compensation** 컴펜세이션 **compensate** 컴펜세이트
보석(寶石)	**gem** 젬 **jewel** 주얼
보수(적인)	**conservatism** 컨저버티즘 **conservative** 컨저버티브
보수(報酬)	**rewards** 리워드
보안	**security** 씨큐리티 스마트폰 보안 phone security
보온하다	**keep warm** 킵 왐
보완(하다)	**complement** 컴플먼트 **supplement** 서플먼트
보이다	**see** 씨 **be seen** 비 씬
보이콧(하다)	**boycott** 보이캇
보일러	**boiler** 보일러
보자기	**cloth wrapper** 클로스 래퍼

보장	**security** 씨큐리티 **guarantee** 개런티
보조(하다)	**assistance** 어시스턴스 **assist** 어시스트
보조개	**dimple** 딤플
보조금	**subsidy** 섭시디
보존(하다)	**preservation** 프리저베이션 **preserve** 프리저브
보증서	**written guarantee** 리튼 개런티
보증인	**guarantor** 개런터 **surety** 슈어러티
보충하다	**make up for** 메이크 훕 포 **supplement** 서플먼트
보통	**usually** 유주얼리 **generally** 제너럴리
보통의	**ordinary** 오디너리 **common** 커먼 보통 사람과 다르다 be different from ordinary person
보트	**boat** 보우트
보편(성)	**universality** 유니버설리티
보편적인	**universal** 유니버설
보행	**walk** 워크
보험	**insurance** 인슈어런스 보험회사 insurance company
보호(하다)	**protection** 프러텍션 **protect** 프러텍트
복권	**lottery** 라터리
복도	**corridor** 커리더

ㅂ

복사하다	**photocopy** 포토우카피 **copy** 카피
복사뼈	**ankle** 앵클
복수(하다)	**revenge** 리벤지
복숭아	**peach** 피치
복습(하다)	**review** 리뷰
복어	**globefish** 글로웁피쉬
복역하다	**serve one's term** 서브 원스 텀
복용량	**dose** 도우즈
복원(하다)	**restoration** 레스터레이션 **restore** 레스토어
복잡한	**complicated** 컴플리케이티드
복장	**dress** 드레스 **clothes** 클로시즈
복제(하다)	**reproduction** 리프러덕션 **reproduce** 리프러듀스
복종(하다)	**obedience** 오비디언스 **obey** 오베이
복지	**public welfare** 퍼블릭 웰페어 **wellbeing** 웰빙
복통	**stomachache** 스터먹에이크
복합	**composition** 컴퍼지션 **complex** 컴플렉스
볶다	**parch** 파취 **roast** 로스트
본가	**main family** 메인 패밀리
본격적인	**full-scale** 풀스케일 **genuine** 제뉴인

본관(本館)	**main building** 메인 빌딩
본능	**instinct** 인스팅트 본능적인 두려움 instinctive fear
본래	**originally** 어리지널리 **by nature** 바이 내이춰
본론	**main subject** 메인 섭직트
본명	**real name** 리얼네임
본문	**the text** 더 텍스트 **the body** 더 바디
본받다	**follow** 팔로우 **imitate** 이미테이트
본부	**the head office** 더 헤드 오피스
본성	**nature** 네이추어
본심	**real intention** 리얼 인텐션
본인	**the person himself [herself]** 더 퍼슨 힘셀프 [허셀프]
본질	**essence** 에선스
본체	**main body** 메인 바디
볼	**cheek** 칙
볼륨	**volume** 볼륨
볼링	**bowling** 보울링
볼트	**bolt** 보울트
볼펜	**ball-point pen** 볼포인트펜
봄	**spring** 스프링

봉건제	**feudalism** 퓨덜리즘
봉급	**pay** 페이 **salary** 샐러리
봉사(하다)	**service** 서비스 **serve** 서브
봉쇄(하다)	**blockade** 블러케이드
봉우리	**peak** 피크 **top** 탑
봉투	**envelope** 엔벌롭
부(部)	**section** 섹션
부(副)	**vice** 바이스
부(富)	**wealth** 웰스
부결(되다)	**rejection** 리젝션 **reject** 리젝트
부과하다	**impose** 임포우즈
부기(簿記)	**bookkeeping** 북키핑
부끄럽다	**bashful** 배쉬펄 **shameful** 쉐임펄
부담(하다)	**burden** 버든 / **bear** 베어 **share** 쉐어
부당한	**unjust** 언저스트 **unfair** 언페어 부당한 해고 unfair dismissal
부대	**military unit** 밀리터리 유닛
부동산	**real-estate** 리얼에스테이트
부두	**pier** 피어
부드러운	**soft** 소프트 **gentle** 젠틀 **tender** 텐더

부드럽게 하다	**soften** 소프튼
부딪치다	**hit** 힛 **strike** 스트라이크
부러워하다	**envy** 엔비
부럽다	**enviable** 엔비어블 **envious** 엔비어스
부록	**supplement** 서플먼트
부르다	**call** 콜 **invite** 인바이트
부르주아	**bourgeois** 부어르좌
부리	**bill** 빌 **beak** 비크
부메랑	**boomerang** 부머랭 부메랑효과 boomerang effect
부모	**parents** 페어런츠
부부	**married couple** 매리드 커플
부분	**part** 파트 **portion** 포션
부상(당하다)	**wound** 운드 **be injured** 비 인줘드
부상자	**injured person** 인줘드 퍼슨
부서지다	**break** 브레이크
부속된	**attached** 어태취드
부수다	**break** 브레이크 **destroy** 디스트로이
부식	**side dishes** 사이드 디쉬즈
부식(되다)	**corrosion** 커로우전 **corrode** 커로우드

부실한	**weak** 위크 **infirm** 인펌
부양하다	**support** 서포트 **keep** 킵
부업	**side job** 사이드 잡
부엌	**kitchen** 키친
부여(하다)	**grant** 그랜트 **give** 기브 **bestow** 비스토우
부인	**wife** 와이프
부인(하다)	**denial** 디나이얼 **deny** 디나이
부자	**rich person** 리치 퍼슨 **man of wealth** 맨 어브 웰쓰
부작용	**side effect** 사이드 이펙트
부장	**director** 디렉터
부재	**absence** 앱선스
부적	**charm** 참 **talisman** 탤리스먼
부적당한	**unfit** 언핏 **unsuitable** 언수터블
부정(否定)	**denial** 디나이얼
부정(不正)	**unjustice** 언저스티스 **unlawfulness** 언로펄리스 부정한 수단으로 by a dishonest means
부정적인	**negative** 네거티브
부정(否定)하다	**deny** 디나이 **negate** 니게이트
부정확한	**inaccurate** 인애큐릿 **incorrect** 인커렉트

부제	**sub-title** 섭타이틀
부조리	**absurdity** 앱서더티
부족(하다)	**shortage** 쇼티지 **lack** 랙
부주의	**carelessness** 케얼리스니스
부지런히	**diligently** 딜리전트리 **hard** 하드
부진	**slump** 슬럼프 **depression** 디프레션
부채(負債)	**debt** 뎁트 **liabilities** 라이어빌리티즈
부채	**round fan** 라운드 팬
부추	**leek** 리크
부추기다	**tempt** 템트 **seduce** 시듀스
부축하다	**support** 서포트 **assist** 어시스트
부치다	**send** 센드 **forward** 포워드
부탁	**request** 리퀘스트 **favor** 페이버
~부터	**from** 프럼 **since** 씬스 [시간]
부패(하다)	**putrefaction** 퓨트러팩션 / **rot** 랏 **go bad** 고우 뱃
부풀다	**swell** 스웰 **expand** 익스펜드
부품	**parts** 파츠
부피	**bulk** 벌크 **volume** 볼륨
부하	**staff** 스탭 **subordinate** 서보디네이트
부호	**mark** 마크 **sign** 사인

부화(하다)	**incubation** 인큐베이션 **hatch** 해치
부활(하다)	**revival** 리바이벌 **revive** 리바이브
부흥	**revival** 리바이벌 **restoration** 레스토어레이션
북	**drum** 드럼
북경	**Beijing** 베이징 **Peking** 피킹
북부	**the northern part** 더 노던 파트
북적거리다	**crowded** 크라우딧 **thronged** 스렁드
북쪽	**the north** 더 노쓰
북한	**North Korea** 노쓰 코리어
분	**minute** 미닛
분간하다	**distinguish** 디스팅귀쉬
분노	**anger** 앵거 **rage** 레이지 **wrath** 레이쓰
분담(하다)	**share** 쉐어
분량	**quantity** 콴터티
분류(하다)	**classification** 클래서피케이션 **classify** 클래서파이
분리(하다)	**separation** 세퍼레이션 **separate** 세퍼레이트 쓰레기 분리수거 separating garbage collection
분만	**childbirth** 차일드버쓰
분명하다	**clear** 클리어 **plain** 플레인
분무기	**spray** 스프레이

분배(하다)	**distribution** 디스트리뷰션 **distribute** 디스트리뷰트
분비(하다)	**secretion** 시크리션 **secrete** 시크리트
분산(되다)	**dispersion** 디스퍼전 **scatter** 스캐터
분석(하다)	**analysis** 애널리시스 **analyze** 애널라이즈
분쇄하다	**smash** 스매쉬 **crush** 크러쉬
분수(噴水)	**fountain** 파운틴
분수(分數)	**fraction** 프랙션
분실(하다)	**loss** 로스 **lose** 루즈
분실물	**lost article** 로스트 아티클 분실물 취급소 lost-and-found
분야	**field** 필드 **line** 라인
분업	**division of labor** 디비전 어브 래이버
분열(되다)	**division** 디비전 **break up** 브레이크 업
분위기	**atmosphere** 앳모스피어
분재	**dwarf tree** 드워프 추리
분쟁	**dispute** 디스퓨트 **conflict** 컨플릭트
분지	**basin** 베이선
분출	**spouting** 스파우팅 **gushing** 거쉼
분투하다	**struggle** 스트러글 **strive** 스트라이브
분하다	**vexing** 벡싱 **annoying** 어노잉

분할(하다)	**division** 디비전 **divide** 디바이드
분해	**disjointing** 디스조인팅 **disassembly** 디서셈블리
불	**fire** 파이어 **flame** 플레임 **blaze** 블레이즈 불 켜다 put on the light
불가능한	**impossible** 임파서블
불가사의	**wonder** 원더 **mystery** 미스터리
불결한	**unclean** 언클린 **dirty** 더티
불경기	**depression** 디프레션
불고기	**roast meat** 로스트 미트
불공평	**partiality** 파셜리티
불교(신자)	**Buddhism** 부디즘 **Buddhist** 부디스트
불구하고	**in spite of** 인 스파이트 어브 **disregarding** 디스리가딩
불규칙하다	**irregular** 이레귤러
불균형	**unbalance** 언밸런스
불길한	**ominous** 아머너스 **unlucky** 언러키
불다	**blow** 블로우 **breathe out** 브리쓰 아웃
불도저	**bulldozer** 불도우저
불량배	**gangster** 갱스터 **hoodlum** 후드럼
불륜	**adultery** 어덜터리

불리	**disadvantage** 디스어드벤티지 **hanicap** 핸디캡
불만스러운	**dissatisfied** 디새티스파이드 **discontent** 디스컨텐트
불매운동	**boycott** 보이캇
불면증	**insomnia** 인삼니어
불명예	**disgrace** 디스그레이스 **dishonor** 디스아너
불모의	**barren** 배런 **sterile** 스테럴
불법적인	**illegal** 일리걸 **unlawful** 언로펄 **unjust** 언저스트
불변	**constancy** 컨스턴시
불사신	**immortal** 이모털
불상사	**misfortune** 미스포춘
불순(하다)	**impurity** 임퓨리티 **impure** 임퓨어
불신	**disbelief** 디스빌리프 **distrust** 디스추러스트
불쌍한	**pitiful** 피티펄 **poor** 푸어 **pitiable** 피티어블
불안	**uncertainty** 언서튼티 **uneasiness** 언이지니스
불안정	**instability** 인스터빌리티
불어나다	**increase** 인크리즈
불운	**bad luck** 배드 럭
불의(不義)	**injustice** 인저스티스
불이익	**disadvantage** 디서드벤티지

불일치	**discord** 디스코드 **disagreement** 디서그리먼트 언행 불일치 discordance between one's words and actions
불임증	**sterility** 스테릴리티
불충분한	**insufficient** 인서피션트
불쾌하다	**unpleasant** 언플레전트 **displeased** 디스플리즈드
불편	**inconvenience** 인컨비넌스
불평(하다)	**complaint** 컴플레인트 **complain** 컴플레인
불필요한	**unnecessary** 언네서세리 **needless** 니들리스
불합리한	**unreasonable** 언리즈너블 **absurd** 업서드
불행	**misfortune** 미스포춘 **unhappiness** 언해피니스
불화	**discord** 디스코드 **trouble** 추러블
불확실한	**uncertain** 언서튼
불황	**depression** 디프레션 **slump** 슬럼프
불효	**undutifulness** 언듀티펄니스
붐	**boom** 붐
붐비다	**be crowded** 비 크라우디드
붓다 [피부]	**become swollen** 비컴 스월런
붓다 [쏟다]	**pour** 포어
붕괴(되다)	**collapse** 컬렙스

붕대	**bandage** 밴디지
붕어	**crucian carp** 크루션 카프
붙다	**stick to** 스틱 투 **cling** 클링
붙이다	**stick** 스틱 **put on** 풋 온
붙임성	**sociability** 소셔빌러티 **affability** 애퍼빌러티
붙잡다	**catch** 캐취 **capture** 캡춰
뷔페	**buffet** 버페이
브래지어	**brassiere** 브러지어 **bra** 브라
브랜드	**brand** 브랜드
브레이크	**brake** 브레이크
브로치	**brooch** 브로우취
브로콜리	**broccoli** 브라컬리
블라우스	**blouse** 블라우스
블라인드	**blind** 블라인드
블랙리스트	**blacklist** 블랙리스트
블록	**block** 블럭
비 [청소]	**broom** 브룸
비	**rain** 레인
비겁한	**mean** 민 **foul** 파울 비겁한 수단 cowardly means

비결	**knack** 낵 **secret** 씨크리트
비공식의	**unofficial** 언오피셜 **informal** 인포멀
비관적인	**pessimistic** 페시미스틱
비교(하다)	**comparison** 컴패리슨 **compare** 컴페어
비굴한	**mean** 민 **servile** 서바일
비극	**tragedy** 트래저디
비기다	**tie** 타이 **draw** 드로
비난(하다)	**blame** 블레임 **criticize** 크리티사이즈
비뇨기과	**urology** 유럴러지
비누	**soap** 소우프
비늘	**scale** 스케일
비닐	**vinyl** 바이늘 비닐봉지 poly bag
비다	**empty** 엠프티 **vacant** 베이컨트
비단	**silk** 실크
비둘기	**pigeon** 피전 **dove** 더브 [집비둘기]
비등(하다)	**boil** 보일
비례	**proportion** 프러포션
비록	**even if** 이븐 이프 **though** 도우
비료	**fertilizer** 퍼틸라이저 **manure** 머뉴어

비린내 나다	**fishy** 피쉬
비만	**fatness** 팻니스 **obesity** 오우비서티
비명(지르다)	**scream** 스크림 **shriek** 쉬리크
비밀	**secret** 씨크리트 **secrecy** 시크러시 비밀을 지키다 [폭로하다] keep [disclose] a secret
비밀번호	**code number** 코드 넘버
비번	**off duty** 오프 듀티
비범한	**unusual** 언유주얼 **exceptional** 익셉셔널
비법	**secret method** 씨크릿 메서드
비비다	**rub** 럽 **massage** 머사지
비상(非常)	**unusualness** 언유주얼니스 **emergency** 이머전시
비상구	**emergency exit** 이머전시 엑시트
비서	**secretary** 쎄크러터리
비수기	**off-season** 오프시즌
비슷하다	**similar** 씨밀러 **alike** 얼라이크
비싼	**expensive** 익스펜시브 **dear** 디어
비약(하다)	**leap** 리프 **jump** 점프
비열하다	**unfair** 언페어 **mean** 민
비염	**nasal inflammation** 내이설 인플래메이션
비옥	**fertility** 퍼틸리티

비용	**expense** 익스펜스 **cost** 코스트
빈	**empty** 엠프티
비웃다	**laugh at** 래프앳 **ridicule** 리디큘
비위	**taste** 테이스트 **palate** 팰럿 **temper** 템퍼 비위가 좋다 have a nerve
비율	**rate** 레이트 **ratio** 래이티오
비자	**visa** 비저
비장한	**pathetic** 퍼세틱 **grievous** 그리버스
비전	**vision** 비전
비좁다	**narrow** 내로우
비준(하다)	**ratification** 래티피케이션 **ratify** 래티파이
비즈니스	**business** 비즈니스
비참한	**wretched** 레취드 **miserable** 미저러블
비추다	**light** 라이트 **illuminate** 일루미네이트
비치다	**shine** 샤인 **be reflected** 비 리플렉티드
비키니	**bikini** 비키니
비타민	**vitamin** 바이터민
비탈길	**slope** 슬로우프 **hill** 힐
비틀거리다	**stagger** 스태거
비틀다	**twist** 트위스트 **turn** 턴

비판(하다)	**criticism** 크리티시즘 **criticize** 크리티사이즈
비프스테이크	**beefsteak** 비프스테익
비행(飛行)	**flight** 플라이트 **flying** 플라잉
비행(非行)	**misdeed** 미스디드 **wrongdoing** 렁두잉
비행기	**airplane** 에어플레인 **plane** 플레인
비화	**secret story** 씨크릿 스토리
빈곤	**poverty** 퍼버티 **indigence** 인디전스
빈도	**frequency** 프리퀀시
빈둥거리다	**be lazy** 비 레이지
빈말	**empty talk** 엠프티 토크
빈민가	**slums** 슬럼즈
빈 방	**vacant room** 베이컨트 룸
빈번한	**frequent** 프리퀀트
빈혈	**anemia** 어니미어
빌다	**pray** 프레이 [기원] **wish** 위시 [소원] **beg** 벡 [구걸]
빌딩	**building** 빌딩
빌려주다	**lend** 렌드
빗	**comb** 콤
빗방울	**raindrop** 레인드랍
빚	**debt** 데트 **loan** 론 빚을 청산하다 clear one's debt

빚쟁이	**debt collector** 데트 컬렉터
빛	**light** 라이트 **lamp** 램프
빛나다	**shine** 샤인 **flash** 플래쉬
빠뜨리다	**drop in** 드랍 인 **entrap** 인추랩 **omit** 오밋
빠르다	**quick** 퀵 **swift** 스위프트 **fast** 패스트
빠지다	**fall into** 폴 인투 **indulge oneself in** 인덜지 원셀프 인
빨강	**red** 레드
빨다	**suck** 석 **absorb** 앱서브
빨리	**quickly** 퀵클리 **promptly** 프럼틀리
빵(집)	**bread** 브레드 **bakery** 베이커리
빼다	**take out** 테익 아웃 **deduct from** 디덕트 프럼
빼앗기다	**have ... taken away** 해브 테이큰 어웨이
빼앗다	**take ... away** 테이크 어웨이 **rob** 랍
빼어나다	**excel** 액셀
뺄셈	**subtraction** 섭트랙션
뺨	**cheek** 칙
뻐근하다	**feel stiff** 필 스팁
뻐꾸기	**cuckoo** 쿠쿠
뻔뻔하다	**shameless** 쉐임리스 **impudent** 임푸던트
뻗다	**stretch** 스트레치 **extend** 익스텐드

뼈	**bone** 본
뽐내다	**be haughty** 비 호티 **give oneself airs** 기브 원셀프 에어즈
뽑다	**pull [draw] out** 풀 [드로] 아웃
뾰족한	**pointed** 포인티드
뿌리 깊은	**deep-rooted** 딥루티드
뿌리	**root** 루트 **origin** 어리진 뿌리를 내리다 take root
뿌리다	**sprinkle** 스프링클 **scatter** 스캐터
뿌리치다	**shake off** 쉐이크 오프
뿔	**horn** 혼
뿜다	**spout** 스파우트 **gush out** 거쉬 아웃
삐걱거리다	**creak** 크리크 **squeak** 스퀴크
삐다	**sprain** 스프레인 **wrench** 렌치
삐치다	**become sulky** 비컴 설키 **be cross** 비 크로스

| 영어 필수 단어 |

ㅅ

사각형	**four-cornered** 포코너드 **square** 스퀘어 [정사각형]
사거리	**crossroad** 크로스로즈
사건	**incident** 인시던트 **event** 이벤트 **case** 케이스
사격	**shooting** 슈팅 **firing** 파이어링 사격 연습을 하다 make a shooting practice
사고(事故)	**accident** 액시던트
사고(思考)	**thought** 쏘트 **thinking** 씽킹
사과	**apple** 애플
사과(하다)	**apology** 어팔러지 **apologize** 어팔러자이즈
사귀다	**keep company with** 킵 컴퍼니 위드
사기(士氣)	**morale** 모레일 **fighting spirit** 파이팅 스피리트
사기(詐欺)	**fraud** 프로드 **swindling** 스윈들링
사기꾼	**swindler** 스윈들러
사납다	**fierce** 피어스 **violent** 바이얼런트
사냥	**hunting** 헌팅 **shooting** 슈팅
사다	**buy** 바이 **purchase** 퍼처스

사다리	**ladder** 래더
사들이다	**stock** 스탁 **lay in** 레이인
사라지다	**vanish** 베니쉬 **disappear** 디스어피어
사람	**person** 퍼슨 **one** 원
사랑(하다)	**love** 러브 **fall in love with** 폴 인 러브 위드
사랑니	**wisdom tooth** 위즈덤 티쓰
사랑스러운	**lovely** 러블리 **beloved** 비러브드
사려 깊다	**thoughtful** 쏘트펄 **prudent** 프루던트
사령관	**commander** 커맨더
사례	**thanks** 쌩스 **remuneration** 리뮤너레이션
사로잡다	**catch alive** 캐취 얼라이브 **capture** 캡춰
사리(事理)	**reason** 리즌 **facts** 팩츠 사리에 맞다 stand to reason
사립	**private** 프라이빗
사마귀 [곤충]	**mantis** 맨티스
사막	**desert** 데저트
사망(하다)	**death** 데쓰 **die** 다이
사명	**mission** 미션
사무	**business** 비즈니스 **affair** 어페어
사무실	**office** 오피스
사무직원	**clerk** 클럭 **office worker** 오피스 워커

사물	**things** 씽즈 **matter** 매터
사방	**all directions** 올 디렉션즈
사복	**plain clothes** 플레인 클로씨즈
사본	**copy** 카피 **manuscript** 매뉴스크립
사상(思想)	**thought** 쏘트 **idea** 아이디어
사상(史上)	**in history** 인 히스토리 사상 최고의 기록 the highest record in history
사색(思索)	**contemplation** 컨템플레이션
사생활	**private life** 프라이빗 라이프
사소한	**trifling** 트라이플링 **trivial** 트라이비얼
사슴	**deer** 디어
사실	**fact** 팩 **truth** 추루쓰
사악하다	**wicked** 위키드 **vicious** 비시어스
사업	**enterprise** 엔터프라이즈
사업가	**entrepreneur** 앙트러프러너
사용(하다)	**use** 유즈 **make use of** 메익 유즈어브
사용료	**fee** 피
사용법	**how to use** 하우 투 유즈
사우나	**sauna** 소너
4월	**April** 에어프릴

사위	**son-in-law** 썬인로
사이 [관계]	**relations** 릴레이션스
사이 [공간적]	**space** 스페이스 **room** 룸
사이 [시간적]	**interval** 인터벌 남들이 노는 사이에 while the others are playing
사이다	**soda (pop)** 소우더 (팝)
사이비	**false** 폴스 **pretended** 프리텐디드
사이즈	**size** 사이즈
사이클	**cycle** 사이클
사인(하다)	**signature** 식너춰 **sign one's name** 사인 원스 네임
사임(하다)	**resignation** 레직네이션 **resign** 리자인
사장	**president** 프레이지던트
사적인	**private** 프라이빗 **personal** 퍼스널
사전(事前)	**in advance** 인 어드밴스 **before the fact** 비포 더 팩 사전협의 prior consultation
사전	**dictionary** 딕셔느리
사정	**circumstances** 서컴스턴시즈
사죄(하다)	**apology** 어팔러지 **apologize** 어팔러자이즈
사진	**photograph** 포토그랩

ㅅ

사진가	**photographer** 포토그래퍼
사촌형제	**cousin** 커즌
사춘기	**adolescence** 애덜레슨스 **puberty** 퓨버티
사치	**luxury** 럭셔리 **extravagance** 익스트레버건스
사치스럽다	**luxurious** 럭셔리어스
사태(事態)	**situation** 시추에이션
사퇴(하다)	**resignation** 레직네이션 **decline** 디클라인
사투리	**accent** 액센트 **dialect** 다이얼렉트
사파이어	**sapphire** 사파이어
사항	**matter** 매터 **item** 아이텀
사형	**capital punishment** 캐피털 퍼니쉬먼트
사회	**society** 소사이어티 **the world** 더 월드 사회적 지위 social position
사회성	**sociality** 소셜리티
사회자	**emcee** 엠씨 **chairperson** 체어퍼슨
사회주의	**socialism** 소셜리즘
삭제(하다)	**deletion** 딜리션 **delete** 딜리트
산(酸)	**acid** 애시드
산(山)	**mountain** 마운틴
산골짜기	**valley** 벨리

산뜻한	**neat** 니트 **plain** 플레인
산림	**mountain forest** 마운틴 포리스트
산만한	**loose** 루스
산맥	**mountain range** 마운틴 레인지
산보(하다)	**walk** 워크 **take a walk** 테이커 워크
산부인과	**obstetrics and gynecology** 업스테트릭스 앤 가이니칼러지
산불	**forest fire** 포리스트 파이어
산성	**acidity** 애시디티
산소마스크	**oxygen mask** 악시전 마스크
산수	**arithmetic** 어리스메틱
산악지대	**mountainous region** 마운티녀스 리전
산업	**industry** 인더스트리 산업혁명 the Industrial Revolution
산출(하다)	**calculation** 컬큘레이션 **compute** 컴퓨트
산타클로스	**Santa Claus** 샌터 클로스
산호	**coral** 코럴
산화(되다)	**oxidation** 악서데이션 **oxidize** 악서다이즈
살	**flesh** 플레쉬
살구	**apricot** 에이프리캇
살균(하다)	**sterilization** 스테럴리제이션 **sterilize** 스테럴라이즈

ㅅ

살그머니	**quietly** 콰이어틀리 **softly** 소프틀리
살다	**live** 리브 **exist** 익지스트
살림	**living** 리빙 **household** 하우스홀드
살아나다	**revive** 리바이브 **survive** 서바이브
살인	**homicide** 하머사이드 **murder** 머더
살인자	**murderer** 머더러
살찌다	**get fat** 겟팻 **fatten** 패튼
살충제	**insecticide** 인섹터사이드
삶	**life** 라이프 **living** 리빙
삶다	**boil** 보일
삼가다	**refrain** 리프레인 **abstain** 앱스테인
삼각형	**triangle** 트라이앵글 삼각관계 love triangle
삼나무	**cedar** 씨더
3월	**March** 마치
삼중	**threefold** 쓰리폴드 **triple** 트리플
삼촌	**uncle** 엉클
삼키다	**swallow** 스왈로우 **gulp** 걸프
삽	**shovel** 셔블
삽입(하다)	**insertion** 인서션 **insert** 인서트

삽화(揷畵)	**illustration** 일러스트레이션
상(賞)	**prize** 프라이즈 **reward** 리워드
상가	**shopping street** 샤핑 스트릿
상관관계	**correlation** 코럴레이션
상관없다	**have no connection** 해브 노우 커넥션
상급	**high rank** 하이랭크
상기되다	**flush** 플러쉬 **blush** 블러쉬
상냥하다	**gentle** 젠틀 **tender** 텐더 **amiable** 에이미어블
상담(하다)	**consultation** 컨설테이션 **consult with** 컨설트 위드
상당한	**considerable** 컨시더러블 **fair** 페어
상대방	**the other side (party)** 디 아더 사이드(파티)
상대적인	**relative** 렐러티브
상대하다	**face each other** 페이스 이치 아더
상류	**the upper stream** 디 어퍼 스트림 상류계층 the higher classes
상륙	**landing** 랜딩
상복(喪服)	**mourning dress** 모어닝 드레스
상봉	**meeting each other** 미팅 이치 아더
상사(上司)	**superior** 수피리어 **boss** 보스
상상	**imagination** 이매지네이션 **fancy** 팬시

상세한	**detailed** 디테일드
상속	**inheritance** 인헤리턴스
상속인	**heir** 에어 [남자] **heiress** 에어리스 [여자]
상속하다	**inherit** 인헤릿
상쇄(하다)	**offset** 옵셋 **set off** 셋 오프
상습적	**habitual** 허비추얼
상승	**rise** 라이즈 **ascent** 어센트
상승하다	**rise** 라이즈 **ascend** 어센드 **go up** 고우 업
상식	**common knowledge** 커먼 날리지
상실	**loss** 로스
상아	**ivory** 아이보리
상어	**shark** 샤크
상업	**commerce** 커머스 **trade** 추레이드
상인	**dealer** 딜러 **merchant** 머천트
상자	**box** 박스 **case** 케이스
상장(賞狀)	**certificate of merit** 서티피케이트 어브 메릿
상장주(上場株)	**listed stock** 리스티드 스탁 증시에 상장시키다 list on the stock exchange
상점	**store** 스토어 **shop** 샵
상중하	**good, fair and poor** 굿 페어 앤 푸어

상징(하다)	**symbol** 심벌 **symbolize** 심벌라이즈
상책	**the best policy** 더 베스트 팔러시
상처	**wound** 운드 **injury** 인저리
상쾌하다	**refreshing** 리프레싱 **fresh** 프레쉬
상태	**condition** 컨디션 **state** 스테이트
상표	**trademark** 트레이드마크 **brand** 브랜드
상품	**commodity** 카머더티 **goods** 굿즈
상호	**mutuality** 머추얼리티
새	**bird** 버드
새다	**leak** 리크 **run out** 런 아웃
새롭게 하다	**renew** 리뉴 **revise** 리바이즈
새롭다	**new** 뉴 **fresh** 프레쉬
새벽	**dawn** 돈 **daybreak** 데이브레이크
새우	**shrimp** 쉬림프 **prawn** 프론
새치기하다	**cut in** 컷 인
새해	**the New Year** 더 뉴 이어
색	**color** 컬러
색다른	**unusual** 언유주얼 **curious** 큐리어스
색맹	**color blindness** 컬러 블라인드니스
색안경	**colored spectacles** 컬러드 스펙터클즈 색안경 쓰고 보다 look on with a prejudiced eye

샌드위치	**sandwich** 샌드위치
샌들	**sandal** 샌들
샐러드	**salad** 샐러즈
샐러리맨	**office worker** 오피스 워커
샘	**spring** 스프링 **fountain** 파운틴
샘플	**sample** 샘플
생각	**thought** 쏘트 **intention** 인텐션
생각하다	**think** 씽크 **suppose** 서포우즈
생강	**ginger** 진저
생기	**vitality** 바이털리티 **animation** 애니메이션
생기다	**happen** 해픈 **take place** 테이크 플레이스
생년월일	**the date of birth** 더 데이트 어브 버쓰
생략	**omission** 오미션 **abridgment** 어브리쥐먼트
생리	**physiology** 피지올러지 **menses** 멘시즈
생리대	**sanitary napkin** 새니터리 냅킨
생맥주	**draft beer** 드래프트 비어
생명	**life** 라이프 생명보험 life insurance
생물	**living thing** 리빙 씽 **life** 라이프
생방송	**live broadcast** 라이브 브로드캐스팅
생사	**life and death** 라이프 앤 데쓰

생산	**production** 프러덕션 **manufacture** 매뉴팩춰
생생하다	**fresh** 프레쉬 **vivid** 비비드
생선(구이)	**fish** 피쉬 **grilled fish** 그릴드 피쉬
생식기	**sexual organs** 섹슈얼 오건즈
생애	**lifetime** 라이프타임
생일	**birthday** 버쓰데이
생존	**existence** 익지스턴스
생활	**life** 라이프 **living** 리빙
생활하다	**live** 리브 **make a living** 메이커 리빙
샤워	**shower** 샤워
샤프펜슬	**mechanical pencil** 메커니컬 펜슬
샴페인	**champagne** 샘페인
샴푸	**shampoo** 샘푸
서기	**the Christian Era** 더 크리스천 이어러
서늘하다	**cool** 쿨 **chilled** 췰드
서다	**stand** 스탠드 **stop** 스탑
서두르다	**hurry** 허리 **hasten** 해이슨
서랍	**drawer** 드로어
서로	**each other** 이치 아더
서론	**introduction** 인추러덕션

서류	**documents** 다큐먼츠 **papers** 페이퍼즈
서리	**frost** 프로스트
서명(하다)	**signature** 식너춰 **sign** 사인 서명 운동 signature-collecting campaign
서문	**preface** 프레피스
서민	**commoner** 커머너
서바이벌게임	**survival game** 서바이벌 게임
서버	**server** 서버
서비스	**service** 서비스
서서히	**gradually** 그래주얼리
서식	**form** 폼 **format** 포맷
서약(하다)	**oath** 오우쓰 **pledge** 플레지 **swear** 스웨어
서양	**the West** 더 웨스트 **the Occident** 디 억시던트
서운하다	**sorry** 소리 **regrettable** 리그레터블
서자	**child by a concubine** 차일드 바이 어 컨큐바인
서점	**bookstore** 북스토어
서쪽	**the west** 더 웨스트
서커스	**circus** 서커스
서투르다	**unskillful** 언스킬펄 **clumsy** 클럼지 **poor** 푸어 글씨가 서투르다 write a poor hand

서평	**book review** 북 리뷰
서핑	**surfing** 서핑
석고	**gypsum** 집섬 **plaster** 플래스터
석방(하다)	**release** 릴리스
석양	**the setting sun** 더 쎄팅 썬
석유	**petroleum** 페트로리움 **oil** 오일
석탄	**coal** 코울
섞다	**mix** 믹스 **blend** 블렌드
선	**line** 라인 **route** 루트
선거(하다)	**election** 일렉션 **elect** 일렉트
선고(하다)	**sentence** 센텐스
선구자	**pioneer** 파이어니어
선글라스	**sunglasses** 선글래시즈
선동(하다)	**agitation** 애지테이션 **agitate** 애지테이트 **incite** 인사이트
선두	**the front** 더 프런트 **the head** 더 헤드
선량한	**good** 굿 **virtuous** 버추어스
선망(하다)	**envy** 엔비 학생들에게 선망의 대상이 되다 become the envy of the students
선명한	**distinct** 디스팅트 **vivid** 비비드

선물	**present** 프레즌트 **gift** 기프트
선박	**vessel** 베설 **ship** 쉽
선반	**shelf** 셸프 **rack** 랙
선발(하다)	**selection** 셀렉션 **choice** 초이스 **select** 셀렉트
선배	**senior** 시니어 **elder** 엘더
선불	**advance payment** 어드밴스 페이먼트
선생	**teacher** 티처 **instructor** 인스트럭터
선서(하다)	**oath** 오우쓰 **take an oath** 테이컨 오우쓰
선수	**athlete** 어슬리트 **player** 플레이어
선실	**cabin** 캐빈
선악	**good and evil** 굿 앤 이블
선언	**declaration** 데클러레이션
선원	**crew** 크루 **seaman** 씨맨
선인장	**cactus** 캑터스
선입견	**prejudice** 프레주디스
선장	**captain** 캡틴
선전(하다)	**advertisement** 어드버타이즈먼트 **advertise** 어드버타이즈
선진국	**advanced country** 어드밴스드 컨추리
선택	**choice** 초이스 **selection** 셀렉션

선택하다	**choose** 추즈 **select** 셀렉트
선풍기	**electric fan** 일렉트릭 팬
설계(하다)	**plan** 플랜 **design** 디자인
설계자	**designer** 디자이너
설교(하다)	**sermon** 서먼 **preach** 프리치
설득하다	**persuade** 퍼수에이드
설레다	**be restless** 비 레스틀리스
설립(하다)	**establishment** 이스태블리쉬먼트 **establish** 이스태블리쉬
설마	**surely not!** 슈얼리 낫 **Impossible!** 임파서블
설명(하다)	**explanation** 익스플레네이션 **explain** 익스플레인
설비	**equipment** 이큅먼트 **facilities** 퍼실리티즈 공장에 기계를 설비하다 equip a factory with machinery
설사(하다)	**diarrhea** 다이어리어 **have diarrhea** 해브 다이어리어
설치하다	**place** 플레이스 **lay** 레이 **set** 셋
설탕	**sugar** 슈거
섬	**island** 아일랜드
섬뜩하다	**frightened** 프라이튼드 **horrified** 하러파이드
섬세한	**delicate** 델리킷 **fine** 파인

섬유	**fiber** 파이버
섭씨	**Centigrade** 센티그레이드
섭취(하다)	**intake** 인테이크 **take in** 테이크 인
성(性)	**sex** 섹스
성(姓)	**family name** 패밀리 네임 **surname** 서네임
성(城)	**castle** 캐슬
성격	**character** 캐릭터 **personality** 퍼스낼리티 성격 차이 difference of character
성경	**the Bible** 더 바이블
성공(하다)	**success** 석세스 **succeed** 석시드
성급하다	**impatient** 임페이션트 **quick-tempered** 퀵템퍼드
성능	**capacity** 커패서티 **efficiency** 이피션시
성대한	**prosperous** 프라스퍼러스 **grand** 그랜드
성립	**formation** 포메이션 **realization** 리얼라이제이션
성립하다	**materialize** 머티리얼라이즈 **be formed** 비 폼드
성명	**name** 네임
성병	**sexual disease** 섹수얼 디지즈
성분	**ingredient** 인그리디언트 **component** 컴포우넌트
성숙	**ripeness** 라이프니스 **maturity** 머춰리티
성실한	**sincere** 씬시어 **honest** 아니스트

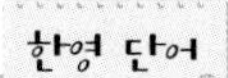

성욕	**sexual desire** 섹수얼 디자이어
성원(하다)	**encouragement** 인커리지먼트 **cheer** 치어
성의	**sincerity** 씬시어리티
성인	**adult** 어덜트 **grown-up** 그로운업
성장(하다)	**growth** 그로우쓰 **grow** 그로우
성적	**result** 리절트 **record** 리코드
성질	**nature** 네이추어 **disposition** 디스포지션
성취	**achievement** 어취브먼트 **accomplishment** 어캄플리쉬먼트
성형수술	**plastic surgery** 플래스틱 서저리
성희롱	**sexual harassment** 섹수얼 해러스먼트
세계	**the world** 더 월드 **the globe** 더 글로우브 세계지도 world atlas
세계적인	**worldwide** 월드와이드
세관	**the customs** 더 커스텀즈
세균	**bacteria** 백터리어 **germ** 점
세금	**tax** 텍스
세기	**century** 센추리
세뇌	**brainwashing** 브레인와싱
세다	**count** 카운트 **calculate** 컬큘레이트
세대(世代)	**generation** 제너레이션 세대차이 generation gap

세대(世帶)	**household** 하우스홀드 **family** 패밀리
세력	**influence** 인플루언스 **power** 파워
세련(된)	**refinement** 리파인먼트 **refined** 리파인드
세로	**length** 렝쓰
세면대	**washbasin** 와쉬베이선
세무서	**tax office** 택스 오피스
세미나	**seminar** 세미나
세부사항	**particulars** 파티큘러즈
세상	**the world** 더 월드 **society** 소사이어티
세속적	**worldly** 월드리
세수하다	**have a wash** 해버 와쉬
세심한	**careful** 캐어펄 **prudent** 프루던트
세우다	**make stand** 메이크 스탠드 **build** 빌드
세월	**time** 타임 **years** 이어즈 세월은 쏜살같이 흐른다. Time flies.
세일	**sale** 세일
세제	**detergent** 디터전트 **cleanser** 클렌저
세주다	**hire out** 하이어 아웃 **lease** 리스
세탁(하다)	**wash** 와쉬 **laundry** 론드리 **launder** 론더
세탁기	**washing machine** 와싱 머신

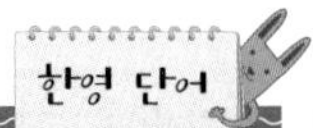

세포	**cell** 셀
센서	**sensor** 센서
센스	**sense** 센스
센티미터	**centimeter** 센티미터
셀프서비스	**self-service** 셀프서비스
셈	**calculation** 컬큘레이션
셋집	**house for rent** 하우스 포 렌트
셔츠	**shirt** 셔트
소	**cow** 카우 [암소] **bull** 불 [황소]
소개(하다)	**introduction** 인추러덕션 **introduce** 인추러듀스
소극적인	**passive** 패시브
소금	**salt** 솔트
소나기	**shower** 샤워 소나기를 만나다 be caught in a shower
소나무	**pine** 파인
소녀	**girl** 걸 **maiden** 메이든
소년	**boy** 보이 **lad** 래드
소독	**disinfection** 디스인펙션
소독약	**disinfectant** 디스인펙턴트
소동	**disturbance** 디스터번스 **confusion** 컨퓨전

소득	**income** 인컴
소리	**noise** 노이즈 **sound** 사운드
소매	**sleeve** 슬리브
소매치기	**pickpocket** 픽파킷
소멸	**extinction** 익스팅션
소모(하다)	**consumption** 컨섬션 **consume** 컨숨
소모품	**consumption article** 컨섬션 아티클
소문	**rumor** 루머
소박한	**simple** 심플 **artless** 아틀리스
소변	**urine** 유어린
소비(하다)	**consumption** 컨섬션 **consume** 컨숨
소비자	**consumer** 컨수머
소설	**novel** 노우블
소설가	**novelist** 노우벌리스트
소속	**one's position** 원스 퍼지션
소송	**lawsuit** 로수트 **suit** 수트 그에게 소송을 제기하다 file a suit against him
소수	**small number** 스몰 넘버 **minority** 마이너리티
소스	**sauce** 소스
소시지	**sausage** 소시지

소식	**news** 뉴즈 **information** 인포메이션
소아과	**pediatrics** 피디어트릭스
소용돌이	**whirlpool** 월풀
소용없다	**be useless** 비 유즐리스 **be no use** 비 노우 유즈
소원	**wish** 위쉬 **desire** 디자이어
소유(하다)	**possession** 퍼제션 **have** 해브
소유권	**ownership** 오우너쉽
소유자	**owner** 오우너 **proprietor** 프러프라이어터
소음	**noise** 노이즈
소중히	**carefully** 케어펄리 **with care** 위드 케어
소지품	**belongings** 빌롱잉즈
소질	**nature** 네이추어 **character** 캐릭터
소집(하다)	**summon** 서먼 **convene** 컨빈 **call** 콜
소총	**rifle** 라이플
소파	**sofa** 소우퍼
소포	**package** 패키지 **parcel** 파슬
소풍	**excursion** 익스커전
소프트웨어	**software** 소프트웨어
소형의	**small** 스몰 **compact** 컴팩트
소홀히 하다	**neglect** 니글렉트

소화(消火)	**fire fighting** 파이어 파이팅
소화(하다)	**digestion** 다이제스천 **digest** 다이제스트
소화기	**extinguisher** 익스팅귀셔
소화불량	**indigestion** 인디제스천
속	**the inside** 디 인사이드 **the interior** 디 인테리어
속눈썹	**eyelashes** 아일래쉬즈
속다	**get deceived (cheated)** 겟 디시브드(취티드) 감쪽같이 속다 be nicely taken in
속담	**proverb** 프라버브
속도	**speed** 스피드 **velocity** 벌라서티
속도계	**speedometer** 스피도미터
속도제한	**speed limit** 스피드 리미트
속물(근성)	**snob** 스놉 **snobbery** 스노버리
속박	**restraint** 리스트레인트 **restriction** 리스트릭션
속삭이다	**whisper** 위스퍼
속셈	**intention** 인텐션
속어	**slang** 슬랭
속옷	**underwear** 언더웨어
속이다	**cheat** 치트 **swindle** 스윈들
속임수	**trick** 트릭 **deception** 디셉션

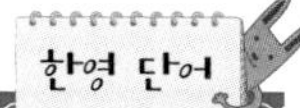

속죄	**atonement** 어토운먼트
속하다	**belong to** 빌롱 투
손	**hand** 핸드 손 하나 까딱 안하다 do not lift a hand
손가락	**finger** 핑거
손금	**the lines of the palm** 더 라인즈 어브 더 팜
손녀	**granddaughter** 그랜도터
손님	**guest** 게스트
손등	**the back of the hand** 더 백 어브 더 핸드
손목	**wrist** 리스트
손목시계	**watch** 워치
손바닥	**palm** 팜
손뼉 치다	**clap hands** 클랩 핸즈
손상	**damage** 대미지 **injury** 인저리
손수건	**handkerchief** 행커칩
손쉬운	**easy** 이지 **light** 라잇
손자	**grandson** 그랜드썬
손잡이	**handle** 핸들 **knob** 놉
손짓	**hand gesture** 핸드 제스춰
손톱	**finger nail** 핑거 네일 **claw** 클로 [짐승의]

ㄱ ㄴ ㄷ ㄹ ㅁ ㅂ ㅅ ㅇ ㅈ ㅊ ㅋ ㅌ ㅍ ㅎ

손톱깎이	**nail clipper** 네일클리퍼
손해	**damage** 데미지
솔	**brush** 브러쉬
솔로	**solo** 솔로우
솔직하다	**frank** 프랭크 **straight** 스트레이트 **candid** 캔디드 솔직히 말하자면 to be frank with you
솜	**cotton** 카튼
솜씨	**ability** 어빌리티 **skill** 스킬
솟다	**gush** 거쉬 **flow** 플로우
송곳	**drill** 드릴 **gimlet** 김릿
송곳니	**fang** 팽 **tusk** 터스크
송금	**remittance** 리미턴스
송별	**farewell** 페어웰 **send-off** 센드오프
송아지	**calf** 캐프
송진	**pine resin** 파인 레이진
솥	**iron pot** 아이언 팟
쇄도(하다)	**rush** 러쉬
쇠	**iron** 아이언
쇠고기	**beef** 비프

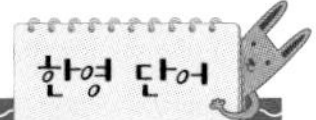

쇠사슬	**chain** 체인
쇠약해지다	**grow weak** 그로우 위크
쇠퇴하다	**decline** 디클라인 **fall** 폴
쇼핑	**shopping** 샤핑
수	**number** 넘버 **figure** 피겨
수갑	**handcuff** 핸드컵
수건	**hand towel** 핸드 타월
수고	**pains** 페인 **trouble** 트러블
수난	**ordeal** 오딜 **suffering** 서퍼링
수녀	**nun** 넌 **sister** 시스터
수다 떨다	**chat** 챗 **chatter** 채터
수단	**means** 민즈 **way** 웨이 마지막 수단으로써 as a last resort
수당	**allowance** 얼라우언스
수도(首都)	**capital** 캐피털 **metropolis** 메트러펄리스
수도(水道)	**water service** 워터 서비스
수도꼭지	**faucet** 포싯 **tap** 탭
수동적인	**passive** 패시브
수렁	**quagmire** 쾍마이어
수면	**sleep** 슬립

수류탄	**hand grenade** 핸드 그러네이드
수리하다	**repair** 리페어 **mend** 멘드
수면(제)	**sleep** 슬립 **sleeping drug** 슬리핑 드럭
수박	**watermelon** 워터멜런
수분	**water** 워터 **moisture** 모이스춰
수비(하다)	**defense** 디펜스
수사(하다)	**investigation** 인베스티게이션 **search** 서치
수산물	**marine products** 머린 프러덕츠
수상(受賞)하다	**win a prize** 윈어 프라이즈
수소	**hydrogen** 하이드로진
수속	**process** 프라세스 **procedure** 프러시줘
수송(하다)	**transportation** 트랜스포테이션 **transport** 트랜스포트
수수께끼	**riddle** 리들 **mystery** 미스터리 수수께끼의 사나이 a man of mystery
수수료	**commission** 커미션
수수한	**plain** 플레인
수술(하다)	**operation** 아퍼레이션 **operate** 아퍼레이트
수습하다	**manage** 매니지 **bring under control** 브링 언더 컨트롤
수업	**teaching** 티칭 **lesson** 레슨

수업료	**tuition** 튜이션
수염	**mustache** 머스태쉬(콧수염) **beard** 비어드(턱수염)
수영(하다)	**swimming** 스위밍 **swim** 스윔
수영복	**swimming suit** 스위밍 수트
수요	**demand** 디맨드
수요일	**Wednesday** 웬즈데이
수은	**mercury** 머큐리
수의사	**veterinarian** 베터러네어리언
수익	**profits** 프라핏츠 **gains** 게인즈
수입	**income** 인컴
수입(하다)	**importation** 임포테이션 **import** 임포트
수정	**crystal** 크리스털
수정(하다)	**amend** 어멘드 **revise** 리바이즈
수족관	**aquarium** 애쿼리엄
수준	**level** 레벌 **standard** 스탠다드
수줍어하는	**shy** 샤이 **bashful** 배쉬펄
수증기	**steam** 스팀 **vapor** 베이퍼
수지	**income and outgo** 인컴 앤 아웃고우 수지맞는 장사 a profitable business
수직의	**vertical** 버티컬

수질	**water quality** 워터 퀄리티
수집(하다)	**collection** 컬렉션 **collect** 컬렉트
수첩	**pocketbook** 파킷북
수축(되다)	**contraction** 컨트랙션 **contract** 컨트랙트
수출(하다)	**export** 엑스포트
수치	**shame** 쉐임 **humiliation** 휴밀리에이션
수컷	**male** 메일
수평	**level** 레벌
수평선	**horizon** 허라이즌
수표	**check** 체크
수프	**soup** 숩
수필	**essay** 에세이
수학	**mathematics** 매스매틱스
수행(隨行)	**accompaniment** 어컴퍼니먼트 대통령을 수행하여 in attendance upon the president
수행(遂行)	**execution** 엑서큐션
수혈	**blood transfusion** 블럿 트랜스퓨전
수화(手話)	**sign language** 사인 랭귀지
수확	**harvest** 하비스트
숙박(하다)	**lodging** 라징 **lodge** 라지

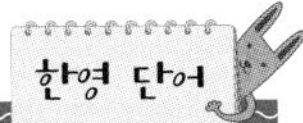

숙박료	**hotel charges** 호우텔 차지즈
숙소	**hotel** 호우텔 **inn** 인
숙어	**idiom** 이디엄 **phrase** 프레이즈
숙제	**homework** 홈워크
순간	**instant** 인스턴트 **moment** 모우먼트
순결	**purity** 퓨리티 **chastity** 채스터티
순서	**order** 오더 **turn** 턴
순수성	**purity** 퓨리티
순수한	**pure** 퓨어 **genuine** 제뉴인
순위	**grade** 그레이드 **ranking** 랭킹
순이익	**net profit** 넷 프라핏
순조롭다	**smooth** 스무쓰 **favorable** 페이버러블
순진한	**naive** 나이브 **innocent** 이너슨트
순환	**circulation** 서큘레이션 **rotation** 로우테이션
숟가락	**spoon** 스푼
술	**alcohol** 앨커홀 술을 마시며 이야기하다 talk over a bottle
술 취하다	**get drunk** 겟 드렁크
술집	**tavern** 태번 **bar** 바
숨	**breath** 브레스

숨기다	**hide** 하이드 **conceal** 컨실
숫자	**figure** 피겨 **numeral** 뉴머럴
숭고	**sublimity** 서블리머티 **loftiness** 로프티니스
숭배(하다)	**adoration** 어도어레이션 **worship** 워쉽
숯	**charcoal** 차코울
숯불구이	**charbroiled** 차브로일드
숲	**forest** 포리스트 **woods** 우즈
쉬다 [목소리]	**get hoarse** 겟 호어스
쉬다 [휴식]	**take a rest** 테이커 레스트
쉽다	**easy** 이지 **plain** 플레인
슈퍼마켓	**supermarket** 수퍼마킷
슛	**shot** 샷
스노보드	**snowboard** 스노우보드
스릴	**thrill** 드릴
스며들다	**penetrate** 페너트레이트
스스로	**for oneself** 포 원셀프 **spontaneously** 스판테이녀슬리 스스로 결정하다 decide for oneself
스웨터	**sweater** 스웨터
스위치	**switch** 스위치
스카우트(하다)	**scout** 스카웃

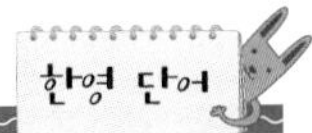

스카치테이프	**Scotch tape** 스카치 테이프
스카프	**scarf** 스카프
스캔들	**scandal** 스캔들
스커트	**skirt** 스커트
스케이트	**skating** 스케이팅
스케일	**scale** 스케일
스케줄	**schedule** 스케줄
스코어	**score** 스코어
스쿠터	**scooter** 스쿠터
스크랩	**clipping** 클리핑
스키	**skiing** 스키잉 **ski** 스키
스킨십	**physical contact** 피지컬 컨택
스타	**star** 스타
스타일	**style** 스타일
스타킹	**stockings** 스타킹즈
스타트	**start** 스타트
스태프	**staff** 스탭
스토커	**stalker** 스토커
스톱	**stop** 스탑
스튜어디스	**flight attendant** 플라이트 어텐던트

스트라이크	**strike** 스트라이크
스트레스	**stress** 스트레스
스트레치	**stretch** 스트레취
스티커	**sticker** 스티커
스파게티	**spaghetti** 스퍼게티
스파이	**spy** 스파이 **secret agent** 씨크릿 에이전트
스펀지	**sponge** 스펀지
스페셜	**special** 스페셜
스페어	**spare** 스페어 **refill** 리필
스페인(어)	**Spain** 스페인 **Spanish** 스페니쉬
스펠링	**spelling** 스펠링
스포츠	**sports** 스포츠
스포츠맨	**sportsman** 스포츠먼 **athlete** 어슬리트
스프레이	**spray** 스프레이
스프링	**spring** 스프링
스피드	**speed** 스피드
스피커	**speaker** 스피커
슬기	**wisdom** 위즈덤 **sagacity** 서게이서티
슬라이스	**slice** 슬라이스
슬럼프	**slump** 슬럼프

슬로건	**slogan** 슬로건 **motto** 모토우
슬리퍼	**slippers** 슬리퍼즈
슬프다	**sad** 새드 **sorrowful** 소로우펄
슬픔	**sorrow** 소로우 **sadness** 새드니스
습격(하다)	**attack** 어택 **assault** 어솔트
습관	**habit** 해빗 **custom** 커스텀
습기	**moisture** 모이스춰
습도	**humidity** 휴미더티
승강장	**platform** 플랫폼
승객	**passenger** 패신저
승낙(하다)	**agreement** 어그리먼트 **consent** 컨센트
승리	**victory** 빅터리 **win** 윈 결정적인 승리 decisive victory
승무원	**crew member** 크루멤버
승부	**game** 게임 **match** 매치
승용차	**passenger car** 패신저 카
승인하다	**accept** 액셉트 **acknowledge** 액날리지
승진	**promotion** 프러모우션
승차하다	**board** 보드 **take** 테이크 **get in** 겟 인
시(詩)	**poetry** 포이트리 **poem** 포우임

ㅅ

시간표	**timetable** 타임테이블 **schedule** 스케줄
시계	**watch** 워치 **clock** 클럭
시골	**countryside** 컨추리사이드
시금치	**spinach** 스피니지
시급	**hourly wage** 아월리 웨이지
시기	**time** 타임 **season** 시즌
시끄럽다	**noisy** 노이지 **clamorous** 클래머러스
시나리오	**scenario** 시네리오 **screenplay** 스크린플레이
시내	**in the city** 인 더 시티
시다	**sour** 사워 **acid** 애시드
시달리다	**suffer from** 서퍼 프럼
시대	**time** 타임 **period** 피리어드 **era** 이어러
시도하다	**try** 추라이 **attempt** 어템트
시들다	**droop** 드룹 **wither** 위더
시력	**sight** 사이트 **vision** 비전 시력검사 eyesight test
시련	**trial** 추라이얼 **ordeal** 오딜
시리즈	**series** 시리즈
시멘트	**cement** 시멘트
시민	**citizen** 시티즌

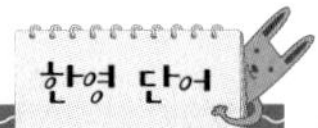

시선	**eyes** 아이즈 **glance** 글랜스
시설	**institution** 인스티튜션
시세	**the market price** 더 마킷 프라이스
시소	**seesaw** 시소
시속	**speed per hour** 스피드 퍼 아워
시스템	**system** 시스템
시아버지	**father-in-law** 파더인로
시어머니	**mother-in-law** 머더인로
시원하다	**cool** 쿨 **refresh** 리프레쉬
시월	**October** 악토버
시인	**poet** 포이트 **poetess** 포이티스 [여성]
시작	**beginning** 비기닝 **start** 스타트
시작하다	**begin** 비긴 **start** 스타트
시장	**market** 마킷 시장점유율 market share
시장(市長)	**mayor** 메이어
시차	**difference in time** 디퍼런스 인 타임
시청	**city hall** 시티 홀
시체	**dead body** 데드 바디 **corpse** 코옵스
시치미 떼다	**pretend not to know** 프리텐드 낫 투 노우

시키다	**make** 메이크 **let** 렛
시행착오	**trial and error** 추라이얼 앤 에러
시행하다	**put in operation** 풋 인 아퍼레이션
시험(하다)	**examination** 익제미네이션 **try** 추라이 **test** 테스트
식다	**cool down** 쿨 다운
식당	**dining room** 다이닝룸
식량	**food** 푸드 **provisions** 프러비전스
식료품점	**grocery** 그로서리
식물	**plant** 플랜트 **vegetation** 베지테이션
식빵	**bread** 브레드
식사	**meal** 밀 그녀에게 식사 대접을 하다 treat her to a meal
식성	**eating habits** 이팅 해비츠
식욕	**appetite** 애피타이트
식용	**for food** 포 푸드 **edible** 에더블
식초	**vinegar** 비니거
식칼	**kitchen knife** 키친 나이프
식히다	**cool** 쿨 **chill** 칠
신	**God** 갓

신경(쓰다)	**nerve** 너브 **care about** 케어러바웃 **mind** 마인드
신경질적인	**nervous** 너버스
신경통	**neuralgia** 뉴랠지어
신고	**report** 리포트 **notice** 노우티스
신기록	**new record** 뉴 리코드
신다	**put on** 풋 온 **wear** 웨어
신드롬	**syndrome** 신드롬
신랄하다	**severe** 씨비어 **biting** 바이팅
신랑	**bridegroom** 브라잇그룸
신뢰(하다)	**confidence** 칸퍼던스 **trust** 추러스트
신맛	**acidity** 애시더티
신문	**newspaper** 뉴즈페이퍼 **the press** 더 프레스
신발	**footwear** 풋웨어 **shoes** 슈즈
신부	**bride** 브라이드
신분	**social status** 소셜 스태이터스
신분증	**identity card** 아이덴터티 카드
신비	**mystery** 미스터리
신비로운	**mysterious** 미스티리어스
신빙성	**authenticity** 오센티서티

신사	**gentleman** 젠틀먼
신선하다	**fresh** 프레시
신세	**favor** 페이버 **trouble** 추러블
신세(身世)	**one's lot** 신세한탄을 하다 grieve about one's hard luck
신용카드	**credit card** 크레딧카드
신음하다	**groan** 그론 **moan** 모언
신인	**new face** 뉴 페이스
신장(腎臟)	**kidney** 키드니
신장(身長)	**stature** 스테추어
신중	**prudence** 프루던스 **discretion** 디스크리션
신청(하다)	**application** 어플리케이션 **apply for** 어플라이 포
신체	**body** 바디
신축성	**elasticity** 일레스티서티
신형	**new model** 뉴 마들
신호(하다)	**signal** 시그널 **sign** 사인
신호등	**signal lamp** 시그널 램프
신혼부부	**newlywed couple** 뉼리웨드 커플
신화	**myth** 미쓰 **mythology** 미쌀러지
싣다	**load** 로우드

실	**thread** 스레드
실격	**disqualification** 디스콸러피케이션
실내	**indoor** 인도어
실력	**ability** 어빌러티 수학 실력이 늘다 make progress in math
실례(失禮)	**rudeness** 루드니스
실리콘	**silicon** 실리컨
실망(하다)	**disappointment** 디스어포인트먼트 **be disappointed** 비 디스어포인티드
실수하다	**commit a blunder** 커미터 블런더
실습(하다)	**training** 추레이닝 **practice** 프렉티스
실시(하다)	**enforcement** 인포스먼트 **enforce** 인포스
실언	**a slip of the tongue** 어 슬립 어브 더 텅
실업	**unemployment** 언엠플로이먼트
실업자	**unemployed** 언엠플로이드
실외	**outdoor** 아웃도어
실용적인	**practical** 프렉티컬
실제	**fact** 팩트 **reality** 리얼리티
실존(하다)	**existence** 익지스턴스 **exist** 익지스트
실종	**missing** 미씽 **disappearance** 디서피어런스

실천(하다)	**practice** 프렉티스
실패(하다)	**failure** 페일류어 **fail in** 페일 인
실행(하다)	**practice** 프렉티스 **carry out** 캐리 아웃
실험	**experiment** 익스페리먼트
실현(하다)	**realization** 리얼리제이션 **realize** 리얼라이즈
싫어하다	**dislike** 디스라이크 **hate** 헤잇
싫증나다	**be tired of** 비 타이어드 어브
심각하다	**serious** 시어리어스 **grave** 그레이브
심다	**plant** 플랜트 **sow** 소우
심리	**mentality** 멘털리티 **mind** 마인드
심부름	**errand** 에런드 그를 심부름 보내다 send him on an errand
심사(하다)	**examination** 익제민네이션 **examine** 익제민
심술궂은	**ill-natured** 일네이춰드 **nasty** 네스티
심야	**midnight** 미드나잇
심장	**heart** 하트
심장마비	**heart failure** 하트 페일류어
심하다	**intense** 인텐스 **terrible** 테러블
심호흡	**deep breathing** 딥 브리씽
십대	**teens** 틴즈

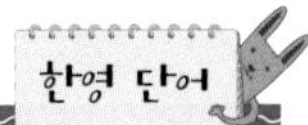

십이월	**December** 디셈버
십일월	**November** 노벰버
십자가	**cross** 크로스
싱크대	**sink** 싱크
싸다	**cheap** 칩 **inexpensive** 인익스펜시브
싸우다	**quarrel** 쿼럴 **fight** 파이트
싸움	**quarrel** 쿼럴 **dispute** 디스퓨트 싸움을 말리다 put down a fight
싹	**bud** 버드
싹트다	**sprout** 스프라우트
쌀	**rice** 라이스
쌍	**pair** 페어 **couple** 커플
쌍꺼풀	**double eyelids** 더블 아이리즈
쌍둥이	**twins** 트윈즈
쌓다	**pile** 파일 **lay** 레이
쌓이다	**accumulate** 어큐뮬레이트
썩다	**rot** 랏 **go bad** 고우 뱃
썰매	**sled** 슬레드 **sledge** 슬레지
썰물	**ebb tide** 엡 타이드
쏘다	**sting** 스팅 **fire** 파이어

ㅅ

쓰다 [맛]	**bitter** 비터
쓰다 [글씨]	**write** 롸이트
쓰다 [사용]	**use** 유즈
쓰다 [착용]	**put on** 풋언 **wear** 웨어
쓰다듬다	**pat** 팻 **caress** 커레스
쓰러지다	**fall** 폴 **come down** 컴 다운
쓰레기	**waste** 웨이스트 **rubbish** 러비쉬
쓸개	**gall** 골
쓸다	**sweep** 스윕
쓸데 없는	**useless** 유즐리스 **futile** 퓨털 쓸데없는 걱정 unnecessary anxiety
쓸모 있다	**useful** 유즈펄 **helpful** 헬프펄
쓸쓸하다	**lonely** 로운리 **lonesome** 로운섬
씌우다	**cover with** 커버 위드
씨앗	**seed** 씨드
씹다	**chew** 추
씻다	**wash** 와쉬 **cleanse** 클렌즈

아가미	**gills** 길즈
아가씨	**young lady** 영레이디
아기	**baby** 베이비
아까	**a little while ago** 어 리틀 와일 어고우
아깝다	**regrettable** 릭레터블 **precious** 프레셔스
아내	**my wife** 마이 와이프
아는 사람	**acquaintance** 어퀘인턴스
아동	**child** 차일드
아들	**son** 썬
아라비아숫자	**Arabic figures** 애러빅 피겨즈
아래	**down** 다운 **lower** 라우어
아랫사람	**inferior** 인피리어
아르바이트	**part-time job** 팟타임 잡
아름답다	**beautiful** 뷰티플 **good-looking** 굿루킹
아마	**perhaps** 퍼햅스 **maybe** 메이비
아마추어	**amateur** 애머추어
아몬드	**almond** 아먼드

아무렇게나	**at random** 앳랜덤
아무리	**however** 하우에버 **no matter how** 노우 매러 하우
아버지	**father** 파더
아부	**flattery** 플래터리
아빠	**dad** 댓 **papa** 파파 **pa** 파
아쉽다	**desirable** 디자이어러블 **feel something lacking** 필 섬씽 래킹
아스파라거스	**asparagus** 애스패러거스
아스팔트	**asphalt** 애스폴트
아스피린	**aspirin** 애스피린
아슬아슬하다	**dangerous** 데인저러스 **risky** 리스키
아시아	**Asia** 에이저
아이돌	**idol** 아이들
아이디어	**idea** 아이디어
아이러니	**irony** 아이러니
아이섀도	**eye shadow** 아이 셰도우
아이쇼핑	**window-shopping** 윈도우샤핑
아이스크림	**ice cream** 아이스크림
아이콘	**icon** 아이컨
아저씨	**uncle** 엉클

아주머니	**aunt** 앤트
아직	**yet** 옛 **still** 스틸
아침	**morning** 모닝
아침밥	**breakfast** 브렉퍼스트
아킬레스건	**achilles' tendon** 어킬리즈 텐던
아토피	**atopy** 어토피
아티스트	**artist** 아티스트
아파트	**apartment house** 어파트먼트 하우스
아프다	**painful** 페인펄 **sore** 소어
아프리카	**Africa** 애프리카
아픔	**pain** 페인 **ache** 에익
악	**evil** 이블 **vice** 바이스
악기	**musical instrument** 뮤지컬 인스트루먼트
악마	**devil** 데블
악몽	**nightmare** 나잇메어
악성의	**malignant** 멀릭넌트
악수하다	**shake hands** 쉐익 핸즈
악순환	**vicious circle** 비시어스 서클
악어	**crocodile** 크로커다일 **alligator** 앨리게이터
악용(하다)	**misuse** 미스유즈 **abuse** 어뷰즈

악의(惡意)	**malice** 멀리스
악질적인	**wicked** 위키드 **vicious** 비시어스
악취	**bad smell** 배드 스멜
악화되다	**grow worse** 그로우 워스
안	**inside** 인사이드
안개	**fog** 포그 **mist** 미스트
안경	**glasses** 글래시즈
안과	**ophthalmology** 아프셀말러지
안내	**guidance** 가이던스
안다	**hug** 헉 **embrace** 엠브레이스
안락하다	**comfortable** 컴퍼터블 **happy** 해피
안락사	**euthanasia** 유서네이지어
안색	**complexion** 컴플렉션
안심하다	**feel relieved** 필 릴리브드
안약	**eye drops** 아이드랍스
안이하다	**easygoing** 이지고우잉
안전	**safety** 세이프티 **security** 씨큐리티
안전벨트	**seatbelt** 씨트벨트
안정(되다)	**stability** 스테이빌러티 **balance** 밸런스
안타깝다	**tantalizing** 탠털라이징

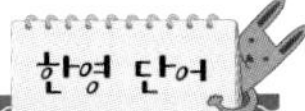

앉다	**sit down** 씻 다운 **take a seat** 테이커 씨트
알다	**understand** 언더스탠드 **realize** 리얼라이즈
알레르기	**allergy** 앨러지
알로에	**aloe** 앨로우
알루미늄	**aluminum** 앨루머님
알리다	**inform** 인폼 **report** 리포트
알리바이	**alibi** 앨러바이
알몸	**nakedness** 네이키드니스
알선	**mediation** 미디에이션
알코올	**alcohol** 앨커홀
알파벳	**alphabet** 앨퍼벳
암	**cancer** 캔서
암기하다	**learn by heart** 런 바이 하트
암모니아	**ammonia** 앰모니어
암살(하다)	**assassination** 어세서네이션 **assassinate** 어세서네이트
암석	**rock** 락
암소	**cow** 카우
암시(하다)	**hint** 힌트 **suggestion** 서제스천 **suggest** 서제스트
암컷	**female** 피메일

암탉	**hen** 핸
암호	**cipher** 사이퍼 **code** 코드 **password** 패스워드
암흑	**darkness** 닥니스 **blackness** 블랙니스
압도하다	**overwhelm** 오버웰름 **overpower** 오버파워
압력	**pressure** 프레셔 **stress** 스트레스
압박하다	**oppress** 어프레스 **press** 프레스
압수(하다)	**seizure** 씨줘 **seize** 시즈
압축	**compression** 컴프레션
앙코르	**encore** 앙코어
앞	**front** 프런트
앞으로	**from now on** 프럼 나우 온
애교	**charms** 참즈 **attractiveness** 어추랙팁니스
애국심	**patriotism** 페이트리어티즘
애매하다	**vague** 베이그 **obscure** 업스큐어
애무(하다)	**caress** 커레스 **pet** 펫
애인	**sweetheart** 스윗하트 **lover** 러버
애정	**love** 러브 **affection** 어펙션
애프터서비스	**after-sales service** 애프터세일즈 서비스
액세서리	**accessory** 엑세서리

액수	**a sum** 어 섬 **an amount** 언 어마운트
액자	**frame** 프레임
액정	**liquid crystal** 리퀴드 크리스털
액체	**liquid** 리퀴드 **fluid** 플루이드
앨범	**album** 앨범
앵무새	**parrot** 패럿
야간	**at night** 앳 나잇 **in the night** 인 더 나잇
야간경기	**night game** 나잇 게임
야구	**baseball** 베이스볼
야근(하다)	**(take) night duty** (테익) 나잇 듀티
야당	**opposition party** 아퍼지션 파티
야만적인	**barbarous** 바버러스 **savage** 세비지
야망	**ambition** 엠비션 **aspiration** 애스퍼레이션
야무지다	**strong** 스트롱 **firm** 펌 **hard** 하드
야생	**wild** 와일드
야심적인	**ambitious** 엠비셔스
야외	**outdoor** 아웃도어 **open-air** 오픈에어
야유	**banter** 밴터 **catcall** 캣콜
야채	**vegetables** 베저터벌즈
야하다	**showy** 쇼우이 **loud** 라우드

약(約)	**about** 어바웃 **some** 섬 **approximately** 어프락시미틀리
약(藥)	**medicine** 메디신 **drug** 드럭
약국	**pharmacy** 파머시 **drugstore** 드럭스토어
약속(하다)	**promise** 프라미스
약점	**weak point** 위크포인트
약초	**medicinal herb** 머디서널 헙
약탈(하다)	**plunder** 플런더 **pillage** 필리지
약품	**medicines** 메디신즈
약하다	**feeble** 피블 **weak** 위크 **frail** 프레일
약해지다	**weaken** 위큰
약혼(하다)	**engagement** 인게이지먼트 **get engaged to** 겟 인게이쥐드 투
약혼자	**fiance** 피안세이 [남자] **fiancee** 피안세이 [여자]
약화시키다	**weaken** 위큰 **enfeeble** 인피블
얄밉다	**hateful** 헤잇펄 **detestable** 디테스터블
얇다	**thin** 씬
양(量)	**quantity** 콴터티
양(羊)	**sheep** 쉽
양념	**spice** 스파이스
양도하다	**hand over** 핸드 오버

양말	**socks** 삭스 **stockings** 스타킹즈
양배추	**cabbage** 캐비쥐
양보(하다)	**concession** 컨세션 **concede** 컨시드
양산	**sunshade** 썬쉐이드 **parasol** 패러솔
양성	**cultivation** 컬티베이션 **education** 에주케이션
양식(하다)	**cultivation** 컬티베이션 **raise** 레이즈
양심	**conscience** 칸쉬언스
양육하다	**bring up** 브링업
양초	**candle** 캔들
양치질	**brushing teeth** 브러싱 티쓰
양파	**onion** 어니언
얕다	**shallow** 셸로우
어기다	**break** 브레이크 **violate** 바이얼레이트
어깨	**shoulder** 쇼울더
어느	**which** 위치
어느 쪽	**which side** 위치 사이드
어둠	**darkness** 닥니스
어둡다	**dark** 닥 **gloomy** 글루미
어디	**where** 웨어
어딘가	**somewhere** 섬웨어

어렵다	**difficult** 디피컬트 **hard** 하드
어른	**adult** 어덜트 **grown-up** 그로운업
어리다	**juvenile** 주버나일 **young** 영
어리석은	**foolish** 풀리시 **silly** 씰리
어머니	**mother** 머더
어부	**fisherman** 피셔먼
어색하다	**feel awkward** 필 오쿼드
어업	**fishery** 피셔리
어울리다	**suitable** 수터블 **becoming** 비커밍
어제	**yesterday** 예스터데이
어젯밤	**last night** 래스트나잇
어지럽다	**dizzy** 디지 **bewildering** 비윌더링
어쨌든	**anyway** 애니웨이
어학	**language study** 랭귀지 스터디
어휘	**vocabulary** 보우캐뷸레리
억	**one hundred million** 원 헌드러드 밀리언
억압(하다)	**suppression** 서프레션 **suppress** 서프레스
억울하다	**feel mistreated** 필 미스추리티드
억제하다	**control** 컨추롤 **check** 체크
억측(하다)	**supposition** 서포지션 **suppose** 서포우즈

언덕	**hill** 힐
언어	**language** 랭귀지
언쟁(하다)	**quarrel** 쿼럴
언제	**when** 웬
언제까지나	**forever** 포에버
언제나	**all the time** 올 더 타임 **always** 올웨이즈
언젠가	**once** 원스 **at one time** 앳 원 타임
얻다	**get** 겟 **gain** 게인 **obtain** 옵테인
얼굴	**face** 페이스 **look** 룩
얼다	**freeze** 프리즈
얼룩	**spot** 스팟 **stain** 스테인
얼음	**ice** 아이스
엄격한	**strict** 스트릭트 **rigorous** 리거러스
엄숙한	**grave** 그레이브 **solemn** 설렘
엄지손가락	**thumb** 썸
업신여기다	**despise** 디스파이즈 **look down on** 룩 다운 언
업적	**achievement** 어취브먼트 **results** 리절츠
없다	**there is no...** 데어리즈 노우 **~ do not exist** 두낫 익지스트
없애다	**delete** 딜리트 **remove** 리무브

ㅇ

없어지다	**get lost** 겟 로스트
엉덩이	**hips** 힙스 **buttocks** 버톡스
엉망진창	**mess** 메스 **confusion** 컨퓨전
엉터리	**nonsense** 넌센스
엎드리다	**lie on one's face** 라이 온 원스 페이스
엎지르다	**spill** 스필 **slop** 슬랍
에너지	**energy** 에너지
에스컬레이터	**escalator** 에스컬레이터
에어로빅	**aerobics** 에어로빅스
에어컨	**air conditioner** 에어 컨디셔너
에이스	**ace** 에이스
에이전트	**agent** 에이전트
에이즈	**AIDS** 에이즈
에티켓	**etiquette** 에티켓
엑기스	**extract** 엑스트랙트
엑스트라	**extra** 엑스트러
엔지니어	**engineer** 엔지니어
엘리트	**elite** 엘리트
여가	**time** 타임 **leisure** 리저
여관	**hotel** 호우텔 **inn** 인

여권	**passport** 패스포트
여기	**here** 히어 **this place** 디스 플레이스
여기저기	**here and there** 히어 앤 데어
여당	**the ruling party** 더 룰링 파티
여덟	**eight** 에잇
여드름	**pimple** 핌플
여러 가지	**various** 베리어스
여론	**public opinion** 퍼블릭 어피니언
여름	**summer** 써머
여름방학	**summer vacation** 써머 베이케이션
여배우	**actress** 엑트리스
여백	**blank** 블랭크 **space** 스페이스
여신	**goddess** 가디스
여왕	**queen** 퀸
여우	**fox** 팍스
여유	**room** 룸 **money (time) to spare** 머니 (타임) 투 스페어
여자	**woman** 우먼 **the fair sex** 더 페어 섹스
여전히	**still** 스틸
여행(하다)	**travel** 트레벌 **make a trip** 메이커 트립

여행사	**travel agency** 트레벌 에이전시
역(驛)	**station** 스테이션
역(逆)	**the reverse** 더 리버스 **the contrary** 더 칸트레리
역겹다	**disgusting** 디스거스팅 **disagreeable** 디스어그리어블
역경	**adversity** 어드버서티
역기	**weight lifting** 웨이트 리프팅
역사	**history** 히스토리
역설(하다)	**emphasis** 엠퍼시스 **emphasize** 엠퍼사이즈
역습(하다)	**counterattack** 카운터러택
역시	**too** 투 **also** 올소 **as well** 애즈 웰
역전	**reversal** 리버설 **inversion** 인버전 역전승 come-from-behind victory
역학	**dynamics** 다이너믹스
역할	**part** 파트 **role** 로울
연	**kite** 카이트
연(年)	**year** 이어
연간	**annual** 애뉴얼 **yearly** 이얼리
연결(하다)	**connection** 커넥션 **connect** 커넥트
연고 [약]	**ointment** 오인트먼트

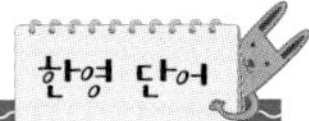

연구(하다)	**study** 스터디 **research** 리서치
연구소	**laboratory** 래버러토리
연극	**play** 플레이 **drama** 드라머
연금	**pension** 펜션
연기(延期)(하다)	**postponement** 포스트폰먼트 **put off** 풋 오프
연기(煙氣)	**smoke** 스모우크 **fume** 퓸
연락(하다)	**liaison** 리애이전 **contact** 컨택
연료	**fuel** 퓨얼
연말	**the year-end** 더 이어 엔드
연못	**pond** 판드 **pool** 풀
연봉	**annual salary** 애뉴얼 셀러리
연상(聯想)	**association** 어소우시에이션
연설(하다)	**speech** 스피치
연소(하다)	**burn** 번
연속(하다)	**continue** 컨티뉴
연쇄	**chain** 체인 **link** 링크
연습(하다)	**practice** 프렉티스 **exercise** 엑서사이즈
연애(하다)	**love** 러브 **be in love** 비 인 러브
연어	**salmon** 새먼

연예인	**entertainer** 엔터테이너
연장자	**senior** 씨니어
연장하다	**extension** 익스텐션 **prolong** 프로롱
연주	**musical performance** 뮤지컬 퍼포먼스
연주하다	**play** 플레이 **perform** 퍼폼
연체(하다)	**delay** 딜레이
연출(하다)	**direction** 디렉션 **direct** 디렉트
연필	**pencil** 펜슬
연하의	**younger** 영거
연합(하다)	**union** 유니언 **be united** 비 유나이티드
열(熱)	**heat** 히트 **fever** 피버
열광(하다)	**enthusiasm** 인수지애즘 **be excited** 비 익사이티드
열기	**excitement** 익사이트먼트
열다	**open** 오픈 **uncover** 언커버
열대	**the tropics** 더 추라픽스 열대야 tropical night
열등	**inferiority** 인피리어리티
열량	**calorie** 칼로리
열렬한	**passionate** 패셔닛 **fervent** 퍼번트
열리다	**open** 오픈 **begin** 비긴 **start** 스타트

열리다 [열매]	**grow** 그로우 **bear** 베어
열매	**fruit** 프루트 **nut** 넛
열병	**fever** 피버
열쇠	**key** 키
열심	**zeal** 질 **eagerness** 이거니스
열심히	**eagerly** 이걸리 **hard** 하드
열악한	**inferior** 인피리어 **poor** 푸어
열의	**zeal** 질 **eagerness** 이거니스
열차	**train** 추레인
엷다	**light** 라잇 **pale** 페일
염가	**low price** 라우 프라이스 염가판매 bargain sale
염려	**anxiety** 앵자이어티 **concern** 컨선 **fear** 피어
염려하다	**mind** 마인드 **worry** 워리
염분	**salt content** 솔트 컨텐트
염색(하다)	**dyeing** 다잉 **dye** 다이
염소	**goat** 고우트
염증	**inflammation** 인플레메이션
염치	**a sense of shame** 어 센스 어브 쉐임
엿듣다	**overhear** 오버히어 **eavesdrop** 이브즈드랍

영감(靈感)	**inspiration** 인스퍼레이션
영광	**honor** 아너 **glory** 글로리
영구적인	**permanent** 퍼머넌트 **eternal** 이터널
영국	**England** 잉글런드 **Great Britain** 그레이트 브리튼
영국인	**Englishman** 잉글리쉬먼
영리하다	**wise** 와이즈 **clever** 클레버
영상	**image** 이미지 **picture** 픽춰
영수증	**receipt** 리시트
영양	**nutrition** 뉴트리션 **nourishment** 너리쉬먼트
영어	**English** 잉글리쉬
영업(하다)	**business** 비즈니스 **trade** 트레이드 **do business** 두 비즈니스
영역	**domain** 도메인 **territory** 테러토리
영예	**honor** 아너 **glory** 글로리
영웅	**hero** 히어로 국민적인 영웅 a national hero
영웅적인	**heroic** 히어로익
영원	**eternity** 이터니티 **permanence** 퍼머넌스
영전(하다)	**promotion** 프러모우션 **be promoted** 비 프러모티드
영토	**territory** 테러토리
영하	**below zero** 빌로우 지어로우

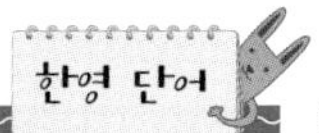

영향	**influence** 인플루언스 **effect** 이펙트
영향을 미치다	**influence** 인플루언스 **affect** 어펙트
영혼	**the soul** 더 소울 **the spirit** 더 스피릿
영화	**picture** 픽쳐 **movie** 무비 **film** 필름
영화감독	**movie director** 무비 디렉터
옆	**side** 사이드
옆구리	**the side** 더 사이드
옆모습	**profile** 프로필
예	**yes** 예스 **certainly** 서튼리 **all right** 올라잇
예(例)	**example** 익젬플
예감	**presentiment** 프리젠티먼트
예견하다	**foresee** 포씨
예고	**previous notice** 프리비어스 노우티스
예금(하다)	**savings** 세이빙즈 **deposit** 디파짓
예년	**the average year** 디 애버리지 이어
예능	**entertainment** 엔터테인먼트 **the arts** 디 아츠
예매	**advance sale** 어드밴스 세일
예민한	**keen** 킨 **sharp** 샵 **acute** 어큐트
예방(하다)	**prevention** 프리벤션 **prevent** 프리벤트 예방주사 preventive injection

ㄱ ㄴ ㄷ ㄹ ㅁ ㅂ ㅅ ㅇ ㅈ ㅊ ㅋ ㅌ ㅍ ㅎ

예배	**worship service** 워쉽 서비스
예복	**full (formal) dress** 풀 (포멀) 드레스
예비	**reserve** 리저브 **preparation** 프리퍼레이션
예비조사	**preliminary inspection** 프릴리머네리 인스펙션
예쁘다	**pretty** 프리티 **beautiful** 뷰티풀 **lovely** 러블리
예산	**budget** 버짓
예상(하다)	**expectation** 익스펙테이션 **expect** 익스펙트
예선(豫選)	**preliminary contest** 프릴리머네리 컨테스트
예술	**art** 아트
예술가	**artist** 아티스트
예습(하다)	**preparation** 프리퍼레이션 **prepare one's lesson** 프리페어 원스 레슨
예약(하다)	**reservation** 리저베이션 **reserve** 리저브
예언(하다)	**predict** 프리딕트 **foretell** 포어텔
예외	**exception** 익셉션
예의	**etiquette** 에티켓 **manners** 매너즈
예의바르다	**modest** 마디스트 **humble** 험블
예정(하다)	**plan** 플랜 **schedule** 스케줄
예측(하다)	**prediction** 프리딕션 **forecast** 포케스트
옛날	**old times** 올드 타임즈

오각형	**pentagon** 펜터건
오그라지다	**shrink** 쉬링크 **shrivel** 쉬리벌
오기	**unyielding spirit** 언일딩 스피릿
오늘	**today** 투데이 **this day** 디스 데이
오다	**come** 컴 **arrive** 어라이브
오디션	**audition** 오디션
오디오	**audio** 오디오
오뚝이	**tumbler** 텀블러
오락	**amusement** 어뮤즈먼트 실내오락 indoor amusements
오랫동안	**for a long time** 포어 롱 타임
오렌지	**orange** 어린지
오로지	**solely** 소울리 **only** 온리 **wholly** 호울리
오르간	**organ** 오르건
오르다	**go up** 고우 업 **rise** 라이즈 **ascend** 어센드
오른쪽	**the right** 더 라이트
오리	**duck** 덕
오리다	**cut [clip] out** 컷 [클립] 아웃
오리엔테이션	**orientation** 오리엔테이션
오만	**arrogance** 애러건스

ㅇ

오믈렛	**omelet** 아멀릿
오븐	**oven** 어번
오빠	**girl's elder brother** 걸스 엘더 브라더
오산	**misjudgement** 미스저지먼트
오싹하다	**shudder** 슈더 **shiver** 쉬버
오아시스	**oasis** 오에이시스
오염(되다)	**pollution** 펄루션 **pollute** 펄루트
오월	**May** 메이
오이	**cucumber** 큐컴버
오인하다	**misjudge** 미스저지
오전	**morning** 모닝
오점	**stain** 스테인 **blot** 블랏
오존	**ozone** 오존
오줌	**urine** 유린
오징어	**cuttlefish** 커틀피쉬 **squid** 스퀴드
오케스트라	**orchestra** 오케스트러
오케이	**O.K.** 오우케이
오토바이	**motorcycle** 모터사이클
오한	**chill** 칠
오해(하다)	**misunderstanding** 미스언더스탠딩 **misunderstand** 미스언더스탠드

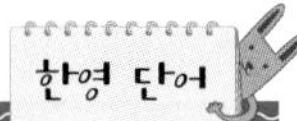

오후	**afternoon** 앱터눈
오히려	**on the contrary** 온더 컨추러리
옥(玉)	**bead** 비드 **gem** 젬
옥상	**housetop** 하우스탑 **roof** 루프
옥수수	**corn** 콘
온갖	**all** 올 **every** 에브리
온도	**temperature** 템퍼러춰
온도계	**thermometer** 서머스탯
온라인	**on-line** 온라인
온수	**hot water** 핫 워터
온실	**greenhouse** 그린하우스
온천	**hot spring** 핫 스프링 온천욕 하다 take a hot spring bath
온화한	**gentle** 젠틀 **mild** 마일드 **moderate** 마더릿
올라가다	**go up** 고우 업 **rise** 라이즈 **ascent** 어센트
올리다	**raise** 레이즈 **lift** 리프트
올리브	**olive** 알리브
올림픽	**the Olympic games** 디 얼림픽 게임즈
올빼미	**owl** 아울
올챙이	**tadpole** 탯포울

ㅇ

옮기다	**move** 무브 **transfer** 트랜스퍼
옳다	**right** 라이트 **correct** 커렉트
옵션	**option** 압션
옷	**clothes** 클로우씨즈 **dress** 드레스
옷걸이	**hanger** 행어
옷깃	**collar** 칼러
옷차림	**dress** 드레스 **appearance** 어피어런스
와이셔츠	**shirt** 셔트
와이퍼	**wiper** 와이퍼
와인	**wine** 와인
완고한	**stubborn** 스터번 **obstinate** 압스터닛
완곡한	**euphemistic** 유퍼미스틱
완구	**toy** 토이
완료(하다)	**completion** 컴플리션 **finish** 피니시
완만한	**gentle** 젠틀 **easy** 이지 **loose** 루스
완벽	**perfection** 퍼펙션 완벽한 연기 flawless performance
완성(하다)	**completion** 컴플리션 **complete** 컴플리트
완수하다	**accomplish** 어컴플리시
완행열차	**local train** 로컬 추레인

완화(하다)	**ease** 이즈 **relieve** 릴리브
왕	**king** 킹
왕국	**kingdom** 킹덤
왕복표	**round-trip ticket** 라운드추립 티킷
왕성한	**prosperous** 프라스퍼러스 **flourishing** 플로어리싱
왕자	**prince** 프린스
왜	**why** 와이 **for what reason** 포 왓 리즌
왜냐하면	**because** 비코즈 **for** 포
외과	**surgery** 서저리
외교	**diplomacy** 디플로머시
외교관	**diplomat** 디플로맷
외국	**foreign country** 포린 컨추리
외국인	**foreigner** 포리너
외롭다	**lonely** 로운리 **solitary** 살리터리
외부	**outside** 아웃사이드
외설적인	**obscene** 옵신 **indecent** 인디슨트
외식하다	**eat out** 이트 아웃
외출하다	**go out** 고우 아웃
외치다	**shout** 샤웃 **cry** 크라이 **exclaim** 익스클레임
외톨이	**loner** 로우너

왼손잡이	**left-hander** 레프트핸더
왼쪽	**the left** 더 레프트
요가	**yoga** 요우거
요구(하다)	**demand** 디맨드 **request** 리퀘스트
요금	**charge** 차지 **fee** 피 무료입니다. It is free of charge.
요령	**point** 포인트 **gist** 지스트
요리(하다)	**cooking** 쿠킹 **cook** 쿡
요소	**element** 엘러먼트 **factor** 팩터
요약	**summary** 써머리
요인	**factor** 팩터 **reason** 리즌
요일	**day of the week** 데이 어브 더 위크
요점	**the point** 더 포인트
요청(하다)	**demand** 디맨드 **request** 리퀘스트
요컨대	**in short** 인 숏 **in a word** 인 어 워드
요통	**lumbago** 럼베이고우
요행	**good fortune** 굿포춘 **fluke** 플루크
욕	**abuse** 어뷰즈 **curse** 커스
욕망	**desire** 디자이어 **ambition** 앰비션 권력에 대한 욕망 a desire for power

욕실	**bathroom** 배쓰룸
욕심	**greed** 그리드 **avarice** 애버리스
욕조	**bathtub** 배쓰텁
욕하다	**speak ill of** 스피크 일 어브
용	**dragon** 드래건
용감하다	**brave** 브레이브 **courageous** 커리저스
용기	**courage** 커리쥐 **bravery** 브레이버리
용도	**use** 유즈 **purpose** 퍼퍼스
용모	**looks** 룩스 **countenance** 카운티넌스
용서하다	**forgive** 포기브 **pardon** 파든
용수철	**spring** 스프링
용암	**lava** 라버
용액	**solution** 솔루션
용어	**term** 텀 **wording** 워딩
용의자	**suspect** 서스펙트
우대(하다)	**favor** 페이버 **treat warmly** 트릿 왐리
우두머리	**foreman** 포어먼 **boss** 보스 **the head** 더 헤드
우등	**excellence** 엑설런스
우려(하다)	**anxiety** 앵자이어티 / **concern** 컨선 **worry about** 워리 어바웃

우리	**we** 위 **ourselves** 아워셀브즈
우물	**well** 웰
우박	**hail** 헤일
우산	**umbrella** 엄브렐러
우상	**idol** 아이들
우선	**at first** 엣 퍼스트 **first of all** 퍼스트 어브 올
우선순위	**priority** 프라이어리티
우세	**superior** 수피리어 **predominant** 프리다머넌트
우수	**superiority** 수피리어리티 **excellence** 엑셀런스
우수한	**excellent** 엑설런트
우습다	**funny** 퍼니
우승	**championship** 챔피언십
우아하다	**graceful** 그레이스펄 **elegant** 엘리건트
우연	**chance** 챈스 **accident** 액시던트 우연의 일치 coincidence
우열	**superiority and inferiority** 수피리어리티 앤 인피리어리티
우울	**melancholy** 멜란컬리 **gloomy** 글루미
우유	**milk** 밀크
우정	**friendship** 프렌드쉽
우주	**universe** 유너버스

우주비행사	**astronaut** 애스트러노트
우체국	**post office** 포스트오피스
우편	**mail** 메일 **post** 포스트
우편번호	**zip code** 집 코드
우호적인	**friendly** 프렌들리 **cordial** 코절
우회	**detour** 디투어
운(運)	**fortune** 포춘 **destiny** 데스티니 **fate** 페이트
운동	**movement** 무브먼트 **motion** 모션
운동화	**sneakers** 스니커즈 **sports shoes** 스포츠 슈즈
운명	**fate** 페이트 **destiny** 데스티니
운반하다	**carry** 캐리 **transport** 트랜스포트
운송	**transportation** 트랜스포테이션
운영(하다)	**management** 매니지먼트 **manage** 매니지
운 좋은	**lucky** 럭키 **fortunate** 포추닛
운임	**freight rates** 프레이트 레이츠
운전(하다)	**driving** 드라이빙 **drive** 드라이브 운전면허증 driver's license
운전수	**driver** 드라이버
운하	**canal** 커널
운행(하다)	**service** 서비스 **operation** 아퍼레이션 / **revolve** 리볼브

ㅇ

울다	**cry** 크라이 **weep** 위프
울리다 [반향]	**sound** 사운드 **resound** 리자운드
울타리	**fence** 펜스 **hedge** 헤지
울퉁불퉁한	**rugged** 러기드 **uneven** 언이븐
움직이다	**move** 무브 **set in motion** 셋 인 모션
웃기는	**ridiculous** 리디큘러스 **absurd** 업서드
웃기다	**make laugh** 메이크 래프
웃다	**laugh** 래프 **smile** 스마일
웃음	**laugh** 래프 **laughter** 래프터
웅크리다	**crouch** 크라우치 **squat down** 스쿼 다운
원	**circle** 서클
원격	**remote** 리모트 **distant** 디스턴트
원고(原稿)	**manuscript** 매뉴스크립트 **copy** 카피
원고(原告)	**plaintiff** 플레인티프
원동력	**motivepower** 모티브 파워
원래	**originally** 어리저널리 **by nature** 바이 네이춰
원료	**raw material** 로 머티어리얼
원리	**principle** 프린서플 **theory** 씨어리
원만한	**harmonious** 하모니어스
원본	**the original** 디 어리저널

원서(願書)	**application** 어플리케이션
원수(怨讐)	**foe** 포우 **enemy** 에너미
원숭이	**monkey** 멍키 **ape** 에입
원시(原始)	**primitive** 프리머티브 원시시대 the primitive age
원시림	**primeval forest** 프라이미벌 포리스트
원액	**undiluted solution** 언딜루티드 솔루션
원인	**cause** 코즈
원자	**atom** 애텀
원작	**the original** 디 어리저널
원정(하다)	**expedition** 엑스피디션 **go on an expedition** 고우 어넌 엑스피디션
원조(하다)	**help** 헬프 **assist** 어시스트
원천징수	**tax deduction** 텍스 디덕션
원칙	**principle** 프린서플
원피스	**dress** 드레스 **one-piece** 원피스
원하다	**want** 원트 **hope** 호우프 **wish** 위시
원한	**grudge** 그러쥐 **spite** 스파이트
원형(原型)	**prototype** 프로토타입
월경	**menstruation** 멘스트루에이션 **period** 피리어드

ㅇ

월급	**salary** 셀러리
월드컵	**the World Cup** 더 월드컵
월말	**the end of the month** 디 엔드 어브 더 먼쓰
월수입	**monthly income** 먼쓸리 인컴
월요일	**Monday** 먼데이
웨이터	**waiter** 웨이터
웨이트리스	**waitress** 웨이트리스
위(胃)	**stomach** 스터먹 위궤양 stomach ulcer
위	**the upper part** 디 어퍼 파트
위기	**crisis** 크라이시스
위대하다	**great** 그레잇 **grand** 그랜드
위독한	**critically ill** 크리티컬리 일
위로	**comfort** 컴포트 **solace** 살러스
위반(하다)	**violation** 바이얼레이션 **violate** 바이얼레잇
위생	**hygiene** 하이진
위생적인	**hygienic** 하이지에닉 **sanitary** 새니터리
위선	**hypocrisy** 히파크러시
위성	**satellite** 세털라이트
위스키	**whisky** 위스키

위약금	**penalty** 페널티 **forfeit** 포피트
위엄	**dignity** 딕니티 **prestige** 프레스티지
위원회	**committee** 커미티
위인	**great person** 그레잇 퍼슨
위임하다	**leave** 리브 **entrust** 인트러스트
위자료	**compensation money** 컴펜세이션 머니
위장(하다)	**camouflage** 캐머플라쥐
위조(하다)	**forgery** 포저리 **forge** 포지
위축되다	**cower** 카우어 **be cramped** 비 크램프드
위치	**position** 퍼지션 **situation** 시추에이션
위탁(하다)	**commission** 커미션 **entrust** 인트러스트
위하여	**for** 포 **for the sake of** 포 더 세이크 어브
위험	**danger** 데인저 **risk** 리스크 위험 부담 risk bearing
위험한	**dangerous** 데인저러스 **risky** 리스키
위협하다	**threaten** 스레튼 **menace** 메너스
윈드서핑	**windsurfing** 윈드서핑
윗사람	**superior** 수피어리어
윙크(하다)	**wink** 윙크
유감(스러운)	**regret** 리그렛 **regrettable** 리그레터블

ㅇ

유능한	**able** 에이블 **capable** 캐이퍼블
유니폼	**uniform** 유너폼
유도(柔道)	**judo** 주도
유도(하다)	**induction** 인덕션 **induce** 인듀스
유래(하다)	**the origin** 디 어리진 **originate in** 어리지네이트 인
유럽	**Europe** 유럽
유력한	**strong** 스트롱 **powerful** 파워펄
유령	**ghost** 고스트 **apparition** 애퍼리션
유료의	**charged** 차쥐드 **pay** 페이
유리	**glass** 글래스
유리한	**advantageous** 어드밴티저스 **profitable** 프러피터블
유망한	**promising** 프라미싱 **hopeful** 호웁펄
유머	**humor** 휴머
유명한	**famous** 페이머스 **well-known** 웰노운
유모차	**baby carriage** 베이비 캐리지
유발(하다)	**induction** 인덕션 **induce** 인듀스 **cause** 코즈
유방	**breast(s)** 브레스트(츠)
유사(하다)	**similarity** 시밀레러티 **similar** 시밀러
유사품	**imitation** 이미테이션

유산(遺産)	**inheritance** 인헤리턴스 **legacy** 레거시 유산 상속인 an heir to property
유산(流産)	**miscarriage** 미스캐리지
유서	**will** 윌
유성	**shooting star** 슈팅스타
유아	**infant** 인펀트
유연한	**flexible** 플렉서블 **supple** 서플
유예	**delay** 딜레이 **grace** 그레이스
유용(하다)	**diversion** 디버전 **divert** 디버트
유용한	**useful** 유즈펄 **valuable** 벨류어블
유원지	**amusement park** 어뮤즈먼트 파크
유월	**June** 준
유의하다	**pay attention to** 페이 어텐션 투
유일한	**only** 오운리 **unique** 유닉
유입(되다)	**inflow** 인플로우 **flow in** 플로우 인
유적	**ruins** 루인즈
유전(遺傳)	**heredity** 히레더티
유전자	**gene** 진
유죄	**guilty** 길티
유지(維持)	**maintenance** 메인터넌스 **upkeep** 업킵

유지하다	**maintain** 메인테인 **keep** 킵
유창하다	**fluent** 플루언트 **flowing** 플로우잉
유출(하다)	**outflow** 아웃플로우 **flow out** 플로우 아웃
유치원	**kindergarten** 킨더가튼
유치한	**childish** 차일디쉬
유쾌한	**pleasant** 플레전트 **cheerful** 치어펄
유턴(하다)	**U-turn** 유턴
유통(하다)	**circulation** 서큘레이션 **circulate** 서큘레이트
유학하다	**study abroad** 스터디 업로드
유학생	**foreign student** 포린 스튜던트
유해한	**bad** 배드 **harmful** 함펄
유행(하다)	**fashion** 패션 **vogue** 보우그 / **be in fashion** 비 인 패션
유혹(하다)	**temptation** 템테이션 / **tempt** 템트 **seduce** 시듀스
유황	**sulfur** 설퍼
유효(하다)	**validity** 벌리더티 / **valid** 벌리드 **available** 어베일러블
육감	**hunch** 헌취 **intuition** 인튜이션
육교	**overpass** 오버패스 **overbridge** 오버브리지[영]
육군	**the army** 디 아미

육식	**meat eating** 미트 이팅
육식동물	**carnivore** 카너보어
육아	**child care** 차일드 케어 **nursing** 너싱
육안	**naked eye** 네이킷 아이
육지	**the land** 더 랜드
육체	**the body** 더 바디 **the flesh** 더 플레시 육체적인 고통 bodily pain
윤곽	**outline** 아웃라인
윤기	**gloss** 글로스 **luster** 러스터
윤리	**ethics** 이식스 **morals** 모럴즈
윤리적인	**ethical** 에시컬 **moral** 모럴
융자(하다)	**financing** 파이낸싱 **finance** 파이낸스
으레	**habitually** 해비추얼리 **usually** 유주얼리
은	**silver** 실버
은신처	**hiding place** 하이딩 플레이스 **refuge** 레퓨지
은유법	**metaphor** 메타포
은인	**benefactor** 베너팩터
은퇴(하다)	**retirement** 리타이어먼트 **retire** 리타이어
은하수	**Galaxy** 갤럭시 **the milky way** 더 밀키 웨이
은행	**bank** 뱅크

ㅇ

은혜	**favor** 패이버 **benefit** 베너핏
음란하다	**lustful** 러스트펄 **lewd** 루드 **obscene** 옵신
음료수	**drinking water** 드링킹 워터
음모	**plot** 플럿 **intrigue** 인트리그
음미(하다)	**appreciation** 어프리쉬에이션 **appreciate** 어프리쉬에이트
음성	**voice** 보이스 **sound** 사운드
음식	**food** 푸드 **provisions** 프러비전즈
음식점	**restaurant** 레스터런트
음악	**music** 뮤직
음악가	**musician** 뮤지션
음치	**tone deafness** 톤 데프니스
음침한	**gloomy** 글루미 **dismal** 디즈멀
응급	**emergency** 이머전시 응급치료 the first aid
응답(하다)	**answer** 앤서 **reply** 리플라이
응모(하다)	**application** 어플리케이션 **apply to** 어플라이 투
응시(凝視)하다	**stare at** 스테어 앳 **gaze at** 게이즈 앳
응용(하다)	**application** 어플리케이션 / **apply** 어플라이 **adapt** 어댑트
응원(하다)	**aid** 에이드 **support** 서포트

응접실	**reception room** 리셉션 룸
의견	**opinion** 어피니언 **idea** 아이디어
의논	**talk** 토크 **discussion** 디스커션
의뢰(하다)	**request** 리퀘스트 **ask** 애스크
의료	**medical treatment** 메디컬 트리트먼트
의료보험	**health insurance** 헬스 인슈어런스
의리 있는	**faithful** 페이스펄
의무	**duty** 듀티 **obligation** 아블리게이션 의무교육 compulsory education
의문	**question** 퀘스천 **doubt** 다웃
의미(하다)	**meaning** 미닝 / **mean** 민 **signify** 식니파이
의복	**clothes** 클로시즈 **costume** 카스튬
의사	**doctor** 닥터
의식(하다)	**consciousness** 칸시어스니스 **be conscious of** 비 칸시어스 어브
의심(하다)	**doubt** 다웃
의심스럽다	**doubtful** 다웃펄 **suspicious** 서스피셔스
의외의	**unexpected** 언익스펙티드
의욕	**desire** 디자이어 **will** 윌
의자	**chair** 체어 **stool** 스툴 [등받이가 없는 것]
의존	**dependence** 디펜던스 **reliance** 릴라이언스

의지(意志)	**will** 윌 **volition** 볼리션
의지(依支)하다	**rely on** 릴라이 온 **depend on** 디펜드 온
의향	**intention** 인텐션 **will** 윌
의회	**assembly** 어셈블리 **parliament** 팔리어먼트
이	**tooth** 투쓰
이것	**this** 디스
이국적인	**exotic** 엑조틱
이기다	**beat** 비트 **win** 윈
이기적인	**egoistic** 이고이스틱
이기주의	**egoism** 이고우이즘 **selfishness** 셀피시니스
이끌다	**lead** 리드 **guide** 가이드
이끼	**moss** 모쓰
이념	**idea** 아이디어 **ideology** 아이디알러쥐
이달(에)	**this month** 디스 먼쓰
이동(하다)	**movement** 무브먼트 **move** 무브 **transfer** 추랜스퍼
이런	**such** 서치 **like this** 라이크 디스
이력	**career** 커리어 **background** 백그라운드
이력서	**resume** 레주메
이례적인	**exceptional** 익셉셔널 **unprecedented** 언프리시던티드

이론	**theory** 씨어리
이론적인	**theoretical** 씨어레티컬
이루다	**accomplish** 어컴플리시 **complete** 컴플리트
이륙(하다)	**takeoff** 테이크오프 **take off** 테이크 오프
이르다 [시간]	**early** 얼리 **premature** 프리머추어
이르다 [도달]	**reach** 리치 **arrive at** 어라이브 앳
이름	**name** 네임
이마	**forehead** 포리드 **brow** 브라우
이메일	**e-mail** 이메일
이미	**already** 올레디
이미지	**image** 이미지
이민	**emigration** 에머그레이션[입국] **immigration** 이머그레이션[출국]
이발	**haircut** 헤어컷
이발소	**barbershop** 바버샵
이별(하다)	**parting** 파팅 **separation** 세퍼레이션 / **separate** 세퍼레이트
이불	**bedclothes** 베드클로씨즈
이사(하다)	**house-moving** 하우스무빙 **move** 무브
이산화탄소	**carbon dioxide** 카본 디옥사이드
이상(理想)	**ideal** 아이디얼

ㅇ

이상(以上)	**more than** 모어 댄 **over** 오버 **above** 어버브
이상(異常)	**abnormality** 앱노멀리티
이상적인	**ideal** 아이디얼
이상한	**unusual** 언유주얼 **abnormal** 앱노멀
이색적인	**unique** 유닉
이성(理性)	**reason** 리즌 이성적인 행동 rational behavior
이성(異性)	**the opposite sex** 디 아퍼짓 섹스
이스트(균)	**yeast** 이스트
이슬	**dew** 듀 **dewdrop** 듀드랍
이슬람교	**Islam** 이슬람
이식	**transplantation** 트랜스플랜테이션
이쑤시개	**toothpick** 투쓰픽
이야기	**story** 스토리 **talk** 토크
이어지다	**be connected with** 비 커넥팃 위드
이어폰	**earphone** 이어폰
이외	**except** 익셉트 **but** 벗 **outside** 아웃사이드
이용(하다)	**use** 유즈 **utilize** 유틸라이즈
이웃	**the next door** 더 넥스트 도어
이웃사람	**neighbor** 네이버

2월	**February** 페브루어리
이유(理由)	**reason** 리즌 **cause** 코즈 아무 이유도 없이 without any reason
이율	**the rate of interest** 더 레잇 이브 인터레스트
이익	**profit** 프라핏 **return** 리턴
이자	**interest** 인터레스트
이전	**ago** 어고우 **before** 비퍼
이전(하다)	**removal** 리무벌 **move to** 무브 투
이제	**now** 나우
이주(하다)	**migration** 마이그레이션 **migrate** 마이그레이트
이중	**double** 더블 **dual** 듀얼
이질적인	**heterogeneous** 헤터러지니어스
이쪽	**this way** 디스 웨이 **here** 히어
이치	**reason** 리즌 **logic** 라직
이탈리아(어)	**Italy** 이털리 **Italian** 이탤리언
이하	**less than** 레스 댄 **under** 언더
이해(하다)	**understanding** 언더스탠딩 **understand** 언더스탠드
이혼(하다)	**divorce** 디보스
이후	**from now on** 프럼 나우 온 벗 **after that** 애프터 댓
익다	**ripen** 라이픈 **mature** 머추어

익명	**anonymity** 어나니머티
익사(하다)	**drowning** 드라우닝 **be drowned** 비 드라운드
익살스러운	**funny** 퍼니 **humorous** 휴머러스
익숙해지다	**get used to** 겟 유스 투
익히다 [요리]	**boil** 보일 **cook** 쿡
인간	**human being** 휴먼빙
인건비	**personnel expenses** 퍼스넬 익스펜시즈
인격	**character** 캐릭터 **personality** 퍼스널리티
인공	**artificiality** 아티피셜리티 인공호흡 artificial respiration
인구	**population** 파퓰레이션
인권	**human rights** 휴먼 라이츠
인기	**popularity** 파퓰레러티
인내(하다)	**patience** 페이션스 **persevere** 퍼시비어
인도적인	**humane** 휴메인
인류	**the human race** 더 휴먼 레이스 **mankind** 맨카인드
인맥	**connections** 커넥션즈
인물	**person** 퍼슨 **man** 맨
인사(人事)	**bow** 바우 **personnel matters** 퍼스넬 매터즈
인사하다	**greet** 그릿 **salute** 설루트

인상	**impression** 임프레션
인상하다	**raise** 레이즈 **increase** 인크리즈
인색한	**stingy** 스틴쥐
인생	**life** 라이프
인세	**royalty** 로열티
인솔하다	**lead** 리드 **conduct** 컨덕트
인쇄	**printing** 프린팅
인수하다	**take over** 테익오버 **receive** 리시브
인식(하다)	**recognition** 레컥니션 **recognize** 레컥나이즈
인용	**quotation** 쿼테이션 **citation** 사이테이션
인재	**talented person** 탤런티드 퍼슨
인접하다	**be adjacent to** 비 어제슨트 투 **adjoin** 어조인
인정(人情)	**kindness** 카인드니스 **humanity** 휴머니티
인정하다	**recognize** 레컥나이즈 **authorize** 오소라이즈
인종	**human race** 휴먼 레이스 인종차별 racial discrimination
인질	**hostage** 하스티지
인출	**withdrawal** 위드로우얼
인치	**inch** 인치
인터넷	**the Internet** 디 인터넷

ㄱ ㄴ ㄷ ㄹ ㅁ ㅂ ㅅ ㅇ ㅈ ㅊ ㅋ ㅌ ㅍ ㅎ

ㅇ

인터뷰	**interview** 인터뷰
인테리어	**interior design** 인티어리어 디자인
인프라	**infrastructure** 인프라스트럭춰
인형	**doll** 달
일 [사물 문제]	**matter** 매터 **thing** 씽 **affair** 어페어
일 [업무]	**work** 워크 **business** 비즈니스 **task** 태스크
일곱	**seven** 세븐
일과	**daily work** 데일리 워크
일관성	**consistency** 컨시스턴시
일기	**diary** 다이어리 일기를 쓰다 keep a diary
일기예보	**weather forecast** 웨더 포캐스트
일등	**first prize** 퍼스트 프라이즈
일러스트	**illustration** 일러스트레이션
일몰	**sundown** 썬다운[美] **sunset** 썬셋
일반적인	**general** 제너럴 **usual** 유주얼 **common** 커먼
일방적인	**one-sided** 원사이디드
일방통행	**one-way traffic** 원웨이 트래픽
일본	**Japan** 저팬
일본인	**Japanese** 재퍼니즈

일부	**a part** 어 파트 **a portion** 어 포션
일부러	**on purpose** 온 퍼퍼스 **intentionally** 인텐셔널리
일산화탄소	**carbon monoxide** 카본 모녹사이드
일상	**daily** 데일리
일상생활	**everyday life** 에브리데이 라이프
일시(日時)	**the date and time** 더 데이트 앤 타임
일식	**solar eclipse** 솔러 이클립스
일어나다 [기상]	**get up** 게럽 **rise** 라이즈
일어나다 [발생]	**occur** 어커 **happen** 해픈
일요일	**Sunday** 썬데이
1월	**January** 재뉴어리
일으키다 [발생]	**cause** 코즈
일자리	**job** 잡 **employment** 엠플로이먼트
일정	**schedule** 스케줄 꽉 찬 바쁜 일정 a tight schedule
일정한	**constant** 컨스턴트
일제히	**all together** 올 투게더 **all at once** 올 앳 원스
일찍	**early** 얼리
일출	**sunrise** 선라이즈
일치(하다)	**agreement** 어그리먼트 / **consent** 컨센트 **accord with** 어코드 위드

일하다	**work** 워크 **labor** 레이버
일행	**party** 파티 **company** 컴퍼니
읽다	**read** 리드 **peruse** 퍼루즈 [정독]
잃다	**lose** 루즈 **miss** 미스
임금	**wage** 웨이지 **pay** 페이
임대(하다)	**rent** 렌트 **lease** 리스
임대료	**rent** 렌트
임명(하다)	**appointment** 어포인트먼트 **appoint** 어포인트
임무	**duty** 듀티 **service** 서비스 임무를 다하다 fulfill one's duty
임산부	**pregnant woman** 프렉넌트 우먼
임시의	**temporary** 템퍼러리
임신	**pregnancy** 프렉넌시
임종	**death** 데쓰 **last moment** 래스트 모우먼트
입	**mouth** 마우쓰
입구	**entrance** 엔트런스 **gateway** 게이트웨이
입국	**entry into a country** 엔트리 인투 어 컨추리
입금	**receipt of money** 리시트 어브 머니
입다	**put on** 풋 온
입력	**input** 인풋

입법	**legislation** 레지스레이션 **lawmaking** 로메이킹
입사(入社)하다	**join a company** 조인 어 컴퍼니
입수(하다)	**acquisition** 어퀴지션 **get** 겟
입술	**lip** 립
입시	**entrance examination** 엔트런스 익재미네이션
입원(하다)	**hospitalization** 하스피틀라이제이션 **enter the hospital** 엔터 더 하스피틀
입장(立場)	**position** 포지션 **standpoint** 스탠드포인트
입장(入場)(하다)	**entrance** 엔트런스 / **enter** 엔터 **get in** 겟 인 입장료를 내다 pay an admission fee
입주하다	**move in** 무브 인
입주자	**tenant** 테넌트
입증하다	**give proof** 기브 프루프 **prove** 프루브
입체	**solid** 살리드
입학하다	**enter a school** 엔터 어 스쿨
입히다	**dress** 드레스 **put on** 풋언
잇다 [연결]	**connect** 커넥트 **link with** 링크 위드
잇다 [계승]	**succeed** 석시드 **inherit** 인헤릿
잇달아	**one after another** 원 애프터 어나더
잇몸	**gum** 검
있다	**be** 비 **exist** 익지스트 **there is(are)** 데어 리즈(라)

ㅇ

잉꼬	**parakeet** 패러킷
잉여	**surplus** 서플러스 **remainder** 리매인더
잊다	**forget** 포겟 **slip one's mind** 슬립 원스 마인드
잎	**leaf** 리프 **blade** 블레이드

ㅈ

자	**rule** 룰 **measure** 메저
자가용	**private car** 프라이빗 카
자각	**consciousness** 칸셔스니스
자갈	**gravel** 그레벌 **pebble** 페블
자격	**qualification** 콸러피케이션 자격시험 qualifying exam
자국	**mark** 마크 **trace** 트레이스
자궁	**uterus** 유터러스 **womb** 움
자극(하다)	**stimulus** 스티뮬러스 **stimulate** 스티뮬레잇
자금	**capital** 캐피털 **funds** 펀즈
자금난	**financial difficulty** 파이낸셜 디프컬티
자기(自己)	**oneself** 원셀프 **self** 셀프 **ego** 이고우
자기(磁氣)	**magnetism** 맥네티즘
자기(瓷器)	**porcelain** 포슬린
자다	**sleep** 슬립
자동의	**automatic** 오토매틱 자동응답 전화기 digital answering machine

ㅈ

자동으로	**automatically** 오토매티컬리
자동차	**car** 카 **automobile** 오토모빌
자동판매기	**vending machine** 벤딩 머신
자두	**plum** 플럼
자라다	**develop** 디벨롭 **grow** 그로우
자랑(하다)	**boast** 보스트 **be proud of** 비 프라우드 어브
자력	**one's own efforts** 원스 오운 에포츠
자료	**materials** 머티어리얼즈 **data** 데이터
자르다	**cut** 컷 **sever** 세버
자리	**job** 잡 **work** 워크 **position** 퍼지션
자립(하다)	**independence** 인디펜던스 **support oneself** 서포트 원셀프
자막	**subtitle** 섭타이틀
자매	**sister** 시스터
자멸	**self-destruction** 셀프디스트럭션
자몽	**grapefruit** 그레이프프루트
자물쇠	**lock** 락
자발적인	**spontaneous** 스판테이녀스
자백(하다)	**confession** 컨페션 **confess** 컨페스
자본	**capital** 캐피털 자본주의 국가 capitalism country

자부심	**self-conceit** 셀프컨시트 **pride** 프라이드
자산	**property** 프라퍼티 **fortune** 포춘
자살(하다)	**suicide** 수어사이드 **commit suicide** 커밋 수어사이드
자서전	**autobiography** 오토바이오그래피
자석	**magnet** 맥넷
자선	**charity** 채리티 **benevolence** 베네버런스
자세	**posture** 포스춰 **pose** 포즈
자세히	**in detail** 인 디테일
자손	**descendant** 디센던트
자수	**embroidery** 엠브로이더리
자숙(하다)	**self-restraint** 셀프리스트레인트 **restrain oneself** 리스트레인 원셀프
자식	**child** 차일드 **children** 췰드런
자신감	**confidence** 칸퍼던스
자신 있게	**confidently** 칸퍼던틀리
자연	**nature** 네이춰
자외선	**ultraviolet ray** 울트라바이얼릿 레이
자원	**resources** 리소시즈
자유	**freedom** 프리덤 **liberty** 리버티 자유선택 free choice

자장가	**lullaby** 럴러바이
자전거	**bicycle** 바이시클
자제	**self-control** 셀프컨트롤
자존	**self-respect** 셀프리스펙트 **pride** 프라이드
자주	**often** 어픈 **frequently** 프리퀀틀리
자중(하다)	**caution** 코션 **be cautious** 비 코셔스
자취하다	**cook for oneself** 쿡 포 원셀프
자택	**one's house** 원스 하우스
작가	**writer** 라이터 **author** 오서
작곡(하다)	**composition** 컴포지션 **compose** 컴포우즈
작곡가	**composer** 컴포우저
작년	**last year** 래스트 이어
작다	**small** 스몰 **little** 리틀 **tiny** 타이니
작문(하다)	**composition** 컴포지션 **write a theme** 라이트 어 팀
작별	**parting** 파팅 **farewell** 페어웰
작성하다	**draw up** 드로 업 **make out** 메이크 아웃
작업	**work** 워크 **operations** 아퍼레이션즈
작용	**action** 액션 **function** 펑션
작전	**operation** 아퍼레이션 **tactics** 택틱스

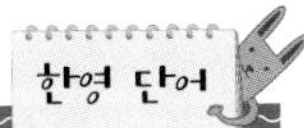

작품	**work** 워크 **piece** 피스 최근 작품 the latest works
잔고	**the balance** 더 밸런스 **the remainder** 더 리매인더
잔돈	**change** 체인지 **small money** 스몰 머니
잔디	**lawn** 론 **turf** 터프
잔소리	**scolding** 스코울딩 **useless talk** 유즐리스 토크
잔업	**overtime work** 오버타임 워크
잔인한	**cruel** 크루얼 **merciless** 머시리스
잔치	**feast** 피스트 **party** 파티
잔해	**remains** 리매인즈 **wreckage** 레키지
잘	**well** 웰 **nicely** 나이슬리 **skillfully** 스킬펄리
잘라내다	**cut off [away]** 컷 오프 [어웨이] **separate** 세퍼레이트
잘못	**fault** 폴트 **error** 에러 **mistake** 미스테익 잘못을 저지르다 make a mistake
잠	**sleep** 스립 **nap** 냅(졸음)
잠기다	**be soaked** 비 소우크드
잠깐	**for a moment** 포러 모우먼트
잠들다	**fall asleep** 폴 어슬립
잠복(하다)	**concealment** 컨실먼트 **conceal oneself** 컨씰 원셀프

잠수하다	**dive into** 다이브 인투 **go into water** 고우 인투 워터
잠수함	**submarine** 섭머린
잠옷	**pajamas** 퍼자머즈
잠자리	**dragonfly** 드래건플라이
잠재적인	**latent** 레이턴트 **dormant** 도먼트
잡다	**take** 테이크 **hold** 홀드 **seize** 씨즈 **catch** 캐취
잡담(하다)	**gossip** 가십 **chat** 채트
잡동사니	**rubbish** 러비쉬 **trash** 트래쉬
잡아당기다	**pull** 풀 **draw** 드로 **drag** 드랙
잡음	**noise** 노이즈
잡종	**crossbreed** 크로스브리드 **hybrid** 하이브리드
잡지	**magazine** 매거진
잡초	**weed** 위드
장(腸)	**intestines** 인테스틴즈
장(章)	**chapter** 챕터
장갑	**gloves** 글러브즈
장교	**officer** 어피서
장군	**general** 제너럴
장기(長期)	**long-term** 롱텀

장난	**mischief** 미스칩 **trick** 트릭 **fun** 펀
장난감	**toy** 토이
장난치다	**joke** 조우크 **jest** 제스트
장남	**oldest son** 올디스트 썬
장대	**pole** 포울 **rod** 로드
장딴지	**calf** 캐프
장래	**future** 퓨처 **the time to come** 더 타임 투 컴
장례식	**funeral** 퓨너럴
장마	**rainy season** 레이니 시즌
장면	**scene** 씬 **sight** 사이트
장미	**rose** 로우즈
장부	**account book** 어카운트 북 장부 대조 balancing accounts
장비	**equipment** 이큅먼트 **outfit** 아웃핏
장사	**trade** 트레이드 **business** 비즈니스
장소	**place** 플레이스 **site** 사이트
장수(하다)	**longevity** 론제비티 **live long** 리브 롱
장식(하다)	**decoration** 데커레이션 **decorate** 데커레이트
장식물	**ornament** 오너먼트
장애물	**obstacle** 압스터클

ㅈ

장인(匠人)	**workman** 워크맨 **artisan** 아티전
장인(丈人)	**father-in-law** 파더인로
장점	**strong point** 스트롱 포인트 **merit** 메리트
장치	**device** 디바이스 **mechanism** 매커니즘
장티푸스	**typhoid** 타이포이드
장학금	**scholarship** 스칼러십
장화	**boots** 부츠
잦다 [회수]	**frequent** 프러퀀트 **repeated** 리피티드
재	**ash** 애쉬
재검토(하다)	**reexamination** 리익재미네이션 **reconsider** 리컨시더
재고(在庫)	**stocks** 스탁스 재고정리 판매 clearance sale
재고(再考)하다	**reexamine** 리익재민
재난	**misfortune** 미스포춘 **calamity** 컬래머티
재능	**talent** 탤런트 **ability** 어빌리티
재떨이	**ashtray** 애쉬트레이
재력	**financial power** 파이낸셜 파워
재료	**ingredient** 인그리디언트
재미있다	**interesting** 인터레스팅 **amusing** 어뮤징
재발하다	**relapse** 릴랩스 **recur** 리커

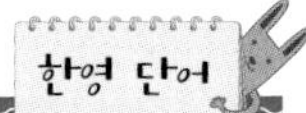

재배(하다)	**cultivation** 컬티베이션 **cultivate** 컬티베이트
재빠르다	**nimble** 님벌 **agile** 애절
재산	**estate** 에스테이트 **fortune** 포춘 재산가 a man of wealth
재생(하다)	**rebirth** 리버스 **regenerate** 리제너레이트
재수 없는	**ominous** 아머너스
재우다	**put to bed** 풋투 베드
재임 동안	**during one's term of office** 듀링 원스 텀 어브 오피스
재작년	**the year before last** 더 이어 비포 래스트
재정	**finances** 파이낸시즈 **economy** 이카너미
재주 있는	**skillful** 스킬펄 **talented** 탤런티드
재즈	**jazz** 재즈
재채기	**sneeze** 스니즈
재촉하다	**hurry** 허리 **hasten** 헤이슨
재치 있는	**quick-witted** 퀵위티드 **sensible** 센서블
재킷	**jacket** 재킷
재택근무	**working at home** 워킹 앳 홈
재판(하다)	**judgment** 저지먼트 **trail** 추라이얼 / **judge** 저쥐
재현(하다)	**reappearance** 리어피어런스 **reappear** 리어피어

ㄱ ㄴ ㄷ ㄹ ㅁ ㅂ ㅅ ㅇ ㅈ ㅊ ㅋ ㅌ ㅍ ㅎ

ㅈ

재혼(하다)	**second marriage** 세컨 매리지 **marry again** 매리 어겐
재활용(하다)	**recycling** 리사이클링 **recycle** 리사이클
잼	**jam** 잼
쟁반	**tray** 트레이
쟁탈전	**struggle (competition) for** 스트러글 (컴피티션) 포
저	**the** 더 **that** 댓 **those** 도우즈
저금(하다)	**savings** 세이빙즈 **save money** 세이브 머니
저급한	**low-grade** 라우그래이드 **low-class** 로우클래스
저기	**there** 데어
저기압	**low pressure** 라우 프레저 **depression** 디프레션
저널리스트	**journalist** 저널리스트
저녁	**evening** 이브닝
저녁밥	**supper** 서퍼 **dinner** 디너
저당	**mortgage** 모기지
저런	**such** 서치 **like that** 라이크 댓
저력	**latent power** 레이턴트 파워
저리다	**become numb** 비컴 넘
저명한	**famous** 페이머스 **eminent** 에머넌트
저수지	**reservoir** 레저브와

저술하다	**write a book** 롸이트 어 북 **publish** 퍼블리시
저울	**balance** 밸런스 **scales** 스케일즈 저울질하다 weigh in a balance
저자	**author** 오써 **writer** 롸이터
저작권	**copyright** 카피라이트
저장(하다)	**storage** 스토리지 **store** 스토어 **lay by** 레이 바이
저조한	**inactive** 인액티브 **dull** 덜
저주	**curse** 커스 **damnation** 댐네이션
저지(하다)	**obstruction** 업스트럭션 / **obstruct** 업스트럭트 **hinder** 힌더
저축하다	**save** 세이브 **store** 스토어
저택	**residence** 레지던스
저항(하다)	**resistance** 리지스턴스 **resist** 리지스트
저항력	**resistance** 리지스턴스 **tolerance** 탈러런스
적	**enemy** 에너미 **opponent** 아퍼넌트
적극성	**positiveness** 파지티브니스
적극적인	**positive** 파지티브 **active** 액티브
적다(少)	**few** 퓨 **little** 리틀
적다(書)	**write down** 롸잇 다운
적당한	**reasonable** 리즈너블 **suitable** 수터블

적대시(하다)	**hostility** 하스틸리티 **look upon ~ as an enemy** 룩 어판 ~ 애즈 언 에너미
적도	**the equator** 디 이퀘이터
적성	**aptitude** 앱티튜드 적성검사 aptitude test
적시다	**wet** 웻 **moisten** 모이슨
적어도	**at least** 앳 리스트 **at a minimum** 애러 미니멈
적외선	**infrared rays** 인프레어드 레이즈
적용	**application** 어플리케이션
적응	**adaptation** 어댑테이션 **adjustment** 어저스트먼트
적임의	**qualified** 콸러파이드 **competent** 캄퍼턴트
적자	**deficit** 데퍼싯 **red figures** 렛 피겨즈
적재(積載)	**loading** 로우딩 **carrying** 캐링
적절한	**proper** 프라퍼 **adequate** 애더퀘이트
적합하다	**fit** 핏 **suit** 수트
전가(轉嫁)	**imputation** 임퓨테이션 **shift** 쉬프트
전갈	**scorpion** 스코피언
전개(하다)	**development** 디벨롭먼트 / **develop** 디벨롭 **unfold** 언폴드
전공(하다)	**major** 메이저 **major in** 메이저 인
전국적인	**national** 내셔널 **nationwide** 네이션와이드

전기(傳記)	**biography** 바이오그래피 **life story** 라이프 스토리
전기(電氣)	**electricity** 일렉트리서티 전기밥솥 electric rice-cooker
전념하다	**devote oneself to** 디보우트 원셀프 투
전달(하다)	**transmission** 트랜스미션 **communicate** 커뮤니케이트
전당포	**pawnshop** 폰샵
전도체	**conductor** 컨덕터
전등	**electric light** 일렉트릭 라잇
전락하다	**fall** 폴 **degrade** 디그레이드
전람회	**exhibition** 엑시비션
전략	**strategy** 스트래티지 **tactic** 택틱
전례	**precedent** 프리시던트
전립선	**prostate** 프로스테이트
전망	**prospect** 프라스펙트 **view** 뷰
전망대	**observation platform** 압저베이션 플랫폼
전망하다	**see** 씨 **look at** 룩앳
전매(하다)	**monopoly** 머나펄리 **monopolize** 머나펄라이즈
전면적인	**all-out** 올아웃 **full-scale** 풀스케일
전멸(시키다)	**annihilation** 어나이얼레이션 **annihilate** 어나이얼레이트

전문(專門)	**specialty** 스페셜티
전문가	**specialist** 스페셜리스트 **expert** 엑스퍼트 **professional** 프러페셔널
전반	**the first half** 더 퍼스트 해프
전반(적인)	**whole** 호울 **general** 제너럴 **overall** 오버롤
전방	**ahead** 어헤드 **forward** 포워드
전보	**telegram** 텔리그램
전부	**entirely** 엔타이얼리 **everything** 에브리씽
전선	**electric wire** 일렉트릭 와이어
전설	**legend** 레전드 **folktale** 포크테일
전성기	**best days** 베스트 데이즈 **the golden age** 더 골든 에이쥐
전세	**chartered** 차터드
전술	**tactics** 택틱스 **strategy** 스트래터쥐
전시(하다)	**exhibition** 엑시비션 **exhibit** 엑시비트 자동차 전시회 motor show
전에	**before** 비포 **ago** 어고우
전염(되다)	**infection** 인펙션 **be infected with** 비 인펙티드 위드
전염병	**infectious disease** 인펙셔스 디지즈
전원(全員)	**all members** 올 멤버스

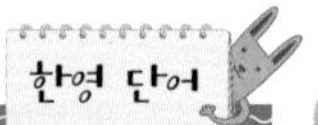

전원(電源)	**power supply** 파워 서플라이
전임자	**predecessor** 프리디세서
전입(하다)	**transference** 트랜스퍼런스 **move in** 무브 인
전자레인지	**microwave oven** 마이크로웨이브 어번
전자파	**electromagnetic wave** 일렉트로맥네틱 웨이브
전쟁(하다)	**war** 워 **warfare** 워페어 / **go to war** 고우 투 워
전제	**premise** 프레미스
전조	**omen** 오우먼
전진(하다)	**progress** 프라그레스 **advance** 어드밴스
전천후	**all-weather** 올웨더
전철	**electric railway** 일렉트릭 레일웨이
전체	**the whole** 더 호울
전통	**tradition** 트레디션
전투(하다)	**battle** 배틀 **combat** 컴뱃 **fight** 파이트
전파	**electric wave** 일렉트릭 웨이브
전파하다	**spread** 스프레드 **circulate** 서큘레이트
전하다	**tell** 텔 **report** 리포트 **transmit** 트랜스미트
전학하다	**change one's school** 체인지 원스 스쿨
전향	**conversion** 컨버전
전혀	**wholly** 호울리 **not at all** 낫앳 올

ㄱ ㄴ ㄷ ㄹ ㅁ ㅂ ㅅ ㅇ ㅈ ㅊ ㅋ ㅌ ㅍ ㅎ

전형적인	**typical** 티피컬 **ideal** 아이디얼
전화	**telephone** 텔러폰
절	**temple** 템플
절(하다)	**bow** 바우
절단(하다)	**cutting off** 커팅 오프 **cut off** 컷 오프
절대적인	**absolute** 앱설루트 **unconditional** 언컨디셔널
절도	**theft** 쎄프트
절망(하다)	**despair** 디스페어 **despair of** 디스페어 러브
절망적인	**desperate** 데스퍼리트 **hopeless** 호우플리스
절박	**urgency** 어전시 **imminence** 이미넌스
절반	**half** 해프
절벽	**cliff** 클립
절실한	**earnest** 어니스트
절약(하다)	**thrift** 스리프트 **economize** 이카너마이즈
절정	**summit** 서미트 **height** 하이트 절정에 달하다 reach the peak
절제(하다)	**temperance** 템퍼런스 **be moderate in** 비 마더릿 인
젊다	**young** 영 **youthful** 유쓰펄
젊어지다	**grow younger** 그로우 영거
젊은이	**young man** 영 맨

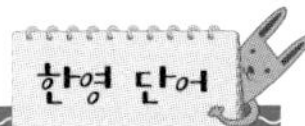

젊음	**youth** 유스
점(點)	**dot** 닷 **point** 포인트
점(占)	**fortune-telling** 포춘텔링
점검(하다)	**inspection** 인스펙션 **check** 첵
점령(하다)	**occupation** 아큐페이션 **occupy** 아큐파이
점수	**marks** 막스 **score** 스코어
점심식사	**lunch** 런치 **luncheon** 런천
점잖다	**decent** 디슨트 **gentle** 젠틀
점쟁이	**fortune-teller** 포춘 텔러
점퍼	**windbreaker** 윈드브레이커
접근(하다)	**approach** 어프로치
접다	**fold** 폴드 **turn in** 턴 인 접는 우산 folding umbrella
접대(하다)	**reception** 리셉션 **welcome** 웰컴
접속(하다)	**connection** 커넥션 **link** 링크
접수	**receipt** 리시트 **acceptance** 액셉턴스
접수하다	**receive** 리시브 **accept** 액셉트
접시	**plate** 플레이트 **dish** 디쉬
접점	**point of contact** 포인트 어브 컨택
접착제	**adhesive** 어드히어시브

ㄱ ㄴ ㄷ ㄹ ㅁ ㅂ ㅅ ㅇ ㅈ ㅊ ㅋ ㅌ ㅍ ㅎ

접촉(하다)	**contact** 컨택 **touch** 터치
젓가락	**chopsticks** 찹스틱스
정가	**fixed price** 픽스트 프라이스
정강이	**shin** 신
정계	**the political world** 더 펄리티컬 월드
정권	**political power** 펄리티컬 파워
정글	**jungle** 정글
정기적인	**regular** 레귤러 **periodic** 피리아딕
정년	**the retirement age** 더 리타이어먼트 에이지
정답	**correct answer** 커렉트 앤서
정당	**political party** 펄리티컬 파티
정당한	**just** 저스트 **proper** 프라퍼 **legal** 리걸
정도	**degree** 디그리 **grade** 그레이드
정돈(하다)	**order** 오더 **put in order** 풋 인 오더
정력	**energy** 에너지 **vitality** 바이탤리티
정력적인	**energetic** 에너제틱 **vigorous** 비거러스
정렬하다	**stand in a row** 스탠드 인 어 로우
정리(하다)	**arrangement** 어레인지먼트 **arrange** 어레인지
정말로	**really** 리얼리 **truly** 추룰리
정맥	**vein** 베인

정면	**front** 프런트
정문	**front gate** 프런트 게이트
정밀한	**precise** 프리사이즈 **minute** 마이뉴트
정보	**information** 인포메이션 **data** 데이터 정보기관 intelligence service
정복(하다)	**conquest** 컹퀘스트 **conquer** 컹커
정부	**government** 가버먼트
정비(하다)	**maintenance** 메인터넌스
정사각형	**square** 스퀘어
정상	**the summit** 더 서밋 정상회담 the summit (talk)
정상적인	**normal** 노멀
정성	**true heart** 추루 하트 **sincerity** 씬시어리티
정수(精髓)	**the marrow** 더 마로우 **the essence** 디 에센스
정숙	**silence** 사일런스 **hush** 허쉬
정숙한	**chaste** 체이스트 **graceful** 그레이스펄
정식	**formality** 포멀리티 **proper form** 프라퍼 폼
정신	**spirit** 스피릿 **mind** 마인드
정액(定額)	**fixed amount** 픽스트 어마운트
정어리	**sardine** 사딘

정열	**passion** 패션 **enthusiasm** 인쑤지애즘
정열적	**passionate** 패셔닛
정오	**noon** 눈
정원(庭園)	**garden** 가든
정육점	**meat shop** 미트 샵
정의(正義)	**justice** 저스티스
정의(定義)	**definition** 데피니션
정자(精子)	**sperm** 스펌
정적	**stillness** 스틸니스 **silence** 사일런스
정전	**power failure** 파워 페일류어
정전기	**static electricity** 스태틱 일렉트리서티
정점	**peak** 피크 **apex** 에이펙스
정정(하다)	**correction** 커렉션 **set right** 셋 라이트
정중한	**polite** 펄라이트 **courteous** 커티어스
정지(하다)	**stop** 스탑 **suspension** 서스펜션 **suspend** 서스펜드
정직	**honesty** 아니스티
정착(하다)	**settlement** 세틀먼트 **settle down** 세틀 다운
정책	**policy** 팔러시
정체(正體)	**true identity** 추루 아이덴터티 정체불명의 여자 an unidentified woman

정체(되다)	**stagnation** 스태그네이션 **jam** 잼 **be stagnant** 비 스태그넌트
정치	**politics** 팔러틱스
정치가	**statesman** 스테이츠먼 **politician** 팔러티션
정통	**orthodox** 오서닥스
정통하다	**be well informed of** 비 웰 인폼드 어브
정하다	**decide on** 디사이드 온 **fix** 픽스
정확한	**exact** 익잭트 **correct** 커렉트
젖	**mother's milk** 머더스 밀크
젖다	**get wet** 겟웻
젖소	**milk cow** 밀크카우
제거	**removal** 리무벌 **elimination** 일리미네이션
제거하다	**remove** 리무브 **get rid of** 겟 리드 어브
제공(하다)	**offer** 오퍼 **make an offer** 메이컨 오퍼
제국	**empire** 엠파이어
제기랄!	**Damn it!** 대밋 **Oh gosh!** 오우 가쉬
제도(制度)	**system** 시스템 **institution** 인스티튜션
제로	**zero** 지어로우
제명(하다)	**expulsion** 익스펄전 **expel a person** 익스펠 어 퍼슨
제목	**title** 타이틀 **subject** 섭젝트

제발	**please** 플리즈
제방	**bank** 뱅크 **embankment** 임뱅크먼트
제복	**uniform** 유너폼
제비	**swallow** 스왈로우
제비뽑기	**draw** 드로 **lottery** 라터리
제삼자	**the third party** 더 써드 파티
제시(하다)	**presentation** 프리젠테이션 **present** 프리젠트
제안(하다)	**proposal** 프러포우절 **propose** 프러포우즈
제외(하다)	**exception** 익셉션 **exclusion** 익스클루전 / **exclude** 익스클루드
제일	**the first** 더 퍼스트 **number 1** 넘버 원 세계 제일 the greatest in the world
제자	**pupil** 퓨필 **disciple** 디사이플
제작(하다)	**production** 프러덕션 / **make** 메이크 **manufacture** 매뉴팩춰
제재	**punishment** 퍼니쉬먼트 **sanction** 생션
제조업	**manufacturing industry** 매뉴팩춰링 인더스트리
제출(하다)	**presentation** 프리젠테이션 **submit** 섭미트
제품	**product** 프러덕트
제한(하다)	**limitation** 리미테이션 **restrict** 리스트릭트
젤리	**jelly** 젤리

조각(하다)	**sculpture** 스컬프춰 **carve** 카브
조개	**shellfish** 쉘피시
조건	**condition** 컨디션 **terms** 텀즈
조국	**motherland** 머더랜드
조금	**a little** 어 리틀 [양] **a few** 어 퓨 [수]
조기	**early stage** 얼리 스테이지
조깅(하다)	**jogging** 좌깅 **jog** 좍
조끼	**vest** 베스트
조난(하다)	**disaster** 디재스터 **meet with a disaster** 미트 위더 디재스터
조류(鳥類)	**avian life** 애이비언 라이프
조르다	**tease** 티즈 **press** 프레스
조리(하다)	**cooking** 쿠킹 **cook** 쿡
조리법	**recipe** 레서피
조립(하다)	**assembling** 어셈블링 **assemble** 어셈블 **put ~ together** 풋투게더
조만간	**sooner or later** 수너 오어 레이터
조명	**illumination** 일루미네이션 **lighting** 라이팅
조미료	**seasoning** 시즈닝
조부모	**grandparents** 그랜드패어런츠
조사	**investigation** 인베스티게이션 **inquiry** 인콰이어리

ㅈ

조사하다	**investigate** 인베스티게이트 **inquire** 인콰이어
조선	**shipbuilding** 쉽빌딩
조수	**assistant** 어시스턴트
조숙한	**precocious** 프리코우셔스 **premature** 프리머추어
조심하다	**be careful** 비 케어펄 **take care** 테익 케어
조언(하다)	**advice** 어드바이스 **advise** 어드바이즈 **counsel** 카운설
조연	**supporting player** 서포팅 플레이어
조용한	**silent** 사일런트 **still** 스틸 **calm** 캄
조율	**tuning** 튜닝
조정하다	**put in order** 풋인 오더
조제	**mixing** 믹싱 **preparation** 프리퍼레이션
조종(하다)	**handling** 핸들링 **handle** 핸들 **control** 컨트롤
조직(하다)	**organization** 오거나이제이션 **organize** 오거나이즈
조짐	**sign** 사인 **indication** 인디케이션
~조차	**even** 이븐 **besides** 비사이즈
조카	**nephew** 네퓨
조커	**joker** 조우커
조퇴	**leaving work early** 리빙 워크 얼리

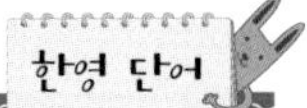

ㄱ ㄴ ㄷ ㄹ ㅁ ㅂ ㅅ ㅇ ㅈ ㅊ ㅋ ㅌ ㅍ ㅎ

조합	**association** 어소우시에이션 **union** 유니언 조합에 가입하다 join an association
조항	**articles** 아티클즈 **clauses** 클로지즈
조화	**harmony** 하머니 **concord** 컨코드
조회(하다)	**inquiry** 인콰이어리 **inquire** 인콰이어
족하다	**enough** 이너프 **sufficient** 서피션트
존경(하다)	**respect** 리스펙트 **esteem** 이스팀
존엄	**dignity** 딕니티 **prestige** 프레스티지
존재(하다)	**existence** 익지스턴스 **exist** 익지스트
졸리다	**be sleepy (drowsy)** 비 슬리피 (드라우지)
졸업	**graduation** 그래주에이션
졸업생	**graduate** 그래주잇
졸음	**sleepiness** 슬리피니스 **drowsiness** 드라우지니스
좁다	**narrow** 내로우 **limited** 리미티드
종	**bell** 벨
종교	**religion** 릴리전 **faith** 페이쓰
종료(하다)	**end** 엔드 **conclusion** 컨클루전 / **expire** 익스파이어
종류	**kind** 카인드 **sort** 소트 **species** 스피시즈
종목	**item** 아이텀
종사(하다)	**engagement** 인게이지먼트 **engage** 인게이지

종속되다	**be subordinate to** 비 서보디네잇 투
종이	**paper** 페이퍼
종지부	**period** 피리어드
종착역	**terminus** 터미너스 **terminal** 터미늘
종합(하다)	**synthesize** 신서사이즈
좋다	**good** 굿 **fine** 파인 **nice** 나이스
좋아하는	**favorite** 패이버릿
좋아하다	**like** 라이크 **be fond of** 비 판드 어브
좌석	**seat** 씨트
좌약	**suppository** 서포지터리
좌절하다	**be frustrated** 비 프러스트레이티드
좌회전(하다)	**left turn** 레프트 턴 **turn left** 턴 레프트
죄	**crime** 크라임 **sin** 씬 [종교적]
주(州)	**state** 스테이트 **province** 프라빈스
주(週)	**week** 위크
주간	**daytime** 데이타임
주거	**dwelling** 드웰링 **residence** 레지던스
주걱	**ladle** 레이들
주관(적인)	**subjectivity** 섭젝티버티 **subjective** 섭젝티브
주권	**sovereignty** 사버린티

주근깨	**freckles** 프렉클즈
주기	**cycle** 사이클 **period** 피리어드
주다	**give** 기브 **offer** 아퍼 **present** 프리젠트
주도권	**initiative** 이니셔티브
주름	**fold** 폴드 **wrinkles** 링클즈
주말	**weekend** 위켄드
주머니	**bag** 백 **sag** 색 **pouch** 파우치
주먹	**fist** 피스트
주목(하다)	**attention** 어텐션 **pay attention** 페이 어텐션
주문(하다)	**order** 오더 **request** 리퀘스트 주문서 form of order
주민	**inhabitants** 인해비턴츠 **residents** 레지던츠
주민등록	**resident registration** 레지던트 레지스트레이션
주방	**kitchen** 키친
주변	**neighborhood** 네이버훗
주부	**housewife** 하우스와이프
주사(하다)	**injection** 인젝션 **shot** 샷 **inject** 인젝트
주사기	**syringe** 시린지
주사위	**die** 다이 **dice** 다이스 [복수]
주소	**address** 어드레스

주스	**juice** 주스
주식	**stocks** 스탁스 주식시장 stock market
주연배우	**leading actor [actress]** 리딩 액터 [액추리스]
주요한	**main** 메인 **chief** 칩 **principal** 프린서플
주위	**circumference** 서컴퍼런스
주유소	**gas station** 개스테이션
주의	**attention** 어텐션 **notice** 노우티스
주의사항	**directions** 디렉션즈 **suggestions** 서제스천즈
주의하다	**give attention to** 깁 어텐션 투 **bear in mind** 베어 인 마인드
주인	**master** 매스터 **owner** 오우너
주인공	**hero** 히어로 **heroine** 히로인 (여성)
주자	**runner** 러너
주장(主將)	**captain** 캡틴
주장(하다)	**opinion** 어피니언 **state** 스테이트 **allege** 얼레지
주저(하다)	**hesitation** 헤저테이션 / **hesitate** 헤저테이트
주전자	**kettle** 케틀
주제	**subject** 섭젝트 **theme** 심
주차(하다)	**parking** 파킹 **park** 파크

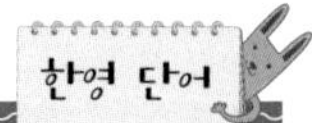

주차장	**parking lot** 파킹 랏
주최(하다)	**sponsorship** 스판서십 / **sponsor** 스판서
주택	**house** 하우스 **housing** 하우징
주행(하다)	**traveling** 트레벌링 **travel** 트레벌
주행거리	**mileage** 마일리지
주효하다	**be effective** 비 이펙티브
죽	**porridge** 파리지 **rice gruel** 라이스 그루얼
죽다	**die** 다이
죽음	**death** 데스
죽이다	**kill** 킬 **murder** 머더
준	**semi-** 세미 준결승 경기 semifinal game
준비하다	**prepare** 프리페어 **arrange** 어레인지
줄	**rope** 로우프 **cord** 코우드
줄기	**stalk** 스토크 **stem** 스템
줄넘기	**rope jumping** 로우프점핑
줄다	**decrease** 디크리즈 **diminish** 디미니쉬
줄다리기	**tug of war** 턱 어브 워
줄무늬	**stripe** 스트라이프
줄이다	**decrease** 디크리즈 **reduce** 리듀스
줍다	**pick up** 픽 업 **gather** 게더

ㄱ ㄴ ㄷ ㄹ ㅁ ㅂ ㅅ ㅇ ㅈ ㅊ ㅋ ㅌ ㅍ ㅎ

중	**priest** 프리스트 **monk** 멍크
중간	**the middle** 더 미들 **the center** 더 센터
중개(하다)	**mediation** 미디에이션 **mediate** 미디에이트
중개료	**commission** 커미션
중개인	**broker** 브로커
중계	**relay** 릴레이
중고	**used** 유즈드 **secondhand** 세컨핸드 중고품 secondhand goods
중국(어)	**China** 차이나 **Chinese** 차이니즈
중급	**intermediate course** 인터미디에이트 코스
중년	**middle age** 미들에이지
중단(하다)	**interruption** 인터럽션 **interrupt** 인터럽트
중대한	**serious** 씨리어스 **grave** 그레이브
중독	**poisoning** 포이즈닝
중동	**Middle East** 미들 이스트
중량	**weight** 웨이트
중력	**gravity** 그래비티 **gravitation** 그래비테이션
중류	**midstream** 미드스트림
중립	**neutrality** 뉴트럴리티
중매결혼	**arranged marriage** 어레인지드 매리지

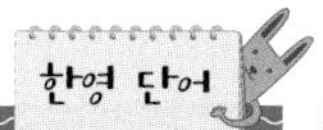

중복(되다)	**repetition** 리피티션 **repeat** 리피트
중소기업	**smaller enterprise** 스몰러 엔터프라이즈
중심	**the center** 더 센터 **the core** 더 코어
중앙	**the center** 더 센터
중얼거리다	**murmur** 머머 **mutter** 머터
중역	**director** 디렉터
중요성	**importance** 임포턴스
중요하다	**important** 임포턴트 **essential** 이센셜
중재(하다)	**arbitration** 아비트레이션 **arbitrate** 아비트레이트
중재인	**mediator** 미디에이터
중절(하다)	**abortion** 어보션 **abort** 어보트
중점	**emphasis** 엠퍼시스 **importance** 임포턴스
중지	**the middle finger** 더 미들 핑거
중지하다	**cancel** 캔슬 **call off** 콜 오프
중태	**serious condition** 시리어스 컨디션
중퇴하다	**drop out** 드랍 아웃
중학교	**junior high school** 주니어 하이 스쿨
중화	**neutralization** 뉴트럴라이제이션
중화요리	**Chinese food** 차이니즈 푸드
쥐	**rat** 랫 **mouse** 마우스

ㄱ ㄴ ㄷ ㄹ ㅁ ㅂ ㅅ ㅇ ㅈ ㅊ ㅋ ㅌ ㅍ ㅎ

쥐다	**pick** 픽 **pinch** 핀치
즉	**namely** 네임리 **that is** 댓 이즈
즉석의	**improvised** 임프러바이즈드 **instant** 인스턴트
즐거움	**pleasure** 플레저 **joy** 조이
즐겁다	**happy** 해피 **cheerful** 치어펄
즐기다	**enjoy** 인조이 **take pleasure in** 테익 플레저 인
즙	**juice** 주스
증가(하다)	**augmentation** 옥멘테이션 **increase** 인크리즈
증거	**proof** 프루프 **evidence** 에버던스 충분한 증거 sufficient evidence
증기	**vapor** 베이퍼 **steam** 스트림
증류(하다)	**distillation** 디스틸레이션 **distill** 디스틸
증명(하다)	**proof** 프루프 **evidence** 에버던스 / **prove** 프루브
증명서	**certificate** 서티피킷
증발(하다)	**evaporation** 이배퍼레이션 **evaporate** 이배퍼레이트
증상	**symptom** 심프텀
증언(하다)	**testimony** 테스터머니 **testify** 테스터파이
증여	**donation** 도우네이션 **presentation** 프리젠테이션
증오	**hatred** 헤이트리드 **abhorrence** 앱호런스
증인	**witness** 위트니스

증정	**presentation** 프리젠테이션
지각(하다)	**being late** 빙 레잇 **come late** 컴 레잇
지갑	**purse** 퍼스 **wallet** 월릿
지구	**the earth** 디 어쓰
지구	**district** 디스트릭트 **section** 섹션
지구본	**globe** 글로웁
지그재그	**zigzag** 직잭
지금	**now** 나우 **the present** 더 프레즌트 **this time** 디스 타임
지급(하다)	**supply** 서플라이 **provide** 프러바이드
지나가다	**pass** 패스 **go by** 고우 바이
지난달	**last month** 래스트 먼쓰
지느러미	**fin** 핀
지능	**intellect** 인털렉트 **intelligence** 인텔리전스 지능지수 IQ (intelligence quotient)
지다 [패배]	**be defeated** 비 디피티드 **lose** 루즈
지다 [해, 달]	**sink** 씽크 **set** 셋 **go down** 고우 다운
지다 [빚, 의무]	**shoulder** 쇼울더 **undertake** 언더테이크
지도	**map** 맵 **atlas** 애틀러스
지렁이	**earthworm** 어쓰웜
지뢰	**mine** 마인

지름길	**short cut** 숏 컷
지리학	**geography** 지아그래피
지망(하다)	**wish** 위쉬 **desire** 디자이어
지명(하다)	**nomination** 나머네이션 **nominate** 나머네이트
지문	**fingerprint** 핑거프린트
지방(脂肪)	**fat** 팻 **grease** 그리스
지방(地方)	**locality** 로캘러티 **country** 컨추리
지배	**rule** 룰 **management** 매니지먼트 **control** 컨추롤
지배하다	**rule** 룰 **dominate** 다머네이트 **reign** 레인
지배인	**manager** 매니저
지병	**chronic disease** 크라닉 디지즈
지불	**payment** 페이먼트 **payoff** 페이오프
지불하다	**pay** 페이 **defray** 디프레이
지붕	**roof** 루프
지사	**branch office** 브랜치 오피스
지상	**the ground** 더 그라운드
지성	**intellect** 인털렉트 **intelligence** 인텔러전스
지속(하다)	**continuance** 컨티뉴언스 **continue** 컨티뉴
지시	**indication** 인디케이션 **directions** 디렉션즈 지시에 따르다 follow the instruction

지식	**knowledge** 날리지 **learning** 러닝
지역	**area** 에어리어 **region** 리전 **zone** 존
지연(하다)	**delay** 딜레이
지엽적인	**minor** 마이너 **unessential** 언이센셜
지옥	**hell** 헬 **inferno** 인퍼노
지우개	**eraser** 이레이저 **rubber** 러버
지원(支援)	**support** 서포트 **backing** 배킹 지원을 받다 receive support
지위	**position** 퍼지션 **post** 포스트
지장	**hindrance** 힌드런스 **troubles** 추러블즈
지적인	**intellectual** 인털렉추얼 **mental** 멘털
지적(하다)	**indication** 인디케이션 **point out** 포인트 아웃 **indicate** 인디케이트
지점(支店)	**branch** 브랜치
지점(地點)	**spot** 스팟 **point** 포인트
지정	**designation** 데직네이션
지정석	**reserved seat** 리저브드 시트
지지(하다)	**backing** 배킹 **support** 서포트
지진	**earthquake** 어쓰퀘이크
지출	**expenses** 익스펜시즈 **expenditure** 익스펜디춰
지치다	**be tired** 비 타이어드

ㅈ

지키다	**defend** 디펜드 **protect** 프러텍트
지탱하다	**hold on** 홀드 온 **endure** 인듀어
지팡이	**stick** 스틱 **cane** 케인
지퍼	**zipper** 지퍼
지평선	**horizon** 허라이즌
지폐	**paper money** 페이퍼 머니 **bill** 빌
지프	**jeep** 집
지하	**underground** 언더그라운드
지하도	**underpass** 언더패스 **subway** 섭웨이
지하실	**basement** 베이스먼트
지하철	**subway** 섭웨이
지향하다	**aim at** 에임 앳 **point to** 포인투
지혜	**wisdom** 위즈덤 **wits** 위츠
지휘(하다)	**command** 커맨드
직각	**right angle** 라잇 앵글
직감	**intuition** 인튜이션
직경	**diameter** 다이어미터
직권	**one's authority** 원스 오쏘리티 직권남용 abuse of one's authority
직면하다	**confront** 컨프런트 **face** 페이스

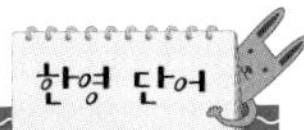

직무	**duty** 듀티 **service** 서비스
직사각형	**rectangle** 렉탱글
직선	**straight line** 스트레잇 라인 **beeline** 비라인
직업	**occupation** 아큐페이션 **profession** 프러페션
직원	**the staff** 더 스탭
직위	**post** 포스트
직접	**directly** 다이렉틀리
직진(하다)	**go straight** 고우 스트레이트
직통	**direct** 다이렉트 **nonstop** 넌스탑
직함	**title** 타이틀
직행	**going directly** 고우잉 다이렉트리
진	**gin** 진
진공	**vacuum** 베큠
진급(하다)	**promotion** 프러모우션 **be promoted** 비 프러모우티드
진눈깨비	**sleet** 슬리트
진단(하다)	**diagnosis** 다이액노우시스 **diagnose** 다이액노우즈 병원 진단서 medical certificate
진동(하다)	**vibration** 바이브레이션 **vibrate** 바이브레이트
진로	**course** 코스 **way** 웨이
진료소	**clinic** 클리닉

진리	**truth** 추루쓰
진보(하다)	**progress** 프라그레스 **advance** 어드밴스
진보적	**advanced** 어드밴스트 **progressive** 프라그레시브
진부한	**old-fashioned** 올드패션드
진술(하다)	**statement** 스테이트먼트 **state** 스테이트
진실	**truth** 추루쓰 **reality** 리얼리티 **fact** 팩트
진압하다	**suppress** 서프레스 **subdue** 섭듀
진열(하다)	**exhibition** 엑시비션 / **display** 디스플레이 **exhibit** 익지비트
진전(되다)	**development** 디벨롭먼트 **progress** 프라그레스
진정시키다	**soothe** 수쓰 **calm** 캄
진정한	**real** 리얼 **true** 추루 **veritable** 베리터블
진주	**pearl** 펄
진지한	**serious** 시리어스 **earnest** 어니스트
진짜	**genuine article** 제뉴인 아티클 진짜와 가짜를 구분하다 tell the real from the false
진찰	**medical examination** 메디컬 익재미네이션
진출(하다)	**advance** 어드밴스 **march** 마취
진통제	**analgesic** 애널쥐직
진하다	**thick** 씩 **strong** 스트롱
진행	**progress** 프라그레스 **advance** 어드밴스

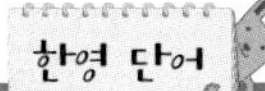

진화(하다)	**evolution** 에벌루션 **evolve** 이발브
질(質)	**quality** 퀄리티 **disposition** 디스포지션
질량	**mass** 매스
질문(하다)	**question** 퀘스천
질서	**order** 오더
질식(하다)	**suffocation** 서포케이션 **be stifled** 비 스타이플드
질주	**running at full speed** 러닝 앳 풀 스피드
질책	**reproof** 리프루프 **reproach** 리프로치
질투	**jealousy** 젤러시 **envy** 엔비
질투하다	**be jealous of** 비 젤러스 어브 **envy** 엔비
짊어지다	**carry on one's back** 캐리 온 원스 백
짐	**baggage** 배기지 **burden** 버든 **load** 로우드
짐승	**beast** 비스트
집	**house** 하우스 **residence** 레지던스 **dwelling** 드웰링
집념	**deep attachment** 딥 어태취먼트
집단	**group** 그룹 **body** 바디
집세	**rent** 렌트
집중(하다)	**concentration** 컨센추레이션 **concentrate** 컨센추레이트

집착(하다)	**attachment** 어태취먼트 **stick to** 스틱 투
집합(하다)	**gathering** 게더링 **gather** 게더
징역	**imprisonment** 임프리즌먼트
징크스	**jinx** 징크스 징크스를 깨다 break [smash] a jinx
짖다	**bark** 바크 **howl** 하울 **roar** 로어
짜다 [맛]	**salty** 솔티
짜다(織)	**weave** 위브
짝사랑	**one-sided love** 원사이디드 러브
짝수	**even number** 이븐 넘버
짧다	**short** 숏 **brief** 브리프
쫓아가다	**run after** 런 애프터
쫓아내다	**drive out** 드라이브 아웃
찌그러진	**distorted** 디스토티드 **crushed** 크러쉬드
찌다	**steam** 스팀 **heat with steam** 히트 위드 스팀
찌르다	**thrust** 스러스트 **pierce** 피어스
찔리다	**be pierced (stuck)** 비 피어스트 (스턱)
찢다	**rip** 립 **tear** 테어 **sever** 세버
찢어지다	**be split (torn)** 비 스플릿 (톤)

ㅊ

차(茶)	**tea** 티
차가운	**cold** 콜드
차가워지다	**get cold** 겟 콜드
차고	**garage** 거라쥐
차기	**the next term** 더 넥스 텀
차다	**kick** 킥 **reject** 리젝트
차단(하다)	**interception** 인터셉션 **intercept** 인터셉트
차도	**roadway** 로드웨이
차라리	**rather than** 래더 댄
차량	**vehicle** 비이클 **car** 카
차례	**order** 오더 **process** 프라세스 차례를 기다리다 await one's turn
차멀미하다	**get carsick** 겟 카식
차별	**discrimination** 디스크리미네이션
차분한	**calm** 캄 **self-possessed** 셀프퍼제스트
차비	**fare** 페어
차선(車線)	**lane** 레인
차압당하다	**have ~ seized** 해브 씨즈드

차원	**dimension** 디멘션
차이	**difference** 디퍼런스 **gap** 갭
차지하다	**occupy** 아큐파이 **possess** 퍼제스
착각	**misunderstanding** 미스언더스탠딩
착륙(하다)	**landing** 랜딩 **land** 랜드
착수	**start** 스타트 **commencement** 커멘스먼트
착실하다	**stead** 스테디 **sound** 사운드
착오	**mistake** 미스테익 **error** 에러
착취(하다)	**exploitation** 엑스플로이테이션 **squeeze** 스퀴즈
찬성(하다)	**approval** 어프루벌 **approve** 어프루브
찬송가	**hymn** 힘
찬장	**cupboard** 커보드
참가(하다)	**participation** 파티시페이션 **take part in** 테익 파트 인
참가자	**participant** 파티시펀트
참고(하다)	**reference** 레퍼런스 **refer to** 리퍼 투
참고서	**reference book** 레퍼런스 북
참기름	**sesame oil** 세서미 오일
참다	**persevere** 퍼시비어 **bear** 베어 **endure** 인듀어
참새	**sparrow** 스패로우
참석(하다)	**attendance** 어텐던스 **attend** 어탠드

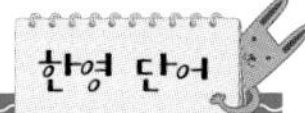

참을 수 없는	**unbearable** 언베어러블 **impatient** 임페이션트 참을 수 없는 충동 an irresistible impulse
참패	**crushing defeat** 크러싱 디피트
참회	**confession** 컨페션 **repentance** 리펜턴스
창(槍)	**spear** 스피어 **lance** 랜스
창고	**warehouse** 웨어하우스 **storehouse** 스토어하우스
창문	**window** 윈도우
창백하다	**pale** 페일 **white** 화이트
창자	**bowels** 바우얼즈 **intestines** 인테스틴즈
창작(하다)	**creation** 크리에이션 **create** 크리에이트
창조적인	**creative** 크리에이티브 **original** 어리지널
찾다	**seek for** 시크 포 **look for** 룩 포
찾아내다	**find** 파인드 **discover** 디스커버
채굴(하다)	**mining** 마이닝 **mine** 마인
채널	**channel** 채널
채식주의자	**vegetarian** 베지테리언
채용(하다)	**adoption** 어답션 **adopt** 어답트
채우다	**stuff** 스터프 **fill** 필
채점(하다)	**marking** 마킹 **mark** 마크 **grade** 그레이드
채택(하다)	**adoption** 어답션 **choice** 초이스

ㄱ ㄴ ㄷ ㄹ ㅁ ㅂ ㅅ ㅇ ㅈ ㅊ ㅋ ㅌ ㅍ ㅎ

책	**book** 북
책상	**desk** 데스크 **bureau** 뷰로우
책임	**responsibility** 리스판서빌리티 누구에게 책임을 전가하다 shift the responsibility on to a person
책임지다	**take responsibility** 테이크 리스판서빌리티
처녀	**girl** 걸 **virgin** 버진
처녀작	**the first work** 더 퍼스트 워크
처리하다	**manage** 매니지 **deal with** 딜 위드
처방전	**prescription** 프리스크립션
처방하다	**prescribe** 프리스크라이브
처벌(하다)	**punishment** 퍼니쉬먼트 **punish** 퍼니쉬
처분(하다)	**disposal** 디스포우절 **dispose of** 디스포우즈 어브
처음	**the beginning** 더 비기닝 **the start** 더 스타트
처치	**disposal** 디스포우절 **management** 매니지먼트
처형	**execution** 엑서큐션
척도	**measure** 메저 **scale** 스케일
척추	**backbone** 백본 **spine** 스파인
천	**thousand** 싸우전드
천국	**Heaven** 해븐 **Paradise** 패러다이스
천둥	**thunder** 썬더

천만	**ten million** 텐 밀리언
천문학	**astronomy** 어스트라너미
천부적인	**innate** 이네이트 **natural** 내추럴 **gifted** 기프팃 천부적인 재능 natural talent
천사	**angel** 에인절
천식	**asthma** 애스머
천연자원	**natural resources** 내추럴 리소시즈
천장	**ceiling** 씰링
천재(天才)	**genius** 지니어스
천주교	**Roman Catholicism** 로먼 캐설리시즘
천직	**vocation** 보우캐이션
천천히	**slowly** 슬로우리
철	**iron** 아이언
철강	**steel** 스틸
철도	**railroad** 레일로드
철망	**wire netting** 와이어 네팅
철물	**hardware** 하드웨어
철봉	**iron bar** 아이언 바
철사	**wire** 와이어
철새	**migratory bird** 마이그래터리 버드

철야하다	**stay up all night** 스테이 업 올 나잇
철옹성	**impregnable fortress** 임프렉너블 포트리스
철자	**spelling** 스펠링
철저한	**thorough** 써로우 **complete** 컴플리트
철조망	**barbed wire** 바브드 와이어
철판	**iron plate** 아이언 플레이트
철하다	**bind** 바인드 **file** 파일
철학	**philosophy** 필라소피
철학자	**philosopher** 필라소퍼
철회(하다)	**withdrawal** 윗드로얼 **withdraw** 윗드로
첨부	**attachment** 어태치먼트
첨부하다	**affix** 어픽스 **attach** 어태치
청각	**hearing** 히어링
청구(하다)	**demand** 디맨드 **claim** 클레임
청구서	**bill** 빌
청문회	**hearing** 히어링
청소(하다)	**cleaning** 클리닝 **clean** 클린 **sweep** 스윕
청소기	**vacuum cleaner** 배큠 클리너
청소년	**the younger generation** 더 영거 제너레이션
청취	**hearing** 히어링

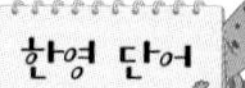

청취자	**listener** 리스너
체격	**physique** 피직
체계	**system** 시스템
체계적	**systematic** 세스터메틱
체력	**physical strength** 피지컬 스트렝쓰 체력을 기르다 strength one's body
체면	**face** 페이스 **dignity** 딕니티
체벌	**corporal punishment** 코퍼럴 퍼니시먼트
체육	**physical education** 피지컬 에주케이션
체육관	**gymnasium** 짐네이지엄
체제(體制)	**organization** 오거나이재이션 **structure** 스트럭춰
체조	**gymnastics** 짐네스틱스
체중	**weight** 웨이트
체포(하다)	**arrest** 어레스트 **capture** 캡춰
체험(하다)	**experience** 익스피리언스
체형	**the shape of one's body** 더 쉐입 어브 원스 바디 **figure** 피겨
초(秒)	**second** 세컨드
초과(하다)	**excess** 익세스 **exceed** 익시드
초기	**the first stage** 더 퍼스트 스테이지

ㄱ ㄴ ㄷ ㄹ ㅁ ㅂ ㅅ ㅇ ㅈ ㅊ ㅋ ㅌ ㅍ ㅎ

초능력	**extrasensory perception** 엑스트라센서리 퍼셉션
초대(하다)	**invitation** 인비테이션 **invite** 인바이트
초등학교	**elementary school** 엘리멘터리 스쿨
초등학생	**schoolchild** 스쿨차일드
초라한	**poor** 푸어 **miserable** 미저러블
초래하다	**bring about** 브링 어바웃 **incur** 인커
초면	**the first meeting** 더 퍼스트 미팅 그녀의 첫 인상 her first impression
초반	**the early stage** 디 얼리 스테이지
초보자	**beginner** 비기너
초상권	**right of portrait** 라이트 어브 포트레이트
초상화	**portrait** 포트레이트
초승달	**crescent** 크레슨트
초안	**draft** 드레프트
초월(하다)	**transcendence** 트렌센던스 **transcend** 트랜센드
초음파	**ultrasound** 울트라사운드
초인간	**superman** 수퍼맨
초점	**focus** 포커스
초침	**the second hand** 더 세컨 핸드
초콜릿	**chocolate** 초컬릿

촌스러운	**boorish** 부어리쉬 **senseless** 센스리스
총	**gun** 건 **rifle** 라이플
총계	**total amount** 토우털 어마운트
총동원	**general mobilization** 제너럴 모빌러제이션
총명한	**bright** 브라잇 **intelligent** 인텔러전트
총알	**bullet** 불릿
총액	**the total (amount)** 더 토털 (어마운트)
최고	**supremacy** 수프리머시 **maximum** 맥시멈
최근	**recently** 리슨틀리
최대	**the maximum (largest)** 더 맥시멈 (라지스트)
최면술	**hypnotism** 힙나티즘
최선	**the best** 더 베스트
최소	**the least (smallest)** 더 리스트 (스몰리스트)
최악	**the worst** 더 워스트
추가	**addition** 애디션
추격(하다)	**pursuit** 퍼수잇 **pursue** 퍼수
추락(하다)	**fall** 폴 **drop** 드랍
추방(하다)	**banishment** 배니쉬먼트 **banish** 배니쉬
추상	**abstraction** 앱스트랙션
추상적인	**abstract** 앱스트랙트

추억	**memories** 메모리즈 **reminiscence** 레머니슨스
추위	**the cold** 더 코울드
추이	**change** 체인지 **transition** 트랜지션 추이를 지켜보다 watch the changes
추적(하다)	**pursuit** 퍼수잇 **chase** 체이스
추정(하다)	**presumption** 프리점션 **presume** 프리줌
추진(하다)	**propulsion** 프러펄전 **promotion** 프러모우션 / **propel** 프러펠
추천(하다)	**recommendation** 레커멘데이션 **recommend** 레커멘드
추첨(하다)	**lottery** 라터리 **draw lots** 드로 랏츠
추측(하다)	**guess** 게스 **conjecture** 컨젝춰
추태	**disgraceful behavior** 디스그레이스펄 비헤이비어
축	**axis** 액시스 **shaft** 샤프트
축구	**soccer** 사커 **football** 풋볼
축농증	**empyema** 엠파이이머
축배	**toast** 토스트 축배를 들다 drink a toast
축복(하다)	**blessing** 블레싱 **bless** 블레스
축소(하다)	**reduction** 리덕션 **reduce** 리듀스
축적(하다)	**accumulation** 어큐멀레이션 **accumulate** 어큐멀레이트

축제	**festival** 페스티벌
축하	**celebration** 셀러브레이션
축하하다	**congratulate** 컹그래출레이트 **celebrate** 셀러브레이트
출구	**exit** 엑시트 **way out** 웨이 아웃
출국	**leaving a country** 리빙 어 컨추리
출국수속	**departure procedures** 디파춰 프러시줘즈
출근(하다)	**attendance** 어텐던스 **go to work** 고우투 워크
출력	**output** 아웃풋
출발(하다)	**departure** 디파춰 **start** 스타트 **depart** 디파트
출발점	**the starting point** 더 스타팅 포인트
출산(하다)	**birth** 버쓰 **delivery** 딜리버리 / **give birth to** 기브 버쓰 투
출석(하다)	**attend** 어텐드 **be present at** 비 프레즌트 앳
출세	**success in life** 석세스 인 라이프
출신지	**place of origin** 플레이스 어브 어리진
출연하다	**appear on the stage** 어피어 온 더 스테이지
출입	**coming in and out** 커밍 인 앤 아웃
출입구	**doorway** 도어웨이 출입금지 No Admittance
출장	**business trip** 비즈니스 추립

출처	**the source** 더 소스
출판(하다)	**publication** 퍼블리케이션 **publish** 퍼블리시
출현(하다)	**appearance** 어피어런스 **appear** 어피어
출혈	**hemorrhage** 헤머리지 **bleeding** 블리딩
춤(추다)	**dance** 댄스
춥다	**cold** 코울드 **chilly** 칠리
충격(받다)	**shock** 샥 **impact** 임팩트 **be shocked** 비 샥트
충고(하다)	**advice** 어드바이스 **advise** 어드바이즈
충돌(하다)	**collision** 컬리전 **clash** 클래쉬
충동	**impulse** 임펄스
충분한	**sufficient** 서피션트 **enough** 이너프
충분히	**fully** 풀리 **well** 웰
충전(하다)	**charge** 차쥐
충전기	**recharger** 리차저
충치	**decayed tooth** 디케이드 투쓰
취급(하다)	**management** 매니지먼트 **treatment** 추릿먼트 / **treat** 추릿 취급주의 handle with care
취득(하다)	**acquisition** 억퀴지션 **acquire** 어콰이어
취미	**taste** 테이스트 **hobby** 하비

취소하다	**cancel** 캔슬 **revoke** 리보우크
취임(하다)	**inauguration** 인오겨레이션 **take office** 테익 오피스
취재하다	**gather information** 게더 인포메이션
취직하다	**obtain employment** 옵테인 엠플로이먼트
취하다	**get drunk** 겟 드렁크 **get tipsy** 겟 팁시
취향	**taste** 테이스트 **liking** 라이킹
측량	**measurement** 메저먼트 **survey** 서베이
측면	**aspect** 어스펙트 **side** 사이드
측정(하다)	**measurement** 메저먼트 **measure** 메저
치과의사	**dentist** 덴티스트
치다	**strike** 스트라이크 **hit** 히트
치료	**medical treatment** 메디컬 추리트먼트
치수	**measure** 메저 **size** 사이즈
치안	**public peace** 퍼블릭 피스
치약	**toothpaste** 투쓰페이스트
치우다	**remove** 리무브 **put in order** 풋 인 오더
치우치다	**lean to** 린 투 **be biased** 비 바이어스드
치즈	**cheese** 치즈
치킨	**chicken** 치킨

치통	**toothache** 투쓰에익
친구	**friend** 프렌드 **mate** 메이트 **pal** 팰
친근감	**friendly feeling** 프렌들리 필링 **affinity** 어피니티
친밀한	**intimate** 인티밋 **close** 클로우즈
친숙하다	**familiar** 퍼밀리어 **well acquainted** 웰 어퀘인티드
친절	**kindness** 카인드니스 **favor** 페이버 낯선 이에게 친절을 베풀다 be kind to a stranger
친절하다	**gentle** 젠틀 **kind** 카인드
친정	**parents' home of a married woman** 페어런츠 홈 어브 어 매리드 우먼
친척	**relative** 렐러티브
친하다	**close** 클로우즈 **familiar** 퍼밀리어
칠면조	**turkey** 터키
칠월	**July** 줄라이
칠판	**blackboard** 블랙보드
칠하다	**paint** 페인트
침[침술]	**acupuncture** 애큐펑춰
침[타액]	**spittle** 스피틀 **saliva** 설라이버
침대	**bed** 베드 **berth** 버쓰 [열차 / 선박의]
침략(하다)	**aggression** 어그레션 **invade** 인베이드

침략자	**invader** 인베이더
침몰(하다)	**sinking** 싱킹 **sink** 싱크
침묵	**silence** 사일런스
침묵을 지키다	**keep silent** 킵 사일런스
침수(되다)	**flood** 플럿 **inundation** 이넌데이션 / **be flooded** 비 플러디드
침식	**erosion** 이로우전 **corrosion** 커로우션
침식하다	**erode** 이로우드 **encroach** 인크로우치
침실	**bedroom** 베드룸
침입하다	**invade** 인베이드 **raid** 레이드
침착성	**composure** 컴포우저 **self-possession** 셀프퍼제션
침착한	**calm** 캄 **composed** 컴포우즈드
침체(되다)	**inactivity** 인액티버티 **stagnate** 스택네이트
침투(하다)	**penetration** 페너트레이션 **penetrate** 페너트레이트
침팬지	**chimpanzee** 침팬지
침해(하다)	**infringement** 인프린지먼트 **infringe** 인프린지 인권 침해 the violation of human rights
칫솔	**toothbrush** 투쓰브러쉬
칭찬하다	**praise** 프레이즈 **applaud** 어플로드

| 영어 필수 단어 |

ㅋ

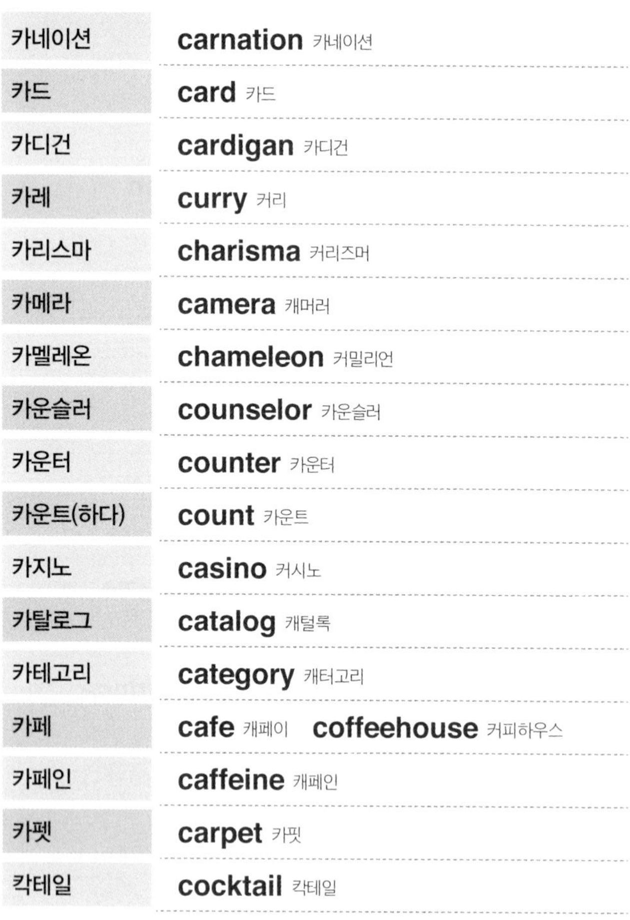

카네이션	**carnation** 카네이션
카드	**card** 카드
카디건	**cardigan** 카디건
카레	**curry** 커리
카리스마	**charisma** 커리즈머
카메라	**camera** 캐머러
카멜레온	**chameleon** 커밀리언
카운슬러	**counselor** 카운슬러
카운터	**counter** 카운터
카운트(하다)	**count** 카운트
카지노	**casino** 커시노
카탈로그	**catalog** 캐털록
카테고리	**category** 캐터고리
카페	**cafe** 캐페이 **coffeehouse** 커피하우스
카페인	**caffeine** 캐페인
카펫	**carpet** 카핏
칵테일	**cocktail** 칵테일

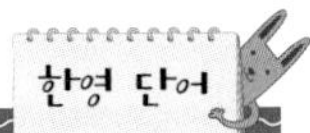

칼	**knife** 나이프 **edged tool** 에지드 툴
칼로리	**calorie** 캘러리
칼륨	**potassium** 퍼태시엄
칼슘	**calcium** 캘시엄
캐나다	**Canada** 캐너더
캐릭터	**character** 캐릭터
캐치(하다)	**catch** 캐취 **get** 겟 **obtain** 업테인
캔	**can** 캔
캔디	**candy** 캔디
캔버스	**canvas** 캔버스
캠페인	**campaign** 캠페인
캠프	**camp** 캠프
캡슐	**capsule** 캡슐
캡틴	**captain** 캡틴
캥거루	**kangaroo** 캥거루
커닝	**cheating** 치팅
커리큘럼	**curriculum** 커리큘럼
커미션	**commission** 커미션
커브	**curve** 커브 **turn** 턴
커지다	**extend** 익스텐드 **expand** 익스펜드

커튼	**curtain** 커튼
커플	**couple** 커플
커피	**coffee** 커피
커피숍	**coffee shop** 커피샵
컨디션	**physical condition** 피지컬 컨디션
컨설턴트	**consultant** 컨설턴트
컨셉트	**concept** 컨셉
컨테이너	**container** 컨테이너
컬러	**color** 컬러
컬럼	**column** 칼럼
컬렉션	**collection** 컬렉션
컬렉트콜	**collect call** 컬렉트콜
컴퍼스	**compasses** 컴퍼시즈
컴퓨터	**computer** 컴퓨터 컴퓨터 게임을 하다 play a computer game
컵	**cup** 컵
컷	**cut** 컷 **illustration** 일러스트레이션
케이블	**cable** 케이블
케이블카	**ropeway** 로웁웨이
케이크	**cake** 케익

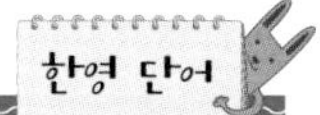

케첩	**catchup** 캐첩
켜다	**light** 라잇 **turn on** 턴 온 **kindle** 킨들
코	**nose** 노우즈
코끼리	**elephant** 엘리펀트
코너	**corner** 코너
코드	**code** 코우드
코멘트	**comment** 카멘트
코미디	**comedy** 카머디
코뿔소	**rhinoceros** 라이나서러스
코스	**course** 코스
코스모스	**cosmos** 카즈머스
코치	**coach** 코치
코코아	**cocoa** 코우코우
코트	**coat** 코우트
코피	**nosebleed** 노우즈블리드
콘	**corn** 콘
콘도미니엄	**condominium** 칸더미니엄
콘서트	**concert** 칸서트
콘센트	**outlet** 아웃렛
콘크리트	**concrete** 칸크리트

콘택트렌즈	**contact lens** 칸택트렌즈
콘테스트	**contest** 칸테스트 미인 콘테스트 a beauty contest
콜라	**Coke** 코우크
콜레스테롤	**cholesterol** 컬레스터롤
콤마	**comma** 카머
콤비	**combination** 캄버네이션 **partner** 파트너
콧물	**snivel** 스니벌
콩	**bean** 빈
콩나물	**bean sprouts** 빈 스프라우츠
쾌락	**pleasure** 플레져
쾌적하다	**agreeable** 어그리어블 **comfortable** 컴퍼터블
쾌활하다	**cheerful** 치어펄 **lively** 라이블리
쿠데타	**coup(d'etat)** 쿠(데이타)
쿠션	**cushion** 쿠션
쿠키	**cookie** 쿠키 **biscuit** 비스킷
퀴즈	**quiz** 퀴즈
크게	**greatly** 그레이틀리 **very much** 베리 머취
크기	**size** 사이즈
크다	**big** 빅 **huge** 휴쥐

크래커	**cracker** 크래커
크레인	**crane** 크레인
크로와상	**croissant** 크롸상트
크리스마스	**Christmas** 크리스머스
크리스털	**crystal** 크리스털
크림	**cream** 크림 화장용 크림 facial cream
큰일	**great thing** 그레잇 씽 **crisis** 크라이시스
클라이맥스	**climax** 클라이맥스
클래식 음악	**classical music** 클래시컬 뮤직
클랙슨	**horn** 혼
클럽	**club** 클럽
클레임	**claim** 클레임 **complaint** 컴플레인트
클로버	**clover** 클로버
클로즈업	**close-up** 클로우즈업
클리닉	**clinic** 클리닉
클릭(하다)	**click** 클릭
클립	**clip** 클립
키	**height** 하이트 **stature** 스태춰
키보드	**keyboard** 키보드

키스(하다)	**kiss** 키스
키우다	**bring up** 브링 업 **foster** 포스터
키위	**kiwi** 키위
키홀더	**key ring** 키 링
킬로그램	**kilogram** 킬로그램
킬로미터	**kilometer** 킬로미터

ㅌ

타개(하다)	**break** 브레이크
타개책	**way out** 웨이 아웃 **breakthrough plan** 브레익스루 플랜
타격	**blow** 블로우 **hit** 히트 **shock** 샤크
타고나다	**be born (gifted) with** 비 본 (기프티드) 위드
타는 곳	**stop** 스탑 **platform** 플랫폼
타다 [연소]	**burn** 번 **blaze** 블레이즈
타다 [승차]	**get on** 겟 온 **ride** 라이드
타당하다	**appropriate** 어프로우프리잇 **proper** 프라퍼
타도하다	**defeat** 디피트 **overthrow** 오버스로우
타락(하다)	**degeneration** 디제너레이션 **degrade** 디그레이드
타박상	**bruise** 브루이즈
타산적	**calculating** 캘결레이팅 **selfish** 셀피쉬 타산적인 결혼 marriage for only lucre
타액	**saliva** 설라이버
타원	**oval** 오우벌
타이밍	**timing** 타이밍
타이틀	**title** 타이틀

타인	**others** 아더스
타일	**tile** 타일
타자	**batter** 배터
타조	**ostrich** 오스트리취
타협(하다)	**compromise** 캄프러미스
탁월하다	**excellent** 엑설런트 **eminent** 에머넌트
탁함	**impurity** 임퓨리티 **muddiness** 머디니스
탄력	**elasticity** 일레스티서티 **flexibility** 플렉서빌리티
탄산가스	**carbonic acid gas** 카보닉 애시드 개스
탄생(하다)	**birth** 버쓰 **be born** 비 본
탄소	**carbon** 카본
탄수화물	**carbohydrate** 카보하이드레이트
탄식	**sigh** 사이 **sorrow** 소로우
탄압(하다)	**suppression** 서프레션 **suppress** 서프레스 명백한 탄압 행위 an act of obvious oppression
탄환	**bullet** 불릿 **shell** 쉘
탈것	**vehicle** 비이클
탈락(하다)	**omission** 오우미션 **be left out** 비 레프트 아웃
탈락자	**dropout** 드랍아웃
탈모	**depilation** 디필레이션

탈선(하다)	**derailment** 디레일먼트 **deviate** 디비에이트
탈세(하다)	**tax evasion** 택스 이베이전 **evade a tax** 이베이드 어 택스
탈수(하다)	**dehydration** 디하이드레이션 **dry** 드라이
탈수기	**spin-drier** 스핀드라이어
탈의실	**dressing room** 드레싱룸
탈진	**total exhaustion** 토털 익조스천
탈출(하다)	**escape** 이스케입
탈퇴하다	**leave** 리브 **withdraw** 위드로
탈환하다	**recapture** 리캡춰
탐구(하다)	**investigation** 인베스티게이션 **investigate** 인베스티게이트
탐내다	**desire** 디자이어 **covet** 카빗
탐사	**inquiry** 인콰이어리
탐욕	**greed** 그리드
탐정	**detective** 디텍티브
탐험(하다)	**exploration** 익스플로레이션 **explore** 익스플로어
탑	**tower** 타워 **pagoda** 파고다
탑승(하다)	**boarding** 보딩 **board** 보드 **get into** 겟 인투
탑승게이트	**boarding gate** 보딩 게이트

탑승권	**boarding pass** 보딩 패스
탓	**fault** 폴트 **blame** 블레임
태도	**attitude** 애티튜드 **manner** 매너 결연한 태도로 in a determined attitude
태아	**fetus** 페터스
태양	**the sun** 더 썬
태어나다	**be born** 비 본 **come into being** 컴 인투 빙
태연한	**cool** 쿨 **calm** 캄 **nonchalant** 넌셜런트
태우다 [연소]	**burn** 번 **scorch** 스코치
태우다 [탑승]	**give a lift** 기버 리프트 **pick up** 픽업
태클	**tackle** 태클
태평하다	**peaceful** 피스펄 **easy** 이지 **carefree** 캐어프리
태평양	**the Pacific** 더 퍼시픽
태풍	**typhoon** 타이푼
택배	**door-to-door delivery** 도어투도어 딜리버리
택시	**taxi** 택시
탤런트(TV)	**personality** 퍼스널리티
탬버린	**tambourine** 탬버린
탱크	**tank** 탱크

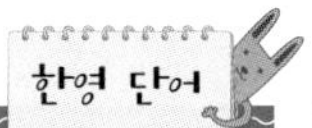

터	**site** 사이트 **lot** 랏 **place** 플레이스 병원으로서 좋은 터 a good site for a hospital
터널	**tunnel** 터널
터무니없는	**absurd** 업서드 **unreasonable** 언리즈너블
터미널	**terminal** 터미늘
터부	**taboo** 터부
터지다	**burst** 버스트 **split** 스플릿
턱	**jaw** 조 **chin** 친
턱걸이	**chin-up** 친업
털	**hair** 헤어
털다	**shake off** 쉐이크 오프 **empty** 엠프티
테니스	**tennis** 테니스
테두리	**the border** 더 보더 **the edge** 디 에지
테러	**terrorism** 테러리즘
테러리스트	**terrorist** 테러리스트
테마	**theme** 팀 **subject** 섭직트
테스트(하다)	**test** 테스트
테이블	**table** 테이블
테이프	**tape** 테입
테크닉	**technique** 테크닉

ㄱ ㄴ ㄷ ㄹ ㅁ ㅂ ㅅ ㅇ ㅈ ㅊ ㅋ ㅌ ㅍ ㅎ

텐트	**tent** 텐트
텔레비전	**television** 텔러비전
텔레파시	**telepathy** 털레퍼시
템포	**tempo** 템포우
토끼	**rabbit** 래빗 **hare** 헤어
토너먼트	**tournament** 투어너먼트
토대	**foundation** 파운데이션 **base** 베이스
토론(하다)	**discussion** 디스커션 **discuss** 디스커스
토마토	**tomato** 터메이토우
토막	**piece** 피스 **bit** 빗 **chip** 칩
토목(공사)	**public[engineering] works** 퍼블릭[엔지니어링] 웍스
토스트	**toast** 토스트
토양	**soil** 소일
토요일	**Saturday** 세터데이
토지	**land** 랜드 **real estate** 리얼 이스테이트
토하다	**throw up** 스로우업 **vomit** 보밋
톤	**ton** 턴
톱	**saw** 쏘
톱니모양	**dentiform** 덴티폼
통(桶)	**barrel** 배럴 **cask** 캐스크

통계	**statistics** 스태티스틱스
통과(하다)	**passage** 패시지 **pass** 패스
통관	**customs clearance** 커스텀즈 클리어런스
통나무	**log** 락
통로	**passage** 패시지 **path** 패쓰 통로측 좌석 aisle seat
통솔(하다)	**leadership** 리더십 **command** 커맨드
통신	**communication** 커뮤니케이션
통역(하다)	**interpretation** 인터프리테이션 **interpret** 인터프리트
통일(하다)	**unification** 유니피케이션 **unify** 유너파이
통장	**passbook** 패스북
통제(하다)	**regulation** 레귤레이션 **control** 컨트롤
통조림	**canned goods** 캔드 굿즈
통지(하다)	**notice** 노우티스 **notify** 노우티파이
통찰력	**insight** 인사이트
통치(하다)	**government** 가버먼트 **govern** 가번 **rule over** 룰 오버
통풍	**ventilation** 벤틸레이션
통하다	**go to** 고우 투 **lead to** 리드 투
통학하다	**go to school** 고우 투 스쿨

통행(하다)	**traffic** 트래픽 **pass** 패스 **go past** 고우 패스트
통화(通貨)	**currency** 커런시
통화(하다)	**call** 콜 **speak by phone** 스피크 바이 폰
퇴각(하다)	**retreat** 리트리트
퇴보	**retrogression** 리트로그레션
퇴원하다	**leave the hospital** 리브 더 하스피털
퇴장(하다)	**leaving** 리빙 **leave** 리브 **exit** 엑시트
퇴직(하다)	**retirement** 리타이어먼트 **retire from** 리타이어 프럼 퇴직금 retirement allowance
퇴치(하다)	**extermination** 엑스터미네이션 **exterminate** 엑스터미네이트
퇴폐적인	**decadent** 데커던트
투고(하다)	**contribution** 컨추리뷰션 **contribute** 컨추리뷰트
투기	**speculation** 스페큘레이션
투덜거리다	**grumble** 그럼블 **complain** 컴플레인
투명	**transparency** 트랜스패어런시
투병하다	**struggle against illness** 스트러글 어겐스트 일니스
투자(하다)	**investment** 인베스트먼트 **invest in** 인베스트 인
투자가	**investor** 인베스터
투쟁(하다)	**fight** 파이트 **struggle** 스트러글
투지	**fighting spirit** 파이팅 스피리트

투표(하다)	**vote** 보우트 **vote for** 보우트 포
튀기다(기름)	**deep-fry** 딥프라이 **frizzle** 프리즐
튀기다(손가락으로)	**flip** 플립 **snap** 스냅
튀다	**bounce** 바운스 **bound** 바운드
튤립	**tulip** 튤립
트다	**sprout** 스프라우트 [싹] **chap** 챕 [살갗]
트러블	**trouble** 추러블
트럭	**truck** 추럭
트럼펫	**trumpet** 추럼펫
트럼프	**cards** 카즈
트렁크	**trunk** 추렁크 **suitcase** 수트케이스
트레이너	**trainer** 추레이너
트레이드(하다)	**trading** 추레이딩 **trade** 추레이드
트로피	**trophy** 추로피
트리오	**trio** 추리오
트림	**burp** 버프
트집	**fault** 폴트 **blemish** 블레미시
특권	**privilege** 프리빌리지
특급(特級)	**special grade** 스페셜 그레이드
특기	**specialty** 스페셜티

특별한	**special** 스페셜 **exceptional** 익셉셔널 특산품 special product
특유의	**peculiar to** 피큘리어 투
특이한	**unique** 유닉 **singular** 싱귤러
특정한	**particular** 파티큘러 **specific** 스페서픽
특집	**feature articles** 피쳐 아티클즈
특징	**characteristic** 캐릭터리스틱 **peculiarity** 피큘러리티
특징짓다	**characterize** 캐릭터라이즈
특파원	**correspondent** 커레스판던트
특허	**patent** 페이턴트
특히	**especially** 이스페셜리 **in particular** 인 파티큘러
튼튼한	**solid** 솔리드 **stout** 스타우트 **healthy** 헬씨
틀	**frame** 프레임 **rim** 림
틀니	**artificial tooth** 아티피셜 투쓰
틀리다	**mistaken** 미스테이큰 **wrong** 렁
틀림없이	**surely** 슈얼리 **without a doubt** 위다우러 다웃
틀어박히다	**shut oneself up** 셧 원셀프 업
틀어지다	**break with** 브레이크 위드 **go wrong** 고우 렁
틈	**opening** 오프닝 **gap** 갭 **time** 타임 틈만 있으면 at all spare moment

티백	**tea bag** 티백
티셔츠	**T-shirt** 티셧
티슈	**tissue** 티슈
티켓	**ticket** 티킷
팀	**team** 팀
팀워크	**teamwork** 팀웍
팁	**tip** 팁

| 영어 필수 단어 |

ㅍ

파	**Welsh onion** 웰시 어니언
파견(하다)	**dispatch** 디스패취
파괴(하다)	**destruction** 디스추럭션 / **destroy** 디스추로이 **wreck** 렉
파급되다	**spread** 스프레드 **extend** 익스텐드
파기(하다)	**annulment** 애널먼트 / **annul** 애널 **break off** 브레이크 오프
파내다	**dig out** 딕 아웃
파노라마	**panorama** 패너래머
파다	**dig** 딕 **excavate** 엑스커베이트
파도	**waves** 웨이브즈
파라솔	**parasol** 패러솔
파랑	**blue** 블루
파렴치	**shamelessness** 쉐임리스니스 **infamy** 인퍼미 파렴치 행위 infamous deed
파르페	**parfait** 파페이
파리	**fly** 플라이
파마	**permanent wave** 퍼머넌트 웨이브

파멸(하다)	**ruin** 루인 **destruction** 디스트럭션 / **go to ruin** 고우 투 루인
파문(波紋)	**ripple** 리플
파산하다	**go bankrupt** 고우 뱅크럽트
파생되다	**derive from** 디라이브 프럼
파손(되다)	**damage** 데미지 **be damaged** 비 데미지드
파스타	**pasta** 파스터
파슬리	**parsley** 파슬리
파악(하다)	**grasping** 그래스핑 **grasp** 그래스프
파업	**strike** 스트라이크 **walkout** 워크아웃
파열	**explosion** 익스플로전 **bursting** 버스팅
파운데이션	**foundation** 파운데이션
파울	**foul** 파울
파이	**pie** 파이 **tart** 타트
파이프	**pipe** 파이프
파인애플	**pineapple** 파인애플
파일	**file** 파일
파자마	**pajamas** 퍼자마스
파출소	**police box** 폴리스박스
파충류	**reptiles** 렙타일즈
파탄	**rupture** 럽춰 **failure** 페일려

파트너	**partner** 파트너
판가름	**judgment** 저지먼트 **decision** 디시전
판결하다	**pass judgment on** 패스 저지먼트 온
판권	**copyright** 카피라이트
판단(하다)	**judgment** 저쥐먼트 **judge** 저쥐
판매(하다)	**sale** 세일 **sell** 셀 판매촉진 sales promotion
판명되다	**turn out** 턴 아웃 **become clear** 비컴 클리어
판사	**judge** 저쥐
판자	**board** 보드 **plank** 플랭크 [두꺼운]
판정(하다)	**judgment** 저쥐먼트 **judge** 저쥐 판정승 win on a decision
팔	**arm** 암
8	**eight** 에이트
팔걸이의자	**armchair** 암체어
팔꿈치	**elbow** 엘보우
팔다	**sell** 셀
팔씨름	**arm wrestling** 암 레슬링
팔월	**August** 어거스트
팔찌	**bracelet** 브레이슬릿
팝송	**pop music** 팝 뮤직

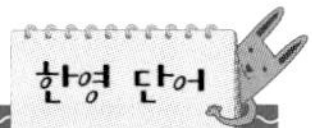

팝콘	**popcorn** 팝콘
패권	**hegemony** 히제머니 **supremacy** 수프리머시
패기	**aspiration** 애스퍼레이션 **ambition** 앰비션
패륜	**immorality** 이모럴리티
패배	**defeat** 디피트
패스워드	**password** 패스워드
패스트푸드	**fast food** 패스트푸드
패키지투어	**package tour** 패키지투어
패턴	**pattern** 패턴
패하다	**be beaten** 비 비튼
팩스	**fax(machine)** 팩스 (머신)
팬	**fan** 팬
팬티	**panties** 팬티즈
팬티스타킹	**pantyhose** 팬티호스
팸플릿	**pamphlet** 팸플릿 **brochure** 브로우셔
팽개치다	**throw away** 스로우 어웨이 **cast** 캐스트 **give up** 기브업
팽이	**top** 탑 팽이를 돌리다 spin a top
팽창(하다)	**expansion** 익스펜전 **swelling** 스웰링 **expand** 익스펜드

퍼내다	**bail out** 베일 아웃
퍼붓다	**pour in** 포어 인
퍼센트	**percent** 퍼센트
퍼즐	**puzzle** 퍼즐
퍼지다	**spread out** 스프레드 아웃 **multiply** 멀티플라이
펀치	**punch** 펀치
펄럭이다	**flutter** 플러터
펌프	**pump** 펌프
펑크	**puncture** 펑춰 **blowout** 블로우아웃
페달	**pedal** 페들
페미니스트	**feminist** 페미니스트
페스티벌	**festival** 페스티벌
페이지	**page** 페이지
페인트	**paint** 페인트
페트병	**plastic bottle** 플래스틱 바틀
펜	**pen** 펜
펜던트	**pendant** 펜던트
펜션	**pension** 펜션
펭귄	**penguin** 펭귄
펴다	**lengthen** 렝슨 **stretch** 스트레취

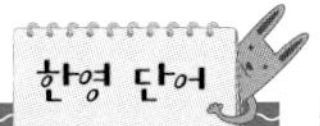

펴지다	**extend** 익스텐드 **stretch** 스트레취
편견	**prejudice** 프레주디스 **bias** 바이어스
편도	**one way** 원 웨이
편도선	**tonsils** 탄설즈
편두통	**migraine** 마이그레인
편들다	**take sides with** 테이크 사이즈 위드
편리	**convenience** 컨비년스 **handiness** 핸디니스
편성(하다)	**formation** 포메이션 **form** 폼
편승하다	**get a lift** 겟 어 리프트
편안한	**comfortable** 컴퍼터블 **safe** 세이프
편의점	**convenience store** 컴비년스 스토어
편지	**letter** 레터
편집(하다)	**editing** 에디팅 **edit** 에딧
편집자	**editor** 에디터
편파	**partiality** 파셜리티
편한	**easy** 이지 **carefree** 캐어프리
펼치다	**extend** 익스텐드 **enlarge** 인라지
평가(하다)	**estimation** 에스티메이션 **estimate** 에스티메이트
평균	**average** 애버리지 평균수명 average life span

ㄱ ㄴ ㄷ ㄹ ㅁ ㅂ ㅅ ㅇ ㅈ ㅊ ㅋ ㅌ ㅍ ㅎ

평등	**equality** 이퀄리티
평론(하다)	**criticism** 크리티시즘 **review** 리뷰
평론가	**critic** 크리틱 **reviewer** 리뷰어
평면	**plane** 플레인 **level** 레벌
평방미터	**square meter** 스퀘어 미터
평범한	**common** 커먼 **ordinary** 오디너리
평상복	**casual wear** 캐주얼 웨어
평소	**usually** 유주얼리 **always** 올웨이즈
평야	**plain** 플레인
평온	**tranquility** 트랭퀼리티
평일	**weekday** 위크데이
평정(平靜)	**calm** 캄 **serenity** 시리니티
평판	**reputation** 레퓨테이션
평평하다	**flat** 플랫 **level** 레벌
평행(하다)	**parallel** 패럴렐
평행선	**parallel lines** 패럴렐 라인즈
평형	**equilibrium** 이퀼리브리엄
평화	**peace** 피스
폐(허파)	**lung** 렁
폐	**trouble** 트러블 **nuisance** 뉴이슨스 폐를 끼치다 bother(trouble) a person

폐결핵	**tuberculosis** 튜버큘로시스
폐기물	**waste** 웨이스트
폐렴	**pneumonia** 뉴모니어
폐쇄(하다)	**closing** 클로우징 **close** 클로우즈
폐수	**waste water** 웨이스트 워터
폐암	**lung cancer** 렁 캔서
폐지(하다)	**abolition** 어벌리션 **abolish** 어발리시
폐허	**ruins** 루인즈
폐활량	**breathing capacity** 브리딩 커패서티
폐회(하다)	**closing** 클로우징 **close a meeting** 클로우즈 어 미팅
포개다	**pile up** 파일 업
포근한	**mild** 마일드 **congenial** 컨지니얼 **snug** 스넉
포기하다	**abandonment** 어밴던먼트 **give up** 기브 업
포도	**grapes** 그레입스
포도주	**wine** 와인
포동포동한	**plump** 플럼프 **chubby** 처비
포로	**captive** 캡티브
포르노	**pornography** 포어노그러피
포맷	**format** 포맷

포상	**reward** 리워드 **prize** 프라이즈
포스터	**poster** 포스터
포옹(하다)	**hug** 헉 **embrace** 엠브레이스
포위	**encirclement** 인서클먼트
포유동물	**mammal** 매멀
포인트	**point** 포인트
포장(하다)	**wrapping** 래핑 **wrap** 랩 포장도로 paved road, pavement
포착하다	**catch** 캐취 **grasp** 그래습 **seize** 씨즈
포크	**fork** 포크
포함하다	**contain** 컨테인 **include** 인클루드
포화	**saturation** 새춰레이션
포획	**capture** 캡춰 **seizure** 씨줘
폭	**width** 윗쓰 **breadth** 브레스
폭격(하다)	**bombing** 바밍 **bomb** 밤
폭넓다	**wide** 와이드 **broad** 브로드
폭동	**riot** 라이엇 **rebellion** 리벨련
폭락(하다)	**crash** 크러쉬 **fall heavily** 폴 헤빌리
폭력	**violence** 바이얼런스
폭로(하다)	**exposure** 익스포우져 **disclose** 디스클로우즈

폭발(하다)	**explosion** 익스플로전 **explode** 익스플로드
폭언	**abusive words** 어뷰시브 워즈
폭주(輻輳)	**congestion** 컨제스천 **influx** 인프럭스
폭탄	**bomb** 밤
폭파(하다)	**blasting** 블래스팅 **blast** 블래스트
폭포	**waterfall** 워터폴 **falls** 폴즈
폭풍	**storm** 스톰 **tempest** 템페스트
폭행(하다)	**violence** 바이얼런스 **do violence to** 두 바이얼런스 투
폴리에스테르	**polyester** 폴리에스터
폴리에틸렌	**polyethylene** 팔리에설린
폼	**form** 폼
표(表)	**table** 테이블 **diagram** 다이어그램
표(票)	**ticket** 티킷 [차표] **vote** 보우트 [투표]
표결(하다)	**take a vote on** 테이커 보우트 온
표기	**transcription** 트랜스크립션
표류(하다)	**drift** 드리프트
표면	**surface** 서피스 **outside** 아웃사이드
표백하다	**bleach** 블리치
표범	**leopard** 레퍼드 **panther** 팬서
표시	**indication** 인디케이션 **indicate** 인디케이트

표어	**slogan** 슬로건
표적	**mark** 마크 **target** 타깃
표절(하다)	**plagiarism** 플래이지어리즘 **plagiarize** 플래이지어라이즈
표정	**expression** 익스프레션 **look** 룩
표준	**standard** 스탠다드 표준어 the standard language
표지	**cover** 커버
표현(하다)	**expression** 익스프레션 **express** 익스프레스
푸다	**draw** 드로 **dip up** 딥 업
풀(草)	**grass** 그래스 **herb** 허브
풀(접착)	**paste** 페이스트 **starch** 스타치
풀다	**dispel** 디스펠 [의심] **solve** 살브 [문제]
풀다	**untie** 언타이 **undo** 언두 [엉킨 것] **remove** 리무브 [해제]
풀리다	**get loose** 겟 루스
풀장	**swimming pool** 스위밍 풀
품다	**hold in one's arms** 홀드 인 원스 암즈 **bear** 베어
품목	**item** 아이텀
품위	**dignity** 딕니티 **grace** 그레이스
품위 있는	**elegant** 엘리건트 **dignified** 딕니파이드

품절	**sold out** 솔드 아웃
품질	**quality** 퀄리티
풍경	**scenery** 씨너리 **landscape** 랜드스케이프
풍기다	**scent** 센트 **give out an odor** 기브 아우런 오더
풍부한	**abundant** 어번던트 **rich** 리치
풍선	**balloon** 벌룬
풍속(風俗)	**customs** 커스텀즈 **manners** 매너즈
풍자(하다)	**satire** 새타이어 **satirize** 새터라이즈
풍차	**windmill** 윈드밀
퓨즈	**fuse** 퓨즈
프라이드	**pride** 프라이드
프라이팬	**frying pan** 프라잉 팬
프랑스(어)	**France** 프랜스 **French** 프렌치
프랜차이즈	**franchise** 프랜차이즈
프런트	**front desk** 프런트 데스크
프로	**professional** 프로페셔널
프로그램	**program** 프로그램
프로젝트	**project** 프러젝트 다양한 프로젝트 a variety of projects
프로포즈	**proposal** 프러포우절

프로필	**profile** 프로우파일
프리랜서	**freelancer** 프리랜서
프리미엄	**premium** 프리미엄
프린터	**printer** 프린터
프린트(하다)	**copy** 카피 **print** 프린트
플라스틱	**plastic** 플래스틱
플래시	**flashlight** 플래시라잇
플래카드	**placard** 플래카드
플러그	**plug** 플럭
플러스	**plus** 플러스
피	**blood** 블럿
피고	**defendant** 디펜던트 **the accused** 디 어큐즈드
피구	**dodge ball** 다지 볼
피난	**refuge** 레퓨쥐 **shelter** 쉘터
피다	**bloom** 블룸 **come out** 컴아웃
피로	**fatigue** 퍼티그 **tiredness** 타이어드니스
피리	**whistle** 휘슬 **flute** 플루트
피망	**green pepper** 그린 페퍼
피부	**skin** 스킨 피부병 skin disease

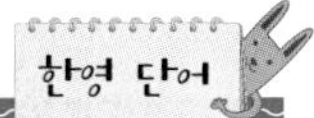

피부과	**dermatology** 더머탈러쥐
피상적인	**superficial** 수퍼피셜 **shallow** 셸로우
피서지	**summer resort** 써머 리조트
피신	**escape** 이스케입 **refuge** 레퓨지
피아노	**piano** 피애노우
피아니스트	**pianist** 피애니스트
피앙세	**fiance** 피앙세이 [남자] **fiancee** 피안세이 [여자]
피에로	**pierrot** 피에로우
피우다	**smoke** 스모우크 [담배] **burn** 번 [불] **emit** 에미트 [냄새]
피임(하다)	**contraception** 컨트라셉션
피자	**pizza** 핏서
피차	**each other** 이치 아더 **both sides** 보우쓰 사이즈
피크닉	**picnic** 픽닉
피클	**pickles** 피클즈
피하다	**avoid** 어보이드 **evade** 이베이드 **shun** 션
피해	**damage** 데미지 **harm** 함
피해자	**sufferer** 서퍼러 **victim** 빅팀
픽션	**fiction** 픽션
핀	**pin** 핀 **hairpin** 헤어핀 [머리핀]

핀셋	**tweezers** 트위저즈
핀트	**focus** 포커스
필기	**writing** 라이팅 **copying** 카핑 필기시험 written examination
필사적인	**desperate** 데스퍼릿 **frantic** 프랜틱
필수적인	**indispensable** 인디스펜서블 **essential** 이센셜
필수품	**necessaries** 네서세리즈
필승	**certain victory** 서튼 빅터리
필연	**inevitability** 인에비터빌리티
필요	**necessity** 니세서티 **need** 니드 **want** 원트
필요하다	**need** 니드 **want** 원트 **requisite** 레퀴지트
필적	**handwriting** 핸드라이팅
필적하다	**be equal to** 비 이퀄 투 **rival** 라이벌
필터	**filter** 필터
핑계	**excuse** 익스큐즈 **apology** 어팔러지 **pretext** 프리텍스트
핑크	**pink** 핑크

ㅎ

하나	**one** 원
하느님	**God** 갓 **the Almighty** 디 올마이티
하늘	**sky** 스카이 **the heavens** 더 헤븐즈
하다	**do** 두 **try** 트라이 **play** 플레이
하드웨어	**hardware** 하드웨어
하락(하다)	**fall** 폴 **drop** 드랍 **decline** 디클라인
하루	**a day** 어 데이 하루 종일 all day long
하류	**downstream** 다운스트림
하모니카	**harmonica** 하마니커
하수도	**drainage** 드레이니쥐
하숙(하다)	**lodgings** 라쥥즈 **room at** 룸 앳
하여간	**anyhow** 애니하우 **anyway** 애니웨이
하이에나	**hyena** 하이이너
하이킹	**hiking** 하이킹
하이테크	**high tech** 하이텍
하이힐	**high-heeled shoes** 하이힐드 슈즈

하인	**servant** 서번트
하자	**flaw** 플로 **blemish** 블레미쉬
하중	**load** 로우드
하찮다	**trifling** 추라이플링 **trivial** 추리비얼
하천	**river** 리버
하청	**subcontract** 섭컨추랙트
하키	**hockey** 하키
하품	**yawn** 욘
하프	**half** 해프
하필이면	**of all things [occasions]** 어브 올 씽즈 [어케이전즈]
학	**crane** 크레인
학과	**department** 디파트먼트
학교	**school** 스쿨 **college** 칼리지 [대학]
학급	**class** 클래스
학기	**term** 텀 **semester** 씨메스터 학기말 시험 semester-end exam
학년	**school year** 스쿨 이어
학대(하다)	**cruel treatment** 크루얼 추리트먼트 **abuse** 어뷰즈
학력	**scholarship** 스칼러쉽
학문	**learning** 러닝 **studies** 스터디즈

학비	**school expenses** 스쿨 익스펜시즈
학사	**bachelor** 배춰러
학생	**student** 스튜던트 **pupil** 퓨필
학생증	**student's ID card** 스튜던츠 아이디 카드
학설	**doctrine** 닥트린 **theory** 씨어리
학습(하다)	**study** 스터디 **learn** 런
학원	**institute** 인스티튜트 **cram school** 크램 스쿨
학위	**degree** 디그리
학자	**erudite** 에려다이트 **scholar** 스칼러
학점	**unit** 유닛 **point** 포인트
한 개	**one piece** 원 피스
한 벌	**a set** 어 셋
한 조각	**a piece of** 어 피스 어브
한결같다	**constant** 컨스턴트 **unchanging** 언체인징
한계	**limit** 리미트 **bounds** 바운즈 한계에 도달하다 reach the limit
한국(어)	**Korea** 코리어 **Korean** 코리언
한기	**chill** 칠
한나절	**half a day** 해프 어 데이
한낮	**midday** 미데이 **noon** 눈

한눈팔다	**look away [aside]** 룩 어웨이[어사이드]
한도	**limit** 리밋 **bounds** 바운즈
한때	**once** 원스 **a time** 어 타임
한숨	**sigh** 사이 **breath** 브레쓰
한심하다	**shameful** 쉐임펄 **pitiful** 피티펄
한여름	**midsummer** 미드써머
한자	**Chinese character** 차이니즈 캐릭터
한잔	**a cup of** 어 컵 어브 **a glass of** 어 글래스 어브
한정(하다)	**limitation** 리미테이션 **limit** 리미트
한쪽	**one side** 원 사이드
한창	**in the midst of** 인 더 밋스트 어브
한층 더	**much more** 머치 모어
한턱내다	**treat** 트리트
한파	**cold wave** 콜드 웨이브
한편(으로)	**meanwhile** 민와일
할당(하다)	**assignment** 어싸인먼트 **assign** 어싸인
할머니	**grandmother** 그랜드마더
할부	**installment plan** 인스톨먼트 플랜
할아버지	**grandfather** 그랜드파더 **old man** 올드 맨
할인(하다)	**discount** 디스카운트

할증	**premium** 프리미엄 **extra charge** 익스트라 차지
핥다	**lick** 릭 **lap** 랩
함께	**together** 투게더 **with** 위드
함락(되다)	**surrender** 서렌더 **fall** 폴
함부로	**at random** 앳 랜덤 **rashly** 래쉴리
함유하다	**contain** 컨테인 **hold** 홀드
합격(하다)	**passing** 패싱 **pass** 패스
합계(하다)	**the sum** 더 섬 **total** 토털 / **sum up** 섬 업
합금	**alloy** 앨로이
합동	**union** 유니언 **combination** 컴비네이션
합류(하다)	**confluence** 컨플루언스
합리적인	**rational** 래셔늘
합리화하다	**rationalize** 래셔널라이즈
합법적인	**legal** 리걸
합병(하다)	**merger** 머저 **merge** 머쥐 기업합병 industrial merger
합성(하다)	**synthesis** 신서시스 **synthesize** 신서사이즈
합의(하다)	**mutual agreement** 머추얼 어그리먼트 **be agreed** 비 어그리드
합작사업	**joint venture** 조인트 벤춰
합창(하다)	**chorus** 코러스 **sing in chorus** 싱 인 코러스

합치다	**put together** 풋 투게더 **combine** 컴바인
핫도그	**hot dog** 핫독
항공기	**aircraft** 에어크래프트 **airplane** 에어플레인
항공사	**airline** 에어라인
항공편	**flight** 플라이트
항구	**harbor** 하버 **port** 포트
항목	**item** 아이텀
항문	**anus** 애너스
항복	**surrender** 서렌더 **submission** 섭미션
항아리	**jar** 자 **pot** 팟
항의(하다)	**protest** 프러테스트 **object** 업젝트
항해(하다)	**voyage** 보이지 **navigation** 내비게이션 / **sail** 세일
해	**the sun** 더 썬 **sunlight** 썬라이트
해(年)	**year** 이어
해결(하다)	**settlement** 세틀먼트 **solve** 살브
해고당하다	**be fired** 비 파이어드 **be laid off** 비 레이드 오프
해골	**skeleton** 스켈러턴
해군	**the navy** 더 네이비
해답	**solution** 솔루션

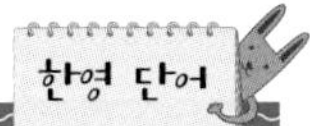

해독	**detoxication** 디탁시케이션
해명(하다)	**explanation** 익스플레네이션 **explain** 익스플레인
해몽	**dream reading** 드림 리딩
해바라기	**sunflower** 썬플라워
해발	**above the sea** 어버브 더 씨
해방	**emancipation** 이맨서페이션 **liberation** 리버레이션 빈곤으로부터의 해방 freedom from poverty
해변	**beach** 비치 **shore** 쇼어
해보다	**try** 추라이 **attempt** 어템트
해부(하다)	**dissection** 디섹션 **dissect** 디섹트
해산(하다)	**breakup** 브레이컵 / **break up** 브레이컵 **disperse** 디스퍼스
해산물	**marine products** 머린 프러덕츠
해상도	**resolution** 레졸루션
해석	**interpretation** 인터프리테이션 **explanation** 익스플레네이션
해설자	**commentator** 코멘테이터
해소	**solution** 솔루션 **settlement** 세틀멘트
해수욕	**sea bathing** 씨 배이씽
해안	**seashore** 씨쇼어 **beach** 비치
해약(하다)	**cancellation** 캔설레이션 **cancel** 캔슬

해양	**ocean** 오우션 **sea** 씨
해열제	**antipyretic** 앤티파이어레틱
해외	**overseas** 오버씨즈 **abroad** 업로드
해일	**tsunami** 츠나미 **tidal wave** 타이덜 웨이브
해임	**dismissal** 디스미썰 **release from office** 릴리스 프럼 오피스
해적	**pirate** 파이어럿
해제(하다)	**cancellation** 캔설레이션 **cancel** 캔슬
해체하다	**disjoint** 디스조인트 **disorganize** 디스오거나이즈
해충	**harmful insect** 함펄 인섹트 **vermin** 버민
해치다	**hurt** 허트 **harm** 함
해협	**strait** 스트레이트 **channel** 채널
핵무기	**nuclear weapon** 뉴클리어 웨펀
핸드백	**handbag** 핸드백 **purse** 퍼스
핸디캡	**handicap** 핸디캡
햄	**ham** 햄
햄버거	**hamburger** 햄버거
햄스터	**hamster** 햄스터
햇볕	**sunlight** 썬라잇
행	**line** 라인 행간을 읽다 read between the lines

행동(하다)	**action** 액션 **conduct** 컨덕트 **act** 액트
행렬	**procession** 프러세션 **parade** 퍼레이드
행방	**whereabouts** 웨어러바우츠
행방불명	**missing** 미씽
행복	**happiness** 해피니스
행사	**event** 이벤트 **function** 펑션
행선지	**destination** 데스터네이션
행운	**fortune** 포춘 **luck** 럭
행위	**act** 액트 **action** 액션 **deed** 디드
행정	**administration** 어드미니스트레이션
행진(하다)	**march** 마치 **parade** 퍼레이드
행하다	**do** 두 **act** 액트
향기	**smell** 스멜 **fragrance** 프레그런스
향락	**enjoyment** 인조이먼트
향상(되다)	**improvement** 임프루브먼트 **rise** 라이즈
향상시키다	**promote** 프러모우트 **improve** 임프루브
향수(鄕愁)	**nostalgia** 노스탤저 **homesickness** 홈식니스 향수병에 걸리다 get homesick
향수(香水)	**perfume** 퍼퓸
향신료	**spices** 스파이시즈

향하다	**go to** 고우 투 **leave for** 리브 포
허가(하다)	**permission** 퍼미션 **permit** 퍼밋 **admit** 어드밋
허구	**fiction** 픽션 **falsehood** 폴스후드
허니문	**honeymoon** 허니문
허락(하다)	**consent** 컨센트 **allow** 얼라우 **permit** 퍼밋
허리	**waist** 웨이스트
허무	**nothingness** 낫씽니스 **nihility** 니힐리티
허무하다	**transient** 트랜션트 **vain** 베인
허벅지	**the inside of a thigh** 디 인사이드 어버 싸이
허세(부리다)	**bluff** 블러프 **make a bluff** 메이커 블러프
허수아비	**scarecrow** 스캐어크로우
허약한	**weak** 윅 **delicate** 델리킷
허영	**vanity** 베니티
허용	**permission** 퍼미션 **allow** 얼라우 허용 오차 an allowable error
허전하다	**feel empty** 필 엠티 **miss something** 미쓰 섬씽
허점	**unguarded point** 언가딧 포인트
허풍	**exaggeration** 익제저레이션
허풍을 떨다	**talk big** 톡 빅 **brag** 브랙

헌금	**donation** 도우네이션 **contribution** 컨트리뷰션
헌법	**constitution** 컨스티튜션
헌신(하다)	**self-devotion** 셀프디보우션 **sacrifice oneself** 쎄크러파이스 원셀프
헌책	**used book** 유즈드 북
헌혈	**blood donation** 블럿 도우네이션
헐뜯다	**speak ill of** 스픽 일 어브 **slander** 슬렌더
헐렁한	**loose-fitting** 루스피팅 **baggy** 배기
험담	**backbiting** 백바이팅 **slander** 슬렌더
험악한	**threatening** 스레트닝 **critical** 크리티컬
험하다	**steep** 스팁 **craggy** 크래기
헛소리	**empty talk** 엠프티 토크 **delirium** 딜리어리엄
헛수고	**vain(fruitless) effort** 베인(프루트리스) 에퍼트
헝클어지다	**be entangled** 비 인탱글드
헤드라이트	**headlight** 헤드라잇
헤드폰	**headset** 헤드셋
헤매다	**wander [roam] about** 완더 [롬] 어바웃 거리를 헤매다 wander about the streets
헤어스타일	**hair-style** 헤어스타일
헤어지다	**part from** 파트 프럼
헤어짐	**parting** 파팅 **farewell** 페어웰

헤엄치다	**swim** 스윔
헤프다	**wasteful** 웨이스트펄 **prodigal** 프라디걸 **loose** 루스
헬리콥터	**helicopter** 헬리캅터
헬멧	**helmet** 헬멧
헷갈리다	**be confused with** 비 컨퓨즈드 위드
헹구다	**rinse** 린스 **wash out** 와쉬 아웃
혀	**tongue** 텅
혁명	**revolution** 레볼루션
혁신(하다)	**renovation** 레노베이션 **reform** 리폼
현관	**entrance** 엔트런스 **porch** 포취
현금	**cash** 캐쉬
현기증	**dizziness** 디지니스 **giddiness** 기디니스
현명한	**wise** 와이즈 **prudent** 프루던트
현미	**brown rice** 브라운 라이스
현미경	**microscope** 마이크로스코우프
현상(現像)	**phenomenon** 피나메넌
현상금	**prize money** 프라이즈 머니
현실	**reality** 리얼리티 **actuality** 액추얼리티 힘겨운 현실 harsh realities

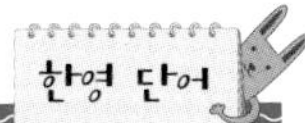

현실적인	**realistic** 리얼리스틱 **actual** 액추얼
현역	**active service** 액티브 서비스
현장	**the spot** 더 스팟 **the scene** 더 씬
현재	**the present** 더 프레즌트
혈관	**blood vessel** 블럿 베슬
혈압	**blood pressure** 블럿 프레셔
혈액(형)	**blood (type)** 블럿 (타입)
혐오(하다)	**abhorrence** 앱허런스 **hate** 헤이트
혐의	**suspicion** 서스피션
협동	**cooperation** 코우아퍼레이션
협력하다	**cooperate with** 코우아퍼레이트 위드
협박(하다)	**threat** 스레트 **threaten** 스레튼
협상	**negotiation** 니고우쉬에이션
협정	**agreement** 어그리먼트 **convention** 컨벤션 협정을 맺다 enter into an agreement
협회	**association** 어소우시에이션 **society** 소사이어티
형	**elder brother** 엘더 브라더
형광등	**fluorescent lamp** 플루오레슨트 램프
형벌	**punishment** 퍼니시먼트 **penalty** 페널티
형사	**detective** 디텍티브

형사사건	**criminal case** 크리미널 케이스
형성(하다)	**formation** 포메이션 **form** 폼 **shape** 쉐이프
형식	**form** 폼 **formality** 포멀리티
형식적인	**formal** 포멀
형제	**brother** 브라더 **sibling** 씨블링
형태	**pattern** 패턴 **shape** 쉐입 **form** 폼
형편	**state** 스테이트 **situation** 시추에이션
호(號)	**number** 넘버 **issue** 이슈
호감	**good feeling** 굿 필링
호기심	**curiosity** 큐리아서티
호두	**walnut** 월넛
호랑이	**tiger** 타이거
호르몬	**hormone** 호어몬
호모	**homosexuality** 호모섹수얼리티
호박	**pumpkin** 펌프킨
호소	**appeal** 어필 **petition** 피티션
호수	**lake** 레이크
호스	**hose** 호스
호스티스	**hostess** 호스티스

호위(하다)	**guard** 가드 **escort** 에스코트
호의	**goodwill** 굿윌 **kindness** 카인드니스 그녀의 호의에 보답하다 return her kindness
호적	**family register** 패밀리 리지스터
호전(되다)	**change for the better** 체인지 포 더 베터
호주머니	**pocket** 파킷
호출	**calling out** 콜링 아웃
호텔	**hotel** 호우텔
호통 치다	**cry** 크라이 **yell** 옐
호평	**favorable comment** 페이버러블 커멘트
호화로운	**gorgeous** 고저스 **deluxe** 디럭스
호환 가능한	**compatible** 컴패터블
호황	**prosperity** 프라스페리티 **boom** 붐
호흡(하다)	**respiration** 레스퍼레이션 **breathe** 브리쓰
혹	**lump** 럼프 **bump** 범프
혹사	**harsh treatment** 하쉬 추리트먼트 **abuse** 어뷰즈
혹성	**planet** 플래닛
혹시	**possibly** 파서블리 **maybe** 메이비
혼	**soul** 소울 **spirit** 스피릿

혼내주다	**give ~ a hard time** 기브 어 하드 타임 **punish** 퍼니시
혼담	**marriage proposal** 매리지 프러포우절
혼동(하다)	**confusion** 컨퓨전 **confuse** 컨퓨즈
혼란	**confusion** 컨퓨전 **disorder** 디스오더 혼란에 빠지다 fall into disorder
혼선(되다)	**cross** 크로스 **get crossed** 겟 크로스트
혼성	**mixture** 믹스춰 **composition** 컴퍼지션
혼자	**a single person** 어 싱글 퍼슨 **by oneself** 바이 원셀프
혼잡하다	**bustle** 버슬 **be crowded** 비 크라우디드
혼잣말	**monologue** 모놀로그
혼합(하다)	**mixing** 믹싱 **mix** 믹스 **blend** 블렌드
혼혈	**half-blood** 해프블럿
홀가분하다	**lighthearted** 라잇하티드
홀수	**odd number** 오드 넘버
홀인원	**hole in one** 홀인원
홈런	**home run** 홈런 **homer** 호머
홈스테이(하다)	**homestay** 홈스테이
홈페이지	**home-page** 홈페이지
홍보	**public information** 퍼블릭 인포메이션

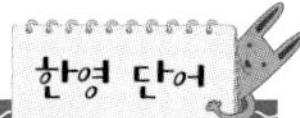

홍수	**flood** 플럿 **inundation** 이넌데이션
홍역	**measles** 미절즈
홍차	**tea** 티
화가	**painter** 페인터
화내다	**get angry** 겟 앵그리
화랑	**art gallery** 아트 갤러리
화려한	**gorgeous** 고저스 **bright** 브라이트
화면	**screen** 스크린 **picture** 픽춰
화목하다	**harmonious** 하모니어스 **peaceful** 피스펄
화물	**freight** 프레이트 **cargo** 카고
화산	**volcano** 볼케이노우
화살(표)	**arrow** 애로우
화상(火傷)	**burn** 번 **scald** 스콜드 [물에 덴] 화상을 입다 suffer a burn
화상(畵像)	**picture** 픽춰 **image** 이미지
화약	**gunpowder** 건파우더
화요일	**Tuesday** 튜즈데이
화장(하다)	**makeup** 메이컵 **make up one's face** 메이컵 원스 페이스
화장실	**lavatory** 래버토리 **toilet** 토일럿

화장지	**toilet paper** 토일럿 페이퍼
화장품	**cosmetics** 커즈메틱스 **toilet article** 토일럿 아티클
화재	**fire** 파이어
화제	**topic** 타픽 **subject** 섭젝트
화폐	**money** 머니 **coin** 코인
화학	**chemistry** 케미스트리
화해(하다)	**reconciliation** 레컨실리에이션 **be reconciled with** 비 레컨사일드 위드
확대(하다)	**magnification** 맥니피케이션 **magnify** 맥니파이
확률	**probability** 프라버빌리티
확보(하다)	**secure** 씨큐어
확신(하다)	**conviction** 컨빅션 **believe firmly** 빌리브 펌리
확실한	**sure** 슈어 **certain** 서튼 **trustworthy** 추러스트워씨
확인(하다)	**confirmation** 컨퍼메이션 **confirm** 컨펌 **verify** 베리파이
확장(하다)	**extension** 익스텐션 **expand** 익스팬드
확정(하다)	**decision** 디시전 **decide** 디사이드 **fix** 픽스
환경	**environment** 인바이어런먼트 **surroundings** 서라운딩즈 건전한 환경 healthy environment

환락가	**amusement center** 어뮤즈먼트 센터
환멸	**disillusion** 디스일루전
환불	**repayment** 리페이먼트 **refund** 리펀드
환상	**phantom** 팬텀 **illusion** 일루전
환상적인	**fantastic** 팬태스틱 **dreamy** 드리미
환영(하다)	**welcome** 웰컴 **give a welcome** 기버 웰컴
환율	**exchange rate** 익스체인지 레이트
환자	**patient** 페이션트 **case** 케이스
환전(하다)	**money changing** 머니 체인징 **exchange** 익스체인지
환풍기	**ventilation fan** 벤틸레이션 팬
환호(하다)	**cheer** 치어 **hurrah** 후레이
활	**bow** 바우
활기	**life** 라이프 **animation** 애니메이션 **vigor** 비거
활동(하다)	**activity** 액티버티 **action** 액션 **act** 액트
활발한	**active** 액티브 **lively** 라이블리
활약(하다)	**activity** 액티버티 **be active in** 비 액티브 인
활용(하다)	**practical use** 프랙티컬 유즈 **utilize** 유틸라이즈
활주	**gliding** 글라이딩 **glide** 글라이드
황금	**gold** 골드

황야	**wilderness** 윌더니스
황제	**emperor** 엠퍼러
황혼	**dusk** 더스크 **twilight** 트와일라잇
황홀한	**enraptured** 인랩춰드 **enchanted** 인챈티드
회계	**accounts** 어카운츠 **finance** 파이낸스
회고하다	**look back** 룩 백 **recollect** 리컬렉트 옛 시절을 회고하다 look back upon the old days
회관	**hall** 홀
회담(하다)	**talk** 토크 **conference** 컨퍼런스 / **talk together** 토크 투게더
회답(하다)	**reply** 리플라이 **answer** 앤서
회복(되다)	**restoration** 리스토레이션 **recover** 리커버
회비	**membership fee** 멤버십 피
회사	**company** 컴퍼니 **corporation** 코퍼레이션
회사원	**office worker** 오피스 워커
회색	**gray** 그레이
회오리바람	**tornado** 토네이도
회원	**member** 멤버
회의(하다)	**meeting** 미팅 **conference** 컨퍼런스 / **confer** 컨퍼
회장	**president** 프레지던트

회전(하다)	**rotation** 로우테이션 **turn** 턴
회피하다	**evade** 이베이드 **excuse** 익스큐즈
회합(하다)	**meeting** 미팅 **gathering** 게더링 / **get together** 겟 투게더
획기적인	**epoch-making** 에펔메이킹
획득(하다)	**acquisition** 억퀴지션 / **acquire** 어콰이어 **obtain** 업테인
횟수	**frequency** 프리퀀시 **the number of times** 더 넘버 러브 타임즈
횡단(하다)	**crossing** 크로싱 **cross** 크로스
횡단보도	**crosswalk** 크로스워크
횡설수설	**jargon** 자건 **nonsense** 넌센스
효과(적인)	**effect** 이펙트 **effective** 이펙티브 효과가 빠르다 be quick in its effect
효도	**filial piety** 필리얼 파이어티
효모	**yeast** 이스트
효율	**efficiency** 이피션시
효율적인	**efficient** 이피션트
후	**after** 애프터 **since** 신스
후계자	**successor** 석세서 **inheritor** 인헤리터
후반	**the latter half** 더 레터 해프

ㅎ

후배	**junior** 주니어
후보	**candidate** 캔디데이트
후에	**afterward** 앱터워드 **later** 레이터
후원하다	**favor** 페이버 **support** 서포트
후유증	**aftereffect** 애프터이펙트
후임	**successor** 석세서
후자	**the latter** 더 레터
후진국	**developing country** 디벨로핑 컨추리
후퇴	**retreat** 리트리트 **regression** 리그레션
후하다	**kind** 카인드 **generous** 제너러스
후회(하다)	**regret** 리그렛 **repent** 리펜트 나중에 후회할 것이다. You'll regret it later.
훈련(하다)	**training** 추레이닝 **train** 추레인 **drill** 드릴
훈장	**decoration** 데커레이션 **medal** 메덜
훈제	**smoked** 스모욱드 **smoke-dried** 스모욱주라이드
훌륭한	**excellent** 엑설런트 **splendid** 스플렌딧 **superb** 수퍼브
훔치다	**steal** 스틸 **rob** 랍 **pilfer** 필퍼
훨씬	**by far** 바이 파 **much** 머취
휘다	**bend** 벤드 **curve** 커브

휘두르다	**sway** 스웨이 **swing around** 스윙 어라운드
휘발유	**gasoline** 개솔린 **gas** 개스
휘젓다	**stir** 스터 **beat up** 비트 업
휘파람	**whistle** 위슬
휩쓸다	**sweep away** 스윕 어웨이 **clear off** 클리어 오프
휴가	**vacation** 베이케이션 **holiday** 할러데이 휴가를 받다 take a vacation
휴게소	**resting area** 레스팅 에어리어 **lobby** 라비
휴대(하다)	**carrying** 캐링 / **carry** 캐리 **bring with** 브링 위드
휴대폰	**cellular phone** 셀룰러 폰
휴머니즘	**humanism** 휴머니즘
휴식(하다)	**repose** 리포우즈 **rest** 레스트
휴양(하다)	**rest** 레스트 **take a rest** 테이커 레스트
휴양지	**health resort** 헬스 리조트
휴업(하다)	**closure** 클로저 **take a holiday** 테이커 할러데이
휴일	**holiday** 할러데이
휴전(하다)	**armistice** 아미스티스 **cease firing** 씨즈 파이어링
휴지	**tissue** 티슈 **toilet paper** 토일럿 페이퍼
휴지통	**wastebasket** 웨이스트배스킷 **dustbin** 더스트빈

휴직하다	**take a leave** 테이커 리브
휴학	**temporary absence from school** 템퍼러리 앱슨스 프럼 스쿨
흉기	**murder weapon** 머더 웨펀
흉내(내다)	**imitation** 이미테이션 / **imitate** 이미테이트 **mimic** 미믹
흉터	**scar** 스카
흉하다	**ugly** 어글리 **bad-looking** 배드루킹 **ominous** 아머너스
흐느끼다	**sob** 삽 **blubber** 블러버
흐려지다	**grow cloudy [dim]** 그로우 클라우디[딤]
흐르다	**flow** 플로우 **run** 런
흐름	**stream** 스트림 **current** 커런트
흐리다	**vague** 베이그 **dim** 딤 **obscure** 압스큐어
흐림	**cloudy weather** 클라우디 웨더
흐뭇한	**pleasing** 플리징 **gratified** 그래티파이드
흑백	**black and white** 블랙 앤 화이트
흑인	**negro** 니그로(경멸적 표현) **black man** 블랙 맨
흑자	**the black** 더 블랙
흔들리다	**swing** 스윙 **tremble** 추램블
흔들다	**shake** 쉐이크 **wave** 웨이브

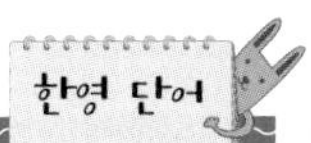

흔적	**trace** 추레이스 **vestige** 베스티지
흔한	**common** 커먼 **ordinary** 오디너리
흘러들어가다	**flow into** 플로우 인투
흘리다	**let flow** 렛 플로우 **spill** 스필
흙	**earth** 어쓰 **soil** 소일
흠	**flaw** 플로 **crack** 크랙 그의 흠을 잡다 find fault of him
흠모하다	**admire** 어드마이어 **long for** 롱포
흠뻑	**throughly** 쓰룰리 **to the full** 투 더 풀
흡사	**like** 라이크 **just as** 저스트 애즈 **as if** 애즈 이프
흡수(하다)	**absorption** 앱솝션 **absorb** 앱소브
흡연(하다)	**smoking** 스모킹 **smoke** 스모우크
흡연실	**smoking room** 스모킹 룸
흥미	**interest** 인터레스트 **zest** 제스트
흥미진진한	**very interesting** 베리 익사이팅
흥분(하다)	**excitement** 익사이트먼트 **be excited** 비 익사이티드
흥행	**show business** 쇼우 비즈니스
흩어지다	**disperse** 디스퍼스 **be scattered** 비 스캐터드
희극	**comedy** 카머디
희롱	**banter** 밴터 **joking** 조우킹

ㄱ ㄴ ㄷ ㄹ ㅁ ㅂ ㅅ ㅇ ㅈ ㅊ ㅋ ㅌ ㅍ ㅎ

희망	**wish** 위시 **desire** 디자이어
희망(하다)	**hope** 호웁 **wish** 위시
희미한	**faint** 페인트 **slight** 슬라이트 **dim** 딤
희생(하다)	**sacrifice** 새크러파이스 나를 희생하다 make a sacrifice of myself
희생자	**victim** 빅팀 **prey** 프레이
희한한	**uncommon** 언커먼 **rare** 레어 **curious** 큐리어스
흰색	**white** 화이트
히스테리	**hysteria** 히스테리어
힌트(를 주다)	**hint** 힌트 **provide a hint** 프러바이드 어 힌트
힘	**power** 파워 **energy** 에너지 **force** 포스
힘껏	**as hard as possible** 애즈 하드 애즈 파서블
힘들다	**hard** 하드 **tough** 터프 **toilsome** 토일섬
힘쓰다	**make effort** 메이크 에포트 **take pains** 테이크 페인즈
힘차다	**powerful** 파워펄 **vigorous** 비거러스 **energetic** 에너제틱

| 부록 |

기본 용어

단위

□ distance 디스턴스 거리

□ width 위쓰 넓이

□ depth 뎁쓰 깊이

□ height 하잇 높이

□ weight 웨이트 무게

□ thickness 씨크니스 두께

□ bulk 벌크 부피

□ meter 미터
□ centimeter 센티미터
□ kilometer 킬로미터
□ gram 그램
□ kilogram 킬로그램
□ ton 톤
□ liter 리터
□ mile 마일 (1mile = 1.6km)

□ inch 인치
□ feet 피트
□ yard 야드
□ ounce 온스
□ pound 파운드

계절·월·요일

□ spring 스프링 봄

□ summer 썸머 여름

□ fall[autumn] 폴-[아텀] 가을

□ winter 윈터 겨울

□ January 재뉴어리 1월
□ February 페브루어리 2월
□ March 마취 3월
□ April 에이프릴 4월
□ May 메이 5월
□ June 준 6월
□ July 줄라이 7월
□ August 어거스트 8월
□ September 셉템버 9월
□ October 악토버 10월
□ November 노벰버 11월
□ December 디셈버 12월

□ Sunday 썬데이 일요일
□ Monday 먼데이 월요일
□ Tuesday 튜즈데이 화요일
□ Wednesday 웬즈데이 수요일
□ Thursday 써즈데이 목요일
□ Friday 프라이데이 금요일
□ Saturday 쌔터데이 토요일

시간・날짜

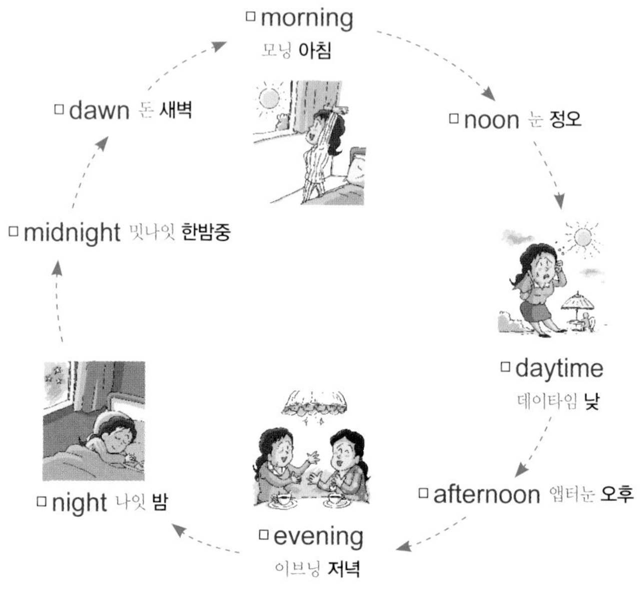

- □ the day before yesterday 더 데이 비포 예스터데이 **그저께**
- □ yesterday 예스터데이 **어제**
- □ today 투데이 **오늘**
- □ tomorrow 터머로우 **내일**
- □ the day after tomorrow 더 데이 애프터 터머로우 **모레**
- □ this week 디스 위크 **이번 주**
- □ last week 라스트 위크 **지난 주**
- □ next week 넥스트 위크 **다음 주**
- □ daily 데일리 **매일의**
- □ weekly 위클리 **매주의**
- □ monthly 먼쓸리 **매월의**
- □ annual 애뉴얼 **매년의**

초보자를 위한 컴팩트 **영한+한영 단어**

초판 11쇄 발행 | 2024년 11월 15일

엮은이 | 이형석
편　집 | 이말숙
표지 디자인 | 유형숙
내지 디자인 | 박민희

제　작 | 선경프린테크
펴낸곳 | Vitamin Book
펴낸이 | 박영진

등　록 | 제318-2004-00072호
주　소 | 07250 서울특별시 영등포구 영등포로 37길 18 리첸스타2차 206호
전　화 | 02) 2677-1064
팩　스 | 02) 2677-1026
이메일 | vitaminbooks@naver.com

ISBN 978-89-92683-74-6 (13740)